제2판

Introduction to Public Policy

정책학 입문

김정수

문우사
MoonWoo

제2판 머리말

이 책의 초판이 나온 지 4년 반이라는 시간이 지났다. 그 사이 우리 사회에 크고 작은 많은 사건들이 일어났었다. 대통령 탄핵·파면이라는 헌정사상 초유의 사태가 발생했고, 또 코로나19 팬데믹이라는 전 세계적 재난이 오랫동안 세상을 휩쓸었다. 정책 연구자에게 이러한 상황들이 시사하는 바는 무엇일까? 대통령이 바뀌고 정권이 바뀌어도 여전히 우리 주변에는 각종 난제들이 가득하며 정치적 구호나 신념만으로 그러한 문제들이 저절로 해결되지 않는다는 평범한 사실이다.

사회문제의 해결을 위해 필요한 것은 무엇일까? 여러 가지가 있겠지만 아마도 지식의 탐구와 축적을 빼놓을 수는 없을 것이다. 문제 상황은 필연적으로 선택 상황이다. 어느 길로 가야 할 것인지 혹은 무엇을 어떻게 해야 할 것인지 선택해야만 하기 때문이다. 문제를 되도록 잘 해결하려면 되도록 좋은 선택을 해야 한다. 그리고 좋은 선택을 하기 위해서는 정확한 지식을 충분히 갖추어야 한다. 이것은 마치 수험생이 시험문제를 잘 풀기 위해서는 열심히 공부해서 많은 지식을 쌓아 두어야 하는 것과 같은 이치이다. 물론 공부를 많이 하고 지식이 많다고 해서 항상 정답을 고르는 것은 아니다. 하지만 적어도 확률 차원에서 오답을 피하고 정답을 선택할 가능성이 높아짐에는 틀림없다. 사회문제를 해결하기 위한 정책결정에 있어서도 이와 동일한 원리가 적용된다.

그렇다면 보다 나은 정책결정을 위한 지식 탐구는 어디서 어떻게 시작해야 할까? 혼자 모든 것을 처음부터 파헤친다는 것은 불가능할 뿐 아니라 불필요한 노력 낭비이다. 이미 그동안 수많은 정책 연구자들에 의해 엄청나게 많은 결과(즉 지식)들이 축적되어 왔기 때문이다. 따라서 기존 연구 결과들을 살펴보고 익히는 것이 탐구의 출발점이 되어야 한다. 이 책은 정책에 관한 기존 연구들 중에서도 우선적으로 알아 둘 필요가 있다고 판단되는 부분들을 간추려서 정리하려 하였다. 말하자면 이 책은 정책(혹은 정책학)에 대해 별다른 전문지식이 없는 초심자에게 ABC부터 알려 주는 기본 소개서라 할 수 있다. 문자 그대로 정책 연구의 문(門)으로 들어가는(入) '입문서'로 준비했다는 말이다.

어떤 책이든 무릇 초심자를 위한 입문서는 가급적 얇고 쉬워야 좋다고 생각한다. 이 책을 집필하는 내내 이 점을 잊지 않으려고 본인 나름 애를 썼다. 그리고 제2판을 준비하면서도 마찬가지였다. 공연한 욕심으로 이것저것 자꾸 추가해서 책이 두꺼워지고 어려워지지는 않을지 경계하였다. 그래서 본문의 내용은 거의 손대지 않았다. 다만 제8장의 문제정의와 제9장의 정책비용 부분에서 약간의 보충 설명을 추가했고, 제4장과 제13장 말미에는 짧은 '더 생각해 보기'를, 제11장과 제15장 말미에는 그보다 좀 더 긴 '보론'을 하나씩 더하는 것으로 그쳤다. 또한 각 장별로 '더 읽어 보기' 목록도 약간씩 업데이트하였다.

제2판의 머리말을 새로 쓰면서 문득 지금까지 걸어온 나의 삶의 여정을 되돌아보게 되었다. 기쁜 일, 슬픈 일, 즐거운 일, 화나는 일… 원했건 원치 않았건 많은 일들이 있었다. 내 부족한 머리로 다 이해되지는 않지만 그래도 창조주 하나님의 섭리와 인도하심 속에 있었다고는 믿어진다. 감사하게도.

Sola Gratia!

2021년 2월

김정수

머리말

이 책은 정책학(Policy Sciences)을 처음 배우려고 하는 초심자들을 위한 입문서이다. 정책의 본질은 무엇이며 그 특성은 무엇인가? 정책은 어떤 과정을 통해 형성되고 시행되는가? '좋은 정책'이란 어떤 것이며 어떻게 만들어야 하는가? 그리고 정책의 한계는 무엇인가? 이러한 질문들이 이 책에서 다루고자 하는 핵심 주제가 된다.

정책(Public Policy)에 관해 공부하고 연구하는 것이 왜 중요할까? 흔히들 민주주의 정치체제에서 국민은 주인이고 정부는 국민을 섬기는 머슴, 즉 공복(公僕, Public Servant)이라고 한다. 국가기관들이 결정하는 각종 정책은 알게 모르게 시민들의 삶 구석구석에 지대한 영향을 미친다. 정책들 중에는 나라와 민족의 명운을 좌우할 정도로 중차대한 것도 있고 개인의 일상생활을 다소 (불)편하게 만드는 정도의 소소한 것도 있다. 나와 우리의 삶이 정책에 의해 크든 작든 영향을 받는다면 정부 정책에 대해 관심을 갖는 것은 민주 시민의 권리이자 의무라고도 할 수 있다.

정책과 관련해서는 그동안 국내외적으로 수많은 연구 결과들이 축적되어 왔다. 이 책은 정책과 관련된 주요 논점들이 무엇인지 살펴보고 각 논점별로 대표적인 이론, 모델, 개념들을 선별적으로 소개하려고 한다. 정책학의 세계에는 대단히 풍부한 연구 성과와 지식 체계가 축적되어 있다. 하지만 그 방대한 지식을 책 한 권으로 다 소화할 수는 없는 일이다. 특히 이제 막 정책학의 문을 열고 들어서려는 초심자에게는 더욱 그러하다. 이 책은 정책에 대해 처음 공부하는 초심자에게 적합한 '입문' 수준으로 내용과 분량을 맞추고자 하였다.

이 책을 읽는 독자들이 유의해 주었으면 하는 것이 한 가지 있다. 그것은 이 책이 정책과 관련된 각종 질문들에 대해 절대적인 '정답'을 제시하는 것이 아니라는 사실이다. 이 책에 소개되는 이론과 모델들은 그동안 정책에 관해 깊이 탐구했던 수많은 학자들의 연구 결과들 중에서 많은 사람들의 지지를 얻은 것들이다. 그래서 상당히 신뢰할 수 있는 지식이라고 할 수 있다. 하지만 그렇다고 해서 그것이 곧 확실한 '진리'라는 말은 아니다. 독자들은 이 책의 모든 내용에 대해 전부 동의할 필요도 없다. 오히려 과연 그러한지 아닌지 항상 비판적으로 생각해 보는 훈련도 필요하다. 중요한 것은 독자들 각자 나름대로 정책을 바라보는 자신만의 식견을 체계적으로 갖추는 것이다. 이 책에 담겨진 지식들은 각자 자신의 관점을 구축하는 데 유용하게 쓰일 수 있는 길라잡이 혹은 재료의 역할을 할 뿐이다.

저자는 이 책을 집필하면서 박사 학위 논문 지도교수님이셨던 미국 Yale 대학의 Garry D. Brewer 교수님이 자주 생각났다. 그분은 현대 정책학의 창시자인 Harold D. Lasswell의 수제자답게 수업 시간에도 늘 '인간의 존엄성 구현'과 '근본적인 문제의 해결'을 정책학의 궁극적 지향점으로 강조했었다. 저자로서는 이번 집필 과정이 그분들의 가르침을 다시 한번 깊이 되새기는 시간이 되었다.

나이가 들어 가면서 스스로의 부족함이 더욱 잘 보이게 되는 것 같다. 오래전 대학원을 졸업하고 박사 학위를 받았을 때는 내가 참으로 많은 것을 알고 있고 또 더 많이 잘 알게 될 것이라 자신했었다. 지금 와서 돌아보면 철없는 오만이었다. 학문 세계의 그 넓음과 깊음에 대한 경외심이 커지는 만큼 내 지식의 부족함에 대한 부끄러움도 커지는 것 같다. 하지만 그에 비례해서 학문적 호기심과 궁금증도 덩달아 많아짐은 감사한 일이 아닐 수 없다. 생각해 보면 내 주위에 감사해야 할 일들이 참 많다. 그중에서도 내 인생 최고의 파트너인 아내 서지원과 최고의 선물인 딸 수진이가 늘 나와 함께 있음은 정말 감사한 일이다. 마지막으로 나의 모든 부족한 모습에도 불구하고 여전히 나를 사랑하시는 하나님께 한없는 감사를 드립니다.

By the grace of God I am what I am. (1 Corinthians 15:10)

2016년 8월

김정수

차례

표 차례

그림 차례

CHAPTER 01

정책, 왜 배우는가?

제1절 학생 입장에서

제2절 (현직 혹은 미래의) 정책 담당자 입장에서

제3절 시민의 입장에서

제4절 일상적인, 그러나 너무도 중요한 공공정책

미리 생각해 보기

다음은 과거 우리나라에서 있었던 몇 가지 일화를 소개한 것이다. 어떤 생각이 드는가?

– 1970년대 「사랑해 당신을」이라는 히트곡으로 활동했던 혼성 듀엣 '라나에로스포(Lana et Rospo)'. 이 팀의 이름은 정부의 국어순화 운동으로 인해 한때 '개구리와 두꺼비'로 바꿔 불리기도 했다. 프랑스어 '라나에로스포'를 그대로 직역했던 것이다.

– 1986년 발표되었던 록그룹 '부활'의 데뷔 앨범에는 「희야」라는 히트곡 이외에 「이 나라 주인되어」라는 노래가 맨 마지막 곡으로 수록되어 있었다. 록그룹과는 전혀 어울리지 않는 이 곡은 사실 부활의 노래가 아니라 당시 정부가 만들어 보급했던 건전가요들 중의 하나였다. 1980년대까지만 해도 정부의 규제로 인해 우리나라 가수들의 모든 음반에는 이처럼 건전 가요가 반드시 수록되어야 했었다.

– 1970년대 우리나라 정부는 사회적 미풍양속을 지켜야 한다며 남성들의 장발과 여성들의 미니스커트를 강력하게 단속했었다. 장발 단속에 걸리면 심지어 길거리에서 그냥 머리를 깎이는 경우도 있었다.

이 책은 '공공정책(public policy)'에 관한 이해를 돕기 위해 쓰인 입문서이다. 공공정책이란 '사회문제를 해결하기 위한 정부의 작전'이라고 간단히 정의할 수 있다. 아주 넓은 의미에서 '정책(policy)'은 '어떤 문제에 대응하기 위한 방침' 정도의 뜻으로 통용된다. 사실 정책이라는 용어는 공공부문뿐만 아니라 기업, 병원, 학교 등 다양한 민간부문에서도 자주 사용된다. 그러나 이 책에서 다루고자 하는 것은, 민간부문이 아닌 공공부문이 결정과 집행의 주체가 되는 공공정책이다. 앞으로 이 책에서 정책이라는 단어는 공공정책의 준말로 사용될 것이다. 그렇다면 우리는 왜 정책에 대해 관심을 갖고, 연구하고, 배워야 할 필요가 있을까?

제1절

학생 입장에서

사회과학, 특히 국가행정과 관련된 분야를 전공하는 학생에게 정책 연구는 학문적 차원에서 반드시 필요한 요건일 것이다. 왜냐하면 정책의 결정, 집행, 평가 등이 행정 활동의 핵심을 이루기 때문이다. 국가행정을 직접적으로 전공하지 않는 경우에도 정책에 대한 공부는 필요하다. 왜냐하면 오늘날 사회적으로 수많은 영역들이 국가가 정해 놓은 정책적 틀 안에서 운용되기 때문이다.

예컨대 사회복지의 경우, 누구를 대상으로 하여 어느 정도의 지원을 누가 어떻게 제공해야 할 것인가 하는 것은 국가정책에 의해 정해진 방침에 의거하여 이루어진다. 병원에서 제공하는 의료 서비스와 비용은 어떤 체계로 구성되고 환자는 얼마를 어떻게 부담할 것인가 하는 것은 의료보험정책에 의해 좌우된다. 초등학교에서 어떤 내용을 공부하고, 중고등학교에서는 어떤 과목들을 배우며, 대학교 입시는 어떤 식으로 진행되는가 하는 것 역시 정부의 교육정책이라는 기본 틀에 의해 적용을 받는다. 이들뿐 아니라 통신 서비스, 건축, 문화예술, 국제무역, 금융 및 부동산 거래 등 국가정책에 의해 영향을 받는 사회 영역은 일일이 셀 수 없을 정도로 많다. 그렇기 때문에, 예컨대, 사회복지에 대해 전공하는 학생은 국가의 복지정책에 관하여 반드시 공부하여야 하는 것이다.

제2절

(현직 혹은 미래의) 정책 담당자 입장에서

현장에서 정책을 결정하고 집행하는 정책 담당자 입장에서는 당연히도 정책에 관한 공부가 필수적일 것이다. 여기서 정책 담당자라 함은 좁게 보면 중앙과 지방의 행정기관에서 일하는 관료들이지만, 넓게 보면 입법부인 국회 및 지방의회 의원들과 그 보좌관 그리고 사법부인 각급 법원의 법조인을 지칭하는 개념이다. 더 넓게 본다면 국가 공무원뿐 아니라 공기업, 위원회 등과 같은 공공기관의 종사자 전체가 해당된다. 정책 담당자들은 정책에 관하여 끊임없이 배우고 연구해야 할 의무가 있다. 그 이유는 다음과 같다.

첫째 이유는 국가 활동의 양적 팽창이다. 오늘날 국가가 정책적으로 개입하는 영역은 대단히 다양하고 광범위하다. 이 말은 곧 정책이 국민 생활 곳곳에 걸쳐 많은 영향을 미친다는 것을 뜻한다. 좀 과장되게 말하자면 우리 삶에서 정책에 의해 영향을 받지 않는 영역을 찾기가 거의 불가능할 정도로 국가의 활동 범위는 팽창하였다.

두 번째 이유는 정책의 막대한 영향력이다. 국가의 정책결정은 일반 개인이나 기업의 결정과는 비교가 되지 않을 정도로 그 파급효과가 막중하다. 정책은 대개 사회 전체를 대상으로 시행된다. 따라서 하나의 정책이 끼치는 영향력은 매우 크다. 또한 한번 결정된 정책은 쉽게 바뀌거나 취소되지 않는다. 이는 정책의 영향력이 상당히 오랜 기간 동안 지속적으로 사회에 영향을 미친다는 것을 의미한다.

세 번째 이유는 지식의 중요성이다. 정책의 영향력은 대단히 광범위하고 지속적이다. 이렇게 중요한 정책을 다루는 국가 공무원은 국민을 섬기기 위해 존재하는 머슴과 같은 존재이다. 따라서 정책 담당자가 최선을 다해 좋은 정책을 수립하려고 노력하는 것은 상전인 국민에 대한 필수 의무이다. 사회문제의 해결을 위해서는 선한 의지와 정확한 지식이라는 두 가지 요건이 반드시 필요하다. 국민을 잘 섬기겠다는 선한 의지만으로 사회문제가 저절로 해결되는 것은 결코 아니다. 결정의 품질(decision quality)은 지식의 함수이기 때문이다. 정확한 지식을 많이 가지고 있으면 좋은 정책을 결정할 가능성도 그만큼 커지며 따라서 사회문제가 잘 해결될 가능성도 커지는 것이다. 따라서 본분에 충실한 책임 있는 정책 담당자가 되기 위해서는 끊임없는 정책 공부가 반드시 필요하다.

제3절

시민의 입장에서

한편 일반 시민의 입장에서도 공공정책의 본질 및 작동 메커니즘에 대해 알아 둘 필요가 있다. 왜냐하면 공공정책은 한 나라 전체의 운명을 뒤흔들 정도로 심대한 영향력을 미치기도 하기 때문이다. 예를 들면, 구한말 당시 조선 정부의 쇄국정책은 결과론적이긴 하지만 대한제국의 멸망을 초래하였다. 이는 서양 문물을 적극 유입하였던 일본의 개항 정책과 극한 대조를 이루었다. 36년간의 일제강점기와 한국전쟁이라는 민족의 비극과 그 이후 한국 현대사의 수많은 질곡들은 한 나라와 민족의 운명이 국가정책에 의해 좌우될 수 있음을 극명하게 보여 준다.

더 나아가 국가의 정책은 그 나라뿐만 아니라 국제사회에까지 지대한 영향을 끼치기도 한다. 단적인 예로, 독일의 히틀러를 정점으로 한 나치 정권의 팽창정책은 제2차 세계대전을 일으킴으로써 국제사회 전체가 수많은 인명과 재산 피해를 입게 하였다. 냉전 시절, 미국과 소련의 군사정책은 핵무기 개발 경쟁에 박차를 가함으로써 온 인류를 핵전쟁의 두려움에 몰아넣기도 하였다. 반면 해방 이후 한국에 대한 미국의 각종 원조정책은 우리나라가 전쟁의 폐허 속에서 신속한 경제개발을 이루어 내는 데 큰 도움이 되었다. 이처럼 한 나라의 공공정책은 전

인류를 끔찍한 위기로 몰아넣을 수도 있고 반대로 이웃 국가들의 발전에 도움을 제공할 수도 있는 것이다.

또한 정책은 나라와 민족, 세계와 인류라는 거창한 차원이 아닌 시민 개개인의 삶에도 크고 작은 많은 영향을 미친다. 오늘날 개인의 일상적 생활이 국가의 정책에 의해 영향을 받는 경우는 허다하다. 얼핏 생각하면 공공정책은 뭔가 사회적으로 거창한 사안들에 관련된 것이고 내 개인의 삶은 그다지 상관없다고 느껴질 수 있다. 그러나 공공정책은 우리 민족과 사회라는 거대한 집합체의 삶뿐만 아니라 우리 개개인들의 탄생부터 죽음까지 삶의 사소한 영역에까지도 깊이 영향을 미친다.

우리의 삶 전체가 국가정책에 의해 얼마나 많이 좌우되는지 한번 생각해 보자. 아이가 태어나면 반드시 국가에 출생신고를 하여야 한다. 주민등록 제도에 의해 아이에게 부여된 번호는 죽을 때까지 그의 고유한 식별 번호로 작용하게 된다. 아이가 자라서 일정한 연령이 되면 의무교육정책에 의해 반드시 초등학교와 중학교 교육을 받아야 한다. 만약 장애 아동이라면 고등학교까지 의무적으로 진학해야 한다. 대학에 진학하려면 정부가 설정해 놓은 대학 입시 제도에 맞춰 공부해야 한다. 남학생이라면 병역정책의 규정에 따라 신체검사를 받고 일정한 기간 동안 반드시 군대에서 복무해야 한다. 식당에서 싼값에 쇠고기, 삼겹살, 생선 등을 먹는 것은 통상정책에 의해 외국산 농축수산 식품이 자유롭게 수입되기 때문에 가능한 일이다. 결혼을 하면 국가에 반드시 혼인신고를 해야 정당한 부부 관계가 성립된다. 거주할 집을 구입할 때는 부동산정책에 따라 부과된 각종 세금을 납부하여야 한다. 외국으로 자유롭게 신혼여행을 가거나 유학을 가는 것은 해외여행 자유화라는 정부의 정책 때문에 가능한 일이다. 직장에 다니면 정부가 정한 세

율에 따라 의무적으로 세금을 납부해야 한다. 질병에 걸리면 건강보험 정책에 의해 정해진 절차에 따라 의료 서비스를 받게 된다. 마지막으로 삶을 마치고 죽게 되면 누군가가 국가에 그의 사망 사실을 신고해야 한다. 이처럼 우리의 삶은 시작되는 순간부터 끝나는 순간까지 정책에 의해 둘러싸여 있는 것이다.

제4절

일상적인, 그러나 너무도 중요한 공공정책

정책은 마치 공기와도 같이 우리를 둘러싸고 있다. 우리는 필연적으로 공기에 의존하여 살아가고 있음에도 불구하고 그 사실 자체를 인식하지 못하며 살아간다. 마찬가지로, 공공정책은 우리 주위를 겹겹이 둘러싸고 있으면서 개인의 삶과 사회의 운명에 지대한 영향을 미친다. 그럼에도 불구하고 너무나 일상화되어 있기에 우리는 그 존재를 매 순간 실감하지 못하고 있는 것이다. 하지만 우리가 실감하건 못 하건 공공정책이 우리 개인과 사회 나아가 인류 공동체에까지 큰 영향력을 끼치는 것이 사실이다. 마치 우리가 공기의 존재를 인식하건 못 하건 공기가 인간의 생존에 있어서 필수 요소인 것과도 같다.

정책이 이렇게도 중요한 것이라면 마땅히 그 본질과 작동 메커니즘에 대해 알고 있어야 한다. 정책은 그냥 무관심하게 내버려 두기에는 너무나 중요한 사안이다. 또한 정확한 논리와 충실한 지식도 갖추지 않고 그냥 기분 내키는 대로 대하기에는 너무나 막중한 것이 정책이다. 좋은 정책이란 무엇인가? 어떤 정책이 얼마만큼 좋은 정책인지 어떻게 판단해야 하는가? 정책은 어떤 메커니즘을 통해 결정·집행·평가되는가? 정책의 합리성을 방해하는 요인은 무엇이며 또 어떻게 극복할 수 있는가? 이러한 주제들에 대해서 어느 정도 알고는 있어야 할 것이다. 이 질문들은 정책연구에 있어서 매우 중요한 핵심적인 논제들이기도 하다.

이 책의 목적은 이러한 질문들에 대한 '정답'을 제공하는 것이 아니다. 정답은 독자들이 그들 나름대로 논리적 사고를 거쳐 각자 추구해야 한다. 다만 이 책은 독자가 정책과 관련된 질문들에 대한 자신의 답을 찾아 가는 데 도움이 될 수 있는 각종 자료들을 제공할 것이다. 이 책에 소개된 여러 이론이나 모델들은 정책과 관련된 주요 논제들에 대한 기존 학자들의 사색과 고민의 산물이다. 그러나 그렇다고 해서 기존 연구들이 100% 확실한 정답이라고 미리 단정지을 필요는 없다. 사실 과학이란 끊임없는 회의와 비판 속에서 발전하는 것이다. 독자들은 기존 연구들이 대체 무슨 말을 어떤 논리에 의해 전개하는지 이해한 후에 과연 그것이 타당한지 스스로 자문하며 되새겨 보는 것이 필요하다. 그리하여 공공정책에 대한 자기 나름의 논리적 입장과 시각을 견고하게 구축해야 할 것이다.

CHAPTER 02

정책학이란?

미리 생각해 보기

6.25 전쟁 직후인 1953년 우리나라의 1인당 국민소득은 67달러에 불과했다. 1959년에는 식량난에 허덕이던 우리나라 국민들을 위하여 베트남에서 구호미를 보내오기도 했었다. 그러던 우리나라가 1979년에는 1인당 국민소득 1,674달러 규모로 발전하였고, 1995년에는 11,432달러, 그리고 2012년에는 다시 그 두 배인 22,708달러로 성장을 거듭하였다. 이러한 경제성장은 우리 사회의 중대한 문제라고 할 수 있는가? 만약 그렇다면 왜 그러한가? 우리나라가 원조를 받던 나라에서 원조를 주는 나라로 발전할 수 있었던 주된 원인은 무엇이라 생각하는가? 한국 정부가 주도했던 경제성장정책의 기여도는 어느 정도였다고 생각하는가?

제1절

정책학의 등장과 전개

1. 라스웰(Lasswell)과 정책과학

현대적인 정책연구의 개척자로 불리는 학자는 해럴드 라스웰(Harold Lasswell)이다. 그가 1951년에 발표했던 "정책지향(Policy Orientation)"이라는 논문은 본격적인 정책연구의 출발점으로 꼽힌다. 이 논문에서 그는 '인간의 존엄성 실현'을 궁극적인 지향점으로 하는 정책과학(policy sciences)의 필요성을 제시하였다. 공공정책은 인간이 부딪히는 근본적인 문제들을 해결함으로써 인간의 존엄성을 구현해야 한다는 것이다. 그리고 이러한 목적을 위해서 정책연구는 두 가지 요소가 필요하다고 보았다. 하나는 정책과정에 대한 연구이며, 다른 하나는 정책에 필요한 지식의 연구라는 것이었다.

하지만 라스웰의 이러한 주장은 당시 별다른 주목을 받지 못하였다. 왜냐하면 1950년대 당시 서구 사회과학계는 행태주의(behavioralism)가 득세하고 있었기 때문이다. 행태주의의 철학적 배경은 논리적 실증주의로서 인간(특히 개인)의 행태가 핵심적인 연구 대상이었다. 행태주의자들은 과학적 연구 방법을 강조하였기에 경험적 혹은 계량적 접근방법을 선호하였다. 따라서 계량화하기 곤란하거나 숫자로 치환될 수 없는 사안들은 아예 연구의 대상이 되지도 않았다. 가치판단이 개입된 문제는 회피되곤 하였다. 그러다 보니 라스웰이 강조했던 '인간의 근본적인 문제' 혹은 '인간 존엄성 실현' 같은 주제는 과학적 연구 방법에 적합하지 않은 것으로 무시되었던 것이다.

그러나 1960년대 미국 사회가 극심한 격동기를 겪으면서 사회과학 연구 전반에 걸쳐 큰 변화가 이루어지게 된다. 당시 미국에서는 인종차별에 반대하는 인권운동, 베트남전에 반대하는 반전운동 등 심각한 사회문제들이 줄을 이었다. 하지만 과학적 연구 방법을 강조하는 행태주의자들은 이러한 사회 현안들에 대해 연구 대상으로서 관심을 기울이지 않았다. 근본적으로 인권운동이나 반전운동 등과 같은 사건들은 계량적 분석 기법으로 해결책을 찾을 수는 없는 성질의 문제였기 때문이다. 이처럼 현실 사회에서 발생하는 심각한 문제들이 있음에도 불구하고 주류 사회과학자들이 관심을 갖지 않은 데 대해 비판이 제기되기 시작하였다. 현실의 사회문제를 파악하고 적절한 대책을 수립하기 위해서는 순수한 과학적 탐구뿐 아니라 행태주의자들이 꺼리던 가치판단 작업이 반드시 필요하다는 것이다. 후기 행태주의자로 불리는 이스턴(Easton, 1969) 같은 학자는 이러한 맥락에서 '적합성의 신조(credo of relevance)'를 주장하였다. 과학만을 위한 과학, 연구만을 위한 연구가 되어서는 곤란하며 마땅히 현실적합성 있는 문제에 대한 탐구 작업이 필요하다는 것이었다.

2. 정책학의 지향점

이러한 행태주의에 대한 반성과 비판 속에 1960년대 후반부터 문제 중심의 정책학이 다시 주목받기 시작하였다. 1971년 라스웰은 자신의 1951년 논문을 좀 더 발전시켜 '정책과학(Policy Sciences)'에 관한 논문을 발표하였다. 이 논문에서 그는 정책학이 추구해야 할 세 가지 기본 지향점으로 맥락성(contextuality), 문제지향성(problem orientation), 그리고 방법의 다양성(diversity)을 제시하였다.

첫째, 맥락성이란 사회문제에 대한 연구를 할 때 그 문제를 둘러싼 전체적인 맥락을 파악해야 한다는 것이다. 어떤 사회현상이든 진공상태 속에 홀로 존재하는 것이 아니라 여러 가지 요인들과의 연계 속에 존재하기 마련이다. 따라서 환경적 맥락은 다 무시하고 문제 자체에만 초점을 맞춰서 들여다보는 것은 의미 없는 일이다. 역사적으로 혹은 사회적으로 어떠한 맥락 속에서 이 문제가 발생하였고 이렇게 존재하게 되었는지 고려해야 한다.

둘째, 문제지향성이란 정책연구가 우리 시대, 우리 사회의 정말 중요한 '근본적인 문제(fundamental problem)'에 초점을 맞추어야 한다는 뜻이다. 정책은 사소한 문제들보다는 시민들이 살아가면서 부딪히는 근본적인 문제들을 해결하는 데 집중해야 한다. 정책을 연구하는 정책학 역시 정말 중요한 문제, 근본적인 문제들에 초점을 맞추어야 한다는 것이다.

셋째, 방법의 다양성이란 정책문제를 연구하고 또 바람직한 정책대안을 개발함에 있어서 어떤 특정한 방식만을 고집할 필요가 없다는 뜻이다. 1950년대 서구 사회과학의 대세였던 행태주의에서는 많은 방법론들 중에서 특히 계량적인 방법들을 강조했었다. 물론 계량적 분석 방법을 통해 잘 분석될 수 있는 사안들도 많다. 하지만 그렇다고 해서 어떠한 정책문제이건 항상 계량분석 방법을 동원해야 한다고 주장할 수는 없다. 문제의 성격에 따라 다른 비계량적인 방법을 통해서 더 나은 분석이 이루어질 수도 있다. 따라서 방법론에 있어서 어떤 한 가지만 고집하지 말고 여러 가지 다양한 방법을 찾아보고 아울러 여러 학문들 간의 학제적 협력을 통해 좀 더 나은 해결책을 찾아보자는 것이다.

제2절

정책학의 목적 및 범위

1. 정책연구의 목적과 특성

라스웰(Lasswell)이 강조했듯이 정책학의 궁극적 목적은 '인간의 존엄성 실현'이라고 할 수 있다(권기헌, 2008: 62). 즉, 인간이 살면서 부딪히는 근본적인 문제들에 대한 해결책을 모색함으로써 인간의 존엄성 구현에 일조하는 것이 정책연구의 본질적 목적이다. 인생을 살아가면서 여러 가지 고난과 문제, 또 힘든 역경들 때문에 허우적대면서 인간다운 존엄한 삶을 살고 있다고 말하기는 어렵다. 반대로 인생의 여러 가지 문제들이 잘 해결되면 그만큼 인간의 존엄성은 증진될 것이라 할 수 있다.

그렇다면 우리가 살면서 부딪히는 여러 가지 힘들고 어려운 문제를 적절히 해결하기 위해서 필요한 것은 무엇인가? 현명한 해결책 혹은 지혜로운 정책, 그리고 이를 수립하고 시행하는 정책과정의 합리성이 필요하다. 정책학은 바로 이를 위해 필요한 지식을 탐구하는 학문이라고 할 수 있다. 이러한 목적의식하에 이루어지는 정책연구는 다음과 같은 특성을 지닐 필요가 있다.

첫째는 문제지향성이다. 정책연구는 정책문제의 해결이라는 실천적 목표를 지향해야 한다. 정책연구는 단지 연구자의 지적 호기심을 충족하는 정신적 유희로 그쳐서는 안 된다. 추상적 사유와 과학적 분석이 중요하기는 하지만 그것은 어디까지나 현실의 사회문제 해결에 도움을 주기 위한 방편이어야 한다.

둘째는 방법론적 다양성이다. 범학문성 혹은 학제성이라고 표현할 수도 있다. 정책문제에 대한 현명한 해결책을 모색하는 데 있어서는 어느 특정한 이론이나 분석 기법만 고집해서는 안 된다.

셋째는 종합학문성이다. 정책연구는 궁극적으로 사회문제에 대한 현명한 해결책을 처방해 주어야 한다. 이를 위해서는 과학적 연구뿐만 아니라 철학적 사유도 필요하다. 객관적으로 사실관계와 인과관계를 파악하려는 실증적 접근과 아울러 가치판단을 다루는 규범적 접근이 병행되어야 한다는 것이다.

2. 정책연구의 범위

정책학의 범위란 달리 표현하면 정책연구를 통해 제공되는 지식이 무엇인지 하는 것이다. 이는 곧 정책연구의 목적과 직결된 문제이기도 하다. 앞에서도 강조했듯이 정책을 연구하는 궁극적인 목적은 보다 나은 정책을 만들고 시행함으로써 사회문제를 해결하고 인간의 존엄성을 실현하는 것이다. 따라서 정책연구를 통해 얻고자 하는 지식은 결국 보다 나은 정책을 만드는 데 필요한 지식이다.

이러한 지식은 크게 두 가지로 구분할 수 있다. 하나는 '정책과정에 관한 지식'이고, 다른 하나는 '정책과정에서 필요한 지식'이다. 라스웰(Lasswell, 1971)의 표현을 빌리자면 'knowledge of the policy process'와 'knowledge in the policy process'라는 두 가지 유형의 지식이다.

1) 정책과정에 관한 지식

먼저 정책과정에 관한 지식이란 정책이 어떻게 시작되고 어떻게 진행되며 또 어떻게 끝나는지 혹은 어떻게 변경되는지 등에 관한 지식을 의미한다. 즉 정책문제의 인식에서부터 시작하여 문제의 정의, 대안 탐색 및 비교 분석, 정책의 결정과 집행, 평가 및 수정(혹은 종료)에 이르기까지 전 과정이 어떻게 이루어지는지에 관하여 연구하는 것이다.

예를 들어서, 정책과정은 어떤 단계로 구분되게 되는가? 그 과정에 참여하는 사람들은 어떤 존재들인가? 그 사람들은 어떤 목적으로 어떤 동기에서 정책과정에 참여하는가? 정책과정에서 가장 큰 영향력을 미치는 존재 또는 요인은 어떤 것들인가? 리더의 영향력이 크게 작용하는 경우는 어떤 상황이고 또 일반 구성원들의 영향력이 더 큰 경우는 어떤 상황인가? 이러한 지식은 정책과정을 과학적 방법으로 탐구하여 얻어지는 실증적·경험적 지식의 총합이다.

실증적 지식이란 현상에 대한 객관적 서술(description)과 아울러 현상들 간의 인과관계에 대한 설명(explanation)을 포함한다. 정책과정에 관한 실증적 지식이 중요한 이유는 올바른 선택의 근거가 되기 때문이다. 문제를 해결하고 상황을 개선하기 위한 결정을 제대로 하려면 신뢰할 수 있는 확실한 근거에 기초해야 한다. 과학적 연구를 통해 얻어지는 실증적 지식이 바로 그 믿을 만한 근거가 되는 것이다.

2) 정책과정에서 필요한 지식

한편 정책과정에서 필요한 지식이란 보다 좋은 정책을 수립하고 정책과정을 개선하는 데 필요한 지식을 의미한다. 정책과정에서 필요한 지식은 다시 두 가지 종류로 나누어 볼 수 있다.

첫째는 정책과정을 개선하기 위해 필요한 규범적·처방적 지식이다. 규범적인 지식이란 무엇이 좋은가 그리고 무엇이 나쁜가에 관한 지식을 의미한다. 보다 현명한 정책을 수립하기 위해서는 우선 좋은 정책이란 어떤 것인지, 또 바람직한 정책과정은 어떠해야 하는지 등에 대한 규범적 지식이 확보되어야 한다. 예를 들면, 정책을 결정할 때 리더가 혼자 독단적으로 결정하는 권위주의적 방식과 구성원들이 같이 참여하는 민주적 결정 방식 중 어떤 것이 더 바람직한가에 관한 지식이 필요하다.

아울러 현재의 정책과정이 좋지 않다면 무엇을 어떻게 시정해야 개선될 수 있는지에 관한 처방적 지식이 필요하다. 처방(prescription)이란, 문제해결을 위한 구체적인 실천 방안을 의미한다. 예를 들어서, 현재 우리나라 정부의 정책결정 스타일이 주로 리더의 판단에 의해 크게 좌우되는 방식이라고 가정해 보자. 그리고 규범적 논의를 통해서 리더의 독단보다는 구성원들의 참여에 의한 정책결정이 더 바람직한 방식이라는 결론을 가지고 있다고 가정해 보자. 그렇다면 이때 필요한 지식은 현재의 권위주의적 정책결정 방식을 보다 바람직하다고 생각되는 민주적 방식으로 개선시키기 위해서 필요한 처방이 무엇인가 하는 것이다.

정책과정에서 필요로 하는 두 번째 지식은 각 분야별 정책에 있어서 해당 사안에 대한 전문적이고 실질적인 지식이다. 예를 들어 문화정책이라면 문화와 예술 자체에 관한 지식이, 교육정책의 경우에는 교육과 관련된 제반 지식이, 보건정책을 입안할 때는 의학적 지식이, 통상정책을 수립할 때는 국제경제에 관한 지식이 필요하다는 것이다. 사실 실제 정책 현장에서는 정책과정이 어떻게 이루어지는지 또 바람직한 정책과정은 어떠해야 하는지에 관한 지식 못지않게 개별 정책 분야에 대한 전문적인 지식이 반드시 필요하다. 각종 사회문제에 대한 효과적인 해결을 위해서는 각 사안에 대하여 내용적으로 정확한 지식에 바탕을 두고 정책이 결정되어야 하기 때문이다.

일반적인 정책학의 경우, 정책과정에 관한 실증적 지식과 정책과정의 개선을 위해 필요한 규범적·처방적 지식이 주된 범위가 된다. 이 두 가지 지식은 분야를 막론하고 모든 정책에 공통적으로 적용될 수 있는 일반론적 지식이다. 그리고 이것이 이 책에서 다루고자 하는 주된 내용이기도 하다. 반면 각 분야별 정책연구에 있어서는 해당 사안의 실질적 내용에 대한 지식, 예컨대 교육학 혹은 의학적 지식의 탐구가 매우 중요하다. 정책과정에 관한 일반론적 지식이 총론이라고 한다면, 각 정책문제의 내용에 관한 지식은 각론이라고 할 수 있다. 이상적인 정책연구는 물론 총론과 각론을 모두 충실하게 아우르는 것이다. 일반론적 지식만 가지고서는 구체적인 정책 사안별로 적절한 해결책을 마련하는 데 한계가 있을 수밖에 없다. 반대로 개별 사안에 대한 전문적 지식만 갖고 있고 정책과정에 관한 충분한 이해가 없다면 원하는 좋은 정책을 현실화하는 데 어려움을 겪을 수 있다.

3. 요약

지금까지의 논의를 정리하면 [그림 2-1]과 같다. 정책학에서 탐구하는 지식은 정책과정에 관한 지식과 정책과정에서 필요한 지식이다. 이 두 종류의 지식을 활용하여 정책과정을 보다 바람직한 방향으로 개선해 나갈 수 있다. 정책과정의 합리성을 제고하면 그만큼 더 현명한 정책을 수립·시행할 수 있게 된다. 그리고 현명한 정책을 통해 우리 사회의 근본적 문제들이 더 잘 해결되면 그만큼 시민들의 삶의 질이 더 높아지게 된다. 결국 개별적인 정책연구를 통하여 축적되는 지식은 궁극적으로 인간의 존엄성을 구현하는 데 기여하게 되는 것이다.

그림 2-1 정책학의 목적과 연구 체계

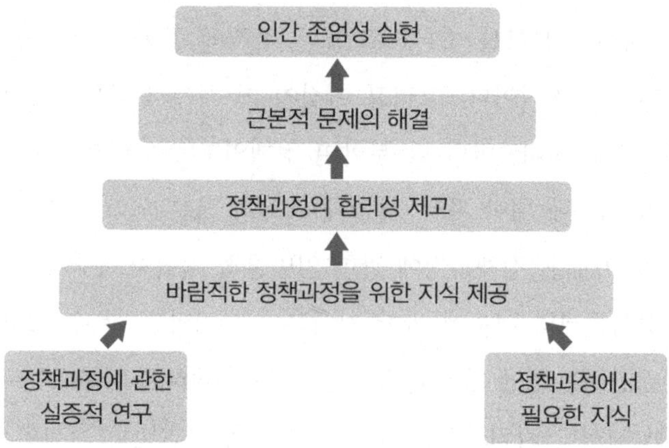

제3절

정책연구의 접근방법

인간 존엄성의 실현을 목적으로 정책에 대한 연구를 하려고 할 때, 세 가지 종류의 접근방법이 있다. 첫 번째는 규범적 접근방법(normative approach), 두 번째는 실증적 접근방법(positive approach), 그리고 세 번째는 처방적 접근방법(prescriptive approach)이다(김태영 외, 2003).

1. 규범적 접근방법

규범적 접근방법이란 바람직한 사회 상태는 무엇인가에 대해 연구하는 것을 말한다. 예를 들면 모든 사람들에게 소득을 똑같이 분배하는 공산주의식 체제가 더 나은지, 아니면 자유경쟁에서 승리한 사람이 더 많은 몫을 차지하는 소위 승자독식의 자본주의 체제가 더 바람직한 것인지 고민해 보는 것이다. 규범적 접근방법은 기본적으로 가치판단(value judgement) 차원의 탐구 작업이다. 가치판단은 선악(善惡, good/bad)의 문제요 당위(當爲, sollen)의 문제이다. 즉, 무엇이 옳으며(right) 무엇이 그른지(wrong), 무엇이 바람직하며(desirable) 무엇이 바람직하지 않은지(undesirable)를 따지는 연구라는 것이다.

정책학은 우리 사회의 '근본적인 문제(fundamental problem)'에 초점을 맞추어야 된다고 했다. 규범적 접근방법은 과연 무엇이 문제인지에 대한 기준을 제시하려는 노력이다. 어떤 상황이 왜 문제가 되는지에 대한 의문은 가치판단의 영역이 된다. 특히 무엇이 과연 진짜 '근본적인' 문제인지에 대한 고민은 규범적 접근방법으로 다루어져야 한다.

규범적 접근방법에서는 객관적 사실과 기준에 의한 보편타당한 판정을 내리기가 어렵다. 예를 들어서 '노랗게 염색한 머리가 예쁘다'라는 주장에 대해서는 객관적으로 맞다 혹은 틀리다는 식의 판정을 내릴 수 없다. 왜냐하면 개인의 가치관이나 미적 감각에 따라 동의할 수도 있고 동의하지 않을 수도 있기 때문이다. 반면 '머리를 노랗게 염색하는 청소년의 수가 증가하고 있다'라는 주장의 참/거짓 여부는 실제 조사를 통하여 누구나 수긍할 수 있는 객관적 판정이 가능하다. '초콜릿을 많이 먹으면 체중이 늘어나 뚱뚱해진다'는 식의 주장은 실제로 실험을 해보면 맞는 말인지 틀린 말인지 알 수 있다. 그러나 '날씬한 몸매가 아름답다'라는 식의 주장은 객관적인 참/거짓 판정의 대상이 될 수 없는 것이다.

정책을 연구할 때, 규범적 접근방법에서는 예컨대 다음과 같은 질문들에 대한 답을 모색하게 된다. 좋은 정책이란 어떤 정책인가? 바람직한 정책과정(정책의 결정·집행·평가 등)은 어떤 특성을 갖추어야 하는가? 민주적 참여가 보장된 의사결정 방식과 강력한 리더가 이끄는 의사결정 방식 중 어느 것이 더 좋은 방식인가? 혁신적인 정책 개혁이 바람직한가 아니면 점진적인 정책 개선이 바람직한가? 일선의 정책집행자에게 되도록 많은 재량권을 위임해 주는 것이 좋은가 아니면 주어진 지시에 충실히 따르도록 하는 것이 좋은가? 이러한 질문들은 지금의 현실이 어떠하냐 하는 것이 아니라 과연 바람직스러운 이상형이 무엇이냐를 고민하게 한다.

2. 실증적 접근방법

실증적 접근방법이란 사회현상의 사실관계 혹은 인과관계를 탐구하는 것을 말하는데, 경험적 접근 혹은 과학적 접근이라고도 한다. 예를 들어서 현재 우리나라의 정보화 수준이 어느 정도인지 파악한다든가, 혹은 고도 경제성장이 정치적 발전을 초래하는지에 대해 알아보는 것이다. 실증적 접근방법은 사실판단 차원의 탐구 작업이다. 사실판단은 맞고 틀림(正誤, true/false)의 문제요 존재(*存在*, sein)의 문제이다. 즉, 어떤 것이 좋은가 나쁜가 하는 판단과는 별개로 그것이 객관적인 사실이냐 아니냐를 판단하는 것이다.

실증적 접근방법에서는 어떤 주장이 참(true)인지 아니면 거짓(false)인지를 따진다. 예컨대 '2에 5를 곱하면 10이 된다'는 주장은 참이지만, '3에 5를 더하면 10이 된다'는 주장은 거짓이다. 실증적 접근방법으로 연구한 결과에 대해서는 자료 조사를 통하여 그 주장의 정오(正誤) 여부를 판명하게 된다. 예를 들어 '우리나라 인구 중 60대 이상 노년층이 차지하는 비율이 매년 증가하고 있다'는 주장은 인구통계 수치를 검토해 보면 맞는지 틀리는지 알 수 있다. '담배를 많이 피우는 사람은 폐암에 걸릴 확률이 높다'는 주장에 대해서는 실제 폐암 환자들을 조사해 보면 참인지 거짓인지 판정할 수 있다.

마찬가지로 다음과 같은 질문들이 실증적 탐구에 있어서 연구 주제가 된다. 정책과정은 어떻게 이루어지며 무엇에 의해 영향을 받는가? 우리나라 정부의 정책결정은 소수의 고위 관료들 위주로 이루어지는가? 국회에서 법을 만들 때, 이익집단들의 로비에 의해 좌우되는가 아니면 국익에 대한 고려가 우선되는가? 이러한 질문들은 있는 그대로의 현재 사실 혹은 인과관계에 관한 객관적인 판정을 구하는 것이지 그것이 바람직한가 아닌가를 따지는 것은 아니다.

3. 처방적 접근방법

처방적 접근방법이란 어떤 특정한 사회 상태를 이상적인 목표라고 전제한 후 그 목표를 달성하기 위해서는 무엇을 어떻게 해야 하는지 연구하는 것이다. 정책처방(policy prescription)이란 특정한 가치판단과 특정한 사실판단을 전제로 하여 특정한 상황에 대한 구체적인 행동지침을 제시해 주는 것이다. 특정한 가치가 소중한 것이라고 전제한 후에 그 목표를 잘 달성하기 위한 최선의 수단을 제시해 주는 것이다. 예를 들어서 남북한의 통일을 바람직한 상태라고 전제하고 통일을 이룩하기 위해서는 구체적으로 어떠한 조치들을 취하여야 하는지 그 방안을 강구하는 것이다.

처방적 접근방법에서 중요한 것은 목표로 삼는 어떤 가치가 왜 바람직한가를 논의하는 것이 아니다. 일단 어떤 특정한 상태를 바람직하다고 전제한 다음에 그 상태에 도달하기 위한 구체적인 수단을 제시하는데 초점을 맞추는 것이다. 예를 들어 정부가 모든 학생들로 하여금 영어를 능숙하게 구사하도록 만들고 싶어 한다고 가정하자. 여기서 정부 입장에서는 영어를 잘하는 것은 곧 좋은 것이요 바람직한 것이라는 가치판단이 이미 내려진 상태이다. 물론 영어를 잘하는 것이 과연 바람직한 것이냐 아니냐에 대해서는 개인의 가치관이나 인생관에 따라 판단이 달라질 수 있다. 그러나 처방적 접근방법에서는 일단 영어 실력 향상은 좋은 목표라고 전제하고 나서 그렇다면 학생들이 영어를 잘하게 하려면 구체적으로 무엇을 어떻게 해야 할 것인지를 모색하는 것이다.

4. 종합

이 세 가지 접근방법의 관계를 보다 명확하게 이해하기 위해 의사와 환자의 관계를 통해 생각해 보자. 몸이 아픈 환자가 병원에 와서 의사에게 진단을 받았는데 폐암이라는 판정을 받았다고 가정하자. 이때 의사가 환자에게 진단의 결과, 즉 질병의 상태나 원인을 말해 주는 것은 실증적 차원의 진술이다. 이러한 진단은, 예컨대, 흡연과 폐암과의 인과관계에 관한 실증적 지식에 기초한 판단이다. 이는 폐암에 걸린 환자에 대해 의사가 불쌍히 여기거나 혹은 반대로 그것 잘되었다고 고소해 한다고 해서 달라지는 것이 아니다. 그 환자가 현재 폐암에 걸려 있고 그 원인은 지나친 흡연 때문이라는 것은 환자에 대한 의사의 감정과는 전혀 상관이 없는 객관적 사실인 것이다.

폐암에 걸려 곧 생명이 끊어질 수 있는 상태가 좋은 것이냐 나쁜 것이냐 하는 것은 규범적 차원의 판단이다. 또한 불치병 환자에게 고통을 덜어 주기 위해 안락사를 시켜 주는 것이 좋으냐 나쁘냐 하는 것도 규범적 차원에서 다루는 질문이다. 어느 쪽으로 생각하든 그러한 판단은 '2 곱하기 5는 10'이라는 명제가 참이냐 거짓이냐를 따지는 것과는 그 성격이 다르다. 많은 사람들이 장수하는 것을 인생의 복락이라고 생각하겠지만 그렇게 생각하지 않는 사람들도 있을 수 있다. 안락사는 종교적 관점에서 보면 비윤리적 범죄로 비춰지지만, 사람에게는 고통받지 않고 편안히 죽을 수 있는 권리도 있다는 시각에서 보면 매우 인간적인 조치라 할 수 있다. 이러한 사안에 대해서는 어떤 견해가 맞고

(true), 어떤 견해가 틀리다(false)는 식의 판단이 불가능한 것이다.

한편 의사가 이 환자에게 담배를 끊고 항암 치료를 받으라고 권하는 것은 바로 처방이다. 이와 같은 처방은 우선 건강을 회복하여 오래 사는 것이 바람직하다는 가치판단을 전제로 한 것이다. 그러고 나서 건강 회복과 장수를 위해 구체적으로 해야 할 일들을 제시해 주는 것이다. 그런데 여기서 중요한 것은 처방전의 근거이다. 즉 과연 무엇을 근거로 환자의 질병을 치유할 수 있는 조치들을 처방할 것인가 하는 문제이다. 얼마나 효과 있는 처방을 제시할 수 있는가 하는 것은 결국 질병에 대한 실증적 인과관계 지식의 함수라고 할 수 있다. 폐암에 대한 확실한 의학 지식을 많이 가지고 있는 의사라면 환자의 건강을 회복시킬 수 있는 효과적 처방을 제시할 것이다. 반면 의학 지식이 전혀 없는 돌팔이 의사가 처방을 내린다면 오히려 환자의 상태를 더욱 위태롭게 만들게 될 것이다.

결국 제대로 된 처방을 제시하려면 반드시 신뢰할 만한 실증적 지식이 있어야만 한다. 아무리 규범적으로 옳은 가치판단을 하고 올바른 목표를 설정했다고 해도 실증적 차원의 지식이 없다면 결국 공허한 탁상공론이 될 뿐이다. 그 목표를 효과적으로 달성할 수 있는 실질적인 처방을 내릴 수 없기 때문이다. 오늘날 우리가 과학이라고 부르는 것은 일반적으로 바로 이 실증적 차원의 인과관계 지식을 탐구하는 활동을 의미한다.

일반적으로 정책의 목표 설정은 가치판단에 의해, 그리고 정책수단의 선택은 사실판단에 의해 이루어진다. 그리고 실제 정책목표의 달성 여부는 정책 담당자의 '의도'보다는 '인과관계'에 의해 좌우된다. 만약 악한 의도로 설정된 목표를 위해 정확한 인과관계 지식을 통한 수단이 선택된다면 끔찍한 결과가 나오게 된다. 제2차 세계대전 당시 독일 나치 정권이 수많은 유태인을 학살하기 위해 가스실을 사용했던 것이 그 대표적인 사례일 것이다. 반대로 아무리 선한 의도를 가지고 좋은 목표를 설정한다고 해도 수단의 선택이 제대로 된 인과관계 지식에 기초하지 않는다면 문제가 제대로 해결될 수 없다. 사실 정책이 좋은 결과를 맺지 못하는 이유는 대개 의도에 문제가 있어서가 아니라 확실한 인과관계 지식이 부족하기 때문이다. 결국 사회문제에 대한 올바른 정책처방을 제시하기 위해서는 규범적 탐구를 통한 '선한 가치판단'과 실증적 탐구를 통한 '정확한 사실판단'이라는 두 가지 요소가 반드시 전제되어야 하는 것이다.

제4절

정책학의 한계

정책학은 과연 그 이상을 달성할 수 있는 것일까? 정책연구가 지향하는 궁극적 목적에도 불구하고 현실적으로 몇 가지 한계가 있음을 부인할 수 없다.

첫 번째 한계는 정책학의 유용성에 대한 의문이다. 앞에서 정책학을 통해 얻고자 하는 지식은 정책과정에 관한 그리고 필요한 일반론적 지식이라고 하였다. 그런데 과연 분야를 막론하고 모든 사안별 정책과정에 공통적으로 적용되는 일반 모형(general model)을 정립하는 것이 가능한가? 실제 정부에서 담당하고 있는 정책사안은 매우 다양하다. 저마다 성격이 다른 수많은 분야별 정책들이 있는데 그 모두에 적용 가능한 '일반화된' 지식이 과연 있을 수 있는가? 여기서 딜레마가 발생한다. 이론의 적용 범위를 넓히고 일반화시키려면 그만큼 추상적이 되는 반면 구체성은 떨어질 수밖에 없다. 그렇게 되면 당연히 각 사안에 대한 개별적 적합성은 줄어들게 된다. 반대로 개별적 적합성을 높이게 되면 그만큼 적용 범위는 좁아지게 되고, 또 이론의 일반화 가능성 역시 그에 상응하게 낮아지게 되는 것이다.

두 번째 한계는 정책연구의 활용성에 대한 의문이다. 과연 정책연구

는 보다 나은 정책을 만드는 데 실제로 잘 활용되는가? 사실 각 분야별로 수많은 종류의 다양한 정책연구들이 계속 쏟아져 나오고 있다. 그런데 그런 정책연구의 결과가 실제 정책 현장에서는 제대로 반영되지 않는 경우가 많다. 그 이유는 여러 가지가 있을 수 있다. 연구의 내용 자체가 수준 미달이어서 그럴 수도 있다. 혹은 연구의 수준과는 상관없이 정치적 고려에 의해서 또는 정책 담당자들의 상충된 이해관계 때문일 수도 있다. 원인이 무엇이든 정책연구가 실제 현장에서 항상 충실하게 반영되지는 않는 것이 현실이다.

세 번째 한계는 정책연구의 악용 가능성이다. 즉, 정책연구가 그 본래의 이상과는 달리 바람직하지 못한 용도로 나쁘게 쓰일 수 있다는 것이다. 연구자가 겉으로는 과학적 방법을 내세우면서 사실은 연구 내용을 특정한 방향으로 왜곡시키는 것이 얼마든지 가능하다. 연구자 개인의 사적인 이익을 위해 정권의 입장을 옹호·대변하는 권력의 시녀로 전락할 가능성도 배제할 수 없다. 또한 정책목표에 대한 비판적 가치판단이 결여되면 자칫 기득권층의 이익을 과학의 이름으로 감싸 주거나 면죄부를 주는 일도 가능하다.

하지만 이러한 한계들에도 불구하고 정책연구는 필요하다. 아니 한계가 있기 때문에 더더욱 제대로 된 정책연구가 절실히 필요하다. 좋은 정책이란 어떤 것이고 또 사회문제의 해결을 위해서는 무엇을 해야 할 것인지 등에 대하여 아무런 고민도 없다면 우리가 사는 사회가 보다 나아질 가능성은 희박하기 때문이다. 누가 어떤 식으로 정책을 연구하든 한계가 있을 수밖에 없다면 어떻게 해야 할 것인가? 일단 정책을 전문적으로 배우고 연구하는 사람들이나 혹은 일반 시민들 입장에서는 정책연구에 한계가 있을 수 있음을 분명히 인식하여야 한다. 더

나아가 바람직한 정책결정을 위해서는 엄정한 과학적 실증 분석과 함께 건전한 가치판단이 반드시 필요함을 인정해야 한다. 우리 사회에 철학, 윤리, 인문학, 종교, 예술 등이 중요한 이유가 바로 이것이다. 과학을 통해 믿을 만한 실증적 지식을 얻을 수 있지만 과학만으로는 부족하다. 인간과 사회에 대한 건강한 가치관이 반드시 겸비되어야 한다. 보다 나은 정책을 만들고 사회를 개선시켜 나아가기 위해서는 실증적 과학 지식과 함께 건전한 가치판단이라는 두 가지 날개가 모두 필요한 것이다.

토론 주제

1) 국가의 정책에 의해 나(혹은 우리 가족)의 삶이 크게 좋아지거나 혹은 반대로 크게 나빠진 경우가 있었는지 생각해 보자. 정책이 우리의 삶을 악화시키지 않도록 그리고 더욱 향상시킬 수 있도록 하기 위해서 필요한 것은 무엇인지 생각해 보자.

2) 라스웰(Lasswell)은 인간이 부딪히는 '근본적 문제(fundamental problem)'들을 해결함으로써 궁극적으로 인간의 존엄성을 실현하는 것이 정책과학의 사명이라고 강조하였다. 오늘날 한국 사회의 '근본적 문제'임에도 불구하고 정책적 해결 노력이 전혀 없거나 혹은 부족한 사안이 있다면 무엇인지 생각해 보자.

참고 의견

국가의 정책이 국민들의 삶을 더욱 행복하게 만들어 주기 위해서는 우리 사회의 근본적인 문제들에 대한 현명한 해결책이 수립·시행되어야 한다. 이를 위해서는 사변적 토론이나 과학적 연구 어느 하나만으로는 부족하다. 우선 무엇이 과연 우리 사회의 근본적 문제인지 확인하기 위해서는 철학적, 윤리적 성찰을 통한 건전한 가치판단이 이루어질 필요가 있다. 그리고 현명한 해결책의 모색을 위해서는 철저한 과학적 연구를 통하여 신뢰할 만한 지식이 많이 축적되어야 한다. 또한 공동체 구성원 모두를 위한 정책의 수립을 위해서는 구성원들의 참여로 이루어지는 정치적 의견 조정 과정도 필요하다. 결국 보다 좋은 정책을 만들고 시행하기 위해서는 어느 한두 사람이나 소수 전문가들만이 아니라 다양한 분야, 다양한 전문가들의 협력적 노력이 필요하다.

더 읽어 보기

권기헌, 2007, "정책학의 정향과 과제: 정책이론, 신제도주의, 그리고 거버넌스,"『국정관리연구』, 2(1).

오철호, 2007, "정책연구 어떻게 할 것인가: 이슈와 제안,"『한국정책학회보』, 16(2): 281~325.

허범, 2002, "정책학의 이상과 도전,"『한국정책학보』, 11(1).

CHAPTER 03

정책에 관한 기본적 이해

미리 생각해 보기

1998년 출범했던 김대중 정부는 대북 관계에 있어서 소위 '햇볕정책'을 시행하였다. 햇볕정책이 추구하였던 목표는 무엇이었으며 목표 달성을 위해 어떤 수단을 사용했는지 생각해 보자. 햇볕정책을 통해 우리나라의 '공익'이 증진되었다고 생각하는가? 그렇다고 생각한다면 왜 그렇게 생각하는가?

제1절

정책의 개념

이 책에서 이야기하는 정책(policy)이라는 단어는 공공정책(public policy)이라는 말에서 공공(public)이라는 수식어가 생략된 것이다. 사실 정책이라는 용어는 정부기관뿐만 아니라 일반 민간단체에서도 자주 사용된다. 예를 들면 병원, 학교, 종교단체, 보험회사 등에서도 정책이란 용어를 종종 사용한다. 그런데 우리가 이 책에서 관심을 가지고 탐구해 보려는 정책이란 민간단체가 아니라 공공부문에 의해서 만들어지고 시행이 되는 공공정책을 지칭한다. 통상적으로 그냥 정책이라는 용어를 사용하지만 실은 그 앞에 공공이란 단어가 생략된 것이다.

그렇다면 정책의 개념을 어떻게 이해하면 되는가? 어떤 사회현상을 과학적으로 연구하려고 할 때 가장 기본이 되는 작업은 그 현상에 대한 구체적인 개념을 정의하는 작업이다. 개념 정의는 매우 중요한 작업임에도 불구하고 사실 사회과학 용어들에 대한 개념이 완벽하게 통일돼 있는 경우는 흔치 않다. 정책도 마찬가지라고 할 수 있다.

앞 장에서도 강조했듯이 정책과학을 주창했던 라스웰(Lasswell)은 정책의 본질을 '문제해결'이라는 관점에서 규정하였다. 사람들이 살면서 부딪히는 사회적인 문제들을 해결하기 위한 것이 바로 정책의 본

질이라는 것이다. 이런 관점에서 보면 정책이란 '사회문제를 해결하기 위한 정부의 의도적인 조치'를 의미한다고 간단히 정의할 수 있다. 좀 더 구체적으로 정책은 "바람직한 사회상태를 이룩하려는 정책목표와 이를 달성하기 위해 필요한 정책수단에 대하여 권위 있는 국가(정부) 기관이 공식적으로 결정한 기본방침"이라고 정의할 수도 있다(정정길, 2010: 35). 정부가 정책을 결정하고 시행하는 것은 궁극적으로 사회적 문제를 해결함으로써 공익을 추구하고 인간의 존엄성을 구현하고자 함이다.

사회문제를 해결하기 위해서는 필연적으로 자원이 소요된다. 그리고 이 과정에서 특정한 양상으로 가치(사람들이 소중히 여기고 추구하는 것들)의 배분이 이루어지게 된다. 따라서 정책이란 "가치 및 자원의 권위 있는 배분(authoritative allocation of values and resources)"이라고도 정의될 수 있다(Easton, 1953: 129). '자원의 배분'이란 사회문제 해결을 위하여 어떤 자원을 어디에 얼마만큼 투입할 것인지 결정함을 뜻한다. '권위 있는'이란 표현은 정당한 권한을 가진 국가기관에 의한 결정이기에 아무렇게나 취소되거나 변경될 수 없으며 또한 국가의 공권력에 의해 그 시행이 보장된다는 의미이다.

정책에 대한 엄격한 학술적 개념 정의와는 별개로 실제 현실에서는 정책이라는 용어 외에도 매우 다양한 이름이 사용되고 있다. 우리가 흔히 법규라고 칭하는 헌법, 법률, 명령, 조례, 행정규칙 등도 정책의 일환이다. 이 외에도 제도, 방침, 조치, 방안, 프로그램, 계획, 대책, 내규 등 다양한 명칭들이 사용된다. 예컨대 서민주택 공급 방안, 주택 2백만 호 건설 계획, 다문화 가정 지원 프로그램, 스크린쿼터제, 주택조합 제도, 시정방침, 8·8 조치, 골프장 허가 기준·규정·내규, 실업

대책, 새마을운동, 4대강 사업 등 이 모든 것들 역시 정책의 다른 이름들이다. 이들은 모두 사회문제를 해결하기 위한 공적 규정이라는 점에서 다 정책이라고 할 수 있다. 따라서 정책이란 실제 현장에서 어떤 명칭으로 불리는가와 관계없이 사회문제를 해결하기 위해 국가(정부)가 결정하고 시행하는 모든 전략 혹은 방침을 의미하는 것으로 이해해야 한다.

제2절

문제해결로서의 정책

정책을 사회의 공공문제를 해결하기 위한 노력이라고 정의한다면 문제해결과 관련하여 두 가지 측면에 대한 이해가 필요하다. 첫째, 정책은 반드시 공적인 법률에 의거하여 운영된다는 점과 둘째, 문제해결을 위해서는 자원이 소요되기 마련이라는 점이다.

막스 베버(Max Weber)는 합리적 조직 형태로서의 근대 관료제가 기반하고 있는 핵심 원리의 하나로 '법에 의한 운영'을 꼽았다. 공공부문에서의 문제해결이 민간부문에서의 그것과 가장 두드러지게 차이 나는 것은 바로 '정당한 폭력', 즉 공권력이 동원된다는 사실이다. 공권력 행사의 정당성은 법에 근거한다. 법이란 공동체 구성원 모두를 구속하는 공적인 규범의 집합체이다. 공권력은 법이 정하는 상황에서, 법이 정하는 범위 내에서, 법이 정하는 절차에 따라 행사될 때에 한해서 그 정당성이 인정된다. 그렇지 않은 경우, 비록 적법하게 설립된 국가기관이라고 해도 권력의 행사는 부당한 폭력이 되는 것이다. 공권력 또한 본질적인 면에서는 폭력이기 때문에 그 행사는 개개인의 의지를 꺾고 자유를 침해하는 식으로 나타난다. 따라서 공권력의 행사는 권력자의 자의적 판단에 따라 예측 불가능하게 이루어져서는 안 된다. 반드시 사회적

으로 용인된 절차에 따라 성립된 공적인 법체계에 의거해야만 한다.

한편 문제해결을 위해서는, 공공부문이건 민간부문이건 간에, 어떤 식으로든 자원(돈, 시간, 지식, 인력 등)이 소모된다. 문제가 해결되어 만족을 얻으려면 반드시 그에 상응하는 비용이 지불되어야 한다는 것이다. 그런데 중요한 것은 사용할 수 있는 가용자원(available resources)이 무한정 있는 것이 아니라 제한되어 있다는 사실이다. 이 때문에 자원을 되도록 효율적으로 사용해야 한다는 당위성이 도출된다. 간단히 말해 제한된 자원을 가급적 최소한 투입하여 가급적 최대한의 성과를 거두어야 한다는 것이다.

그런데 정책에 의한 문제해결에 있어서는 자원과 관련하여 꼭 기억해 두어야 할 점이 하나 더 있다. 그것은 정책 시행에 사용되는 자원은 국민들이 제공해 준 것이라는 사실이다. 그렇기 때문에 정부를 머슴에 비유할 수 있다. 즉, 주인이 맡겨 놓은 재산(즉 공적 자원)을 잘 관리함으로써 주인의 행복을 위해 봉사해야 할 하인 혹은 청지기 같은 존재라는 것이다. 정책에 투입되는 자원은 국민들로부터 추렴되어 위탁된 공적 자원이라는 점에서 민간부문에서보다 자원배분의 효율성이 더욱 중시되어야 할 당위성이 있는 것이다.

여기서 말하는 효율성(efficiency)이란 반드시 경제적 척도로 계산된 비용과 효과의 비율만을 의미하지 않는다. 행정에서 사용하는 자원 및 추구하는 성과에는 화폐단위로 계량화할 수 없는 비물질적 요소들도 포함되기 때문에 정확한 효율성 수준을 계산하기란 거의 불가능하다. 그럼에도 불구하고 자원배분의 효율성을 강조하는 이유는 국민들이 추렴해 준, 그리고 제한되어 있는 공적 자원이 낭비되어서는 안 된다는 당위성 때문이다. 즉, 원론적으로 말하자면, 가능한 한 최대 수준의 공익이 구현될 수 있도록 자원배분이 이루어져야 한다는 것이다.

제3절

정책의 특징

일반적으로 정책은 다음과 같은 특징들을 가지고 있다.

1. 주체: 권위 있는 국가기관

일반적으로 공공정책의 주체는 정부라고 한다. 여기서 정부란 좁게 보면 행정부만을 뜻하지만 넓게 보면 입법부와 사법부까지 합친 전체 국가기관을 총칭하는 개념이다. 권위(authority)란 정당성이 인정된 힘을 의미한다. 따라서 권위 있는 국가기관이란 정책을 결정하고 집행할 수 있는 정당한 권한과 자격을 갖춘 조직 및 그 구성원을 뜻한다. 정책과정에서 때로는 국가기관에 속하지 않은 민간부문과의 협력이 이루어지기도 한다. 그러나 궁극적으로 정책의 결정과 집행의 최종 책임은 정부에 있다. 정책과정에서 아무리 민간부문의 입김이 크게 작용한다고 해도 정부기관에 의해 확정되는 절차를 거쳐야만 비로소 공공정책으로 공식화되는 것이다.

2. 목표지향성

모든 정책은 무언가 바라는 바를 성취하기 위한 시도이다. 즉, 정부의 개입을 통해 현재보다 더욱 바람직한 상황을 추구하려는 의도적인 노력이다. 이런 점에서 정책은 목표지향적 활동이다. 무엇을 어떻게 하겠다는 정부의 의지가 표현된 것이다.

3. 인공성

모든 정책은 의도적인 결단 혹은 선택의 소산이다. 그냥 자연 발생적으로 이루어지는 것이 아니라는 말이다. 정책은 현재 혹은 미래의 상황을 특정한 방향으로 유도하기 위해 인위적으로 개입하는 것이다.

4. 결과의 불확실성

정책을 결정하는 것은 현재이지만 그 결과가 나타나는 것은 미래이다. 이런 점에서 정책은 미래를 향한 항해와도 같다. 미래는 불확실하며 어느 누구도 미래가 어떻게 될지 정확히 예언할 수 없다. 따라서 비록 정책 담당자가 최선을 다해 정책을 결정한다고 해도 그 결과가 과연 원래 바라던 목표를 충실히 달성한다고 장담할 수는 없다. 정책의 결과는 항상 불확실할 수밖에 없다는 것이다.

5. 지대한 영향력

정책은 그 영향력이 막대하다. 정부기관에 의해서 만들어지고 시행되는 정책은 그 영향력의 공간적 범위 및 시간적 지속성이라는 면에서 개인이나 민간 조직의 결정과는 비교가 되지 않을 정도로 막대하다. 한 개인이 어떤 문제 상황에서 어떤 특정한 선택을 했다고 했을 때 그 선택의 결과는 결정을 내린 당사자 그리고 그 당사자의 가족들 내지는 그 주변에 있는 친지들 정도에 영향을 미치기 마련이다. 큰 기업체가 내린 결정은 그 회사의 모든 임직원 그리고 그 회사를 상대로 하는 거래처와 소비자들 정도가 영향을 받게 된다. 그러나 정부가 만들고 집행하는 정책은 그것을 만든 담당 공무원 한두 사람만 영향을 받는 것이 아니고 대한민국의 모든 국민들이 그 영향을 받게 된다. 물론 특정한 지역, 특정한 계층, 특정한 사람들만을 대상으로 만든 정책들도 있다. 하지만 일반적으로 국가기관이 만들고 시행하는 정책은 국민 모두를 그리고 대한민국 전역을 대상으로 해서 만들어지고 시행된다. 따라서 정책이 한번 잘못되게 되면 대한민국의 모든 국민들이 대한민국의 모든 곳에서 고통을 받게 되는 것이다. 이처럼 정책의 영향력과 파급효과는 개인이나 민간 기업의 결정과는 비교가 되지 않을 정도로 크다. 공간적으로 적용되는 범위도 넓고 시간적으로도 그 효과가 오래 지속되어 당대뿐만 아니라 후대에까지도 큰 영향력을 미친다.

6. 공공성

옛날에는 힘이 있는 자가 다른 사람들을 제압하고 왕이 되어 백성들을 다스렸다. 왕조 국가에서 왕과 국가는 백성 위에 군림하고 통치하는 지배자였다. 하지만 오늘날의 민주주의 정치체제는 문자 그대로 국민이 주인이 되는 사회이다. 그리고 정부는 국민들에 의해 만들어진 피조물이다. 정부 관료제는 국민을 섬기는 머슴이라는 뜻에서 공공의 하인, 즉 '공복(公僕, public servant)'이라고 한다. 정부가 존재하는 의미는 국민을 위한 공익을 추구하는 데 있다. 따라서 정책의 목표 설정, 수단 선택 및 집행의 전 과정에 있어서 항상 공공성이 최우선적으로 고려되어야만 한다.

7. 자원 소모

개인이건 집단이건 문제를 해결하기 위해서는 필히 돈, 시간, 인력, 정보 등의 자원이 소요된다. 국가의 정책 활동 역시 필연적으로 우리 사회 내의 자원을 쓰게 된다. 그런데 자원이란 무한한 것이 아니고 제한되어 있다. 따라서 한 사회 내에서 자원의 사용은, 적어도 단기적으로는, 항상 제로섬 상황일 수밖에 없다. 이것은 매우 중요한 함의를 갖고 있다. 즉, 정부의 정책적 개입이 늘어나면 그만큼 민간부문에서 사용할 수 있는 자원은 필연적으로 감소하게 된다는 것이다. 정책은 민간부문의 결정들과는 달리 국가의 공권력을 바탕으로 시행된다. 그러므로 정부에게 이런저런 정책을 많이 요구한다면 민간부문의 자유로운 활동 영역이 그만큼 줄어든다는 것을 인식해야 할 것이다.

[그림 3-1]을 보면서 생각해 보자. 그림에서 X축과 Y축을 잇는 사선은 제한된 자원을 민간부문과 공공부문에 각각 배분하는 상황을 의

그림 3-1 제한된 자원의 배분

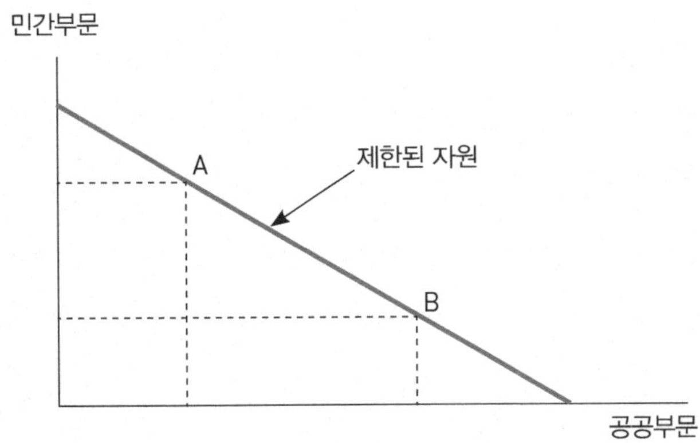

미하는 모든 점들의 집합이다. 만약 현재 A점에서 자원배분이 이루어지고 있다면 민간부문에 할당된 자원이 공공부문에 배정된 자원보다 훨씬 더 많은 상태이다. 그런데 이제 정부의 정책을 더 늘리려면 공공부문에게 A점보다 더 많은 자원을 할당해 주어야 한다. 그러려면 A점에서 B점으로 이동해야 한다. A점에서 B점으로 이동한다는 것은 곧 공공부문에 할당된 자원이 증가하는 대신 민간부문에 배분되던 자원은 지금보다 크게 줄어들게 됨을 의미하는 것이다.

제4절

정책의 구성 요소

1. 정책목표(Policy Goal)

정책목표란 "정책을 통하여 이룩하고자 하는 바람직한 상태(desirable state)"라고 정의할 수 있다(정정길, 2010: 37). 정책을 통해 추구하는 '바람직한 상태'란 당연히도 현재가 아닌 미래의 소망이다. 즉, 미래에 이루고 싶은 특정한 상태라는 것이다. 정책목표는 우리가 원하는 바람직한 미래상을 설정한 것이라는 점에서 가치판단의 산물일 수밖에 없다. 따라서 적용되는 가치판단의 기준이 달라지면 당연히 정책의 목표 역시 달라지게 된다.

정책목표가 수행하는 중요한 기능들은 다음과 같다. 첫째, 정책목표는 정책수단을 선택하는 데 있어서 기준이 된다. 최선의 정책수단을 제대로 선택하기 위해서는 정책의 목표가 명확하게 설정되어야 한다. 예를 들어서 '우리나라를 좋은 나라로 만드는 것'이 정책목표라고 한다면 구체적인 정책수단을 선택하는 작업은 어려울 수밖에 없다. '좋은 나라'라는 목표가 너무나 애매모호하고 막연하기 때문이다. 먼저 목표가 명확하게 설정이 되어야 그 목표 달성을 위한 구체적인 대안을 선택하는 것이 가능해진다. 목표가 분명하지 않다면 적절한 정책수단이 무엇인지를 판단할 길이 없는 것이다.

둘째, 정책목표는 정책을 집행해 나가는 단계에 있어서 구체적으로 무엇을 어떻게 해야 하는가에 대한 가이드라인으로 작용하게 된다. 정책 집행 단계에서 기본적인 좌표는 결국 정책의 목표이기 때문이다.

셋째, 정책목표는 정책을 집행한 후 평가 단계에 있어서 기준이 된다. 어떤 정책이건 시행한 이후에는 그 정책이 괜찮은 정책이었는지 평가할 필요가 있다. 이 평가의 기준이 되는 것은 결국 그 정책을 통해서 얻고자 하는 바, 즉 정책목표인 것이다. 이처럼 정책목표는 정책의 대안을 선택하고 탐색할 때 기준이 되고, 정책을 집행할 때 가이드라인이 되며, 또 정책을 평가할 때 중요한 기준이 된다.

하지만 실제 현실에서는 정책의 목표를 제대로 설정하는 것이 그리 쉬운 일인 것만은 아니다. 왜냐하면 기본적으로 정책목표는 가치판단의 결과이기 때문이다. 정책의 목표란 곧 현재 상태가 바람직하지 않다는 전제하에 우리가 원하는 바람직한 상태를 제시하는 것이다. 이는 전형적인 가치판단 작업이다. 앞에서도 살펴보았듯이 가치판단은 개인의 주관에 따라 달라질 수 있으며 모든 사람들이 다 똑같은 가치판단을 한다는 보장이 없다. 따라서 어떤 정책결정자가 설정해놓은 정책목표가 과연 좋은 것인지 좋지 않은 것인지, 정부가 지금 해결하겠다고 하는 이 문제가 정말로 바람직하지 않은 문제인지 그렇지 않은지 하는 것에 대해서 사회적인 합의를 얻는다는 것은 결코 쉬운 일이 아니다.

2. 정책수단(Policy Instrument)

정책의 수단이란 정책목표로 설정된 바를 달성하기 위해서 취하는 일련의 행동 방침들(course of action)이라고 할 수 있다. 특정한 정책목표를 달성하기 위해 구체적으로 어떤 수단을 선택할 것인가 하는 것은 결국 그 문제 상황에 관한 인과관계 지식에 따라 달라지게 된다. 예를 들어 인체를 생각해 보자. 만약 몸에 열이 났을 때 이 열을 낮춰 주기 위해서는 무엇을 어떻게 해야 할 것인가? 여기서 목표가 열을 낮추는 것이라고 한다면 열이 나는 사람에게 어떤 처방을 하느냐는 것은 인체에 대한 인과관계 지식의 함수라고 할 수 있다. 우리가 인체에 대해서 정확한 지식을 많이 가지고 있다면 아픈 사람에 대한 처방이 정확해질 수가 있을 것이다. 반대로 인체에 대해 잘 알지 못한다면 아무리 안타까워도 열을 낮춰 주기는 어려울 것이다. 이와 마찬가지로 우리가 사회에 대한 정확한 인과관계 지식이 많으면 많을수록 사회문제를 잘 해결하기 위한 정책수단의 선택도 더 잘할 수 있게 될 것이다.

3. 대상집단(Target Group)

대상집단 혹은 정책대상자란 정책이 시행됨에 따라 영향을 받는 사람들을 집합적으로 부르는 용어이다. 이해관계자라고 부르는 경우도 있다. 정책의 대상집단을 크게 둘로 구분한다면 수혜자와 부담자로 나눌 수 있다(정정길, 2010: 46). 수혜자란 정책으로 인해서 발생하는 이익을 누리는 사람들을 말한다. 부담자란 정책을 시행하는 데 들어가는 비용을 부담해야 되는 사람들을 가리킨다. 대상집단에 대해서는 나중에 정책의 수정·종결 부분에서 다시 다루게 된다.

제5절

정책의 종류와 유형

정책의 종류에 대해서는 여러 학자들이 그들 나름대로의 분류 방식을 제시하였다. 정책연구에 있어서 보편적으로 사용되는 어떤 특정한 방식이 있다고 보기는 어렵다. 연구의 목적이나 필요에 따라, 혹은 각자의 관점에 따라 구분해 볼 수도 있다.

예를 들어 거시적 관점에서 볼 때, 나라 안에서 주로 이루어지는지 아니면 나라 바깥을 대상으로 하는지에 따라서 국내정책(domestic policy)과 대외정책(foreign policy)으로 구분할 수 있다. 정책의 내용 혹은 사안의 특성에 따라서 경제정책, 복지정책, 에너지정책, 노동정책, 문화정책 등으로 구분할 수도 있다. 혹은 구체적으로 정책의 주체가 되는 기관에 따라서 국방부가 관할하는 국방정책, 교육부가 주관하는 교육정책, 외교부가 담당하는 외교정책 등으로 나누어 볼 수도 있다.

정책의 유형에 관한 모델 중 가장 유명한 것은 로위(Lowi, 1974)의 분류라고 할 수 있다. 그는 정책을 다음과 같이 네 종류로 구분하였다. 첫째는 배분정책(distributive policy)이다. 이것은 국민들에게 특정한 권리나 이익 또는 서비스를 제공해 주는 내용의 정책이다. 가장 일반적인 보통의 정책이라고 생각하면 된다.

둘째는 규제정책(regulatory policy)이다. 사회적 공익을 확보하기 위해서 때로는 사람들의 권리를 제한하거나 특정한 행동을 강제하는 것이 필요한 경우도 있다. 규제정책은 개인이나 일부 집단에 대해 특정한 권리의 행사나 행동의 자유를 구속·억제함으로써 많은 다른 사람들을 보호하려는 목적을 지닌 정책이다. 〈표 3-1〉에서 보듯이 규제정책은 보통 경제적 규제와 사회적 규제로 구분된다.

셋째는 재분배정책(redistributive policy)이다. 이것은 고소득층으로부터 저소득층으로의 소득 이전을 목적으로 하는 정책이다. 일명 '로빈후드 정책(Robin Hood Policy)'이라고도 한다. 사회복지 차원에서 부자에게 많은 세금을 거두어 가난한 사람들에게 다시 나누어 준다는 것이다.

표 3-1 규제정책의 종류

1〉 경제적 규제 (Economic Regulation): 기업의 본원적 경제활동 대상	① 진입 규제: Ex) 인허가제, 직업 면허, 퇴출 규제, 수입 규제 ② 가격 규제: Ex) 공공서비스 요금 규제 ③ 품질 규제: Ex) KS마크, 표준화 ④ 독과점 및 불공정 거래 규제: Ex) 담합 금지, 불법 복제 금지
2〉 사회적 규제 (Social Regulation): 손상될 우려가 있는 사회적 가치 보호	① 환경 규제: Ex) 자동차 배기가스, 공장 폐수 처리, 쓰레기종량제, 그린벨트 ② 작업장 안전 및 보건 규제: Ex) 산업재해 예방 ③ 소비자 안전 및 보호 규제: Ex) 사기·기만 및 위해 제품에서 보호 ④ 사회적 차별에 대한 규제: Ex) 성별, 장애, 종교, 출신지 따른 차별 금지 ⑤ 사회적 법익 보호를 위한 규제: Ex) 음란·외설 규제, 영상물 등급제, 청소년보호법

넷째는 구성정책(constitutional policy)이다. 이것은 정치체제의 투입을 조직화하고 체제의 구조와 운영에 대한 방침을 정하는 정책을 말한다. 구성정책은 일반 시민들을 대상으로 하는 정책이라기보다는 정책결정 시스템 혹은 정치 시스템을 어떤 식으로 구성할 것인가에 대한 정책이다.

토론 주제

1) 사회적으로 논란이 되는 문젯거리가 발생하는 경우 우리는 대개 정부가 즉시 적절한 정책적 대처 방안을 내놓기를 기대한다. 그런데 국가가 국민의 행복과 사회적 공익을 위해 시행하는 각종 정책은 '공짜 점심(free lunch)'이 아니다. '정부는 국민을 위해 봉사하는 공복(public servant)이다'라는 명제와 '정책은 공짜 점심이 아니다'라는 명제는 정책 현장에서 어떻게 적용되어야 할까?

2) 국가정책이 지향해야 할 '공공성' 혹은 '공익'이란 과연 무엇인지, 그리고 실제 정책 현장에서 어떻게 확인할 수 있는지 생각해 보자.

참고 의견

민주주의 정치체제에서 국가가 국민의 공복이라는 말은 맞지만 그렇다고 해서 국가가 무한한 능력을 지닌 존재인 것은 아니다. 사회적으로 사용 가능한 자원은 제한되어 있으며 또한 국가가 동원할 수 있는 자원 역시 제한되어 있다. 국가가 정책 활동을 위해 자원을 사용하면 그만큼 민간부문에서 시민들이 사용할 수 있는 자원은 줄어들기 마련이다. 따라서 어떤 사회문제가 터졌을 때 정부의 정책적 개입을 요구하려면 그에 상응하는 만큼 민간부문에서 쓸 자원이 줄어들고 시민들의 자유가 축소된다는 것을 기억할 필요가 있다. 즉, 정책으로 인한 혜택뿐만 아니라 그로 인한 불편함과 손해 역시 같이 고려할 필요가 있다.

더 읽어 보기

사공영호, 2008, "정책이란 무엇인가?–정책의 수단적 가치에 대한 반성," 『한국정책학회보』, 17(4): 1~36.

전영한, 2004, "공공조직의 목표모호성: 개념, 측정 그리고 타당화," 『한국행정학보』, 38(5): 49~66.

전영한, 2007, "정책도구의 다양성: 도구유형분류의 쟁점과 평가," 『정부학연구』, 13(4): 259~296.

조일형, 2016, "성범죄자 처벌을 위한 정책수단의 효과 비교분석: 신상정보공개제도, 전자감시제도, 화학적 거세 제도를 중심으로," 『한국정책학회보』, 25(3): 179~210.

CHAPTER 04

왜 정책이 필요한가?

제1절 사회문제 해결의 메커니즘들

제2절 정부 개입의 기본 논리

제3절 시장기구와 '보이지 않는 손' 논리

제4절 시장실패(Market Failure)

미리 생각해 보기

- 우리나라는 중학교까지 의무교육 제도를 시행하고 있다.
- 우리나라 중앙정부 및 지방자치단체는 소속 공무원 정원의 3% 이상 장애인을 고용해야 하고, 상시 50인 이상의 민간 기업은 근로자 총수의 2.7% 이상을 장애인으로 고용하도록 의무화되어 있다.

- 1970년대 우리나라 정부는 남성들의 장발과 여성들의 미니스커트를 규제하고 단속하였다.

위의 각 정책은 왜 만들어졌을까? 각 정책은 우리나라에 필요한 정책이라고 그 타당성이 인정되는가?

제1절

사회문제 해결의 메커니즘들

정책은 사회문제를 해결하기 위해 정부가 구상한 전략이다. 그러나 그렇다고 해서 오로지 정책만이 사회문제에 대한 유일한 해결책인 것은 아니다. 공공정책 이외에도 사회문제를 해결하는 메커니즘은 여러 가지가 있다.

사회문제란 다른 말로 '희소한 재화의 배분'에 관한 문제라고 할 수 있다. 경제학에서 말하는 '재화'란 상품, 서비스, 생산요소 등 사회적으로 가치 있는 것을 총칭하는 개념이다. 쉽게 말해서 사람들이 탐내고 원하고 가지고 싶어 하는 것을 뜻한다. 그런데 한 사회 내의 재화는 무궁무진한 것이 아니고 단지 제한된 양만 존재한다. 모든 사람들이 원하지만 누구나 다 무한정 가질 수 없다면 문제가 발생하게 된다. 즉, 어떤 재화를 얼마나 생산해서 누구에게 얼마만큼씩 나눠 주어야 할 것인가 하는 문제가 생기는 것이다. 달리 표현하면, 재화의 희소성으로 인해 재화의 생산과 배분을 어떻게 할 것인지 결정해야 한다는 것이다. 사회문제를 해결하는, 다시 말해 희소한 재화의 생산·배분을 결정하는 방법은 여러 가지가 있다.

1. 싸움 · 전쟁

희소한 재화의 생산과 배분을 결정하는 가장 원시적인 방법은 전쟁, 즉 싸우는 것이다. 인간의 육체, 동물의 힘, 혹은 도구와 기계를 사용해서 싸우고 승패 결과에 따라 재화의 배분이 이루어지는 것은 인류 역사에서 가장 오래된 방식이기도 하다. 희소한 재화를 두고 개인 간에 혹은 집단 간에 싸움과 다툼이 벌어지게 되면 결국 그 투쟁의 승자가 자기 마음대로 결정짓는다. 패자는 싫건 좋건 승자의 결정을 받아들일 수밖에 없다. 싸움이라는 메커니즘에 의해 재화의 배분 결정이 이루어지는 경우, 그 결정은 사회 전체의 공동 이익보다는 오로지 승자의 이익만을 극대화하게 될 것이다.

2. 이타심(Altruism)

사회문제를 해결하는 또 다른 메커니즘은 개인의 이타심이다. 흔히 인간은 이기적인 존재라고들 하지만 사실 많은 경우 인간은 자기뿐만 아니라 남도 같이 생각해 줄 수 있는 존재이기도 하다. 헌혈, 장기 기증, 자원봉사, 재난 구호 등의 활동에 동참하는 것은 자기가 가진 재화의 일부를 그것을 필요로 하는 다른 사람에게 거저 주는 것이다. 경제학 교과서에 묘사된 합리적이고 이기적인 인간이라면 결코 자기의 비용과 손해를 감수하면서 남을 돕는 일은 하지 않을 것이다. 그러나 현실 세계의 인간은 때로는 이타심이 발동하여 자신의 욕망을 잠시 억누르고 다른 사람의 필요를 먼저 채워 주기도 하는 존재이다. 이타심에서 우러나온 나눔과 봉사는 사회적 약자를 먼저 배려해 줌으로써 공동체의 이익을 증진시킬 수 있다. 이는 도덕적으로도 매우 고상하고 이상적인 문제해결 메커니즘이다. 다만 모든 사회문제에 있어서 언제나 그리고 모든 사람들이 다 이타심을 발휘해 줄 것이라 기대하기는 어렵다는 한계가 있다.

3. 집단협력·자조

개인이 가지고 있는 힘과 지혜에는 한계가 있다. 아무리 유능한 사람이라고 해도 혼자서 모든 사회문제를 다 해결한다는 것은 불가능하다. 하지만 여러 사람들이 모여서 힘을 합하면 혼자서는 할 수 없는 힘든 일도 해낼 수 있다. 집단이 형성되고 조직이 만들어지는 것은 개인 차원에서는 해결이 불가능한 어려운 일을 구성원들의 협력을 통해 해결하기 위함이다. 공동의 목적 달성을 위한 개인들의 자발적 협력과 협조는 사회문제를 해결하는 메커니즘의 하나가 된다. 이것은 개인들의 자발적인 동기에서 비롯된다는 점에서 비용이 적게 들고 나아가 구성원들의 평등성과 인간성이 제고된다는 장점이 있다. 하지만 공동의 이익이 있다는 것만으로 사람들의 협력이 자동적으로 이루어진다는 보장은 없다. 그래서 협력체가 처음 시작되는 것 자체가 어려울 수 있으며, 설령 시작되었다고 해도 각 개인의 이기심으로 인해 쉽게 깨질 수도 있다.

4. 시장

시장 메커니즘(market mechanism)은 어쩌면 마치 마법과도 같다. 인간의 이기심에 기초한 결정이 자기 자신의 만족을 극대화할 뿐 아니라 사회 전체적으로도 가장 최선의 자원배분을 구현하기 때문이다.

시장에 존재하는 생산자와 소비자는 모두 다 합리적(rational)이고 이기적(selfish)인 존재라고 전제된다. 인간의 욕망을 충족시키기 위해서는 자원이 소요되는데 한 사회 내에 사용할 수 있는 가용자원(available resources)은 제한되어 있다. 시장에서 활동하는 각 개인은 어떤 결정을 내릴 때 오직 자기 자신의 만족(효용)을 극대화(utility maximization)하기 위한 선택을 한다. 또한 시장에는 개인들의 결정을 특정한 방향으로 강제할 수 있는 존재는 없다. 즉 각 개인은 순전히 이기적 동기에 의해 자율적으로 사고파는 결정을 내린다.

그런데 수많은 개인들이 각자 자신의 이익을 위해 활동함에도 불구하고 그러한 결정들이 모여서 결과적으로는 사회 전체 차원에서 가장 효율적인 자원배분이 이루어지게 된다. 애덤 스미스는 이를 두고 '보이지 않는 손(invisible hand)'에 의해 인도된다고 묘사하였다. 즉, 사람들이 각자 자기 좋을 대로 결정하도록 그냥 내버려 두면 사회적으로 가장 바람직한 자원배분이 저절로 이루어지게 된다는 것이다. 사실 시장 메커니즘이 항상 이렇게 자율적으로 잘 작동한다면 굳이 정부의 공공정책이라는 강제성 있는 메커니즘은 있을 필요가 없다. 그러나 다음에 보듯이 시장 메커니즘은 때때로 작동하지 않거나 불완전하여 사회문제를 제대로 해결하지 못하는 경우가 종종 발생한다.

5. 정부

정부 메커니즘은 국가기관만이 지니고 있는 공권력과 강제력을 통해 사회 전체 차원의 공익을 추구하려는 방식이다. 여기서 정부란 행정부 혹은 집행부를 뜻하는 좁은 의미가 아니고 국가의 입법·사법·행정기관 전체를 총칭하는 넓은 뜻의 개념이다. 공권력이라 함은 정당성이 인정된 권력을 의미한다. 오늘날과 같은 민주주의 사회의 경우, 권력의 정당성은 국민의 동의로부터 나온다. 국민들이 정부에게 권력 사용을 위임해 준 것은 특정 개개인의 사익이 아니라 공동체 전체의 공익을 위해 사용하라는 취지에서다.

따라서 정부가 공권력을 동원하여 정책을 수립하고 강제로 시행하는 것은 오로지 사회적 공익을 증진시키려는 경우에 한해 용인될 뿐이다. 만약 국가의 관여 없이도 사회문제가 잘 해결되고 있는 상황이라면 굳이 정부가 공권력에 의지하여 정책적으로 개입할 명분은 전혀 없는 것이다.

제2절

정부 개입의 기본 논리

정책은 국가가 사회의 문제를 해결하기 위해서 여러 가지 방침을 만들고 시행하는 것이라고 하였다. 그렇다면 정책이란 왜 필요한 것인가? 국가가 시민들의 삶에 정책적으로 개입한다고 할 때 그 근거, 당위성, 정당성은 도대체 무엇인가?

국가와 시민의 관계에 대해서는 크게 두 가지 상반된 접근방법을 생각해 볼 수가 있다. 우선 국가가 국민들에게 자유로운 삶을 일절 허용하지 않고 모든 것을 정부 마음대로 결정하는 극단적인 국가개입주의 시스템이 있다. 이러한 독재적인 권위주의 정치체제하의 국민은 그저 정부가 지시하는 대로 순종하며 살아가게 된다. 이와 반대편에 있는 또 다른 극단적인 상황은 모든 사회 구성원 개개인들이 각자 하고 싶은 일을 자기 마음대로 할 수 있는 자유를 가지고 있는 시스템이다. 국가의 기능이 최소화된 야경국가 혹은 아예 국가와 같은 중앙 권력기구는 존재하지 않는 극단적인 자유주의 체제가 여기에 해당된다. 물론 현실에 있어서는 국가가 국민들의 모든 삶을 통제하는 사회도 없고 반대로 시민들이 모든 일을 자유롭게 결정하는 사회도 존재하지 않는다. 실제로는 이 양극단 중간 어디선가의 절충점에서 공공부문(public sector)과 민간부문(private sector)이 동시에 공존하기 마련이다.

개념적으로 접근을 한다면, 일단 정부라는 존재가 아예 없는 상황에서 출발해 볼 수 있다. 이런 사회에는 개인들만이 존재할 뿐이고 각각의 개인은 오로지 자신의 이익을 위해서 무엇이든 자유롭게 결정하고 선택하고 행동할 수가 있다. 이러한 상황에서는 과연 어떤 일이 일어나게 될까? 만약 각 개인들도 행복해지고 나아가 사회 전체적으로도 별다른 문제가 발생하지 않는다면 굳이 국가가 공권력을 발동해서 개입할 이유가 없을 것이다. 하지만 반대로 사회 전체적인 관점에서 볼 때 여러 가지 바람직하지 못한 문제들이 발생하게 된다면 사정은 달라진다. 앞으로 상세히 살펴보겠지만, 개인들이 자신들의 이익을 따라서 행동하다 보면 사회 전체적으로는 바람직하지 못한 상태에 처하게 될 수도 있다. 이러한 상황이 발생한다면 정부가 개입해야 될 필요가 있다. 즉, 바람직한 사회를 구현하기 위해서는 개인들의 자유의사에만 맡겨 놓을 수 없으니 정부가 정책적으로 개입해야 한다는 것이다.

사회적으로 바람직하지 않은 상황을 경제학에서는 '시장실패(market failure)'라는 개념으로 설명한다. 시장이 실패했다는 것은 곧 시장이 자원을 효율적으로 배분하는 기능을 상실했음을 뜻한다. 반대로 시장기구가 제대로 작동을 한다는 것은 소비자와 생산자 각자 자신의 이익 극대화를 위해 행동하면 그 결과 각자의 효용도 극대화되는 한편 시장 전체적으로는 가장 효율적인 자원배분이 이루어짐을 의미한다. 경제학에서는 자원의 제약성을 전제하기 때문에 자원이 효율적으로 배분되는 상황은 곧 시장이 바람직한 상태라는 것을 의미한다. 따라서 시장기구가 제대로 작동한다면, 즉 효율적인 자원배분이 저절로 이루어지게 된다면 굳이 국가가 공권력을 가지고 시장에 개입할 필요가 없다.

경제학의 시장실패 개념을 조금 더 넓게 확대해석을 하게 되면 '민간실패'라는 표현을 쓸 수 있다. 즉, 단지 자원배분의 효율성이라는 경제적 사안에만 초점을 맞추는 것이 아니라 시야를 넓혀 사회생활 전체를 바라보자는 말이다. 민간실패란 민간부문에 있는 각 개인들이 각자 자신의 이익을 위해서 자유롭게 선택하고 행동하다 보면 개개인들의 행복과는 별개로 사회 전체 차원에서는 바람직하지 않은 문제들이 발생하는 상황을 총칭하는 개념이다. 원론적으로는 시장실패 혹은 민간실패가 발생하는 경우에는 정부가 정책 개입을 통해 실패를 예방하고 치유해 주어야 한다고 말할 수 있다.

그런데 한 가지 더 생각해 봐야 될 것이 있다. 설령 시장이 제 기능을 충분히 발휘하지 못해서 실패한다고 하더라도 과연 정부가 그 시장실패 문제들을 꼭 해결해야만 하는가? 이 질문에 대한 답변은 정부를 어떠한 존재로 바라보느냐에 달려있다. 만약 정부라는 존재를 옛날 왕정시대의 마치 하늘이 내려 보낸 절대적인 왕과 같은 존재로 생각을 한다면 시장실패와 같은 문제를 해결할 것인지 말 것인지는 전능한 존재인 왕이 알아서 판단하게 된다. 해도 되고 안 해도 된다는 것이다. 하지만 오늘날의 민주주의 정치체제 사상하에서 정부라는 존재는 왕과 같은 존재가 아니라 국민 모두를 위해서 섬기는 공복과 같은 존재이다. 즉, 정부는 국민들 위에 군림하며 그들을 다스리고 통치하기 위해 존재하는 것이 아니라 국민을 섬기기 위해 만들어진 존재라는 것이다. 정부가 존재하는 이유는 각종 사회적인 문제들을 해결함으로써 국민들이 좀 더 인간적이고 윤택하고 풍요롭고 행복한 삶을 살 수 있도록 봉사하는 것이다.

결국 정부의 정책적 개입의 근거는 위의 두 가지 논점에서 도출된다.

첫째, 민간 영역의 자율적인 판단과 행동을 그냥 방임해 두었을 때 사회 전체적인 차원에서는 바람직하지 않은 문제가 발생한다. 다시 말해서 시장실패 혹은 민간실패 상황이 발생한다. 둘째, 정부는 그렇게 발생한 민간실패 혹은 시장실패 문제를 마땅히 맡아서 처리해야 될 의무가 있다. 민간실패는 사회적으로 바람직하지 않은 상태이므로 이는 곧 국민들이 최고로 행복한 삶을 누리지 못하고 있음을 의미한다. 따라서 국민을 섬기는 공복인 정부는 국민의 행복을 위해서 시장실패 문제를 해결해야 될 책무가 있다. 이처럼 정책이 존재하는 이유와 필요성은 사회적 상황과 정부의 정체성이라는 두 가지 관점에서 제시될 수 있다.

제3절

시장기구와 '보이지 않는 손' 논리

정책이 필요한 첫 번째 근거인 시장실패에 대해서 이해하기 위해서는 먼저 시장이라는 메커니즘이 도대체 무엇이며 어떻게 작동하는지에 대해서 살펴볼 필요가 있다. 여기서 말하는 시장이라는 것은 생산자와 소비자가 만나는 곳을 의미한다. 그리고 생산자와 소비자는 각자 자유롭게 선택하고 결정하고 행동하는 존재들이다. 시장기구에 대해서 살펴보기 전에 먼저 중요한 몇 가지 기본 가정들이 있다.

1. 기본 가정

첫째, 경제학에서는 인간이란 존재는 효용을 극대화하는 존재라고 가정한다. 다른 말로 하면 인간은 '합리적(rational)' 존재라고 바꿔 표현할 수 있다. 인간이라는 존재는 어떤 선택을 하고 판단을 내릴 때 무엇보다도 자기 자신의 이익, 효용, 만족을 극대화하려고 노력한다는 뜻이다. 쉽게 말해서 가장 적은 비용을 들이면서 가장 큰 이익, 혜택, 만족, 효용을 누릴 수 있는 선택을 한다는 것이다. 또 사람은 누구나 자기 자신의 이익을 가장 먼저 생각하고 선택한다는 점에서 효용 극대화라는 말은 '이기적(selfish)'이라는 말과도 동의어라고 할 수 있다. 이 말은 인간은 이기적이어야 한다든지 혹은 이기적인 인간이 바람직하다는 것이 절대 아니다. 다만 이론을 구축하기 위해서 경제학에서는 인간을 이러한 합리적인 존재라고 가정할 뿐이다.

둘째, 인간이 가지고 있는 이러한 욕구들을 충족시키기 위해서는 반드시 자원을 소모해야 한다. 즉, 이 세상에 공짜라는 것은 없다는 말이다. 사람이 자신의 효용을 극대화하기 위해서는 반드시 자기가 가지고 있는 아까운 무엇인가를 내놓아야 한다. 그 아까운 무엇을 '자원(resource)'이라는 말로 표현할 수 있다. 자원이 될 수 있는 것은 여러 가지이다. 돈이 될 수도 있고, 시간이 될 수도 있고, 노력도 될 수 있고, 인력도 될 수 있고, 공간도 될 수 있다.

셋째, 인간의 효용을 충족시키기 위해서 써야만 하는 자원은 무한하지 않고 제한되어 있다. 그래서 '가용자원(available resources)'이라는 표현을 쓰기도 한다. 사용할 수 있는, 동원할 수 있는 자원은 제한되어 있다는 말이다.

이 세 가지 가정이 합쳐지면 경제학의 궁극적인 고민으로 귀결된다. 인간이 자기의 욕망 혹은 효용을 극대화시키기 위해서는 자원을 써야만 한다. 그런데 그 자원은 무한한 것이 아니라 제한되어 있다. 그렇다면 우리가 선택을 할 때 고민해야 할 것은 어떤 자원을 어디에 얼마만큼 쓸 것인가 하는 문제이다. 소위 자원의 최적 배분 혹은 효율적인 배분이라는 말이다. 즉, 자기가 가지고 있는 한정된 자원을 어디에 어떻게 할당해야 자신의 효용이나 만족이 극대화될 수 있느냐 하는 것이다.

2. 보이지 않는 손(Invisible Hand)

'보이지 않는 손'이란 어딘가 눈에 띠지 않는 곳에 숨어서 사람들을 조정하는 배후 세력을 뜻하는 용어가 아니다. 시장에서 최적의 자원배분이 저절로 이루어진다는 것을 은유적으로 나타낸 것이다. 이 표현은 『국부론』의 저자 애덤 스미스(Adam Smith)가 시장 메커니즘의 작동 원리를 설명하면서 붙였던 비유였다. 자유주의 경제학의 시조인 애덤 스미스 이래 서구 사회에서 굳게 자리 잡아 온 주류 경제학은 기본적으로 시장기구에 대한 신뢰에 바탕을 두고 있다.

시장 메커니즘이란 간단히 말해서 각 개인들이 시장에서 자기 마음대로 결정하고 행동하도록 내버려 두면 어떤 인위적인 조율이 없이도 저절로 가장 효율적인 자원배분이 이루어지게 되는 것을 말한다. 여기서 시장이란 개별 생산자와 소비자가 누구의 지시나 강요 없이 각자 자유의사에 따라 교환 활동을 하는 거래터를 의미한다. 이들이 각기 자신의 효용을 극대화하기 위해 자유롭게 결정하고 행동하도록 내버려 두면 저절로 가장 효율적인 자원배분이 이루어지게 된다. 경제학에서는 효율성이 극대화되는 상황을 가장 바람직한 상태로 간주한다. 그리고 이런 상황에서 국가의 개입은 필요치 않다. 시민들의 자율에 의해 공공문제들이 바람직한 방향으로 해결된다면 국가의 공권력 동원은 정당화되지도 않을 것이다. 이와 같이 국가가 간섭하지 않아도 소위 '보이지 않는 손'에 의해 사회가 가장 바람직한 상태에 도달하게 된다는 신조를 자유방임주의(*Laissez Faire*)라고 부른다.

경제학에서는 모든 인간을 합리적 존재, 즉 자신의 효용을 극대화하려는 존재로 파악한다. 그런 이기적 존재들이 모이면 어떤 일이 벌어질까? 순전히 자신의 이익만 최우선으로 생각하고 남들의 처지는 전혀 배려하지 않는 이기적인 사람들만 잔뜩 모여 있는 사회를 한번 생각해 보자. 그리고 이들에게 무엇을 어떻게 해야 하는지 지시하거나 강제하는 사람은 아무도 없다고 해보자. 그렇다면 그 사회는 아마 공동체로서 존재하지도 못할 정도로 무질서하고 형편없는 난장판이 되리라는 것이 상식적인 추측일 것이다. 그리고 그러한 사회적 혼란을 방지하기 위해서는 당연히 공권력이 발동되어 질서를 잡아 주어야 한다고 생각하기 쉽다.

그러나 '보이지 않는 손' 논리는 이와 같은 우리의 직관적인 상식이 완전히 잘못될 수 있음을 지적한다. 얼핏 생각하면 인간의 이기심과 공동체의 공익은 완전히 상반되는 것으로 결코 공존할 수 없는 것처럼 보인다. 하지만 개인의 이익과 공동체의 이익이 서로 상충되지 않고 저절로 조화를 이룰 수 있다는 것이 바로 시장 메커니즘의 매력이다. 이기적인 개인들이 누구의 간섭도 받지 않고 각자 자기 효용을 극대화하기 위해 행동하면 그 결과 각 개인들도 최고로 행복해지고 동시에 사회 전체적으로도 최고로 행복해진다는 것이다. 그렇다면 어떻게 해서 이런 환상적인 일이 일어나게 되는 것일까?

3. 균형점 = 사회적으로 가장 바람직한 상황

경제학에서는 시장의 수요와 공급이 만나는 점을 균형점(equilibrium)이라고 부른다. 이 균형점은 두 가지 특징을 가지고 있다. 하나는 시장이 어느 누구의 계획이나 간섭 없이 저절로 균형 상태에 도달한다는 것이고, 다른 하나는 이 균형점이 사회적으로 가장 바람직한 상태라는 것이다.

시장경제 체제에서는 개개인의 선택의 자유를 강조한다. 합리적 의사결정자인 소비자와 생산자는 각자 가격을 신호 삼아 살 것인지 말 것인지 혹은 팔 것인지 말 것인지를 결정한다. 예컨대, 어떤 상품의 가격이 높아지게 되면 굳이 비싼 값을 지불하고 구입하려는 소비자의 수는 줄어든다. 반면 생산자 입장에서 높은 판매가는 곧 수입 증가를 의미하므로 팔려는 사람이 많아지게 된다. 시장에 사려는 사람은 적고 팔려는 사람이 많아지게 되면 팔리지 않는 상품이 쌓이게 되고, 생산자 입장에서는 재고를 처분하기 위해 가격을 낮추게 된다. 그리되면 소비자 입장에서는 싼값에 상품을 살 수 있게 되므로 수요는 증가하게 된다. 결국 인하된 가격으로 모든 상품이 다 팔리게 된다. 즉, 굳이 누가 지시하거나 강요하지 않아도 수요와 공급이 일치하게 된다는 말이다. 이처럼 소비자와 생산자가 각자 자신의 이익을 극대화하려고 하다 보면 저절로 균형이 이루어지게 된다. 시장기구가 제대로 작동한다는 것은 바로 이러한 상황을 의미한다.

그런데 왜 이 균형점이 사회적으로 가장 바람직한 상태가 되는 것인가? 균형점을 다른 두 가지 상황과 비교해 보면 알 수 있다. [그림 4-1]에서 수요와 공급이 일치하는 균형점 E는 가격이 P^*로 설정되고 수요와 공급이 모두 Q^*만큼 된다. 먼저 현재 균형가격 P^*가 만약 P_2로 높아지게 되면 어떻게 될까? 수요는 Q_d^2로 줄어드는 반면 공급은 Q_s^2로 늘어나게 된다. 즉 공급량이 수요량보다 많은 초과 공급이 되는 것이다. 이 상태는 자원을 투입해서 상품을 만들어 놨는데 $Q_d^2-Q_s^2$ 만큼은 아무도 소비하지 않는 상황이다. 즉, 아까운 자원을 써서 만들어 놓은 상품 중 일부는 아무도 즐겁게 만족시키지 못하고 그냥 내버려지게 된다. 이런 경우를 쉬운 말로 낭비라고 한다. 낭비란 제한된 자원이 누구의 효용도 증진시키지 못한 채 그냥 버려진다는 점에서 사회적으로 바람직하지 못한 상태인 것이다.

만약 균형가격 P^*가 P_1으로 낮아지게 된다면 어떤 일이 벌어질까? 이때는 반대의 현상이 나타나게 된다. 수요는 Q_d^1만큼 있는데 공급은 Q_s^1만큼밖에 안 되는 것이다. 즉, 공급량보다 수요량이 더 많은 초과수요가 발생하는 것이다. 쉽게 말해서 먹고 싶은 것도 많고 입고 싶은 것도 많음에도 불구하고 실제로 시장에 공급되는 먹을거리나 입을 거리는 부족한 상황이라는 것이다. 사회적으로 원하는 사람들은 많이 있는데 그 원하는 사람들의 수요를 공급량이 다 충족시키지 못하면 그만큼 불만인 사람들이 많다는 뜻이 된다.

균형점은 수요와 공급이 일치하는 점이라고 하였다. 초과공급의 경우는 자원의 낭비로 쓸데없이 버리는 것이 많기 때문에 바람직하지 않

그림 4-1 시장의 수요와 공급, 그리고 균형점

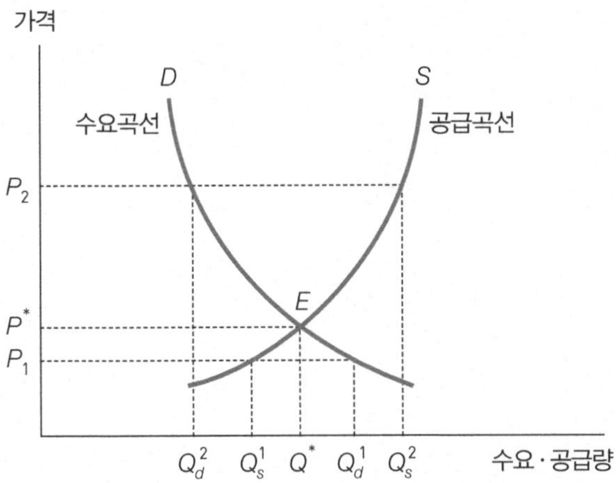

다. 그리고 초과수요의 경우에는 생산량이 너무 적어서 원하는 사람들을 다 충족시키지 못해 사회적인 불만이 많아지므로 바람직하지 않은 상황이 된다. 이 두 상황에 비해 균형점은 남는 것도 없고 모자라는 것도 없는, 모든 사람들의 욕구를 완벽하게 충족시키면서 낭비도 없는 상황이 된다. 즉, 최적의 자원배분이 이루어지는 상황이다. 그리고 경제학적 관점에서 본다면, 자원이 가장 효율적으로 배분되는 균형점이야말로 사회적으로 가장 바람직한 상태가 되는 것이다.

제4절

시장실패(Market Failure)

애덤 스미스의 '보이지 않는 손' 논리는 대단히 매력적이고 현실적합성이 높은 이론임에 틀림없다. 하지만 실제로는 시장기구가 제대로 작동하지 않는 상황들도 적지 않게 나타난다. 그러한 시장실패를 '사회적 함정(social trap)'이라는 개념으로도 표현할 수 있다. 개인의 행복 추구가 결과적으로 사회 전체의 불행을 야기한다는 의미이다. 즉, 개인들이 자신의 효용과 행복만을 극대화시키기 위한 선택을 하다 보면 개인 차원의 만족은 극대화될 수 있을지 몰라도 사회 전체적으로는 바람직하지 않은 문제가 발생한다는 것이다.

시장실패를 크게 세 가지 유형으로 구분해 볼 수 있다. 첫 번째는 경제학 교과서에서 전형적으로 다루는 경제적 차원의 시장실패이다. 두 번째는 정책결정 과정에서 정치적인 권력과 영향력의 불균등한 배분으로 인한 정치적 차원의 시장실패이다. 세 번째로는 돈으로 환산할 수는 없지만 공동체 차원에서 소중히 여기는 가치와 연관된 사회적 차원의 시장실패이다.

1. 경제적 차원의 시장실패(Economic Market Failure)

경제적 차원의 시장실패란 시장에서 효율적인 자원배분이 이루어지지 않는 상황을 의미한다(백승기, 2016: 47~61). 즉, 생산 혹은 소비가 최적 수준에서 이루어지지 않거나 혹은 시장 자체가 형성되지 않는 경우를 말한다.

1) 불완전한 시장 조건(Imperfect Market Conditions)

시장이 제대로 기능하는 데 필요한 전제 조건들이 충족되지 않으면 최적의 자원배분이 이루어지지 않을 수 있다. 먼저 생산자나 소비자가 합리적인 판단을 하려면 완전한 정보가 갖추어져 있어야 한다. 만약 정보가 충분하지 않거나 불완전하다면 경제주체들의 합리적 결정이 불가능해지고 따라서 효율적인 자원배분도 불가능해진다. 예컨대 상품 가격에 대한 정보가 부족하면 소비자들이 같은 제품을 비싼 값을 주고 사게 된다.

또한 거래비용(transaction cost)이 과도하게 높으면 거래행위 자체가 형성되기 어렵다. 거래비용이란 생산자와 소비자 사이의 거래가 성립되는 데 소요되는 비용을 의미한다. 예컨대 상품의 가격이 적절하다고 해도 거래비용이 그보다 더 높다면 소비자 입장에서는 과도한 비용이 부담스럽기 때문에 거래 자체가 이루어지지 않게 된다.

한편 독점(monopoly)은 시장이 제대로 기능하지 못하는 전형적인 상황의 하나이다. 소수의 공급자가 시장을 장악하는 독과점 상황에서는 경쟁이 제한되므로 제품의 품질은 나빠지고 가격은 높아지게 된다. 생산자 입장에서는 어차피 자기가 만든 제품만 시장에 공급되니 굳이 싸고 좋게 만들려고 애쓰지 않게 된다. 반면 소비자 입장에서는 형편없는 품질의 상품을 비싼 값에 사야 하니 효용이 떨어지게 된다.

2) 외부효과(Externalities)

외부효과란 비용을 지불하는 주체와 효용을 얻는 주체가 다른 경우를 의미한다. 통상적으로는 자기가 뭔가 좋은 것을 얻기 위해서는 자기가 가지고 있는 것 중에 아까운 뭔가를 내주어야 한다. 이것이 바로 비용과 편익의 등가교환 개념이다. 말하자면 자기가 가지고 있는 아까운 돈을 지불하고 그 대신 맛있는 빵을 사서 먹음으로써 자신의 효용이 극대화된다는 개념이다. 그런데 이와는 달리 비용과 편익이 서로 분리되는 경우가 있는데 이를 외부효과라고 한다. 자기는 아무런 비용도 지불하지 않았음에도 불구하고 자신의 효용이 증가하는 경우를 외부경제(positive externality) 혹은 외부편익이라고 한다. 이와 반대로 자기는 상당한 비용을 지불했지만 자신의 효용에는 아무런 변화도 없는 경우를 외부비경제(negative externality)라고 한다.

예를 들어 공장에서 폐수를 무단 방류해서 환경을 오염시키는 경우는 외부비경제에 해당한다. 주민들은 공장이 운영된다고 해서 돈을 버는 것도 아니면서 환경오염으로 인해 고통과 불편을 겪기 때문이다. 반대로 산업스파이 행위는 외부경제에 해당된다. 다른 업체가 막대한 비용을 투입해 개발한 신기술을 몰래 빼내어 도용하는 경우, 자기는 아무런 비용도 들이지 않았지만 막대한 돈을 벌게 되는 것이다. 외부효과가 발생하게 되면 시장에서 효율적인 자원배분이 왜곡되게 된다. 외부비경제의 경우 과다한 자원이 투입되는 (더 많은 공장이 지어지는) 반면, 외부경제의 경우 최적 수준에 훨씬 못 미치는 자원이 투입되는 (신기술을 개발하지 않는) 일이 벌어지기 때문이다.

3) 공공재(Public Goods)

공공재란 비배제성(non-excludability)과 비경합성(non-rivalness)이라는 두 가지 특성을 가진 재화 혹은 서비스를 말한다. 비배제성이란 소비에서 배제시킬 수 없다는 의미이다. 일단 어떤 상품이나 서비스가 공급이 되면 합당한 비용을 지불했는지 안 했는지 상관없이 누구라도 다 소비할 수 있다는 것이다. 비경합성이란 소비를 할 때 경합하지 않는다는 뜻이다. 어떤 상품이나 서비스가 일단 제공되면 누구나 다 똑같은 양을 소비할 수 있다는 것이다. 다른 사람들이 소비한다고 해서 내가 소비할 수 있는 몫이 줄어들지 않는다는 말이다. 깨끗한 공기, 국방 서비스, 쾌적한 공원 등을 공공재의 대표적 사례로 꼽는다.

공공재가 시장실패 문제가 되는 것은 무임승차자(free-rider) 때문이다. 무임승차자란 문자 그대로 돈은 안 내고 공짜로 서비스를 이용하는 사람을 뜻한다. 공공재의 속성상 일단 누군가가 비용을 지불해서 공급이 이루어지게만 되면 돈을 냈건 안냈건 누구나 다 소비에 참여할 수 있고 더구나 소비하는 양도 모두 똑같게 된다. 그렇다면 사람들은 누구나 다 굳이 자기 돈을 투입할 생각을 안 할 것이다. 그 대신 다들 다른 누군가가 돈을 내서 공급이 이루어지기를 기다리려고만 할 것이다. 그것이 각 개인 차원에서는 최소 비용으로 최대 편익을 얻는 합리적인 선택이기 때문이다. 하지만 그러다 보면 시장에서 기꺼이 대가를 지불하려는 유효수요가 생길 수가 없고 그리되면 사회적으로 꼭 필요한 상품·서비스임에도 불구하고 공급도 이루어지지 않게 되는 것이다.

4) 가치재(Merit Goods)

가치재란 본질적으로 대단히 중요한 가치를 지니고 있는 재화 혹은 서비스를 의미한다(Musgrave, 1959). 그런데 사람들이 그 중요성을 잘 몰라서 그냥 방임해 두면 필요한 적정 수준만큼 소비가 이루어지지 않기 때문에 시장실패가 된다. 따라서 이런 경우에는 정부가 개입해서 소비를 권장하거나 혹은 강제해야 한다는 것이다.

예를 들면 교육, 건강, 문화예술 등을 전형적인 가치재로 꼽을 수 있다. 교육이나 문화예술은 인간다운 삶을 누리는 데 있어서 매우 유익한 가치를 가지고 있다. 건강 역시 행복한 삶을 사는 데 있어 꼭 필요한 요소라고 할 수 있다. 그런데 많은 사람들이 그 중요성을 절박하게 느끼지 못해서 충분히 챙기지 못하는 경우가 많다. 따라서 정부가 의무교육 제도나 정기적인 건강검진 제도 등을 통해서 꼭 필요한 최소한도 이상의 소비가 이루어지도록 정책적으로 장려하는 것이다.

2. 정치적 차원의 시장실패(Political Market Failure)

정치적 차원의 시장실패는 정책결정 과정에서 사회 내 다양한 집단의 입장이나 이해관계가 균형 있게 반영되지 못하는 경우를 뜻한다. 즉, 사회 구성원 중 특정 집단의 이익이 편파적으로 정부 정책에 반영되거나 혹은 반대로 정책결정 과정에서 전혀 고려되지 않는 상황을 의미한다.

정책은 제한된 자원의 배분이라는 점에서 정책결정은 그 자체가 곧 정치라고 할 수 있다. 정책결정 과정이란 결국 각 사회 구성원들에게 무엇을 어떻게 배분해 주느냐를 결정짓는 과정이라는 것이다. 다원주의적 민주주의 관점에서는 다양한 집단들이 서로 자기들의 이익이 정책결정에 반영되도록 경쟁하는 과정을 통하여 이해관계가 조화롭게 조정되며 바람직한 정책이 결정된다고 본다. 시장에서 자유경쟁을 통해 최적의 균형이 저절로 달성된다고 보는 입장과 흡사한 이러한 시각을 정치적 자유주의라고 말할 수 있다.

그런데 다원주의에 의해 사회적 합리성이 보장되려면 먼저 그 사회의 모든 계층이 조직화된 이익집단으로서 동등하게 참여·활동할 수 있도록 사회구조적인 합리성이 먼저 전제되어야 한다(Forester, 1984). 하지만 사회를 구성하는 개인들 혹은 집단들 사이에 정치적 영향력이 결코 균등하게 배분되어 있지 않은 것이 엄연한 현실이다. 누군가는 엄청나게 큰 정치적 권력을 휘두르며 정책결정 과정에 막대한 영향을 끼치는 반면 또 다른 누군가는 아무런 소리도 내지 못한다는 것이다. 그러다 보면 정책과정은 결국 사회적으로 힘 있는 자들에 의해서 좌지우지되고 그렇게 결정된 정책은 편파적이 될 가능성이 높다. 이는 정책의 본질인 공익 추구와는 거리가 먼 것이다.

바로 이 점이 정치적 자유주의의 한계라고 할 수 있다. 정치적 권력이 모든 사회 구성원들에게 균등하게 배분되어 있지 않은 상황에서의 다원주의적 정책결정은 사회적으로 소외된 약자들의 요구를 외면할 가능성이 크다. 민주적이란 미명하에 힘 있는 자들의 요구 사항만이 정책에 반영된다면 정책의 본질인 공익 추구와는 거리가 멀어지게 된다. 이처럼 정책결정 과정에서 모든 사회 구성원들의 의견이 골고루 반영되지 못하고 권력을 가진 소수가 막강한 영향력을 행사함으로써 정책이 왜곡되는 현상을 정치적 차원의 시장실패라고 할 수 있다.

3. 사회적 차원의 시장실패(Social Market Failure)

사회적 차원의 시장실패란 경제적 효율성 달성 여부와는 상관없이 사회적으로 소중한 가치들이 훼손되는 상황을 의미한다. 경제적 차원에서 시장이 정상적으로 작동하고 최적의 자원배분이 이루어진다고 해서 곧 우리가 바라는 이상적인 사회가 된다고 할 수는 없다. 아무리 산업이 발달하고 수출이 잘 되고 일자리가 많아지고 소득수준이 높아진다고 해도 그것이 곧 바람직한 사회라고 단언할 수는 없다. 아무리 돈이 많다고 해도 우리 사회에는 돈만으로는 살 수 없는, 금전적 가치를 따질 수도 없는 귀중한 가치들이 있기 때문이다. 아무리 경제가 완벽하게 작동한다고 해도 만약 그 과정에서 사회적으로 소중한 가치들이 훼손된다면 그러한 상태를 바람직한 사회라고 부르기는 어려울 것이다.

그렇다면 실제로 어떤 경우를 사회적 차원의 시장실패라고 할 수 있는가? 소득분배의 불균형, 환경오염, 고유문화의 훼손, 윤리적 타락, 사회질서의 파괴, 전통적 가치관 및 규범 체계의 와해, 공동체의 정체성 상실 등을 꼽을 수 있다. 소득의 형평성 문제에 관해서는 경제학에서도 분배정의 차원에서 다루고 있다. 즉, 경제 상황이 잘 돌아간다고 하더라도 소득분배의 불균등이 심하다면 시장실패의 일종이 될 수 있다고 이야기한다. 깨끗한 환경 역시 사회적으로 중요한 가치 중의 하나이다. 기업 활동의 결과로 수출이 잘 된다고 해도 환경이 심하게 오염된다면 바람직한 상황이라 할 수 없다.

또한 인간의 삶에 있어서는 정신적 영역 역시 매우 귀중한 가치가 있다. 예를 들면 사회 구성원들이 오랫동안 계승해 온 문화와 전통은 공동체 차원의 소중한 정신적 유산이다. 하지만 고유한 전통과 문화도 자칫 상업적 시장 논리에 의해 변질되거나 심지어 아예 소멸될 수도 있다. 공동체의 정체성을 지켜 주는 전통과 문화가 훼손된다면 아무리 돈벌이가 잘 되고 경제가 발전한다고 해도 결코 바람직한 상태라고 할 수 없는 것이다.

한편 사회규범의 붕괴 역시 사회적 차원의 시장실패가 된다. 사회규범이라는 것은 사회 구성원들 사이에 서로 암묵적으로 지키는 약속이다. 예를 들면 약자에 대한 배려, 노인들에 대한 우대, 계약의 성실한 이행 등은 공동체 구성원 간의 기본적 윤리이다. 이는 사회적으로 조화로운 인간관계를 유지하는 데 있어서 꼭 필요한 질서 체계라고 할 수 있다. 그런데 시장에서 사람들이 각자 자기의 욕심을 충족시키려고 애쓰다 보면 사회의 근간이 되었던 규범 체계들이 무너질 수 있다. 아무리 소득수준이 높아지고 기술이 발전한다고 해도 공동체 차원의 도덕과 윤리가 붕괴되고 기본 질서가 허물어진다면 결코 바람직한 사회라고 할 수는 없을 것이다.

토론 주제

경제학에서 시장실패에 관한 설명을 할 때, 사회윤리의 타락이나 전통의 쇠퇴 등과 같은 '사회적 시장실패'에 대해서는 대부분 다루지 않고 있다. 왜 그러할까? 과연 사회적 시장실패도 정부의 정책적 개입이 필요한 시장실패의 하나라고 보아야 하는가?

참고 의견

윤리, 도덕 혹은 전통 등은 금전적 가치를 정확히 수치화하기 매우 어려운, 사실상 불가능한 것들이다. 경제학에서는 재화와 서비스의 가치를 금전적으로 환산·표시함으로써 시장기구 및 시장실패에 관한 논리적 설명과 분석을 제공한다. 하지만 세상에는 금전적 가치로 환산하기 어려움에도 불구하고 인간의 삶에 있어서 대단히 중요하다고 인정하지 않을 수 없는 요소들이 분명히 있다. 이러한 사회적으로 가치 있는 요소들이 훼손된다면 이는 결코 바람직한 사회의 모습이라고 볼 수 없다. 정책연구에서 시장실패 개념의 의미는 단지 경제적 분석 자체보다도 사회문제의 발생과 정부 개입의 정당성에 대한 논의를 도와주는 데 있다. 따라서 사회적 차원의 시장실패는 정책의 필요성과 정당성에 대한 이해를 더욱 넓혀 준다고 할 수 있다.

더 읽어 보기

전상경, 1992, "시장실패와 비시장실패 및 공공정책," 『한국행정학보』, 26(1).

지광석·김태윤, 2010, "규제의 정당성에 대한 모색: 시장실패의 치유 vs. 거래비용의 최소화·경감," 『한국행정학보』, 44(2).

더 생각해 보기

정책의 필요성 여부와 정부의 실제 개입 여부를 같이 고려하면 다음과 같은 네 가지 상황을 그려 볼 수 있다. 먼저 상황 I은 정책의 당위적 필요성이 인정되는 문제에 대해 정부가 정책적으로 개입하고 있는 상황이다. 상황 II는 당위적으로는 정책이 필요함에도 불구하고 정부가 개입하지 않고 손을 놓고 있는 상황이다. 상황 III은 정부가 개입할 필요가 없거나 혹은 개입하면 안 됨에도 불구하고 정책적으로 개입하고 있는 상황이다. 마지막 상황 IV는 정부의 개입이 필요하지도 않고 또 아무런 정책도 존재하지 않는 상황이다. 이 네 가지 상황 중 I과 IV가 정부의 정상적인 모습이라고 할 수 있다. I은 정부가 마땅히 해야 할 일을 수행하고 있는 것이고, IV는 정부가 할 필요 없는 혹은 해서는 안 될 일을 하지 않고 있는 것이다. 반면 II는 정부가 해야 할 일을 안 하고 있다는 점에서 업무태만 혹은 책임방기 상황이다. III의 경우, 정부가 굳이 할 필요가 없는 일을 하고 있다면 비효율적인 자원낭비라고 할 수 있다. 혹은 정부가 해서는 안 되는 일을 수행하고 있다면 탈·불법적 월권행위가 될 수 있다. 현실에서 각 상황에 해당되는 사례가 있다면 어떤 것들인지 생각해 보자.

〈정부 개입의 필요성과 현실〉

정책의 필요성 \ 현실의 정부 개입	존재	부재
존재	I	II
부재	III	IV

CHAPTER 05

정책의 지향점: 공공성과 공익

미리 생각해 보기

정부가 공공정책을 통하여 추구하는 것은 공공의 이익, 즉 '공익(public interest)'이라고 할 수 있다. 그렇다면 '공공정책' 혹은 '공익'이라는 개념에 들어가 있는 '공공(public)'이라는 단어의 의미는 무엇일까?

공공정책에 있어서 공공성 개념은 '국민을 위한 봉사'라는 정부의 본질과 직결되어 있다. 공공부문(public sector)과 대비되는 개념은 사적 영역 혹은 민간부문(private sector)이다. 사적 영역에서는 본질적으로 개개인의 이익과 효용이 최우선적으로 추구된다. 이때 각 개인들은 자신이 원하는 이익이 무엇인지 그리고 어떻게 하면 자신의 이익을 극대화할 것인지에 대해 누구의 간섭도 받지 않고 자유롭게 판단하고 행동한다. 그러나 사회의 모든 구성원들이 제각기 자신만의 이윤을 추구하고 돈벌이에만 몰두하게 되면 전체 사회는 오히려 퇴보하고 더 나아가 파국으로 치닫게 될 위험이 있다. 따라서 사회 구성원 중 누군가는 손해가 되는 일, 희생적인 일을 해야만 한다. 그 토대 위에서 다른 개인들은 각자 하고 싶은 일들을 편하게 해나갈 수 있게 된다.

이처럼 사회의 다수 구성원들의 편의를 위해 때로는 손해나고 때로는 돈벌이가 되지 않는 일들을 담당하는 것이 바로 공적 영역이다. 따라서 공공성의 본질이란 꼭 이윤이 나지 않는다고 해도 불특정 다수의 이익을 생각하고, 사회적 약자의 편에 서고, 먼 장래의 이익을 위해 현재의 희생을 감내하는 자세라고 할 수 있다. 이와 관련하여 꼭 기억해야 할 것은 민간부문에서 상식적으로 통용되는 관리 원칙 및 기법들이 공공부문에서도 반드시 그대로 적용되는 것은 아니라는 점이다. 예컨대 기업 경영에서는 능률성(efficiency) 혹은 도구적 합리성(instrumental rationality)의 논리가 보편적으로 추구되며 이를 위해 최적해(optimal solution)를 구하는 각종 계량 기법들이 널리 활용되고 있다. 그러나 공적 영역에서는 능률성이나 계량 기법들의 실제 효용이 매우 제한적일 수도 있는 것이다.

제1절

공공성의 개념

정책의 핵심은 공공성에 있다. 여기서 '공공(公共)'은 영어의 'public'을 번역한 단어이다. 우리나라 국립국어원 『표준국어대사전』은 '공공'의 개념을 '국가나 사회의 구성원들에 두루 관계되는 것'이라고 정의하고 있다. 〈표 5-1〉은 '공공'의 몇 가지 사전적 의미를 정리한 것이다.

사전적 의미로 볼 때 '공공'이란 '다수의 사회 구성원들에 관계되는 것'을 뜻한다. 즉, 특정한 개인이나 단체가 아닌 일반 사회 구성원 전체에 두루 관련되는 성질이라는 의미이다. 이러한 설명은 현상을 그대로 기술하는 형식적 개념 정의라고 할 수 있다. 기술적·형식적 차원에서 볼 때, 공공성을 구성하는 특성들은 다음과 같다. 첫째 공유성이다. 다수의 사회의 다수 구성원들이 공동으로 소유·사용·관리하는 것을 말

표 5-1 '공공'의 사전적 의미

민중서림 엣센스 국어사전	국가나 사회의 여러 사람과 관계되는 일
Naver 국어사전	국가나 사회의 구성원에게 두루 관계되는 것
Daum 국어사전	사회 일반이나 공중(公衆)에 관계되는 것

한다. 둘째는 공개성이다. 다수의 구성원들에게 보편적 접근이 가능하도록 개방되어 있는 것을 말한다. 셋째는 공중성으로 다수의 구성원들에게 두루 영향을 미치는 것을 의미한다. 넷째는 정부(행정) 관련성이다. 즉, 중앙정부, 지방자치단체, 공기업 등 각급 공공기관이 주관하는 것을 의미한다.

제2절

공공성에 관한 학설들

공공성 개념에 대해서는 학문적으로 여러 가지 입장이 있다. 여기서는 우리나라 원로 행정학자의 한 분인 백완기(2006) 교수가 정리한 내용을 위주로 소개한다.

1. 주체설

주체설은 국가 혹은 개별 정부기관이 수행하는 업무는 모두 공공성을 지니고 있다고 보는 시각이다. 모든 국가기관들은 원칙적으로 공공의 문제를 해결해야 한다는 책무를 갖고 창설된다. 또한 현실적으로도 정부기관들의 업무가 공적인 성격을 띠고 있는 것이 사실이다. 그러나 공공성을 정부가 수행하는 기능만을 중심으로 이해하는 데에는 한계가 있다. 예컨대 사립대학의 연구소가 정부와 일정한 계약을 맺고 정책문제를 연구하는 경우, 혹은 사설 학원들이 제공하고 있는 교육 서비스 등 역시 공공성을 띠고 있기 때문이다. 반면 공공기관이 수행하고 있는 업무라고 해도 전매 수익을 목표로 하는 담배 및 인삼 판매 활동처럼 공공성을 인정하기 어려운 경우도 있는 것이다.

2. 구조기능설

구조기능설은 국가 혹은 사회 전체의 운명이나 생존 또는 정체성(identity)과 직결된 기능을 하는 제도, 활동, 강제성, 상징 및 의식 등이 공공성을 띠고 있다고 보는 시각이다. 예를 들어 국방이나 치안과 같은 업무들은 국가의 생존과 사회의 안위를 위한 필수적인 기능이라는 점에서 공공성이 있다고 인정된다. 그러나 과연 무엇이 진정으로 국가나 전체 사회의 생존과 직결된 기능 혹은 역할을 수행하는지 명확하게 분별하는 것은 쉬운 일이 아니다.

3. 시장실패설

시장실패설은 경제학에서 말하는 시장실패가 발생하는 경우 공적 영역이 생겨난다고 보는 시각이다. 시장에서는 각자 자신의 이윤 극대화를 추구하는 생산자와 소비자들 사이에 자발적인 교환 활동이 이루어진다. 시장기구가 제대로 작동한다면 수요와 공급이 자동적으로 균형을 이루게 되며 이때 사회적으로 유한한 자원의 가장 효율적인 배분이 이루어지는 최적 상태에 도달하게 된다. 그런데 때로는 여러 가지 이유로 말미암아 시장실패, 예컨대 시장 자체가 성립되지 않거나 비효율적인 자원배분이 이루어지는 상황이 발생하게 된다. 이러한 시장실패를 예방·치유하기 위해 정부의 개입이 요청되는 영역이 바로 공적 영역이 되는 것이다. 그런데 사실 경제적 관점에서의 시장실패 개념만으로는 공공성을 다 설명하기 어렵다. 왜냐하면 우리가 소망하는 바람직한 사회를 위해서는 경제적 효율성뿐 아니라 형평성(equity)이나 민주성 같은 가치들도 역시 중요하기 때문이다. 예컨대 시장원리에 입각하여 가장 효율적인 자원배분이 이루어진다고 해도 부익부 빈익빈 현상이 심화되거나 민주적인 정치제도 운영이 왜곡된다면 이는 공공성에 어긋나는 것이다.

4. 정치적 권위설

정치적 권위설에 의하면 모든 조직은 정치적 권위(political authority)에 의해 제약을 받기도 하고 또한 영향을 끼치기도 한다는 점에서 공공성을 띠고 있다. 따라서 구태여 공적 조직과 사적 조직을 구분할 필요가 없다고 본다. 다만 공공성의 정도에 있어서 차이는 있을 수 있다. 어떤 조직은 상대적으로 더 많은 공공성을 띠고 있고 다른 조직은 더 적게 띠고 있다는 것이다. 이 시각은 공공성을 정치적 권위와의 영향 관계에서 파악하기 때문에 공공성의 생성, 확장 혹은 감소의 이유와 그 과정을 설명하지 못하는 한계가 있다.

제3절

공공성의 발생

한편 공공성이 발생하는 경우를 보다 구체적으로 정리하면 다음과 같다(백완기, 2006: 4~8).

1. 외부성이 높은 재화나 서비스의 생산 활동

외부성이란 누군가가 비용을 지불하여 어떤 재화 혹은 서비스가 제공되면 다른 사람들도 모두 똑같이 소비할 수 있는 특성을 말한다. 예컨대 누군가 열심히 노력해서 깨끗한 환경, 튼튼한 국방, 안정된 치안 등을 확보하게 되면 그들뿐만 아니라 나머지 사회 구성원 모두가 그 혜택을 누리게 된다.

2. 국가나 공동체의 존립에 필요한 재화나 서비스

국민의 건강, 세금의 징수, 사회질서의 유지, 국토방위, 교육 등의 업무는 한 나라 혹은 공동체가 생존을 유지해 나가는 데 있어서 필수적인 과업이다. 공동체 전체 차원에서 반드시 필요하다는 점에서 공공성을 띠게 된다.

3. 시장의 원리로 문제가 해결되지 않는 경우

시장의 원리에 맡겨 둘 때 공급이 제대로 이루어지지 않거나, 독과점이 형성되거나, 사회적 양극화가 가속화되는 등의 사태가 벌어진다면 이를 시정하기 위해 공공성이 발동하게 된다. 예컨대 산간벽지 혹은 낙도에 있는 학생들이 학원 수업을 받고 싶다고 해도 사기업은 수지 타산이 맞지 않는 곳에 학원을 세우려고 하지 않을 것이다. 그리되면 대도시 지역에 거주하는 학생들과의 교육 수준에 있어 현저한 격차가 발생하게 된다. 이는 또한 장래의 사회적 지위 혹은 소득에 있어서의 심각한 격차로 이어져 결국은 사회적 양극화를 더욱 심화시키게 될 것이다.

4. 업무의 성질이나 규모

사회 공동체를 위해 반드시 필요하거나 혹은 매우 유익한 업무라고 해도 필요한 자본이나 사업의 규모가 너무나 커서 일반적인 사기업들로서는 도저히 감당하기 어려운 경우도 있다. 예컨대 합창단·무용단·오케스트라와 같은 대규모 예술 단체의 운영, 박물관·도서관 건립과 같이 막대한 초기 투자가 필요한 경우, 또는 우주개발, 해양개발, 극지탐사와 같이 막대한 비용이 소요되는 업무들이 공공성을 띠게 된다.

5. 국민 생활에 필수적인 재화와 서비스

국민들이 행복하고 인간다운 삶을 영위하는 데 없어서는 안 될 필수 재화 및 서비스들도 공공성의 영역에 포함된다. 예컨대, 교육, 주거, 교통, 의료, 문화, 보건 등은 국민이라면 당연히 누려야 할 기본적인 서비스이다. 그런데 시장에서 사기업들에 의해 이러한 서비스가 모든 국민들에게 골고루 제공되기를 기대하기는 어렵다. 따라서 필수 재화 및 서비스를 국민 모두에게 보편적으로 제공하기 위한 공적 사업이 필요한 것이다.

6. 재생산이나 확장이 불가능한 재화

재화 중에는 토지와 같이 국민 생활에 꼭 필요하지만 재생산이나 확장이 사실상 불가능한 경우가 있다. 이러한 재화를 그냥 시장 거래에 내버려 두면 국민의 삶에 막대한 불편이 야기되거나 사회 안정이 저해될 수 있다. 따라서 거래에 대한 일정한 규제가 필요한데 이 역시 공공성의 한 요소가 된다.

7. 빈번한 자연재해의 발생

태풍, 풍수 재해, 악천후, 폭우, 폭설 등의 심각한 자연재해는 국민의 편안한 삶을 위협하는 유해 요소가 된다. 이러한 재해 현상에 대한 사전 대비 및 사후 복구, 그 밖에 각종 대책 마련 등은 공적 영역의 중요한 일부가 된다.

8. 자율적 질서의 미비

시민들의 자율적 질서가 충분히 발달한 사회라면 정부 간섭의 여지는 그만큼 줄어들게 된다. 그러나 공동체 구성원들 스스로에 의한 질서 형성 및 유지가 제대로 이루어지지 않는 경우, 사회 전체의 안정을 위한 공적인 규제와 규율이 필요하게 된다.

제4절

공익: 공공성의 규범적 본질

'인간은 마땅히 인간다워야 한다'라는 명제의 형식을 빌려 '공공적인 것은 마땅히 공공적이어야 한다'고 말할 수 있다. 이 명제에서 앞의 '공공'은 기술적·형식적 개념이며 뒤의 '공공'은 규범적·본질적 개념이다. 정책 담론에 있어서는 앞에서 제시된 사전적 정의뿐만 아니라 규범적으로 지향해야 할 본질적 특성에 관한 정의도 필요하다. 다시 말해서 '공공적인 것은 마땅히 이러이러해야 한다'는 식의 개념 정의가 중요하다는 것이다.

사회의 공동선을 추구하는 공공정책에 있어서 최고로 지향되는 가치는 '공익(public interest)'이다. 이러한 견지에서 공익은 공공성의 규범적 본질이라고 할 수 있다. 공익은 간단히 말해서 '공공의 이익' 혹은 '공동체 전체의 이익'을 의미한다. 만약 개개인의 사익 추구가 결과적으로 공동체 이익의 극대화로 귀결된다면 굳이 공익에 대해 신경 쓸 필요는 없을 것이다. 그러나 개인들의 이익 추구만으로 사회 전체의 행복이 보장되지 않거나 혹은 공공의 문제가 제대로 해결되지 않는다면 공익 개념이 중요한 의미를 갖게 된다.

그런데 막상 공익이 과연 무엇이며 어떻게 파악할 수 있는가 하고 물으면 그 내용이 모호해서 개념이 잘 잡히지 않는다. 공공정책의 결정 및 집행에 있어서 누구나 공익을 최고 목표로 강조하지만 그에 대한 명확한 기준이 없기 때문에 현실 적용이 쉽지 않은 것이 사실이다. 그럼에도 불구하고 적어도 이념적으로는 행정이 궁극적으로 지향해야 할 최고의 가치를 가리킨다는 점에서 공익 개념의 중요성을 무시할 수 없다. 공익을 구성하는 주요 요소들에 대해 살펴보면 다음과 같다(백완기, 1996: 301~307).

1. 보편화된 가치

어느 사회이건 그 구성원들 사이에 보편적으로 수용되는 가치 규범이 있기 마련이다. 이런 보편화된 가치는 오랜 생활 경험을 통해 의식적 또는 무의식적으로 구축되며 또한 한 세대에서 다음 세대로 이어지며 전수된다. 이러한 가치 규범에는 인간 사회라면 시대와 장소를 불문하고 적용된다고 여겨지는 불변의 것에서부터 어느 특정한 시기 특정한 사회에서만 적용되는 한정적인 것에 이르기까지 그 종류가 매우 많다. 예컨대 인간의 생명과 존엄성을 소중히 여겨야 한다는 것은 매우 보편적인 불변의 가치라고 할 수 있다. 이러한 가치 규범은 법 이전에 사람들이 안정된 생활을 위해 서로 지키기로 약속한 규범이라는 점에서 공동체 생활을 이끄는 안내자 역할을 한다.

2. 공동체 자체의 권익

국가나 사회 공동체는 개인에게 생활의 근거를 제공하고 개인의 권익과 안전을 보호하는 역할을 수행하는데 이를 위해서는 먼저 공동체 스스로의 생존과 권익이 보장되어야 한다. 국가가 하나의 유기체로서 존속하기 위해서는 생존권, 대외적 위신, 이미지, 부강함, 전통 등이 보장되어야 하며 따라서 이들은 공익의 구체적인 구성 요소가 된다고 할 수 있다. 다만 공동체 자체의 권익이 중요하다고 해서 결코 개인의 이익이 무시되거나 저해되어도 괜찮다는 것은 아니다. 공동체의 이익은 궁극적으로 개인의 이익 보호와 직결되어 있어야 하는 것이다.

3. 외부경제성 및 공공재

어떤 재화나 서비스는 국민 생활에 반드시 필요하고 유용함에도 불구하고 외부경제성이 크거나 공공재적 성격을 띠고 있기 때문에 시장에서는 제대로 생산·공급되지 않는다. 그 대표적인 예로써 국방, 공중위생, 사회질서, 도로, 학교, 공원, 깨끗한 환경 등을 꼽을 수 있다. 외부경제성이란 재화·서비스를 구입하기 위한 비용을 지불하지 않은 다른 사람들도 그 혜택을 누릴 수 있다는 의미이다. 공공재란 보통 소비의 비배제성과 비경합성이라는 특성을 가진 재화·서비스를 의미한다. 비배제성이란 구입 비용을 부담하지 않은 사람들도 누구나 그 재화·서비스를 소비할 수 있다는 뜻이며, 비경합성이란 한 사람의 소비가 다른 사람의 소비를 전혀 감소시키지 않는다는 의미이다. 외부경제성이나 공공재적 성격이 강한 경우, 기꺼이 대가를 지불하려는 사람이 거의 없기 때문에 시장에서는 거래 자체가 형성되지 않게 된다. 따라서 이러한 재화나 서비스는 공익이라는 차원에서 생산·제공되어야 한다.

4. 미래의 이익이나 효용성

어떤 재화나 서비스는 비록 현재에는 수요가 없어 생산할 필요가 없거나 혹은 수지 타산이 맞지 않는다고 해도 미래의 효용을 위해서 생산되어야 할 경우가 있다. 이때 장래의 효용이 곧 공익으로 간주된다. 즉, 지금 당장은 손해나는 일이라고 해도 미래의 효용이 기대되는 한 공익에 부합된다는 것이다. 사회의 변화에 따라 시장에서 도태될 위기에 처한 재화·서비스 중에는 나라의 장래를 위해 소홀히 해서는 안 될 것도 있다. 예컨대 전통 예술이나 기초 학문의 경우 사회에서 당장 큰 수요가 없다고 해서 그냥 방치해 두어서는 곤란하다. 비록 현재의 효용가치가 매우 적다고 해도 장래의 이익을 위해서는 우선 당장은 손해나는 일이라고 해도 공익 차원에서 포용해야 할 것이다. 그런데 여기서 말하는 장래의 효용이나 이익은 단순한 상품적 가치나 경제적 이윤만을 의미하는 것은 아니다. 그보다 더 광범위한, 공동체 전체의 생존이나 발전에 기여하는 사회적 효용 개념으로 이해되어야 한다.

5. 다수의 이익

공익은 때로 불특정 다수의 이익이라고도 불린다. 사회 내 다수의 이익과 소수의 이익이 대립하는 경우 보통 다수의 이익을 공익으로 받아들이게 된다. 왜냐하면 다수의 의사가 소수의 의사보다는 옳을 가능성이 더 클 것이라고 믿기 때문이다. 사실 다수결의 원리는 인간 사회에서 불가피하게 발생하는 갈등을 해결하는 데 매우 유용한 제도이다. 같은 이치로 소수에게 유익한 것보다는 다수에게 이로운 것을 공익으로 간주하는 편이 더 큰 정당성을 인정받을 수 있다. 하지만 다수의 이익이라고 해서 무조건 공익과 동일시할 수는 없으며 일정한 조건들이 전제되어야 한다. 즉, 집단 구성원 간의 게임이 제로섬게임이 아니어야 하고, 자유로운 토론이 보장되어야 하며, 이익 자체가 상대성을 띠고 있어야 한다는 것이다.

6. 사회적 약자의 이익

공익은 그 본질적 속성의 하나로 형평성(equity)을 지니고 있다. 따라서 소외되고 무시되기 쉬운 사회적 약자의 이익 역시 공익의 중요한 구성 요소로 포함되어야 한다. 예컨대 장애인, 고아, 소수민족, 노약자, 저소득층은 사회생활에서 차별적 대우를 받으며 불리한 환경에 처할 가능성이 많다. 사회 구성원 중 일부가 지속적으로 불이익을 받고 있는 상황을 무시한 채 공익을 운운하는 것은 어불성설일 것이다. 이때 사회적 약자가 수적으로 다수이냐 소수이냐는 그리 중요한 문제가 아니다. 예컨대, 남성 지배적 사회에서는 인구의 절반을 차지하는 여성들이 사회적 약자가 되는 것이며, 노동운동이 탄압받는 사회에서는 전체 국민의 대다수를 차지하는 근로자들이 사회적 약자가 되기도 하는 것이다.

제5절

공익에 관한 학설들

공익이란 무엇이며 어떻게 파악되는가에 대해서는 몇 가지 대립되는 입장이 있다. 여기서는 네 가지 학설에 대해 간략히 살펴본다(백완기, 1996).

1. 규범설

규범설의 기본 골자는 공익이 정책결정 및 정치 생활에 적용될 수 있는 최고의 윤리 기준(the highest ethical standard)이라는 것이다. 공익은 행정 업무와 관련된 모든 행위를 인도하고 규제하는 규범적 개념으로 공동선(common good)과 같은 것이다. 카시넬리(C. W. Cassineli), 슈나이더(H. W. Schneider), 리프먼(W. Lippmann) 등에 의해 주장되는 이 규범설에 의하면 사람은 단지 자신의 개인적 이익만을 추구하는 것이 아니라 보다 나은 공동생활(better common life)을 위해 결사를 만드는 사회적 존재이다. 이 공동선은 단순한 개인적 이익의 집적 혹은 일부 이익집단의 이익과는 질적으로 다른, 전체 공동체에 내재하고 있는 특유한 것이다. 그리고 대중의 '참다운' 이익(true interest)으로서의 공익은 인간이 만든 실정법에는 나타나지 않을 수 있어도 그보다 상위의 자연법에는 반드시 나타난다고 본다.

규범설 입장에서는 공익을 정책결정 과정과는 상관없는 하나의 독립적인 실체(a thing of substance)로 이해한다. 공익은 선험적인 성격을 띠고 있으며 양심의 소리에 귀를 기울이는 '선의의 소수인(men of the good will)'에 의해 파악된다고 한다. 일반 대중의 참다운 이익이 공익이기는 하지만 보통의 대중들은 공익을 정확히 파악하는 데에 부적절하고 무능하다고 본다. 또한 정당이나 이익집단들 역시 자신들의 이익을 추구하는 한 부분성을 벗어날 수 없기에 공익과는 거리가 멀며, 또한 그들 사이의 협상이나 타협으로 공익이 결정되는 것도 아니라고 한다.

규범설의 한계로 세 가지를 지적할 수 있다. 첫째, 이 학설은 상당히 반민주적 성격을 띠고 있다. 어느 정당이나 이익집단, 혹은 실정법도 공익을 대변할 수 없으며 오로지 자연법만이 공익을 대표할 수 있다고 본다. 그런데 이 선험적인 공익을 오직 선의의 소수 엘리트만이 발견할 수 있다는 주장은 독선성, 폐쇄성, 배타성, 교조성을 강하게 띠고 있다. 스미스(H. R. Smith)는 공익의 규범적 개념은 반드시 권위주의를 초래하게 된다고 경고하였다. 둘째, 행정 철인(行政 哲人)의 등장을 강조하고 있다. 현명하고 선량한 판단을 통해 공익을 발견할 수 있도록 행정이 신 혹은 철인과 같은 존재가 되어야 한다는 것은 현실적으로 불가능한 요구이다. 셋째, 규범설은 객관성과 구체성을 결여하고 있다. 공익의 원천이라고 주장하는 인간의 양심 혹은 자연법은 사실 객관적으로 규명하기가 쉽지 않다. 누구나 인정할 수 있는 보편타당한 기준이 제시되지 않는다면 특정 개인의 주관적 개념을 공익과 동일시하려는 독선과 도그마에 빠질 위험이 큰 것이다.

2. 과정설

과정설에서는 공익을 선험적인 개념이 아니라 집단과정을 통해 나타나는 결과적 산물로 이해한다. 개인 및 집단들은 각자 자신들의 이익을 최대한 확보하기 위해 정치라는 광장 속에서 대립하고 경쟁하는데 사적인 이익들이 정치과정을 통해 공익으로 전환된다는 것이다. 과정설은 개별 집단이나 개인들의 이익과는 구별되는 별도의 공익이라는 것은 존재하지 않는다고 본다. 벤틀리(A. Bentley)는 사회란 개인 및 특수한 이익집단들의 집합에 불과하며 전체 공동체 차원의 공익이나 공동선은 없다고 주장하였다. 트루먼(D. Truman)에 의하면 공익이란 다수의 이익집단들이 자신들의 사익을 추구하는 과정에서 사후적으로 나타나는 것으로 상징적인 슬로건에 지나지 않는다고 한다. 이와 같은 입장이 집단 절차의 결과를 공익으로 보는 것이라면 이와는 다소 다르게 적법한 과정이나 절차 자체를 공익으로 이해하려는 시각도 있다. 여하튼 두 가지 시각 모두 공익은 집단과정 속에서 나오는 것이니 집단과정 이전에 선험적으로 존재하는 것은 아니라고 본다.

과정설에 대한 비판은 다음과 같다. 첫째, 공익을 집단과정의 산물이라는 사후적 개념으로 인식한다면 정책결정을 인도하고 안내하는 기준으로서의 역할을 부여할 수 없다. 둘째, 사회 내 다양한 이익집단들의 세력이 결코 균등하지 않고 그들의 정치적 영향력에도 큰 편차가 존재한다. 따라서 정치과정에서 이들의 이해관계가 합리적으로 조정되어 공동체 차원에서 균형화된 결과가 나오리라고 기대하기는 어렵다. 아무리 적법한 절차를 거쳤다고 해도 일부 힘센 집단의 이익만이 압도적으로 반영된 결과가 산출될 가능성이 크기 때문이다.

3. 합리설

합리설의 기본 전제는 '민심은 천심'이라는 것이다. 공익의 근원은 오로지 국민이며 '인민의 의지(will of the people)'가 바로 공익을 결정짓는 것으로 간주한다. 이 시각에서 볼 때, 정당은 인민의 의사를 발견하고 확인하며, 입법부는 확인된 인민의 의사를 법으로 전환시키고, 관료들은 인민의 의사가 투영된 법을 집행하며, 사법부는 법을 구체적으로 해석하고 강제하는 역할을 한다. 합리설은 공익을 사익과는 근본적으로 구별되는 독자적 실체로 이해한다는 점에서 규범설과 일치한다. 그러나 규범설과는 달리 공익을 선험적인 절대의 개념이 아니라 인민의 의지 속에서 발견되는 상대적 개념으로 이해한다는 점에서 규범설과 차이가 있다. 여기서 인민의 의지란 과연 인민 전체의 의지를 의미하는지 아니면 다수의 의지를 의미하는지가 논란의 대상이 될 수 있다. 현실적으로는 국민 중 다수의 의지를 인민의 의지로 인정할 수밖에 없다. 샷슈나이더(E. E. Schattschneider)나 키이(V. O. Key) 등에 의하면 다수의 의사를 확인하는 데 가장 효과적이고 바람직한 메커니즘은 정당정치라고 한다. 이와 비슷한 맥락에서 번스(J. M. Burns)는 민주사회에서 다수결 제도야말로 공익을 발견하고 충족시키는 데 최선의 방법이라고 주장한다.

합리설의 근본적인 문제점은 공익의 근원이 되는 민심이나 인민의 의지가 무엇인지 확인하기가 결코 쉽지 않다는 사실이다. 다수의 의사를 공익으로 인정한다고 해도 다수의 의사라는 것 자체가 힘이나 기만에 의해 왜곡되고 조작될 가능성이 다분하다. 그렇지 않다고 해도 만약 다수 인민이 우둔하고 무지한 판단을 내리는 경우까지 과연 공익으로 인정해 주어야 할지 의문이다. 또한 다수의 횡포에 의해 소수가 사회적 약자로서 희생될 가능성도 상존한다.

4. 공동체의 이익설

이 학설은 사회를 보는 시각 자체가 다른 학설들과는 구별된다. 국가나 사회는 분명 개인들로 구성되어 있지만 단체로서 국가나 사회는 단순한 개인의 집합체가 아닌 독자적인 실체로 존재한다고 본다. 즉, 국가 혹은 사회라는 공동체는 개인이나 집단들과는 구별되는, 별개의 인격과 가치 체계를 갖고 있는 독립된 실재(independent entity)라는 것이다. 이처럼 구성원 개개인과는 별개의 인격체를 가지고 있는 공동체의 이익이 바로 공익이라고 이해한다.

하지만 공동체 이익설의 문제는 과연 무엇이 공동체의 이익인지 구체적으로 확인하고 조작화하기가 매우 어렵다는 점이다. 그러기에 구체화 과정에서 지배적 위치에 있는 소수의 이익이나 의지가 공동체의 이익으로 치환될 가능성이 다분하다. 즉 권력을 쥐고 있는 독재자나 소수의 이익이 공익이라는 탈을 쓰고 다수 국민을 희생에 빠트릴 가능성이 크다는 것이다. 또한 개인에 대한 공동체의 우선성을 강조하다 보면 국가 지상주의나 전체주의의 함정에 빠지게 될 위험도 크다.

토론 주제

최근 우리 사회에서 크게 논란이 되었던 정책 하나를 택해서 과연 공익에 부합되는 것이었는지 그렇지 않은 것이었는지 생각해 보자. 그렇게 생각하는 근거는 무엇인가?

참고 의견

공익 혹은 공공성이란 정부의 정책 활동에 있어서 가장 핵심적인 요체라고 할 수 있다. 라스웰(Lasswell)이 강조했던 '인간 존엄성의 구현'을 사회 공동체 차원에서 보면 바로 공익의 극대화라고도 표현할 수 있다. 하지만 공동체는 수많은 사람들의 집합이기 때문에 공동체의 이익이 곧 모든 구성원 개개인들의 이익이라고 단언하기는 어렵다. 공익에 관한 여러 가지 학설들에 대해 이번 장에서 살펴보았지만 어느 특정한 이론이 절대적으로 맞는 시각인지 단정지을 수는 없다. 따라서 어떤 특정한 정책이 과연 공익에 부합되느냐 하는 질문에 대해서 다양한 견해들이 제시되는 것이 지극히 자연스러운 일이다. 중요한 것은 자신이 왜 그렇게 판단하는지에 대해 확실한 논리적 근거를 갖추는 것이다.

더 읽어 보기

윤수재 외 편저, 2008, 『새로운 시대의 공공성 연구』, 법문사.

이종범, 2018, "공공성 확보를 위한 정부의 역할과 행정학의 과제," 『한국행정학보』, 52(4).

임도빈, 2020, "영혼 '있'는 공무원을 위하여: 공익적 관점에서의 정치적 중립," 『한국행정학보』, 54(2).

임의영, 2010, "공공성의 유형화," 『한국행정학보』, 44(2).

최태현, 2019, "公과 共의 사이에서: '작은 共'들의 공공성 가능성의 고찰," 『한국행정학보』, 53(3).

CHAPTER 06

정책의 논리적 구조와 속성

제1절 목표와 수단의 계층제

제2절 가치전제와 사실전제

제3절 가설로서의 정책

제4절 불확실성과 대응 방안

미리 생각해 보기

1993년 UR협상의 타결로 농산물 시장 개방이 확대됨에 따라 농업 부문에 큰 피해가 예상되었다. 당시 김영삼 정부는 약 57조 원의 농업 보조금을 지원해서 우리나라 농어촌의 구조 조정을 꾀하였고 이를 통하여 농어업의 경쟁력 향상을 도모하였다. 이 사례에서 정책의 목표와 수단은 각각 무엇인가?

제1절

목표와 수단의 계층제

정책은 기본적으로 목표와 수단으로 구성된다. 정책목표와 정책수단이라는 개념은 상대적 관점에서 이해되어야 한다. 어떤 정책을 통해 추구되어야 할 것으로 설정된 목표가 더 큰 관점에서 보면 그보다 상위의 목표를 달성하기 위한 정책수단이 된다. 반대로 어떤 목표를 달성하기 위해 선택된 정책수단은 그것을 이행하기 위해 필요한 조치와의 관계에서 보면 목표가 된다. 즉, 정책목표와의 관계에서 보면 시행되어야 할 정책수단인 것이 그보다 하위 수단과의 관계에서 보면 달성되어야 할 정책목표가 된다는 것이다. 이러한 관계를 '목표와 수단의 계층제(ends-means hierarchy 또는 means-ends chain)'라고 한다(정정길, 2010: 40).

[그림 6-1]은 목표와 수단의 계층제를 장애인 복지정책을 예로 들어 그림으로 표시한 것이다. 장애인 복지라는 정책의 목표를 구현하기 위한 정책수단으로 재활 교육 강화와 공공시설 이용 편의 증진이라는 두 가지 방책을 선정했다고 가정하자. 이 관계에서만 보면 재활 교육은 목표 달성을 위한 수단이다. 그러나 장애인 재활 교육이 저절로 활성화되고 잘 운용되는 것은 아니다. 장애인 재활 교육을 내실 있게 추진하기 위해서는 무언가 좀 더 구체적인 방안들이 마련되어야 한다.

그림 6-1 목표와 수단의 계층제

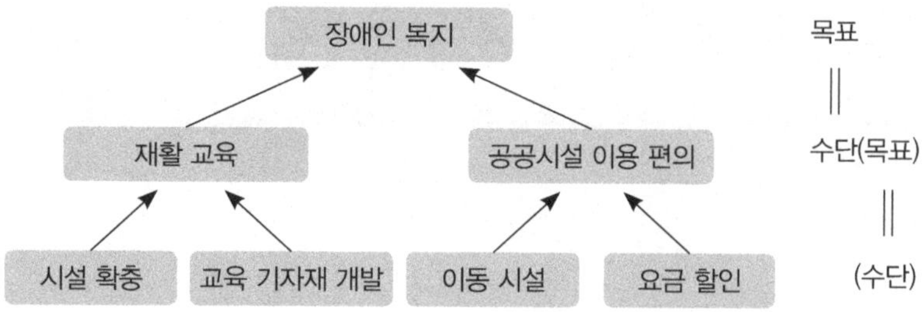

예컨대 충분한 교육 시설을 확충하는 한편 적절한 교육 기자재 개발이 이루어져야 한다. 이 관계에서 보면 재활 교육은 교육 시설 및 교육 기자재 확충이라는 정책수단을 통해 달성하고자 하는 정책목표가 된다. 한편 장애인들을 위한 교육 기자재를 개발하기 위해서는 또다시 보다 구체적인 방책들이 시행되어야 한다. 즉, 이번에는 교육 기자재 개발이 정책의 목표가 되고 이를 달성하기 위한 하위 수단들이 모색된다는 것이다. 이처럼 정책목표를 달성하기 위해 정책수단을 선택하고, 또 그 수단이 목표가 되고 이를 달성하기 위한 하위 수단이 선택되는 식으로 마치 사슬처럼 계속 연결되는 구조가 형성되는 것이다.

목표와 수단의 계층제를 그림으로 표시하면 마치 조직도와 같은 피라미드 모양을 띠게 된다. 조직의 상층부 고위직이 담당하는 업무는 목표와 수단의 계층제상의 상위 목표와, 하위직이 담당하는 업무는 하위 목표와 대응된다. 고위직의 업무는 상대적으로 추상적이고 포괄적인 반면 하위직으로 갈수록 업무는 구체적이 된다. 마찬가지로 목표와 수단의 계층제에 있어서도 상부로 갈수록 포괄적이고 추상적인 내용이 되고 반대로 아래로 갈수록 구체적이고 범위도 좁아지게 된다.

제 2 절

가치전제와 사실전제

모든 정책에는 기본적으로 가치전제와 사실전제가 포함되어 있다(Simon, 1976). 가치전제란 좋은 것인가 나쁜 것인가(good or bad)에 대한 판단을 말한다. 사실전제란 참인가 거짓인가(true or false)에 대한 판단을 말한다.

1. 가치전제(Value Premise)

가치전체란 어떤 사안에 대한 특정한 가치판단을 의미한다. 가치판단은 선과 악, 미와 추, 좋음과 나쁨, 바람직함과 바람직하지 않음에 대한 당위론적 판정이다. 가치판단은 과학적 검증의 대상이 아니라 철학적·윤리적·종교적 차원의 질문을 다룬다. 예를 들면, 소득수준의 양극화는 바람직한 상황인가 바람직하지 않은 상황인가? 대형 마트들이 골목 상권을 위협하지 못하도록 입점이나 영업시간을 마땅히 규제해야 하는가? 사교육비 지출이 많아지는 것은 바람직한가 그렇지 않은가? 남북통일은 분단된 현실보다 좋은 것인가?

이러한 질문들은 '1 더하기 1은 얼마인가?'와 같은 질문과는 본질적으로 다르다. 이러한 질문에 대한 답은 당연히도 주관적인 판단에 의해 좌우될 수밖에 없다. 과학적인 검증이 불가능하기 때문이다. 따라서 객관적이고 보편적인 정답을 찾는 것도 사실상 불가능하다. 왜냐하면 사람마다 가치관이나 세계관에 따라 판단이 다를 것이기 때문이다.

정책목표에는 필연적으로 특정한 가치전제가 내포되어 있다. 정책의 목표를 설정한다는 것은 현 상태가 바람직한 상태인가 아닌가, 그리고 우리가 추구해야 될 미래의 바람직한 사회란 어떤 것인가에 대한 판단을 전제로 한다. 예컨대 햇볕정책에서 추구하는 목표는 남북 간 평화공존, 나아가 남북통일을 지향하는 것이다. 이러한 정책이 수립되었다는 것은 남북 대립·분단이라는 현 상황보다는 남북 평화·통일이 바람직하다는 가치판단이 이미 이루어졌음을 의미한다. 장애인 복지 향상이라는 정책목표에는 장애인들의 삶의 질을 높이는 것이 바람직하다는 가치판단이 전제되어 있다. 따라서 정책의 목표를 보면 그 정책이 가지고 있는 가치판단, 가치전제가 무엇인지 파악할 수 있는 것이다.

2. 사실전제(Factual Premise)

정책의 목표 설정이 주로 가치판단의 영역이라면 정책수단의 선택은 주로 사실판단에 의해서 좌우된다. 사실전제란 어떤 사안에 대한 객관적인 사실관계 및 인과관계에 대한 판단을 의미한다. 사실판단은 참이냐 거짓이냐, 맞냐 틀리냐, 그러한가 그렇지 아니한가에 대한 객관적 판정이다. 가치전제가 당위성의 문제라면 사실판단은 존재론적 문제라고 할 수 있다.

다음 몇 가지 질문들에 대해 생각해 보자. 현재 우리나라 국민 1인당 소득은 20년 전에 비해 2배로 증가하였는가? 문화예술을 향유할 수 있는 시설들의 수는 각 지역마다 동일한가? 과학기술 연구 개발(R&D)을 위한 예산 지원이 증액된 이후 신기술의 개발이 증가하였는가?

이런 질문에 대한 답은 당연히도 그 이야기는 참이다 혹은 거짓이라는 객관적인 판정으로 이어지게 된다. 이 질문들에 대해서는 각 사안에 관한 자료들을 수집해서 검토해 보면 사실이 그런지 아닌지 분명하게 판정할 수 있다는 말이다. 사실판단을 하기 위해서 필요로 하는 것은 현실의 데이터를 객관적으로 분석하는 과학적인 검증이다. 과학적인 검증을 제대로 거쳤다면 그 결과는 사람에 따라서 달라지는 것이 아니라 누가 검증하더라도 동일한 결론에 도달하게 된다. 이러한 판단은 어떤 상황이 바람직한 것인가에 대한 주관적 가치판단과는 전혀 별개의 차원이다. 소득의 증가 혹은 문화시설의 균형적인 분포가 과연 바람직한가 그렇지 않은가와 관계없이 실제로 그러하냐 아니냐에 대한 객관적 판단인 것이다.

정책에 있어서 사실전제는 보통 문제의 분석 그리고 정책수단의 선정과 밀접하게 관련되어 있다. 문제의 정황이 지금 어떠한 상태인지, 왜 그러한 상황이 발생되었는지, 그리고 어떤 정책수단이 동원되어야 그 문제가 해결되는지 등에 대한 판단은 결국 특정한 사실전제를 바탕으로 이루어진다.

3. 정책처방(Policy Prescription)

정책처방은 특정한 가치전제와 특정한 사실전제가 합해져서 도출되는 문제해결을 위한 구체적인 방안이다. 어떤 상황을 문제로 보느냐 하는 것은 가치판단에 따라 좌우된다. 그리고 그 문제의 해결을 위해 어떤 정책수단을 선택하느냐 하는 것은 우리가 어떤 사실판단을 하고 있느냐에 달려 있다. 따라서 목표 달성을 위한 수단의 선택은 기본적으로 우리가 어떠한 인과관계 지식을 가지고 있느냐에 따라 달라지게 된다.

예를 들어서 서양의학과 동양의학은 인체를 다루는 똑같은 학문임에도 불구하고 인체를 이해하는 방식이 사뭇 다르다. 그래서 예컨대 서양의학에서는 속에 탈이 났다고 하게 되면 약을 먹게 하든지 아니면 그 부위를 수술해서 도려내는 식의 치료를 통해서 낫게 하려고 한다. 이에 비해 한방에서는 환부에 대한 수술보다는 몸 전체의 기운을 북돋아 주는 보약을 통해서 몸을 낫게 하려고 한다. 이 경우, 건강한 것이 좋은 것이라는 가치전제는 똑같으며, 환자의 병을 낫게 해야 되겠다는 목표도 동일하다. 그런데 한의사와 양의사가 선택하는 정책수단은 서로 다르다. 왜냐하면 그들이 가지고 있는 인과관계 지식, 즉 의학 지식이 서로 다르기 때문에 서로 상이한 치료 수단을 채택하게 되는 것이다.

따라서 어떤 정책이 원래 의도했던 대로 문제를 잘 해결하고 목표를 잘 달성할 것이냐 하는 것은 정책결정자들의 의도보다는 그들의 인과관계 지식에 의해서 좌우되게 된다. 결국 우리가 아무리 선한 의도를 가지고 있다고 해도 우리가 가진 인과관계 지식이 불완전하거나 잘못된 것이라면 문제해결은 그만큼 멀어지게 되는 것이다. 정책에 관한 과학적인 탐구가 중요한 이유도 바로 이 때문이다.

물론 정확한 과학적 지식이 있다고 해서 곧 좋은 정책이 나오는 것은 아니다. 제대로 된 정책처방이 나오기 위해서는 선한 가치판단과 정확한 사실판단 이 두 가지가 모두 필요하다. 극단적인 반면교사로 삼을 만한 예를 하나 생각해 보자. 과거 제2차 세계대전 당시에 독일의 나치군은 유태인들을 대량 학살하기 위해서 가스실에 수많은 사람들을 몰아넣고 독가스를 살포하는 방법을 사용했다. 만약 우리가 목표의 정당성은 생각하지 않고 순전히 수단만 생각한다면, 대단히 부적절한 표현이기는 하지만, 당시 나치군은 매우 효율적으로 목표를 달성했다고 할 수도 있다. 그것이 가능했던 것은 그들이 어떻게 하면 사람을 죽일 수 있느냐에 대한 여러 가지 인과관계 지식을 정확하게 가지고 있었기 때문이었다. 유태인 학살이라는 참혹한 비극이 벌어졌던 것은 나치군에게 정확한 인과관계 지식은 갖춰져 있었지만 사람의 생명에 대한 올바른 가치판단이 갖춰져 있지 않았기 때문이었다.

이처럼 정확한 과학적 지식이 그토록 끔찍한 목적을 위해서 사용되었다는 것은 두 번 다시 되풀이되어서는 안 될 비극이다. 그런데 반대의 경우도 있을 수 있다. 고귀한 이상을 가지고 있지만 필요한 인과관계 지식은 없는 경우이다. 우리는 지금보다 더 멋지고 이상적인 사회를 꿈꿀 수 있고 반드시 이를 구현해 내자는 좋은 의도를 가질 수 있다. 그러나 우리의 꿈이 아무리 이상적이고 바람직하다고 해도 우리가 가지고 있는 지식 체계가 불완전하다면 결코 그 소망을 이룰 수는 없다. 정확한 인과관계 지식이 없다는 것은 곧 이 멋진 꿈을 성취하기 위해 무엇을 어떻게 해야 하는지 알 수 없음을 뜻하기 때문이다. 결국 제대로 된 정책처방을 위해서는 건전한 가치판단과 객관적으로 정확한 사실판단 이 두 가지가 반드시 필요한 것이다.

제3절

가설로서의 정책

1. 정책명제와 가설

정책의 목표와 수단을 합해서 하나의 명제로 나타내면 다음과 같은 형식으로 표현된다. '목표 Y를 달성하기 위해서는 수단 X를 취하면 될 것이다' 혹은 '수단 X를 취하면 목표 Y를 달성할 수 있을 것이다'. 이는 곧 정책 목표와 수단 간의 인과관계에 관한 진술이라고 할 수 있다. 인과관계란 X가 원인이 되어 그 결과 Y가 발생하게 된다는 뜻이다. 이러한 측면에서 정책명제(policy proposition)는 과학 방법론의 가설(hypothesis)과 그 형식 면에서 동일하다. 과학 연구에 있어서 가설은 '독립변수 X라는 원인에 의해서 종속변수 Y가 좌우된다'는 인과관계 진술 형식을 띠기 때문이다. 가설은 일반적으로 다음과 같은 형식을 취한다.

$Y=f(X)$	: Y는 X의 함수이다
If X, then Y	: X가 있으면 Y가 발생한다
X causes Y	: X가 Y를 야기시킨다

어떤 방식으로 표현되건 가설은 'X라는 원인에 의해서 Y라는 결과가 발생한다'라는 의미이다.

과학적 방법을 통하여 인과관계를 확인하는 과정은 두 가지 요소로 구성된다. 하나는 논리적 추론(logical reasoning)이고, 또 하나는 경험적 검증(empirical verification)이다(김태영 외, 2003: 17).

논리적 추론이란 어떤 현상의 인과관계에 대하여 논리적으로 그럴듯하고 타당한 설명을 생각해 내는 과정을 말한다. 여기서 '그럴듯하다'라는 것은 설명의 논리 전개에 비약이나 억지가 없고 듣는 사람이 수긍할 수 있을 정도로 설득력이 있음을 의미한다. 어떤 사회현상이든 그 원인에 대한 가능한 설명은 여러 가지가 있을 수 있다. 연구자는 논리적 사고를 통하여 그중에서 가장 그럴듯한 추측을 해답으로 내어놓는 것이다.

그런데 머릿속 생각으로 그럴듯해 보인다고 해서 실제 현실도 반드시 그러하리라는 보장은 없다. 연구자가 아무리 생각에 생각을 거듭해서 그 나름대로 가장 그럴듯해 보이는 인과관계를 추론했다고 하더라도 실제로는 연구 문제에 대한 '정답'이 아닐 수도 있다는 말이다. 연구자의 머릿속에서 생각했던 논리적 추론이 과연 현실 세계에서도 그대로 적용되는지 아닌지 실제 자료들을 통해 확인해 보는 과정을 경험적 검증이라 한다. 그리고 논리적 추론을 경험적으로 검증하기 위해 사용하는 것이 바로 가설이다.

이처럼 가설이란 매우 그럴듯하게 보이지만 아직 '참'이라고 확인되지는 않은 말을 의미한다. 과학 방법론에서 가설은 연구 문제에 대한 '잠정적인 해답'이다. 즉, 어떤 인과관계에 관해 논리적으로 그럴듯한 추측이기는 하지만 아직 그 진위 여부가 확인되지는 않은 진술이다.

가설의 인과관계가 정말 맞는 것인지는 경험적 검증을 마친 후에야 확실히 판단할 수 있다. 따라서 모든 가설은 제 아무리 그럴듯하게 보인다 해도 항상 오류가능성을 내포하고 있다. 이 말은 가설이 항상 틀리다는 것이 아니다. 틀릴 가능성은 항상 있다는 의미이다. 어떤 이론과 자료를 근거로 추론하건, 설령 연구자가 100% 확신한다고 해도 가설은 오류로 판명날 가능성을 항상 내포하고 있다는 것이다.

2. 정책의 가설적 지위와 오류가능성

과학 방법론에서 가설의 이러한 특성은 정책명제에도 그대로 적용된다. 정책수단의 선택은 인과관계에 관한 사실전제에 기초하여 이루어진다. 여기서 사실전제란 과학적 탐구를 통해 얻어진 실증적 지식을 말한다. 똑같은 정책목표를 추구한다고 해도 인과관계의 지식 체계가 다르면 수단의 선택도 다르게 된다. 예를 들어, 한의학과 서양의학의 치료 방법이 다른 것은 생명과 건강을 추구한다는 목표는 같음에도 불구하고 인체에 대한 지식 체계가 다르기 때문이다. 그런데 과학의 발전에도 불구하고 인간 지식의 불완전성을 완전히 극복하는 것은 불가능하다. 인간이란 존재 자체가 불완전하기 때문에 인간이 수행하는 과학적 연구로 얻어지는 지식도 완벽할 수는 없다. 따라서 불완전한 지식 체계에 의존하여 이루어지는 결정 역시 불완전할 수밖에 없는 것이다.

이러한 맥락에서 란다우(Landau, 1977: 425)는 "모든 정책은 가설이다."라고 주장하였다. 선택의 결과를 미리 알 수 없기 때문이다. 정책 담당자가 아무리 애쓴다고 해도 항상 완벽한 지식으로 완벽한 결정을 내린다는 것은 불가능하다. 인간의 지식과 추론은 불완전하기 마련이다. 인간은 단 한 치 앞도 정확하게 내다볼 수 없는 유한한 존재이다. 따라서 어떤 선택을 하건 그 결과를 미리 알 수는 없다. 결정은 지금 내리지만 그 결과는 미래에 가서야 확인할 수 있다. 여러 개의 가능한 대안들이 있을 때, 직접 시행해 보기 전까지는 과연 어떤 선택이 '정답'인지 결코 미리 알 수는 없다. 시간이 지난 후에야 비로소 그 선택이 맞는 결정이었는지 아니면 틀린 결정이었는지 알게 된다. 선택된 정책수단을 시행한 후 목표로 했던 가치가 달성되면 그때야 비로소 그 선택이 '참'이었음이 판명되는 것이다.

이처럼 모든 정책이 그 결정의 정오 여부를 미리 알 수 없다는 것은 곧 어떤 정책결정이건 항상 틀릴 가능성이 내포되어 있음을 의미한다. 결정 당시에는 아무리 그럴듯해 보이는 정책이라도 시행 후 목표 달성에 실패한 '잘못된 선택'으로 판명될 수 있다. 누가 어떤 식으로 결정하든 정책오류(policy error)가 발생할 가능성을 완전히 배제할 수는 없다. 가설과 마찬가지로 정책명제 역시 제 아무리 그럴듯해 보인다 해도 '오류가능성(error-proneness)'은 항상 있을 수밖에 없다. 인간 지식의 어쩔 수 없는 한계로 인해 어떤 정책결정도 '틀릴 가능성'에서 자유로울 수는 없는 것이다.

정책의 오류가능성 개념은 실제 정책 현장에서 대단히 중요한 함의를 가지고 있다. 과학철학자 포퍼(Popper, 1959)는 과학이란 100% 확실한 진리가 아니라 '반증가능성(falsifiability)'이 있는 지식이라고 강조했다. '반증'이란 맞는 것이라 믿었던 지식이 새로운 증거에 의해 오류인 것으로 증명됨을 뜻한다. 종교나 이데올로기에서는 100% 진리를 주장할 수 있겠지만 과학이 과학이기 위해서는 틀리다고 판명될 가능성을 항상 열어 두어야 한다. 즉, 과학적 지식이란 언제든 오류가 드러날 수 있는 지식이라는 것이다.

이러한 열린 자세는 정책명제에도 적용될 필요가 있다. 먼저 어떤 정책이든 항상 틀릴 가능성이 있음을 인식하고 인정해야 한다. 제 아무리 능력 있는 전문가가 수립한 정책이라도 잘못된 결정일 수 있음을 항상 인식하고 있어야 한다. 설령 모든 사람이 다 옳은 선택이라고 확신한다고 해도 그럼에도 불구하고 실제로는 틀릴 수 있다는 비판적 시각을 항상 견지해야 한다. 또한 한번 결정된 정책이라도 집행 과정에서 계속적인 모니터링이 필요하다. 이미 결정된 사항이니 더 이상 관심을 기울이지 않는다면 혹시 발생할 수 있는 정책오류를 발견하지 못하게 되기 때문이다. 따라서 정책을 결정하는 과정은 물론 그 이후 집행하는 과정에서도 끊임없는 비판적 회의와 모니터링 작업이 반드시 필요한 것이다.

제4절

불확실성과 대응 방안

정책결정은 불확실한 상황 속에서 해답을 모색하는 활동이다. 정책이 가설적 속성을 가질 수밖에 없는 이유는 정책결정자들이 미래를 정확히 내다볼 수 없기 때문이다. 불확실성(uncertainty)이란 미래가 어떻게 될지 알 수 없는 상황을 가리키는 개념이다. 정책을 수립하고 시행하는 이유는 현재의 문제를 해결해서 미래의 바람직한 상태를 달성하려고 하는 것이다. 그런데 지금 내리는 결정이 과연 미래의 원하는 바를 정말로 이루어 줄 것인지 장담할 수는 없다. 우리를 둘러싸고 있는 주변 환경이 미래에 어떻게 변할지, 또 우리가 미처 알지 못했던 새로운 사건들이 언제 어디서 어떻게 터질지 알 수 없기 때문이다. 그래서 정부를 비롯하여 어느 조직이건 간에 업무를 추진해 가는 과정에 있어서 미래의 불확실성이라는 난제에 직면할 수밖에 없다.

정책결정 과정에서 불확실성에 대응하는 방식은 여러 갈래로 나타난다(정정길, 2010: 381; 한석태, 2013: 220). 불확실성에 대해 얼마만큼 적극적으로 반응하는가를 기준으로 삼는다면 크게 두 종류로 구분해 볼 수 있다. 하나는 불확실성의 해결이며, 다른 하나는 불확실성의 회피이다.

1. 불확실성의 해결(Resolution of Uncertainty)

먼저 불확실성의 해결이란 적극적인 대처를 통하여 불확실성 자체를 객관적으로 감소시키는 방식을 말한다. 미래가 불확실한 상황에서 결정을 내릴 때 불확실성이 크면 클수록 그만큼 정답을 선택할 가능성은 줄어든다. 따라서 정책결정자 입장에서는 불확실성의 정도를 낮추면 낮출수록 그에 상응하여 좀 더 나은 정책을 결정할 수 있게 된다. 불확실성을 해결 혹은 해소하는 방법에는 크게 두 가지가 있다. 하나는 통제(control)이고 다른 하나는 정보수집(information collection)이다.

1) 통제

통제란 환경에 있는 요소들을 자기 마음대로 조종하는 것을 말한다. 이는 다시 직접적인 통제와 간접적인 통제 두 가지로 구분해 볼 수 있다. 직접적인 통제는 정부 조직 차원에서 그 주변 외부의 환경요소들이 자기 마음대로 움직이지 못하고 정부의 의도대로 남아 있도록 강제하는 방법이다. 대표적인 방책이 규제(regulation)이다. 규제란 사회 구성원들로 하여금 언제나 정부가 원하는 특정한 방향을 반드시 따르도록 규율함으로써 미래의 불확실성 자체를 없애려는 전략이라 할 수 있다.

직접 통제의 두 번째 방식은 조직의 영역을 넓히는 대외적 병합(external incorporation)이다. 즉, 예전에는 조직 밖에 있던 요소나 업무를 조직 내부로 흡수하는 것이다. 조직의 밖에 있는 환경요소들은 조직의 통제권이 미치지 않기 때문에 미래에 어떻게 될 것인지 불확실하다. 그런데 조직의 경계를 확장하여 조직 안으로 편입된 요소들은 이

제 조직의 지휘 계통을 따르게 된다. 따라서 조직 입장에서는 환경의 불확실성을 없애게 되는 것이다. 재벌 기업들의 소위 문어발식 확장도 이러한 관점에서 설명될 수 있다. 예를 들어서 제조업 회사의 경우, 자신들이 만든 상품을 광고하고 판매해야 하는데 광고 회사나 혹은 판매업소에서 얼마만큼 호의적으로 해줄 것인지 불확실하다. 이때 제조 회사가 광고 회사와 판매업소를 병합하여 하나의 조직 체계를 형성하게 되면 그만큼 미래의 불확실성을 줄일 수 있게 되는 것이다.

간접적인 통제 방식으로는 협상(negotiation)과 선전(public relation)이 있다. 협상이란 환경요소들과의 협상과 타협을 통해서 미래의 변화가 일정한 범위 내로 제한되도록 함으로써 환경의 불확실성을 감소시키는 방법이다. 선전 혹은 PR이란 홍보 및 광고 활동을 통해서 주변 환경이 조직과 긴밀한 유대관계를 지속하면서 우호적인 상태로 계속 남아 있게끔 유도하는 것이다.

2) 정보수집

불확실성을 줄일 수 있는 또 하나의 방식은 정보를 수집하는 것이다. 통제나 협상과는 달리 정보수집은 환경요소와의 직접적인 접촉은 없다. 다만 환경에 관한 정보를 많이 수집함으로써 장차 환경 변화에 대한 예측의 정확성을 높이려는 방법이다. 비록 환경의 변화를 조직이 원하는 대로 좌지우지할 수는 없어도 미래가 어떻게 될 것이라는 예측을 제대로 할 수 있다면 그만큼 불확실성은 줄어들게 되는 것이다.

정보가 불확실성을 감소시키고 의사결정의 품질을 높여 줄 수 있지만 정보수집에는 비용이 소요된다. 정보는 공짜가 아니기 때문이다. 특히 쓸 만한 정보일수록 값이 비싸기 마련이다. 따라서 정보를 수집할 때 과연 그만한 가치가 있을지 따질 필요가 있다. 일반적으로 정보가 가치를 갖기 위해서는 몇 가지 조건이 충족되어야 한다. 첫째는 시간성이다. 의사결정에 필요한 시점에 정보가 있어야 한다는 것이다. 뒤늦게 입수된 정보는 가치가 없을 수 있다. 둘째는 공간성이다. 의사결정자가 접근할 수 있는 곳에 정보가 있어야 한다는 것이다. 셋째는 편의성이다. 의사결정자가 그 내용을 정확히 이해할 수 있는 형식으로 정보가 정리되고 제공되어야 한다는 것이다. 넷째는 진실성이다. 정보의 내용이 사실과 다름이 없어야 한다는 것이다.

2. 불확실성의 회피(Avoidance of Uncertainty)

어떤 방법을 사용하건 불확실성의 정도 자체를 감소시킬 수만 있다면 정책결정의 질은 그만큼 높아질 수 있다. 하지만 적극적인 대처 활동을 통해 불확실성을 해결한다는 것은 그만큼 많은 비용이 소모되는 비싼 작업이다. 즉, 불확실성의 해결은 결코 공짜로 이루어지는 것이 아니다. 그에 상응하는 비용이 반드시 투입되어야 하는 것이다. 그렇기 때문에 실제 현실에서는 불확실성을 해결하려고 힘들게 애쓰기보다는 좀 더 쉬운 방법을 택하는 경우가 많다. 이런 경우를 통칭해서 불확실성의 회피라고 한다.

불확실성을 회피한다는 것은 비용이 아주 적게 드는 반면 불확실성 자체가 줄어들지는 않는 대처 방안이다. 다만 정책결정자 입장에서는 불확실한 상황 속에서 조금은 더 수월하게 결정을 내리고 대응해 나갈 수 있는 방식이다. 실제로 정책결정 과정에서 불확실성이 어떤 식으로 회피되는지 그 유형들을 보면 몇 가지로 구분할 수 있다.

1) 불확실성의 무시

우선 첫 번째로는 불확실성을 무시하는 방법이 있다. 객관적으로 불확실성이 높은 상황이지만 마치 불확실성이 없는 것처럼 아예 주의를 기울이지 않는다는 것이다. 당연한 얘기이지만 불확실성을 쳐다보지 않는다고 해서 불확실성이 저절로 사라지는 것은 절대 아니다. 단지 정책결정자들이 깊이 고민하지 않고 좀 더 마음 편하게 결정을 내릴 수 있다는 것이다. 하지만 당연히도 불확실성 자체가 감소하거나 소멸되는 것은 아니기 때문에 잘못된 정책을 결정할 가능성은 여전히 그대로 남게 된다.

2) 주관적 확신

두 번째는 주관적인 확신이다. 예를 들어서 내일 학교에서 소풍을 갈 예정인데 비가 올지 안 올지 불확실하다. 이럴 때 객관적으로 비가 내릴 확률과는 상관없이 마음속으로 비가 안 올 것이라는 확신을 가진다는 것이다. 물론 정책결정자가 미래에 대해 어떤 특정한 확신을 가진다고 해서 미래가 꼭 그대로 되리라는 보장은 없다. 즉, 주관적인 확신을 갖는다고 해서 미래의 불확실성 자체가 객관적으로 해결되거나 감소되지는 않는다. 다만 그럼에도 불구하고 정책결정을 하는 사람의 입장에서는 그런 확실한 주관적인 판단하에 결정을 내리게 되니까 좀 더 쉽게, 힘들이지 않고, 덜 고민하고 결정을 내릴 수 있다는 것이다.

3) 불확실성의 흡수

세 번째는 불확실성의 흡수(uncertainty absorption)라는 현상이다. 이 현상은 개인적인 차원이 아니라 조직의 차원에서 나타나는 현상이다.

어느 조직이건 외부 환경에 대한 여러 가지 정보를 수집하는 사람들이 있다. 이들이 외부 환경을 모니터링하면서 수집한 정보가 최고 정책결정자에게 전달되려면 보통 여러 단계의 보고 채널을 거치게 된다. 그런데 처음에 실무자가 수집했던 정보는 100% 확실한 것이 아니라 아마 이럴지도 모르겠다는 식의 불확실성이 있는 정보이다. 그런데 이런 불확실한 정보가 조직 내에서 전달 단계를 거치면서 최종적으로 정책결정권자에게 보고될 때는 마치 확실한 정보인 것처럼 둔갑된다. 맨 처음 입수된 정보에는 불확실성이 상당히 있었는데 보고 채널을 타고 올라가면서 불확실성이 조금씩 빠져나가기 때문이다. 마치 모래 위에 물을 뿌리면 물이 흡수되는 것처럼 조직 내 전달 과정을 거쳐 올라가는 사이에 원래 정보에 포함되어 있던 불확실성이 흡수되어 점점 없어져 버린다는 것이다.

4) 비결정

네 번째는 비결정(non-decision) 현상이다. 이는 아무런 결정도 내리지 않고 그냥 가만히 있는 경우를 가리킨다. 불확실성이 대단히 높은 상황에서 정책을 결정해야 하는데 정답이 무엇인지 알 수도 없고 그렇다고 불확실성을 해결할 만한 엄두도 나지 않는 상황에서 종종 사용되는 전략이다. 매우 어려운 문제에 부딪혔을 때 '중요한 사안이니까 쉽게 속단하지 말고 좀 더 시간을 가지고 천천히 연구하면서 고민해 보자'는 식으로 이야기하는 경우가 많다. 이 말은 지금 섣불리 결정하지 말고 기다려 보자는 것이다. 이러한 비결정은 불확실한 상황이 있는데 그냥 아무 것도 안 하고 가만히 있음으로써 불확실성을 회피하는 것이다.

5) 방어적 회피

마지막으로 방어적 회피(defensive avoidance)라는 현상이 있다. 불확실성 속에서 정책을 결정해야 하는 경우 잘못될 결정을 내릴 가능성이 높다. 정책결정자 입장에서는 자신의 결정이 틀리게 되면 조직 구성원으로서 징계 등과 같이 불이익을 받게 된다. 힘들게 불확실성을 해결하려 하지는 않으면서 결정의 오류로 인한 책임 추궁이나 처벌을 피하려는 것을 방어적 회피라고 한다. 결정 자체를 아예 하지 않는 비결정과는 달리 방어적 회피의 경우 결정을 내리긴 내리되 만약 잘못되었을 때 자신의 책임을 면할 수 있는 방안을 찾는 것이다.

대표적으로 두 가지 방식이 흔히 사용된다. 하나는 법규, 규정, 절차에 철저하게 매달리는 것이다. 예컨대 어려운 결정을 해야 할 때 규정집을 들춰 가면서 자구 하나라도 틀리면 절대로 통과시켜 주지 않는 경우가 여기에 해당된다. 다른 하나는 자기 윗사람이 어떻게 생각하는지 눈치를 봐 가면서 상관이 원하는 쪽으로 결정을 내려 주는 것이다. 방어적 회피의 경우, 정책결정자 입장에서 정작 중요한 것은 문제가 잘 해결되느냐가 아니라 자기가 처벌받느냐 하는 것이다. 자신은 그저 규정을 충실히 지켰을 뿐이라거나 혹은 상관의 뜻을 따를 수밖에 없었다는 식의 대응은 자신의 책임을 모면할 수 있는 효과적인 방어벽이 될 수 있다.

3. 가외성(Redundancy)

불확실성에 대한 대응과 관련해서 추가적으로 살펴볼 중요한 개념이 있다. 바로 가외성(加外性)이라는 개념이다. 가외성이라는 말의 뜻은 꼭 필요한 것 이상으로, 즉 가외로, 중복되거나 중첩된 여유분이 있다는 것을 의미한다(Landau, 1969). 효율성 관점에서만 보면 여유분이란 자원의 불필요한 낭비에 불과하다. 하지만 불확실성에 대한 대응이라는 측면에서는 가외성이 매우 중요한 의의를 갖는다. 가외성이 불확실성 그 자체를 줄여 주는 것은 아니지만 불확실성에 대한 매우 현명한 대응 방식이 될 수 있기 때문이다(김영평, 1991).

예를 들어 생각해 보자. 일반 자동차에는 4개의 바퀴가 필요하다. 그런데 보통 스페어 타이어 하나를 차 뒤에 계속 싣고 다닌다. 사실 사용하지도 않는 타이어를 사서 가지고 다닌다는 것은 비효율적인 낭비가 될 수 있다. 하지만 스페어 타이어가 없다면 자동차 운행 도중에 큰 낭패를 겪을 수 있다. 주행 중에 바퀴가 펑크나면 운전 자체가 어려워지기 때문이다. 만약 언제 어디서 펑크가 날 것인지 정확히 예측할 수 있다면 그전까지는 굳이 번거롭게 스페어 타이어를 준비하지 않아도 된다. 하지만 언제 어디서 어떤 바퀴가 펑크날 것인지는 불확실하다. 따라서 여분의 스페어 타이어를 항상 가지고 다닌다면 갑자기 펑크가 나더라도 교체해서 운행을 계속할 수 있다.

가외성 개념을 실제 정책 사례에도 적용시켜 볼 수 있다. 예컨대 다문화 가정에 대한 지원정책을 생각해 보자. 한국 사회에 다문화 가정이 급증하면서 이들에 대한 정책적 지원도 많아졌다. 그런데 정부 각 부처들이 시행하는 다문화 가정 지원 프로그램들 중에는 내용이나 대상자가 중복되는 경우들도 있다. 일부에서는 이에 대해 예산의 낭비라고 비판하며 중복된 프로그램을 정리해야 한다고 주장하기도 한다. 하지만 정책의 취지를 고려한다면 어느 정도의 중복은 오히려 바람직하다고 할 수 있다. 왜냐하면 A라는 정책의 대상에 포함됨에도 불구하고 혹시라도 시행 과정에서 누락되어 지원을 받지 못하는 다문화 가정이 있다면 B라는 유사한 정책을 통해 도움을 받을 수 있기 때문이다. 따라서 정책의 중복은 모든 대상자들이 빠짐없이 혜택을 받을 수 있도록 보장해 주는 일종의 안전장치인 셈이다.

이처럼 가외성은 꼭 필요한 것 이상의 추가분을 중복되게 구비함으로써 불확실성에 대비하는 현명한 대처 방법이 될 수 있다. 기계든 조직이든 핵심적인 요소 혹은 기능이 잘못되거나 고장 나게 되면 시스템 전체가 치명적인 타격을 입게 된다. 물론 가외성이 불확실성을 직접적으로 낮춰 주는 것은 아니다. 그러나 시스템의 안정적인 작동을 보장해 준다는 점에서 가외성은 불확실성에 대한 좋은 방책이라 할 수 있다.

토론 주제

1993년 UR협상의 타결로 농산물 시장 개방이 확대됨에 따라 농업 부문에 큰 피해가 예상되었다. 당시 김영삼 정부는 농어촌 구조 조정을 통한 경쟁력 향상을 위하여 약 57조 원의 농업 보조금을 지원하였다. 그 후 김대중 정부는 45조 원, 노무현 정부는 119조 원을 투입하였다. 그런데 통계청에 의하면 1992년 568만 원이었던 농가 부채가 2006년 말엔 2,816만 원으로 증가했다. 15년 사이에 부채가 5배 늘어 농가 소득 증가 속도(2.22배)를 두 배 이상 앞질렀던 것이다. 이 정책 사례에서 가치전제와 사실전제는 각각 무엇이었는가? '정책은 가설이다'라는 란다우(Landau)의 주장이 이 사례에는 어떻게 적용이 되는가?

참고 의견

이 정책의 사실전제를 살펴보면 다음과 같다.

- UR협상으로 인해 외국 농산물의 수입이 확대될 것이다.
- 수입 농산물이 많아지면 국내 농가의 소득이 줄어들 것이다.
- 농가에 보조금을 지원해 주면 농업 구조 조정이 이루어질 것이다.

그리고 이 정책의 기저에 있는 핵심적 가치전제는 '농업은 매우 중요하다'는 것이다. 그러므로 농가의 소득이 줄어드는 것은 바람직하지 않으며, 따라서 마땅히 국가의 보호를 받아야 한다는 것이다.

하지만 통계자료가 보여 주듯이, 실제 결과는 기대와 다르게 오히려 농가의 부채가 소득보다 훨씬 더 많아지게 되었다. 이는 정책이란 가설과도 같아서 처음 만들 때에는 아무리 그럴듯해 보여도 항상 오류가능성이 있음을 잘 보여 주는 사례라고 할 수 있다.

더 읽어 보기

김영평, 1991, "불확실성에 적합한 행정이론의 모색: 능률성의 행정학과 가외성의 행정학,"『불확실성과 정책의 정당성』, 고려대학교 출판부.

김정수, 2007, "불확실성, 결정오차, 그리고 제비뽑기의 역설: 문예진흥기금 지원심의방식에 대한 역발상,"『한국정책학회보』, 16(1).

오석홍·김영평 편저, 2006, "제5편. 정책분석의 기초와 쟁점,"『정책학의 주요 이론』, 법문사.

CHAPTER 07

정책과정과 참여자

미리 생각해 보기

개인적으로 관심이 큰 정책을 하나 생각해 보자. 그 정책은 어떻게 시작되고 어떻게 진행되었는가? 그리고 그 과정에서 어떤 사람들이 어떤 역할을 하며 어떻게 참여했었는가?

제1절

정책과정

정책과정(policy process)에 관해 상세히 살펴보기 전에 먼저 유의해야 할 것이 두 가지 있다. 첫째, 정책과정을 어떤 단계들로 구분할 것인가는 명칭이나 구성에 있어서 학자들마다 다를 수 있다는 점이다. 어떤 식으로 단계를 구분하든 대체적인 흐름은 동일하다. 따라서 명칭이나 구성에 관계없이 각 단계별로 어떤 특성을 갖고 있는지 그리고 어떤 활동이 이루어지는지 이해하는 것이 중요하다.

둘째, 실제 일선 현장에서는 정책과정의 각 단계들이 교과서처럼 명확하게 차례대로 진행되지 않을 수도 있다는 점이다. 개념적으로는 각 단계마다 끊어서 개별적으로 논의할 수 있어도 실제로는 각 단계별로 명확하게 구분되지 않을 수도 있다. 예컨대 언제부터 언제까지는 문제를 인식·정의하고, 그 다음 시점부터 대안을 모색하고, 또 이 작업이 끝나면 대안들을 비교하는 식으로 체계적이고 순차적으로 진행되는 것만은 아니다. 때로는 여러 단계가 동시에 진행될 수도 있고, 또 때로는 진행되다가 다시 그 앞 단계로 되돌아갈 수도 있다.

현실이 이러함에도 불구하고 정책과정을 몇 개의 단계로 나누어 살펴보는 것은 우리의 인지능력의 제약 때문이다. 현실의 복잡한 정책과정을 한꺼번에 그대로 다 분석하고 이해하는 것은 인간의 제한된 인지 능력으로는 불가능한 일이다. 그래서 개념적으로 몇 개의 단계로 구분하고 우리의 머릿속에서 하나씩 따로 초점을 맞추어 분석해 보자는 것이다. 이는 마치 운동을 처음 배울 때 구분 동작으로 끊어서 하나씩 익히는 것과도 마찬가지 이치이다. 현실에서는 하나의 연속된 동작이지만 분석할 때에는 몇 개의 소동작으로 구분하여 세부적으로 살펴봐야 더 잘 파악할 수 있다는 것이다.

정책과정은 [그림 7-1]과 같이 개념적으로 몇 개의 단계로 구분해 볼 수 있다. 첫 번째는 해결해야 할 문제를 확인하는 문제형성 단계,

그림 7-1 정책과정의 제 단계

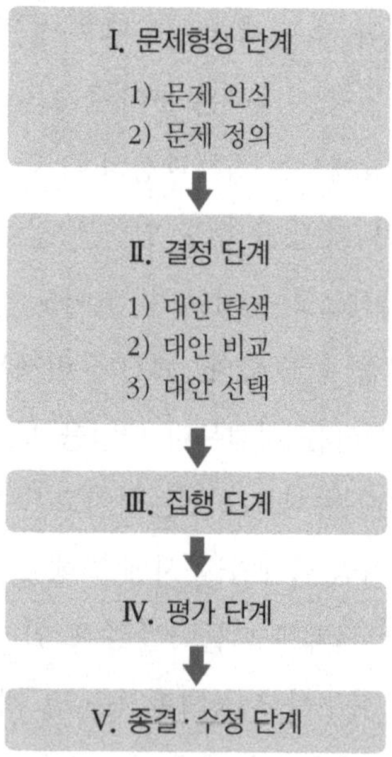

두 번째는 문제를 해결하기 위한 구체적인 대안을 선택하는 결정 단계, 세 번째는 결정된 바를 시행에 옮기는 집행 단계, 네 번째는 정책을 집행한 후에 평가하는 단계, 그리고 마지막은 필요한 수정을 하거나 혹은 종결하는 단계이다. 문제형성 단계는 다시 두 개의 소단계로 나누어 볼 수 있다. 첫 번째는 문제의 존재를 인식하는 문제인식 단계이고, 두 번째는 인식된 문제를 구체적으로 정의하는 문제정의 단계이다. 또한 결정 단계는 다시 세 개의 소단계로 구분할 수 있다. 첫 번째는 문제를 해결할 것으로 보이는 후보 대안들을 탐색하는 단계, 두 번째는 각 대안들의 장단점을 비교·분석하는 단계, 그리고 세 번째는 여러 대안들 중 하나를 최종적으로 선택하는 단계이다.

제2절

공식적 참여자

정책과정에 참여하는 주체들은 크게 두 가지 유형으로 구분할 수 있다. 공식적 참여자와 비공식적 참여자 그룹이다(류지성, 2008: 83~108). 공식적 참여자란 국가기관 및 그 종사자로서 정책을 입안하고 시행하는 공식적 권한을 가진 사람들이다. 이들은 법률에 의해서 공식적으로 정책결정 과정에 참여할 수 있는 권한이 부여되어 있고 또 이들의 결정에 의해서 실제로 공식적인 정책이 재정되게 된다. 현대 삼권분립 체제하의 국가 시스템에서는 기본적으로 입법부, 행정부, 사법부가 정책과정의 공식적 참여자가 된다. 아울러 우리나라같이 대통령중심제를 택하고 있는 체제에서는 대통령 역시 대단히 중요한 공식적 참여자가 된다.

1. 입법부

입법부는 국회 혹은 각 지역의 지방의회들을 말한다. 의회가 수행하는 가장 중요한 업무는 당연히 입법 활동이다. 의회가 정책결정 과정에서 구체적으로 어떠한 역할을 수행하느냐 하는 것은 곧 의회가 가지고 있는 권한과 직결되어 있다. 의회는 행정부가 수행해야 할 법률을 제정할 뿐만 아니라 행정부가 사용하는 예산에 대해서 심의하고 승인하는 권한을 가지고 있다. 또한 국정감사를 통해서 정부가 어떤 정책을 어떤 식으로 얼마만큼 제대로 하고 있는가에 대한 평가 작업을 하게 된다. 이를 통해서 의회는 정책과정에 있어서 행정부가 자의적으로 활동하지 못하도록 감시하고 감독하고 지시하는 역할을 수행하게 된다.

그런데 삼권분립 체제에 대한 교과서적인 서술과는 달리 실제 현실에 있어서는 정책과정에서 의회가 가지고 있는 권한은 상대적으로 약화되었다는 것이 일반적인 평가이다. 우선 첫 번째 이유는 국가행정 업무의 확대에서 찾아볼 수 있다. 20세기 이후 국가에게 요청되는 국민들의 요구 사항이 많아지게 됨에 따라 국가의 역할이 대단히 확장된 소위 복지국가 또는 행정국가가 대두되게 되었다. 이에 따라 행정부가 수행하는 다양하고 복잡한 정책 사안들에 대해 수적으로 소수인 의회가 전문적으로 대응하고 통제하는 것이 어렵게 된 것이다.

두 번째 이유는 우리나라의 특수한 상황에서 찾아볼 수 있다. 즉, 남북 분단과 권위주의적인 정치 문화 등으로 인해 행정부, 특히 대통령의 권한이 비대해졌고 그에 반비례해서 입법부의 권한은 상대적으로 많이 취약해졌다. 그래서 과거 권위주의 군사정부 시절에는 의회가 행정부를 견제하고 대통령을 비판하기보다는 대통령의 뜻에 의해서 좌지우지되는 속칭 '거수기' 역할을 했다는 비판까지도 들었던 것이다.

2. 행정부

정책과정에 관여하는 공식적인 참여자로서 두 번째 주체는 당연히 행정부이다. 삼권분립 체제하에서 행정부의 가장 기본적인 역할은 물론 법과 정책을 집행하는 기능이다. 그런데 실제 현실에 있어서는 오늘날 현대 국가가 수행해야 하는 다양하고 복잡한 전문적인 국정업무들이 많아지다 보니까 행정부의 정책적 결정 내지는 집행에 있어서의 권한이 상당히 강화됐다는 것이 일반적인 현상이다. 정책의제 설정을 비롯한 정책과정 전반에 걸쳐 행정부가 주도적 역할을 수행하고 있는 것이다.

이러한 경향은 입법 과정에서도 찾아볼 수 있다. 삼권분립 체제에서 법을 만드는 권한을 가지고 있는 주체는 당연히 입법부인 의회이다. 하지만 실제로 법률을 제정할 때 의회는 기본적인 방향 정도만 만들어 주고 그 구체적인 내용은 행정부에게 위임해 주는 경우가 대부분이다. 이러한 현상을 '골격입법(skeleton legislation)'이라고 한다. 명칭 자체에서도 쉽게 이해되겠지만 의회는 뼈대, 즉 기본 골조에 해당되는 골격만 입법해 주고 행정부가 나머지 상세한 사안들에 대해 결정하고 시행한다는 것이다. 골격입법이라는 용어는 정책과정에 있어서 의회에 비해 행정부의 권한이 상대적으로 더 넓고 강하다는 것을 보여 준다.

3. 대통령

정책과정에서 또 하나의 중요한 공식적 참여자는 대통령이다. 대통령중심제하에서 대통령의 위치는 이중적이라고 할 수 있다. 하나는 삼권분립 체제에서 행정부의 수장이라는 의미가 있고 다른 하나는 나라 전체를 대표하는 최고 국가원수라는 지위이다. 그런데 우리나라와 같이 전통적으로 권위주의적인 정치 문화가 강한 나라에서는 대통령의 권한이 법에 규정된 것 이상으로 막강한 경우들이 자주 나타난다. 혹자는 우리나라 대통령의 막강한 권력을 가리켜 '제왕적 대통령제'라는 식으로 비판하기도 한다. 각종 정책과정에 있어서 대통령 한 사람에게 너무 많은 권한이 집중되어 있다는 것이다.

대통령과 관련해서 또 하나 중요한 주체가 있다. 흔히 청와대 혹은 대통령 비서실이라고 불리는 참모(staff)들이다. 참모진은 여러 가지 전문적인 식견을 갖춘 브레인들이다. 최고 결정권자인 대통령에게 좋은 정책 아이디어를 제공하고 자문해 줌으로써 대통령이 보다 나은 결정을 내릴 수 있도록 도와주는 것이 참모의 본래 기능이다. 의사결정 및 집행 권한을 가지고 있는 계선(line)조직과는 달리 참모기관은 구체적인 사안에 대해서 결정을 내릴 수 있는 권한도 없고 결정된 정책을 시행에 옮길 수 있는 권한도 가지고 있지 않다. 그럼에도 불구하고 실제로는 상당한 권력을 행사하는 경우가 많다. 최고 권력자인 대통령을 가까이에서 보좌하며 항상 대면하기 때문이다.

4. 사법부

정책과정에 참여하는 마지막 공식적인 참여자는 사법부, 즉 법원이다. 보통 정책과정에 참여하는 주체를 생각할 때 법원은 공식적인 주체로 잘 떠오르지 않는다. 하지만 법원은 삼권분립 체제의 중요한 한 파트로서 정책과정에 있어서 대단히 중요한 역할을 수행한다. 그 핵심적인 기능은 법률 해석에 관한 권위 있는 판정을 내리는 것이다. 즉, 법의 집행 과정에서 갈등과 충돌이 나타나는 경우 법원이 최종적인 판정을 내림으로써 결론이 맺어지게 된다.

그런데 사법부의 결정은 항상 사후적으로 이루어진다는 점에서 다른 정책 주체들과 차이가 있다. 입법부나 행정부는 보통 어떠한 사회문제를 해결하기 위해서 적극적으로 나서서 문제해결을 위한 정책이나 법을 만드는 일을 한다. 그에 비해서 법원은 어떤 문제가 있다는 것을 스스로 인지하고 어떤 판단을 내놓는 것이 아니다. 다른 누군가가 사법적인 판단을 요청할 때까지는 아무런 행동을 취하지 않는다. 그리고 분쟁이 나타나고 갈등이 벌어졌을 때 법률에 대한 해석을 통해 최종적으로 권위 있는 판단을 내려 주는 역할을 한다. 그렇기 때문에 빈도 면에서는 입법부나 행정부에 비해 사법부가 정책과정에 관여하는 경우는 그렇게 많지 않다.

하지만 사법부의 결정은 그 파급효과에 있어 의회나 행정부의 결정 이상으로 중요하고 막대한 영향력을 행사하는 경우가 많다. 예컨대 헌법재판소의 경우, 의회가 만들어 놓은 법률이나 정부가 시행하는 정책들이 헌법에 합치되는지를 판정함으로써 법이나 제도 자체의 수정 혹은 폐지까지도 결정하기도 한다. 이 때문에 법원의 판단은 일반 국민생활뿐만 아니라 의회나 정부의 업무수행에도 큰 영향을 미치게 된다. 또한 개별적인 정책 프로그램 하나하나보다는 거시적인 차원에서 법률이나 제도 그 자체에 대한 적법성 혹은 헌법 적합성 여부를 따진다. 따라서 사법부는 정책과정에 있어서 근본적인 방향을 조정하거나 재설정해 주는 중요한 기능을 수행한다고 할 수 있다.

제3절

비공식적 참여자

비공식적 참여자란 정책과정에서 공식적 권한은 가지고 있지 않음에도 불구하고 상당한 영향력을 발휘하는 사람들을 말한다. 실제 정책과정에는 공식적 참여자 이외에도 다양한 종류의 참여자들이 다양한 방식으로 영향력을 행사하게 된다.

1. 정당

정당이란 정치적 이해관계를 같이 하는 사람들이 모여서 정권 획득을 목적으로 활동하는 단체이다. 얼핏 생각하면 정당은 정책과정에서 공식적으로 참여가 보장된 공식적인 참여자라고 생각될 수도 있다. 실제로 주요 정책 사안들을 두고 정부와 여당이 공식적인 회합을 갖고 해결 방안에 대한 논의를 하는 경우가 종종 있다. 그러나 이 경우는 법적으로 규정된 공식적인 회합은 아니다. 법에 정해져 있는 것은 아니지만 보다 나은 정책을 만들기 위해서 주요 관련 당사자들이 머리를 맞대고 정책을 논의하는 그런 모임일 뿐이다.

일반적으로 정책과정에서 정당이 수행하는 주 기능은 이익결집(interest integration) 활동이다. 정당이 추구하는 가장 궁극적인 목표인 정권 획득을 위해서는 무엇을 해야 하는가? 민주주의 사회에서는 물리적으로 군사력을 동원하여 정권을 탈취하는 것이 불가능하다. 정권을 획득하기 위해서는 선거에서 최대한 많은 국민들의 지지를 받아야 한다. 유권자의 표를 많이 얻기 위해서는 보다 많은 사람들이 원하는 바를 간파해야만 한다. 국민들이 바라는 희망 사항을 잘 듣고 다양한 이해관계들을 잘 조정해서 정당의 약속으로 제시할 수 있어야 한다. 이러한 활동을 이익결집이라고 한다. 정당은 사회 내에 존재하는 수많은 구성원들이 가지고 있는 각종 요구 사항들을 결집해서 자기 당의 선거 공약으로 정리하여 제시하게 된다. 즉 이익결집을 통해서 사회 내에 존재하는 다양한 요구들을 구체적인 정책의제로 변환시켜 주는 역할을 수행하는 주체가 바로 정당이라는 것이다.

2. 이익집단

이익집단(interest group)이란 자신들의 이해관계를 확보하기 위해 정책과정에 영향력을 행사하는 집단을 말한다. 정당과는 달리 이익집단은 자신들이 직접 정권을 획득하는 것이 목적이 아니다. 그 대신 자신들의 이익을 증진시키기 위해 정책결정자들에게 자기들의 요구 사항을 각인시키려 한다. 이것을 이익표출(interest articulation) 혹은 이익표명이라고 한다. 즉, 자기네 집단이 어떠한 이해관계를 가지고 있고 무엇을 원하는지를 알려 주고 자신들의 요구가 정책결정 과정에 반영되도록 공식적인 참여자들에게 영향력을 행사하려 하는 것이다.

통상적으로 정책과정에서 이익집단이 가지고 있는 정치적 영향력은 다음과 같은 몇 가지 요인에 의해 좌우된다고 한다. 가장 내표적인 요인은 경제력이다. 예를 들어 경제적으로 막강한 힘을 가지고 있는 재벌 기업들의 모임 같은 단체는 돈이 없는 가난한 단체들보다는 훨씬 더 정치적 영향력이 크다는 것이다. 또한 사회적 명성(prestige) 역시 중요한 요인이 된다. 사회적으로 존경 받고 권위가 있는 인물이 어떤 이익집단의 대표로 앞에 나선다면 그 단체는 정책과정에서 훨씬 더 많은 영향력을 행사할 수 있을 것이다. 또는 공식적인 정책결정자들, 특히 고위 정책결정자들과의 친분 관계 역시 매우 중요한 영향 요소가 될 수 있다.

때로는 돈도 별로 없고 사회적인 명망도 없고 또 그렇다고 정책결정자들과 친한 사이가 아님에도 불구하고 정책과정에서 상당히 큰 영향력을 행사하는 경우가 있다. 예컨대 노동조합과 같이 집단의 규모가 대단히 큰 경우가 바로 그러하다. 노조처럼 대단히 많은 인원이 속해 있는 단체라면 다른 집단에 비해서 더 큰 정치적 영향력을 행사할 수 있다는 것이다. 때로는 집단의 규모가 상대적으로 작음에도 불구하고 그 집단 구성원들 간의 응집력(cohesion)이 대단히 강해서 아주 큰 정치적 영향력을 행사하는 경우도 있다. 아무리 집단의 크기가 크다고 하더라도 그 구성원들이 하나의 목표를 향해서 일치단결하지 못하고 뿔뿔이 흩어진다면 별다른 영향력을 행사하지 못할 것이다. 반면에 비록 집단의 규모는 좀 작다고 하더라도 그 구성원들 사이에 대단히 강력하고 끈끈한 응집력을 가지고 있다면 집단으로서의 영향력은 상당히 커질 수 있다.

그렇다면 이익집단들의 활동은 민주주의에 도움이 되는가 아니면 오히려 해가 되는가? 이에 대해서는 상반된 시각이 있을 수 있다. 다원주의 시각에서 보게 되면 이익집단들 간의 경쟁은 사회적 선(善)을 이루게 된다. 사회에 존재하는 다양한 이익집단들이 서로 자신들의 이해관계를 더 증진시키기 위해서 경쟁적으로 노력하다 보면 사회 전체적으로 가장 적절하게 이해관계가 조율될 수 있기 때문이다. 즉, 사익(私益)들 간의 경쟁과 조정을 통해 공익(公益)이 도출된다는 것이다. 이는 마치 경제학에서 말하는 시장 메커니즘 논리, 즉 자유경쟁을 통해 시장에서 최적의 자원배분이 이루어지게 된다는 논리와 유사하다. 사회적으로 다양한 이익집단들 사이에 건강한 경쟁이 이루어진다면 이를 통해서 정치적 민주주의가 확립될 수 있다는 긍정적인 인식이다.

그에 비해서 엘리트주의적인 시각에서는 현실적으로 사회적 집단들 간에 힘의 불균형이 존재함을 지적한다. 말하자면 이익집단이라고 해서 다 같은 것이 결코 아니라는 것이다. 어떤 집단은 다른 집단들에 비해서 월등히 더 많은 힘을 가지고 있기 마련이다. 이러한 힘센 엘리트 집단은 정책과정에서도 다른 집단들과는 비교가 되지 않을 정도로 막강한 영향력을 행사하게 된다. 엘리트 집단과 여타 집단들과의 경쟁은 사실상 경쟁이라고 부를 수 없을 정도로 불공평한 게임이다. 따라서 비록 겉으로는 이익집단들의 경쟁이라는 형식을 갖춘다고 해도 실제로는 엘리트 집단의 이해관계 위주로 정책결정이 이루어질 가능성이 크다. 결국 이익집단들 간의 힘의 불균형은 정치적 민주주의를 위협하게 된다는 것이다.

3. 비정부조직(NGO)

비정부조직(non-governmental organization)은 시민사회의 자발적 행동을 기초로 하여 공익을 추구하는 민간단체를 말한다. 이익집단과는 달리 비정부조직은 정책과정에서 자기네 집단의 사적 이익을 추구하기보다는 우리 사회의 보편적인 공익을 추구하기 위해 영향력을 행사하려 한다. 우리 사회에는 장애인, 다문화 가정, 외국인 근로자 등과 같이 소외되어 있는 약자들이 존재한다. 또 환경이나 인권 등과 같이 사회적으로 매우 중요하지만 시장기구에 맡겨 두다 보면 제대로 보살펴지지 않는 중요한 가치들도 많이 있다. 물론 정부가 이러한 문제들에 대해 정책적인 해결을 시도하기는 하지만 공적인 도움의 손길이 미처 미치지 못하는 부분도 많은 것이 현실이다. 비정부조직은 정책과정에서 다양한 시민들의 목소리가 투영되도록 대변함으로써 우리 사회의 공익을 추구하는 기능을 수행한다. 특히 사회적으로 중요한 가치가 있지만 충분히 보호되지 못하는 영역들을 돌보는 중요한 역할을 담당한다. 즉, 이익집단처럼 자발적으로 활동하되 이익집단과는 달리 자신들의 특수한 사적 이익을 바라기보다는 사회적 공익을 추구하는 것이다.

4. 언론

정책과정에 있어서 언론(mass media)은 여론을 형성하고 전달하는 역할을 수행한다. 언론은 때로는 제4의 권부라고 불릴 정도로 상당히 막강한 영향력을 행사하기도 한다. 언론의 힘의 원천은 정보의 제공에 있다고 할 수 있다. 정보는 여론의 형성에 있어서 결정적으로 중요한 요인이 된다. 언론이 국민들에게 제공하는 정보는 어떤 정책 사안에 대한 여론이 어떤 내용으로 형성되고 확산될 것인지를 좌우할 수 있다. 또한 언론은 정부의 정책 활동에 대한 감시견 역할을 담당한다. 정책이 필요한 문제에 대해 집중 조명하기도 하고, 정책이 제대로 집행되고 있는지 모니터링하기도 한다. 때로는 정책의 부족한 부분을 비판하고 대안을 제시하기도 한다.

5. 전문가 집단

전문가 집단이란 정책 사안별로 탁월한 전문적 지식과 식견을 갖추고 있는 사람들을 말한다. 정책과정에서 전문가의 핵심 기능은 정책문제를 분석하고 좋은 대안이나 해결책을 제시하는 데 있다. 전문가들의 집단을 보통 싱크탱크(think tank)라고 부르기도 한다. 이들은 자신의 전문적 지식을 활용하여 문제를 분석하거나 혹은 기존 정부 정책의 부족한 부분을 비판하기도 한다. 언론과는 달리 전문가 집단의 가장 중요한 역할은 정책문제에 대한 효과적이고 실현 가능한 정책대안을 발굴하고 제시하는 것이다. 이를 위해서 반드시 필요한 것은 외부 간섭으로부터 독립성과 자율성이 보장되어야 한다는 점이다. 전문가들은 오로지 자신들의 전문적인 지식에 의해서만 판단하고 제안할 수 있어야 한다. 특정 세력의 입김에 좌우되지 않고 소신껏 연구·분석할 때라야 그들의 전문적 능력이 온전히 발휘되기 때문이다.

6. 일반 국민

일반적으로 조직화되지 않은 시민 개개인이 정책과정에 참여한다는 것은 쉽지 않은 일이다. 물론 전혀 불가능한 것은 아니지만 대단히 제한되어 있는 것이 사실이다. 하지만 정보화 사회가 심화되면서 디지털 네트워크가 발달함에 따라 시민 개개인들의 대정부 영향력이 점차 강화되고 있다. 온라인상에서 네티즌들이 각종 정책 사안에 대한 의견을 활발하게 개진함으로써 정책과정에 상당한 영향력을 미치는 경우를 종종 볼 수 있다. 이들은 정부기관의 각종 홈페이지 혹은 온라인 포럼 등에서 가감 없이 자신들의 주장을 과감하게 개진함으로써 정책결정에 무시 못 할 영향력을 행사하기도 한다.

제4절

국제사회

마지막으로 정책과정에 영향을 미치는 주체로서 국제사회 혹은 국제 공동체를 꼽을 수 있다. 이에 대해서는 그동안 정책학 연구에서 거의 다루어지지 않았었다. 20세기 후반 이후 세계화가 급속도로 또 깊숙이 진행되고 있다는 것은 주지의 사실이다. 이제는 우리나라의 국경선 밖에서 벌어지고 있는 사건들이 우리나라 내부의 정책과 제도에 영향을 미치게 되는 것이 드문 일이 아니다.

우리나라 헌법에는, 공식적인 국제법 그리고 정식 절차를 통해서 만들어진 국제조약은 국내법과 동일한 효력을 가지고 있다고 규정되어 있다. 물론 현실의 국제사회가 국내 사회처럼 완벽한 법치 사회라고 보기는 어렵다. 하지만 국제사회에는 여러 가지 국제법들이 존재하는 것이 사실이며 또 나라와 나라 사이에 양자 간 관계 혹은 다자간 조약들이 많이 존재하는 것 역시 현실이다. 이들 국제법과 국제조약들은 실제로 국내법과 동등한 위치에 있다고 인정이 된다. 그 때문에 이러한 국제법을 만들고 국제조약을 체결하는 주체인 국제 공동체는 정책과정에 참여하는 공식적인 주체라고도 생각할 수 있다.

또한 국제사회에는 UN이나 WTO처럼 대단히 많은 국제기구(international organizations)들이 존재한다. 이 국제기구들이 각각의 전문영역에서 수많은 결정들을 만들고 있는데, 이 역시 국내 정책에 영향을 미치는 경우가 많다. 그렇다면 국제기구 역시 정책과정의 공식적인 참여자라고 볼 수 있다. 하지만 실제로 어떤 국제기구가 어떤 경우에 어떻게 참여해야 되는가에 대해서 명확한 명문 규정이 존재하는 것은 아니다. 그렇게 본다면 국제기구는 정책과정에 참여하는 비공식적 참여자로 이해될 수 있다.

한편 정책과정에 영향을 미치는 주체로서 외국 정부를 생각해 볼 수 있다. 지구 상에는 수많은 국가들이 존재한다. 그리고 그중에는 상당히 강한 힘을 가지고 있는 국가들도 있다. 그러한 소위 강대국들은 공식적인 조약 이외에도 비공식적인 차원에서 다양한 요구를 제시하기도 한다. 양자 간 관계에서 외국 정부의 각종 공식 혹은 비공식적 요구들이 우리나라 내부의 정책결정 과정에 반영되는 경우도 종종 발생한다. 하지만 이런 일들은 명확하게 문서화되지 않고 은밀하게 이루어지는 경우가 대부분이다. 그래서 외국 정부들이 우리나라의 내부적 정책과정에 상당한 영향을 미친다는 사실 자체를 부인하기는 어렵지만 그렇다고 공식적인 참여자라고 확인하기도 어렵다.

토론 주제

노무현 정부는 대통령 선거공약에 따라 수도를 서울에서 충남 연기군 부근으로 옮기려는 정책을 추진하였다. 국회는 '신행정수도 건설 특별법'을 제정하였고 2004년 1월 16일에 공포되었다. 그러나 같은 해 10월 21일 헌법재판소는 '관습 헌법'을 근거로 이 법이 위헌이라고 판시하였다. 이에 따라 '행정수도 이전'이라는 당초 정책이 입법부와 사법부를 제외하고 행정부만 이전하는 '행정중심복합도시' 건설 정책으로 변경되었다. 이처럼 행정중심복합도시 정책결정 과정에는 대통령, 행정부, 입법부, 사법부 등 우리나라 주요 국가기관들이 모두 참여하였다. 그런데 행정중심복합도시는 당초 대통령의 선거공약이자 국회가 법률로 제정했던 신행정수도 정책이 사법부의 판단에 의해 변경되었던 중요한 사례의 하나이다. 대통령과 국회의원은 모두 국민들의 투표로 선출되지만 법관은 시험을 통해 선발된다. 행정수도와 같이 국가적으로 중요한 사안을 국민들이 선출하지 않은 소수 법관들이 최종적으로 좌우하는 것에 대해 어떻게 생각하는가?

참고 의견

대통령이나 국회의원과는 달리 법관은 국민의 직접적인 의사에 따라 선출되지 않는다. 따라서 선거를 통해 국민의 위임을 받은 대통령이나 국회에서 결정한 정책을 비선출직인 법관이 좌우하는 것은 대의제 민주정치의 원칙에 어긋나는 일이라 할 수 있다. 더구나 복잡하고 고도로 전문적인 정책 사안들에 대해 법조인들이 과연 얼마만큼 적절한 판단을 내릴 수 있을지 의문이 들 수도 있다. 하지만 그렇게 복잡하고 어려운 사안이라면 대통령이나 국회라고 항상 옳은 판단을 내릴 것이라는 보장도 없다. 특히 선거 때문에 민심에 야합하는 비합리적 결정을 할 것이라는 우려 역시 부인할 수 없다. 또한 사법부에게 법률의 위헌 여부에 대한 최종 판정권을 부여하는 것은 견제와 균형이라는 삼권분립 원칙에서 볼 때 그 타당성이 인정될 수 있다.

더 읽어 보기

고기동·이은국·이은미, 2015, "정책유형에 따른 정책입법화 과정 비교분석: 법률안 심의 참여자 선호를 중심으로,"『한국정책학회보』, 24(4).

민진, 2015,『한국정책체계론: 기구와 기능』, 대영문화사.

서덕교, 2020, "법률안의 발의와 심사 과정에서 국회의원들의 동기와 관심에 관한 연구: 의원 역할 이론을 중심으로,"『한국정책학회보』, 29(3).

원인재·김두래, 2020, "한국 정책과정에서 의제설정의 거시동학 : 대통령, 의회, 언론, 대중의 상호작용,"『한국정책학회보』, 29(2).

조병우·윤상오, 2017, "열린 정부 시대의 시민참여: 시빅해킹의 유형 분류 연구,"『한국정책학회보』, 26(1).

CHAPTER 08

문제형성 단계

제1절 문제형성 단계 1: 문제의 인식(Problem Recognition)

제2절 정책의제 설정

제3절 정책의제 설정의 메커니즘

제4절 문제형성 단계 2: 문제의 정의(Problem Definition)

미리 생각해 보기

- 1970년대 정부는 국어순화 운동의 일환으로 외국어로 된 대중 가수·듀엣·그룹의 이름을 전부 한글로 표기하도록 규제했었다.
- 1970년대 남성들의 긴 머리와 여성들의 짧은 치마는 풍기 문란이라 하여 단속의 대상이었다.
- 통계청이 발표한 '장래가구추계' 자료에 따르면, 1인 가구가 2015년 기준 27.1%로 가구 유형 중 1위를 기록했다.
- 최근 TV 방송을 보면 음식과 요리 프로그램이 대세를 이루고 있다.

왜 가수들 이름의 외국어 사용이나 남성들의 장발, 여성들의 짧은 치마는 정책으로 규제하는 문제가 되었을까? 왜 1인 가구의 증가 혹은 음식·요리 프로그램의 급증 현상에 대해서는 정책적인 대응이 없을까?

문제형성 단계는 정책과정이 시작되는 제일 첫 번째 스텝이다. 이 단계에서는 해결되어야 할 문제를 확인하는 것이 핵심이다. 정책은 사회문제를 해결하기 위해서 정부가 여러 가지 방안을 마련해 놓은 것이라고 할 수 있다. 정책을 사회문제에 대한 해결책이라고 간단하게 정의한다면 정책이 존재하기 위해서는 필연적으로 문제가 먼저 존재해야 한다. 앞으로 보다 자세히 논의하겠지만 문제라는 것은 객관적으로 주어진 것 또는 저절로 존재하는 것이 아니다. 문제는 사람들의 마음에 의해서 만들어지는 것이다. 그리고 문제가 먼저 확인이 되고 난 다음에야 비로소 그 문제를 어떻게 해결할 것이냐 하는 고민, 즉 대안 선택의 고민이 시작되는 것이다.

문제형성 단계는 다시 두 개의 소단계로 구분할 수 있다. 첫째는 문제가 존재한다는 것을 인지하게 되는 문제인식 단계이며, 둘째는 그렇게 인지된 문제를 구체적으로 정의하는 문제정의 단계이다. 문제인식 단계는 지금 우리가 살고 있는 이 현실 세상에 무언가 바람직하지 않은 일이 있다는 것을 감지하는 단계를 말한다. 문제정의 단계는 무언가 바람직하지 못하다고 느낀 것이 구체적으로 무엇인지 명확하게 설정하는 작업을 말한다.

제1절

문제형성 단계 1: 문제의 인식(Problem Recognition)

문제인식이란 문제의 존재를 인지하게 됨을 뜻한다. 즉, 현재의 상황이 바람직하지 않으며 이 상황을 그대로 내버려 두면 곤란하다고 인식하는 것이다.

1. 문제인식의 구성 요소

정책을 사회문제에 대한 해결책이라고 할 때 '문제'라는 것은 도대체 무엇을 의미하는 것일까? 그리고 문제를 '인식'한다는 것은 또 어떻게 이루어지는 것일까? 문제가 인식되는 메커니즘을 도식으로 나타낸 [그림 8-1]을 가지고 생각해 보자.

그림 8-1 문제의 인식

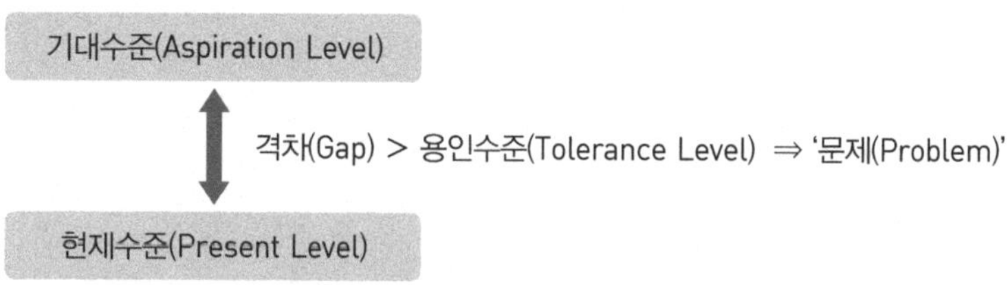

먼저, 우리가 보통 '문제가 있다'라고 할 때는 어떤 상황일까? 잘 생각해 보면 일단 두 가지 요소가 있음을 알 수 있다. 첫째 요소는 '우리가 원하는 그 어떤 것'이다. 그것을 '기대수준(aspiration level)'이라고 할 수 있다. 우리가 바라는 바, 우리가 이상적으로 그리는 것, 우리가 꿈꾸는 것, 이렇게 되었으면 참 좋겠다고 소망하는 것, 그런 것이 바로 기대수준이다. 둘째 요소는 '우리가 지금 처해 있는 상태'이다. 이것을 '현재수준(present level)'이라고 할 수 있다.

현재수준이 기대수준과 같거나 그 이상일 때에는 별다른 아쉬움이나 불만이 제기되지 않는다. 문제는 현재 상황이 우리가 기대하는 바에 못 미치는 경우에 존재한다. 예컨대 영어 시험 성적이 90점이기를 바라고 있는데 실제 성적이 70점밖에 되지 않는 상황은 바람직하지 못한 문제라는 것이다. 개인적으로나 사회적으로 우리가 바라는 이상적인 세상이 있다. 그런데 현실을 보았을 때 지금 현재 나 개인의 모습 혹은 우리 사회의 실상이 그 기대하는 바에 미치지 못한다면 문제가 있다고 느끼게 된다. 즉, 문제란 우리가 바라는 기대수준과 우리가 처해있는 현재수준 사이에 격차(gap)가 존재하는 상황인 것이다.

그런데 만약 지금 누군가 당신에게 문제가 되는 것이 어떤 것들이냐고 갑자기 묻는다면 아마도 즉각적으로 대답하지 못하는 경우가 많을 것이다. 갑작스럽게 질문을 받게 되면 딱히 별다른 문젯거리가 생각나지 않을 수도 있고 또 머릿속에 떠오른다고 해도 고작해야 두세 개 정도밖에 안 되는 경우가 대부분이다. 하지만 책상 앞에 앉아서 자기의 모든 불만 거리들을 차분히 노트에 써 내려가기 시작한다면 그렇지 않을 것이다. 아마 하루 종일 적어도 다 못 쓸 만큼 많은 문제들을 생각해 낼 수 있을 것이다. 이것이 무엇을 의미하는 것일까?

사실 개인적으로나 사회적으로 현재수준이 기대수준에 못 미치는 경우는 이루 다 헤아릴 수 없을 만큼 허다하다. 그렇다면 평상시 사람들은 그 모든 종류의 격차들에 대해서 항상 고민하면서 살고 있는가? 절대로 그렇지 않다. 실제로는 그중 극히 일부만이 문제라고 '인식'되고 그 나머지에 대해서는 문제가 있다고 느끼지도 않는다. 이상과 현실 사이에 객관적으로 무수히 많은 괴리들이 있음에도 불구하고 우리는 보통 그 사실 자체를 인식하지도 못하면서 살아간다.

이러한 현상을 이해하기 위해서 '용인수준(tolerance level)'이라는 개념을 추가로 생각해 볼 필요가 있다. 용인수준 혹은 허용수준이란 그 정도면 참을 수 있는 혹은 허용할 수 있는 범위를 뜻한다. 우리가 바라는 바와 우리가 현재 처해 있는 상태 사이에 격차가 존재한다고 해서 항상 문제로 인식되는 것은 아니다. 어떤 격차는 그냥 참아 줄 수 있는 정도일 수 있는 반면 또 어떤 격차는 도저히 용인하기 어려운 정도일 수 있다. 사람들이 '문제'가 있다고 느끼게 되는 것은 기대수준과 현재수준 사이의 격차가 용인수준보다 더 큰 경우이다. 현재 상황이 기대수준에 미치지 못하는 경우라도 그 격차가 용인수준보다도 작다면 그 상황은 문제라고 인식되지 않는다. 앞의 시험 성적에 관한 예에서 만약 용인수준이 30점이라면 실제 성적이 기대수준에 못 미쳐도 문제로 인식되지는 않는다. 그러나 만약 실제 성적이, 예컨대 50점이라면 그 격차가 용인수준보다 크기 때문에 이때는 문제라고 인식되는 것이다.

2. 문제인식의 주관성

문제는 객관적 실체로 존재하는 것이 아니라 사람들의 생각에 달려 있는 것이다. 문제인식을 좌우하는 기대수준, 현재수준, 그리고 용인수준이라는 세 가지 요소가 모두 주관적인 마음의 작용이기 때문이다. 기대수준이란 마음속으로 바라고 기대하는 것이므로 당연히 주관적으로 설정된다. 현재수준은 객관적인 현재 상태 자체라기보다는 그 상황에 대한 주관적 평가에 따라 좌우된다. 용인수준 역시 어느 정도까지 신경 쓰지 않고 봐줄 것인가 하는 것이므로 마음의 작용이다.

이처럼 문제인식을 좌우하는 세 가지 구성 요소가 모두 다 주관적 판단에 의해 설정된다. 따라서 문제는 선험적으로 존재하거나 객관적으로 주어지는 실체가 결코 아니다. 문제란, 개인의 문제이건 혹은 정책문제이건, 결국은 사람들의 주관적인 판단에 의해 형성되는 마음의 소산물인 것이다.

3. 문제인식의 사회성

문제가 객관적 실체가 아니라 주관적 형성물이라는 것은 정책연구에 있어서 중요한 함의를 제시한다. 정책문제라는 것은 단순한 개인의 관심사가 아니라 사회라는 공동체 차원에서 인식된 문제이다. 따라서 정책문제의 인식은 개인 차원의 문제인식과는 성격이 다르다. 그런데 사람들마다 가지고 있는 가치관과 판단 기준은 서로 다르다. 그렇기 때문에 똑같은 상황이라도 보는 사람에 따라 문제로 인식될 수도 있고 안 될 수도 있다. 동일한 사회현상을 바라보면서 어떤 사람들은 그 상황을 문제라고 판단하는 반면 어떤 사람들은 전혀 문제가 아니라고 생각할 수 있다는 것이다.

결국 정책의 대상이 되는 사회문제의 인식은 사람들 사이의 상호작용의 산물이다. 개인의 문제가 객관적으로 존재하는 것이 아니라 마음에 의해 만들어지는 것처럼 정책문제 역시 사회적 과정을 통해 형성

(social construction)되어지는 것으로 이해되어야 한다. 정책문제는 결코 선험적으로 존재하는 것이 아니라 수많은 사회 구성원들 각자의 주관적 판단들이 서로 충돌하고 상호작용하면서 만들어져 가는 것이다. 서로 생각이 다른 사람들이 각자 자기 생각을 관철시키려고 애쓰는 경쟁을 통해서 우리 사회의 문제가 무엇인지 확인되게 된다. 이런 의미에서 정책문제의 인식은 사회적 과정의 산물이며 아울러 정치적 과정의 결과물이라고 할 수 있다.

제2절

정책의제 설정

정부 차원에서 해결해야 할 사회문제들을 인식하는 현상을 정책의제 설정(agenda setting 혹은 agenda building)이라고 한다. 개인적 차원과 마찬가지로 정부 차원의 정책문제 역시 객관적 실체가 아닌 주관적 형성물이다. 다만 정책은 사회적 문제를 대상으로 하는 것이기 때문에 어느 한두 사람이 문제라고 인식했다고 해서 자동적으로 정책문제화되는 것은 아니다. 어떤 사안이 공식적인 정책문제로 자리 잡기 위해서는 사회적 인식 과정을 거쳐야만 한다. 즉, 사회 구성원들이 정책적 해결이 필요한 사회문제라고 인식한 사안이라야 비로소 정책문제로 존재하게 되는 것이다.

1. 개념

기대수준과 현재수준 사이의 괴리가 항상 문제로 인식되는 것은 아니라는 것은 국가정책 차원에서도 그대로 적용된다. 한 사회 내에 존재하는 모든 불만이나 희망 사항들이 전부 다 정책문제로 인지되고 채택되는 것은 아니다. 그중에 극히 적은 일부만이 공식적으로 정책의 대상이 되어 해결책이 모색되는 것이다.

그림 8-2 의제 설정

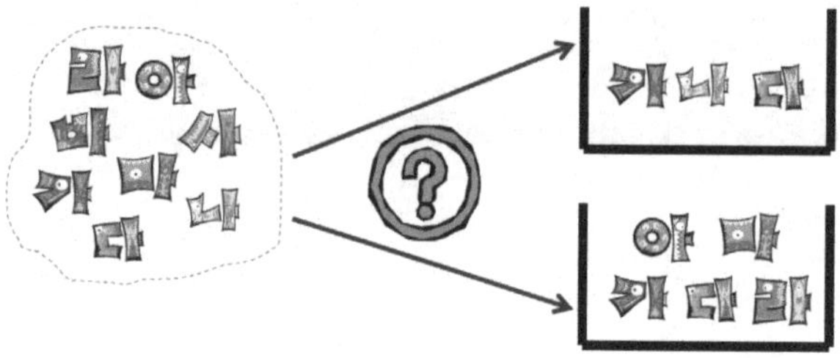

정책의제 설정이란 정부가 정책적 해결을 위하여 사회문제를 정책문제로 채택하는 과정을 의미한다(권기헌, 2008:136). '의제'에 해당하는 영어 단어 agenda는 집합의 개념이다. 즉 개별적인 사안, 이슈, 쟁점 혹은 문제 하나하나가 아니라 이것들이 모여 있는 집합이 의제인 것이다. 정책이 문제에 대한 해결책이라면, 정책의제(policy agenda)란 정책적으로 해결하고자 하는 문제들의 집합을 의미한다. 그리고 의제설정(agenda setting)이란 수많은 후보 문제들 중에서 정책의제에 포함시킬 문제들을 선정하는 과정을 뜻한다. [그림 8-2]에서 보듯이 말하자면 정책의제라는 바구니를 어떤 정책문제들로 채워 넣을 것이냐 하는 것이다. 따라서 정책의제를 설정한다는 말은 곧 국가가 정책적으로 해결해야 할 문제들을 골라 담는 단계라고 이해할 수 있다.

2. 정책의제의 단계

우리 사회의 문제들은 개개인의 사소한 불만으로부터 시작해서 국가 차원의 중요한 현안에 이르기까지 매우 다양하고 광범위하다. 아이스톤(Eyestone, 1978)의 분류를 활용하여 정책의제가 설정되기까지의

그림 8-3 정책의제의 단계

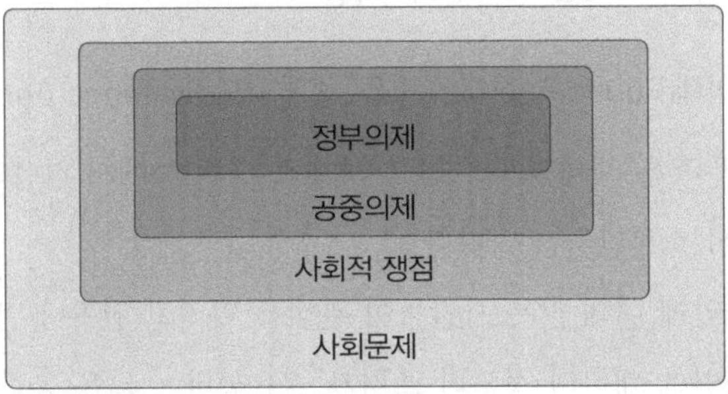

과정을 네 단계로 구분하여 살펴보면 다음과 같다. [그림 8-3]은 이를 도형으로 나타낸 것이다.

1) 사회문제(Issue Universe)

사회문제란 사회 구성원들이 가지고 있는 모든 온갖 불평과 요구 사항을 의미한다. 우리나라 국민 한 사람 한 사람이 가지고 있는 온갖 종류의 불만 거리, 아쉬워하는 것, 바라는 소망, 꿈꾸는 것, 희망하는 것 등을 통틀어 지칭하는 개념이다.

2) 사회적 쟁점(Social Issue)

사회적 쟁점이란 단순히 개인적 차원의 불만을 넘어서 많은 사람들이 동시에 관심을 가지고 있는 사안을 의미한다. 어떤 문제의 정의 및 해결 방법 등에 관하여 집단 간 견해 차이로 인해 갈등이 발생하고 사회적 논쟁이 상당 규모에 달하여 많은 사람들의 주목을 받는 사안을 사회적 쟁점이라고 한다. 그리고 자신이 갖고 있는 특정한 불만 혹은 요구 사항을 사회적 쟁점화하기 위하여 노력하는 사람을 주도자(initiator)라고 한다. 또한 특정한 사안이 사회적 쟁점으로 비화하게 되는 특정한 계기 혹은 사건을 점화장치(triggering device)라고 한다.

3) 공중의제(Public Agenda) 혹은 체계의제(Systemic Agenda)

공중의제 혹은 체계의제라 함은 사회적 쟁점 중에서 다음과 같은 조건을 충족하는 사안들을 말한다.

① 그 사안에 대해 많은 사람들이 관심을 가지고 있거나 알고 있다.

② 그 사안에 대하여 정부의 조치가 필요하다는 넓은 공감대가 형성되어 있다.

③ 그 사안은 정부의 적절한 고려 대상이 되며 정부의 권한에 속한다고 인정된다.

4) 정부의제(Government Agenda) 혹은 공식의제(Formal Agenda)

정부의제 혹은 공식의제는 공중의제 중에서 정부가 그 해결을 위해 심각하게 노력할 것을 공식적으로 천명한 사안들을 뜻한다. 정부의제는 정치의제(political agenda) 혹은 제도적 의제(institutional agenda)라고도 한다.

3. 주도 집단에 따른 정책의제 설정의 유형

정책의제의 설정 과정이 항상 똑같은 방식으로 이루어지는 것은 아니다. 콥과 로스 등(Cobb, Ross and Ross, 1976)은 정책의제 설정을 누가 주도하는가에 따라 외부주도형, 동원형, 그리고 내부접근형으로 구분하였다. 이 세 가지 유형 외에도 위기 발생으로 인해 의제 설정이 이루어지는 경우도 있다.

1) 외부주도형(Outside Initiative Model)

외부주도형이란 정부 외부에 있는 집단이 주도하여 특정한 사안이 정책의제로 채택되는 경우를 말한다. 앞의 그림에서 보자면 특정한 외부집단이 관심을 갖고 있는 사회문제가 사회적 쟁점이 되고 공중의제가 된 후에 마침내 정부의제로 확정되는 경로를 밟는 것이다. 사회 내 각 집단은 각자 자신들이 관심을 갖고 있는 특정한 사안을 정책의제화하기 위해 애쓴다. 많은 대중들이 자신들의 주장에 관심을 기울이도록 집회 혹은 세미나 등을 개최하거나 신문광고를 통해 여론을 조성하는 것은 사회적 쟁점화 및 공중의제화를 위한 전형적인 전략이다. 소수의 집단이 제기한 특정한 사안이 점차 많은 대중의 공감을 얻어 동조하는 세력이 많아지는 현상을 쟁점확산(issue expansion)이라고 한다. 이렇게 조성된 여론을 바탕으로 정치인 혹은 정책결정자를 대상으로 청탁, 압력 및 로비 활동을 전개하여 마침내 정부의제로 등록되게 하는 것이다. 이익집단 정치는 외부주도형의 전형적인 현상이다. 외부주도형은 다원화된 민주주의 사회에서 가장 흔히 볼 수 있는 정책의제 설정의 유형이라고 할 수 있다.

2) 동원형(Mobilization Model)

동원형이란 외부주도형과는 반대의 경로로 진행되는 유형이다. 즉, 정치 지도자가 특정한 사회문제를 정책의제로 설정한 후에 일반 국민들을 대상으로 그 필요성과 타당성을 홍보하는 경우를 말한다. 국민들로부터 요구가 없음에도 불구하고 고위 지도자가 미리 해결할 문제를 결정해 놓고 사후적으로 대중을 설득해 나가는 것이다. 외부주도형이 시민사회의 요구가 정책결정자들을 향해 안으로 들어오는 식이라면 동원형은 반대로 정책결정 시스템 내에서 역으로 시민들을 향해서 정책의 필요성을 납득시키려고 홍보해 나가는 과정이다. 우리나라의 경우, 과거 권위주의 정권 당시에 정부 주도로 강력하게 추진되었던 수출드라이브 정책, 경부고속도로 건설, 새마을운동, 산아제한정책, 산림녹화 사업, 국가기간전산망 사업 등이 여기에 해당된다.

3) 내부접근형(Inside Access Model)

내부접근형이란 특정한 집단이 관심을 갖고 있는 사안이 공중의제화 과정을 거치지 않고 곧바로 정부의제로 채택되는 경우를 말한다. 내부접근형에서는 정부 내의 관료들이나 혹은 정책결정자에게 쉽게 접근할 수 있는 외부집단에 의해 의제 설정이 주도된다. 정부 관료 집단이 주도하는 경우는 동원형과 유사하고, 외부집단이 주도하는 경우에서는 외부주도형과 유사한 것처럼 생각될 수 있다. 그러나 내부접근형은 다른 유형들과는 달리 일반 국민들을 설득해서 호응을 얻으려고 하는 공중 의제화 과정이 생략된다는 점에서 중요한 차이가 있다.

외부주도형의 경우 어떤 특정한 사회 구성원들이 가지고 있는 이슈가 주변 사람들의 공감대를 얻고 점점 확장되어 나가는 과정을 거친 후에 정부의 공식의제로 설정이 된다. 동원형의 경우에도 정치 지도자의 지시로 정부의제로 채택된 사안에 대해서는 홍보 활동을 통해 일반 시민들에게 그 필요성을 알리려고 한다. 반면에 내부접근형의 경우, 소수 집단의 사안이 다수 시민들의 공감대 형성이라는 중간 단계 없이 곧장 정부의제로 채택되고 바로 집행에 들어가게 된다. 따라서 이 경우 대개 일반 시민들은 도대체 무슨 일이 어떻게 이뤄지고 있는지 자체를 잘 알지 못하게 된다.

내부접근형의 실례로 1988년 우리나라에 슈퍼컴퓨터가 최초로 수입된 사례를 들 수 있다. 당시 과학기술처 산하 시스템공학센터 및 극소수의 민간 전문가들은 슈퍼컴퓨터 도입이 국가적으로 시급한 정책과제라고 건의하였다. 그런데 컴퓨터에 관한 상당한 전문 지식이 없이는 슈퍼컴퓨터의 특성과 성능이 얼마나 대단한지 제대로 이해하는 것 자체가 어려웠다. 반면 미국과 일본에서만 생산이 가능했던 슈퍼컴퓨터의 도입 비용은 천문학적 수준이었다. 이 때문에 슈퍼컴퓨터 수입은 일반 국민들을 대상으로 하는 홍보 및 설득 작업이 전혀 없는 상태에서 소수 정책결정자들에 의해 이루어지게 되었다.

4) 위기(Crisis)

사회적으로 큰 위기가 발생하는 경우에는 누가 먼저랄 것도 없이 모든 사회 구성원들이 동시에 정책적 대응의 필요성에 공감하게 된다. 이 경우에는 누가 주도했는가 하는 구분은 의미가 없게 된다. 엄청난 규모의 사건을 겪으면서 대부분의 국민들이 다 같이 크게 놀라고 반성하며 그 사안의 정책적 중요성에 대한 공감대가 형성되기 때문이다. 따라서 누가 먼저랄 것도 없이 즉각적으로 정책의제로 설정되는 것이다.

위기 사건의 발생으로 인해 갑자기 사회적으로 중요한 정책의제가 설정되는 사례는 어렵지 않게 찾아볼 수 있다. 예컨대, 1970년대 석유파동으로 인해 국제 유가가 폭등했던 오일쇼크(oil shock)는 국가적인 에너지 위기 사태였다. 이 사건으로 인해 갑자기 에너지 문제가 국가적으로 중대한 정책의제로 대두되었고 1978년에는 동력자원부가 신설되었다. 또한 1991년 두산전자 구미공장에서 치명적 독극물인 페놀이 유출되었던 소위 '페놀 사태'로 인해 환경보호 문제의 심각성이 급부상하였다. 1994년의 성수대교 붕괴 사고 및 1995년의 삼풍백화점 붕괴 사고는 건축 공사의 안전 문제에 대한 전 국민의 관심을 불러일으켰고, 즉각적으로 한국시설안전기술공단이 1995년에 설립되었다. 2002년 군산시 개복동 유흥주점의 화재 사고로 인해 다수의 성매매 여성들이 사망한 사건이 발생하게 되자 성매매 단속과 처벌을 더 강화해야 한다는 사회적 공감대가 폭넓게 형성되었다. 신속한 입법 활동이 이루어진 결과 2004년 성매매특별법이 시행되게 되었다. 2014년 4월에 발생했던 세월호 참사는 안전에 대한 문제를 순식간에 전 국민의 중대 관심사로 부각시켰고, 그 결과 그해 11월에 국민안전처가 신설되었다.

제3절

정책의제 설정의 메커니즘

1. 제한된 범위의 정책의제: 인간 능력과 조직 자원의 한계

정책의제 설정과 관련하여 한 가지 질문을 가질 수 있다. 왜 그 모든 개인적 및 사회적 불만과 요구 사항들이 정책의제가 되지는 않는 것일까? 왜 그 수많은 불만과 요구 사항들 중에서 극히 일부분만이 선택적으로 정책의제에 들어가게 되는 것일까? 앞의 그림에서 보면 사회문제의 범위에 비해 정부의제의 범위가 현저하게 작다. 사회문제로 거론되는 사안은 부지기수로 많다. 그에 비해 정부의제로 채택된 사안들은 극히 제한된 숫자에 불과하다. 왜 그러한가? 이에 대해서 두 가지 정도의 이론적인 답변을 생각해 볼 수가 있다.

1) 인간 인지능력의 한계

사이먼(Simon, 1955)은 인간의 인지능력이 완벽하지 않다는 점을 강조하며 '제한된 합리성(bounded rationality)' 개념을 제시하였다. 인간의 계산 능력, 기억 능력, 주의집중력에는 한계가 있다는 것이다. 인간은 주변 상황에 대해 주의를 기울이고 관심을 갖는 능력이 제한되어 있다. 보통 사람들은 한꺼번에 두세 개 이상 여러 가지 일에 동시에 주의를 기울인다는 것이 거의 불가능하다. 수업 시간에 교수님의 강의를 들으면서 수업을 따라가고 있든지 아니면 몸만 강의실에 있고 실제 정신은 딴 데 가 있든지 둘 중에 하나이다. 강의를 열심히 들으면서 또 한편으로는 오늘 저녁에 무엇을 먹으면 좋을지 동시에 두 가지 일에 집중한다는 것은 사실 불가능한 일이다. 마찬가지로 정부 역시 사회 내에 존재하는 그 모든 불만과 요구 사항들에 대해서 한꺼번에 다 주의를 기울인다는 것은 불가능하다. 결국 동시에 여러 개의 문제에 관심을 쏟을 수 없다는 것은 개인이나 정부나 마찬가지이다. 정부 역시 사회 내에 존재하는 수많은 불만 거리들에 다 주의를 기울일 수는 없고 어떤 특정한 사안 몇 가지에만 주의를 기울일 수 있는 것이다.

2) 조직 가용자원의 한계

정부 조직은 국민이라는 외부 환경과 상호작용하면서 작동하는 하나의 시스템에 비유할 수 있다. 시스템과 환경의 상호작용은 투입 → 처리 → 산출이라는 과정으로 이루어진다. 국민들의 각종 불만과 요청은 정책 요구로 정부에 투입되고, 정부는 그러한 요구 사항들을 처리하여 정책을 결정하고, 그 결정은 정책집행으로 산출된다. 시스템이 과업을 수행하기 위해서는 자원이 소요된다. 그런데 시스템이 가지고 있는 가용자원은 제한되어 있다. 그래서 시스템이 환경의 모든 요구를 다 수용하여 처리하려고 하다 보면 한정된 자원이 다 소진되어 시스템의 작동이 멈추게 된다. 과부하로 인해 시스템 자체가 고장나지 않으려면 제한된 자원의 범위 안에서 몇몇 작업들만 골라서 할 수밖에 없다. 정부 시스템 역시 국민들이 투입하는 모든 정책 요구들을 모두 다 접수해서 처리하는 것은 불가능한 일이다. 보유 자원의 제약 때문에 그중의 일부만 수용할 수밖에 없는 것이다. 시스템 이론에서는 정부의 과도한 부담을 피하기 위해 문지기(gate-keeper)가 정책 요구들을 선별적으로 여과(filtering)한다고 본다(Easton, 1995).

2. 정책의제의 선택적 설정: 다원주의 vs. 엘리트주의

인간 능력과 조직 자원의 한계로 인해 극히 일부의 사회문제들만이 정부의제로 채택된다고 하면 또 다른 질문이 제기된다. 즉, 왜 어떤 사회문제는 정부의제로 포함되고 다른 사회문제는 외면당하는가 하는 것이다. 정책의제 설정이 선택적으로 이루어지는 메커니즘에 대해 다원주의와 엘리트주의는 대조적인 설명을 제시한다.

1) 다원주의(Pluralism)

다원주의 시각에서는 사회 내 다양한 세력(이익집단)들 간의 정치적 게임의 결과로 정책의제가 설정된다고 본다. 사회 내에 존재하는 여러 이익집단들은 각자 자신들의 이해관계에 따라 특정한 사안들을 정부의 정책의제에 포함시키려고 노력한다. 이들은 자신들의 이익 추구에 도움이 되는 사안을 정책의제화하기 위해 다양한 전략을 구사하며 서로 경쟁한다. 그리고 이익집단들 간의 정치적 경쟁 과정 끝에 승리한 집단이 주장하는 사안이 정부의 공식적인 정책의제로 선정되게 되는 것이다.

다원주의 입장에서 보면 여러 이익집단들 중 누가 최후의 승자가 될지 미리 예측하는 것은 어렵다. 정책의제 설정을 놓고 벌어지는 정치적 게임의 승자는 미리 고정되어 있는 것이 아니고 상황에 따라 혹은 사안에 따라 달라질 수 있다. 중요한 것은 사회 내의 다양한 집단들 사이에서 전개되는 정치적 경쟁 게임의 결과 승리한 집단의 요구 사항들이 정책의제로 설정된다는 것이다.

이러한 다원주의 시각의 대표적인 학자는 다알(Dahl, 1961)이다. 그는 미국 코네티컷 주 뉴헤이븐(New Haven) 시의 시정을 연구한 결과 소수의 엘리트 집단이 정책의제 설정을 독점하고 있다는 인식은 사실과 다르다고 주장하였다. 각 분야별로 영향력을 행사하는 엘리트 그룹들은 서로 다르며 그뿐만 아니라 엘리트 상호 간의 정치적 경쟁을 통해 일반 대중의 선호가 최대한 반영된다고 보았다.

2) 엘리트주의(Elitism)

엘리트주의에서는 다원주의와는 다른 설명을 제시한다. 먼저 엘리트주의에서는 사회 내에 정치적인 영향력이 고르게 배분되어 있지 않고 대단히 불균등하게 배분되어 있다고 전제한다. 그리고 영향력을 많이 가지고 있는 소위 엘리트 집단은 항상 자신들에게 유리한 사안들을 정부에게 요청하게 되고 정부는 그 엘리트 그룹이 제시하는 사안들을 공식적인 정책의제로 채택을 한다는 것이다.

다원주의와의 차이점이 바로 이 부분이다. 엘리트주의 시각에서는 엘리트 집단은 동일한 이해관계로 뭉쳐있는 동질적이고 폐쇄적인 집단이며 항상 그 사회의 지배층으로 존재하고 있다고 보는 것이다. 다원주의 시각에서는 엘리트 집단들이 서로 동질적이 아니고 경쟁 관계에 있으며 어떤 사안에 누구의 입장이 반영될지 미리 알 수가 없고 정치 게임이 끝나 봐야만 알 수 있다. 반면에 엘리트주의 시각에서는 그 사회의 엘리트 집단이 항상 공고하게 존재하기 때문에 누구의 입장이 정책의제로 설정될 것인지는 사실상 이미 다 정해져 있다고 본다. 엘리트 집단이 자신들의 이익만을 고려하여 요구하는 사안들이 정부의 정책의제로 설정되기 마련이라는 것이다.

3) 무의사결정(비결정이론, Non-decision theory)

정책결정이 이루어지기 위해서는 먼저 해결해야 할 문제가 무엇인지가 확인되어야 한다. 그런데 때로는 문제 자체가 아예 존재하지 않는 경우도 있다. 앞에서 문제는 객관적으로 실존하는 것이 아니라 사람들의 마음에 의해 인식되고 형성되는 것이라고 했다. 설령 객관적으로 위중한 사건이 발생했다고 해도 사람들이 문제라고 인식하지 않으면 정책의제가 될 수 없다. 그런데 사람들이 문제라고 인식하지 않는 것이 때로는 누군가의 의도에 의해서 인위적으로 조종된 결과인 경우도 있을 수 있다. 이러한 경우를 무의사결정 혹은 비결정(non-decision)이라고 한다. 무의사결정론을 신엘리트이론이라고 부르기도 한다.

바크라크와 바라츠(Bachrach and Baratz, 1962)는 권력에는 '두 개의 얼굴(two faces of power)'이 있다고 주장하였다. 우리가 익히 알고 있는 권력의 기본 특성은 무엇이든 자기가 원하는 바를 행하는 것이다. 즉, 권력자가 자신에게 유리한 방향으로 의제가 설정되고 결정이 이루어지도록 힘을 행사하는 것이다. 권력의 또 다른 얼굴은 자기가 원하지 않는 것은 사람들이 아예 생각도 하지 못하게 만드는 것이다. 즉, 권력자에게 불리한 사안은 의제화되지 않도록 억제하는 힘이라는 것이다. 전자는 일반적인 권력의 개념으로서 자신이 원하는 대로 상황을 휘젓는 적극적인 의미이다. 반면 후자는 자신에게 껄끄러운 사안이라면 사람들이 아예 머릿속에 인식하지도 못하게 사전에 차단하고 조정하는 것이다. 이처럼 권력자(지배계급 혹은 엘리트 그룹)의 가치나 이익에 대하여 잠재적인 도전이나 위협이 될 만한 사안은 아예 논의되지도 못하게 억압하거나 방해하는 경우를 무의사결정(non-decision) 혹은 비결정이라고 부른다.

샤츠나이더(Schattschneider, 1960)는 이와 동일한 맥락에서 '편견의 동원(mobilization of bias)'이라는 개념을 제시하였다. 시민들에게 세상을 어떤 특정한 시각으로만 바라보고 인식하게끔 만들어 주게 되면 그 방향 이외의 곳에서 나타나는 현상에 대해서는 아예 신경 쓰지도 않게 된다는 것이다. 사람들의 의식이 특정한 방향으로 편향된다면 그 시야 밖에 있는 사회현상은 객관적으로 실존함에도 불구하고 마치 전혀 존재하지 않는 것처럼 사회문제로 인지되지 않는다. 시민들이 관심 자체도 기울이지 않는 사안은 문제로 존재하지 않게 되고 따라서 정책의제로 선정될 가능성도 전무해지는 것이다.

무의사결정이 이루어지는 방법은 매우 다양하다. 대표적인 사례들을 간략히 살펴보면 다음과 같다.

- 대중들이 알지 못하도록 사실을 은폐하거나 왜곡한다.
- 사회적 가치 체계를 왜곡시킴으로써 사람들의 문제인식을 통제한다.
- 반대 의견을 가진 사람들이 문제를 제기하지 못하게 협박이나 폭력을 가한다.
- 반대하는 사람들에게 기존의 혜택을 박탈하거나 새로운 이익을 제공하여 매수한다.
- 쟁점확산을 억제하기 위해 언론을 통제한다.
- 문제의 부정적 성격(예컨대 '국가 안보 저해', '경제 회복에 찬물')을 특별히 강조한다.

- 남성 우월주의, 경제 우선주의 등과 같은 지배적 규범 및 절차를 강조한다.
- 문제에 대해 논의하는 기회를 계속 지연시킨다.
- 특정한 안건이 다루어지지 않도록 정치체제의 규칙이나 절차 자체를 수정한다.

3. 정책혁신가(Policy Entrepreneur)

정책혁신가 혹은 정책선도자란 특정한 사안이 정책의제로 설정되도록 적극적인 활동을 전개하는 사람을 말한다. 이들은 새로운 아이디어를 발굴하고 사람들이 그 문제의식에 공감하도록 열정적으로 노력한다. Entrepreneur란 일반적인 사업가라는 말과는 의미가 다르다. 기존의 시장에 들어가서 장사를 하는 정도가 아니라 창의적으로 새로운 아이템을 개발하여 새로운 시장을 만들어 가는 개척자와 같은 존재를 지칭한다. 정책혁신가란 정책의제 설정을 놓고 벌어지는 정치적 시장에서 마치 entrepreneur와 같은 역할을 수행하는 사람을 의미한다. 이들은 예전에는 사람들이 생각하지도 못했던 새로운 문제를 제기하거나 혹은 새로운 시각을 제시한다. 그리고 자기가 가지고 있는 각종 자원들을 총동원해서 그 문제가 정책의제로 설정될 수 있도록 추진하는 것이다. 정책혁신가가 수행하는 역할은 새로운 정책 아이디어의 개발과 제안, 문제에 대한 정의와 인식 틀의 설계, 정책대안의 구체화, 여러 집단들 사이에서 조정과 중개, 그리고 여론 동원 등이다.

사례 우리나라의 정보통신 혁명과 정책혁신가

우리나라는 1980년대 초반까지만 해도 '통신 후진국'이었다. 집에 전화를 한 대 놓으려면 신청하고 나서 몇 개월이나 기다려야 했다. 전화회선이 너무나 부족하여 전화기에 대한 수요에 비해 공급이 턱없이 부족했기 때문이었다. 전화 가입자가 전화기를 소유할 수도 없었으며 자기 마음대로 선택할 자유도 없었다. 왜냐하면 체신부에서 일괄적으로 단말기를 공급해 왔었기 때문이었다. 심지어 전화기 한 대에 공식 가격의 7~8배나 되는 수백만 원의 프리미엄이 붙어서 거래되기도 했었다. 스마트폰과 인터넷이 보편화된 지금으로서는 상상하기도 어려운 일이 아닐 수 없다. 그러던 우리나라가 인터넷 강국이 되고 통신 선진국으로 발돋움할 수 있었던 계기는 1980년대 이룩한 비약적인 정보통신 혁명이었다. 이 시기에 고질적인 전화 적체 문제가 완전히 해결되었고 기간통신 환경을 정비하였을 뿐만 아니라 데이터통신의 발전을 위한 각종 제도적·기술적 기반이 다져졌다.

1980년대 우리나라 통신정책의 화두는 '정보화'였다. 사실 당시만 해도 '정보화'라는 용어 자체가 매우 생소한 단어였다. 과거에는 단지 전화나 전신만을 의미하는 '전기통신' 서비스와 정책이 있을 뿐이었다. 그러나 1980년대 이후 '정보화'가 중요한 요소로 포함되어 '정보통신' 서비스 및 정책으로 확대된 것이다. 이것은 통신 문제를 바라보는 정부의 시각과 기본적인 접근 방식이 과거와 크게 달라졌음을 의미한다. 실제로 1980년대 이룩된 각종 통신 혁명 성과들은 모두 기본적으로 정보화라는 대원리에 입각하여 추진되었던 정책적 산물이다. 국가기간전산망 사업, 정보통신 서비스 전담 회사인 데이콤(DACOM)의 설립, 한국통신공사의 분리·독립, 국산 전전자교환기 TDX 개발의 성공 등은 모두 고도 정보화 사회의 기반을 다지기 위한 기초 작업이 되었다.

우리나라의 정보통신 혁명을 주도했던 정책 리더들 중에서 가장 핵심적인 인물로는 오명(吳明) 전 체신부 장관을 꼽을 수 있다(이장규, 1991: 263~266; 김정수, 2000; 이기열, 1995). 육사 출신이면서도 전자공학을 전공하여 미국 뉴욕주립대학에서 박사 학위를 취득했던 오명은 제5공화국 초기 대통령 경제과학비서관을 역임하면서 우리나라 전자산업 육성과 정보통신 발전에 주력하였다. 그 후 1981년 5월 체신부 차관으로 부임하여 6년 2개월, 다시 장관으로 약 1년 5개월이란 기간 동안 재직하면서 정보통신정책의 최고 리더로서 활발한 활동을 벌여 나갔다. 오명은 정보화라는 새로운 비전을 제시하고 이를 정책으로 구현하기 위해 자신이 보유했던 자원들을 총동원하며 노력했다는 점에서 전형적인 정책혁신가의 모습을 보여 주었다.

정책혁신가로서 '오명'하면 먼저 떠오르는 이미지는 '정보화 사회의 열렬한 신봉자'라는 것이었다(박현태, 1987: 66). 사실 그는 공직에 발을 들여놓기 이전부터 이미 정보화 사회에 대한 확고한 비전을 가지고 있었다. 그의 이러한 비전은 정보통신 분야에 관한 탄탄한 전문 지식에서 비롯되었다. 뉴욕주립대학에서 공학박사 학위를 취득하고 육사에서 강의를 맡기도 했던 그는 공직 생활을 시작하기 전에 『전기전자공학』, 『레이저 응용』 등 공학 관계 교과서를 집필하였던 경력의 전문가였다. 또 국방과학연구소 책임연구원으로 재직할 때에는 복잡한 포술을 간단히 계산할 수 있는 포병용 컴퓨터 개발 업무에 직접 참여하기도 하였다. 이러한 전문 지식과 실제 경험은 훗날 고도로 기술적인 정책을 다룰 때 크게 도움이 되었다.

1981년 체신부 차관으로 부임한 오명은 체신부를 정보화 사회의 기수로 변신시키기 위해 노력하였다. 아직 다른 부서에서는 정보화 사회에 대한 개념조차 가지고 있지 않던 때에 그들보다 앞서서 이 새로운 정책의제를 체신부의 영역으로 확보함으로써 오명은 체신부를 정보화 시대를 선도하는 최첨단 부서로 부상시키는 데 결정적인 역할을 수행하였다. 그는 정보화 사회에 대한 일반 시민들의 인식을 확산시키기 위해서도 열심히 노력하였다. 예를 들어 전국의 많은 특수 대학원들을 다니며 정보화 사회에 대한 특강을 하면서 그 중요성을 알리기도 하였다.

정보화 사회에 대한 오명의 신념은 단순히 기술적 차원에서 머무른 것이 아니었다. 그는 체신부 장관으로 재직하면서『정보화사회 그 천의 얼굴』(한국경제신문사, 1988)이라는 저서를 출간하기도 했다. 여기서 그는 정보통신이 "생활의 편의를 가져다 주는 제1차적인 차원에서뿐만 아니라 경제 발전의 원동력"이 되며 "통신의 현대화와 정보의 대중화를 통해 참된 민주화가 이룩된다."고 주장하였다. 즉, 정보화가 정치경제적 차원에서도 매우 중요하다는 확고한 인식을 가지고 있었던 것이다.

제4절

문제형성 단계 2: 문제의 정의(Problem Definition)

문제형성과정의 두 번째 소단계는 인식된 문제를 정의내리는 단계이다. 즉, 해결해야 할 문제가 구체적으로 무엇인지 명확하게 밝히는 것이다.

1. 정책문제의 정의

문제의 정의란 해결되어야 할 문제가 구체적으로 무엇인지 명확하게 설정해 주는 작업이다. 즉, 문제를 구성하는 요소들은 어떤 것들이며 문제가 발생한 원인 및 결과는 무엇인지 그리고 추구해야 할 목표는 무엇인지 등을 정확히 그려 주는 것이다.

〈그림 8-4〉를 가지고 생각해 보자. 처음에 인식된 상태의 문제는 (가)와 같이 초점이 맞지 않는 매우 흐릿한 이미지와도 같다. 마치 아메바와 같이 경계도 모호하고 범위도 확실하지 않다. 무엇인가 마음에 안 들고 마땅치 못한 것이 있다고 인지되었지만 아직 그게 정확히 어떤 것인지 뚜렷하게 그려지지는 않은 상태이다. 이렇게 명료하지 않고 흐릿한 상태로 남아 있는 한 구체적인 해결책을 찾는 작업은 시작될 수 없다. 구체적인 해결책을 모색하기 위해서는 먼저 문제가 구체적으

그림 8-4 문제의 인식과 정의

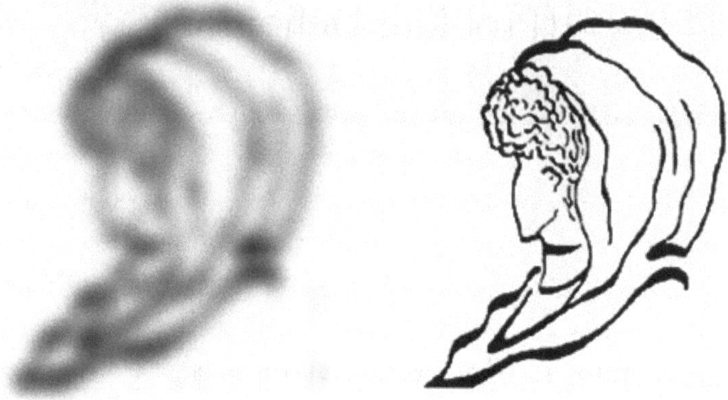

(가) (나)

로 어떤 것인지 명확하게 규정되어야 한다. 즉 (가)와 같은 흐릿한 이미지를 (나)와 같이 또렷한 이미지로 만들어야 한다는 것이다. 따라서 애매한 부분을 없애고 정말 문제되는 것이 무엇인지를 확실하게 그어주는 것이 문제정의의 핵심이라고 할 수 있다.

문제정의가 필요한 이유는 무엇일까? 문제를 정의한다는 것은 곧 문제의 본질과 범위를 규정한다는 것을 의미한다. 기본적으로 정책문제를 어떻게 정의하느냐에 따라 앞으로 정책과정이 어떤 방향으로 진행되어야 할 것인가가 달라지게 된다. 즉, 문제정의는 정책적 해결책을 탐색하고 선정함에 있어서 핵심적인 지침이 되는 것이다. 어떤 대안을 어떤 식으로 탐색할 것이며 또 최종적으로 어떤 대안을 선택할 것이냐는 하는 것도 문제정의에 의해 영향을 받게 된다. 그뿐만 아니라 정책을 시행한 이후에 평가단계에 있어서도 무엇을 기준으로 평가할 것이냐 하는 것 역시 달라지게 된다.

2. 문제정의의 특성

문제정의는 단순히 흐릿한 이미지를 명료하게 구성하는 것 이상의 과정이다. 〈그림 8-4〉의 (나)를 다시 보자. 이 이미지는 무엇을 표현한 그림이라고 생각되는가? 어떤 사람들은 매부리코의 할머니가 두건을 쓰고 있는 옆얼굴을 그린 것이라고 바라본다. 또 다른 사람들은 머리에 스카프를 두르고 뒤를 보고 있는 젊은 여인의 옆모습을 그린 그림이라고 생각한다. 사실 이 이미지는 매부리코 할머니라 생각하면 그렇게 보이고 또 젊은 여인이라 생각하고 보면 또 그렇게 보이기도 하는 그림이다. 그렇다면 이 그림은 무엇을 그린 그림이라고 '정의'해야 할까?

문제의 인식은 사람의 마음에 의해서 주관적으로 이루어지는 작용이라고 했다. 문제정의 역시 마찬가지이다. 무언가 문제가 있다고 인식된 상황이라고 해도 사람들이 구체적으로 그것이 무엇인지 정의내리고 이름을 붙여 주어야만 비로소 문제는 문제로 존재하게 된다. 그런데 문제가 인식되었다고 해서 저절로 그 문제가 정의되는 것은 아니다.

〈그림 8-5〉의 (가)를 보자. 이 이미지는 무엇을 나타낸 것인가? 어떻게 보면 숫자 13을 쓴 것 같기도 하고, 또 어떻게 보면 영어 알파벳 대문자 B를 쓴 것 같기도 하다. 그런데 (나)의 이미지에서 가로로 보면 앞뒤에 영어 알파벳 A와 C가 있어서 B로 읽는 게 자연스럽다. 하지만 세로로 보면 위아래에 숫자 12와 14가 있어서 자연히 13으로 읽게 된다. 즉 동일한 이미지이지만 어떤 방향으로 보느냐에 따라 완전히 다른 정체로 파악된다는 것이다.

문제인식과 마찬가지로 문제정의 역시 선험적으로 혹은 자동적으로

그림 8-5 숫자인가, 문자인가?

(가) (나)

이루어지는 것이 아니다. 특정한 프레임워크 속에서 특정한 용어들이 사용되어 특정한 방향으로 문제가 정의되는 것이다. 그래서 문제정의는 인위적 또는 인공적인(artificial) 작업의 소산이다. 또한 객관적으로는 똑같은 상황이라고 해도 바라보는 시각이나 프레임에 따라 문제의 정의가 달라질 수 있다. 문제정의 역시 사람의 주관적인 마음 작용의 소산인 것이다.

한편 정책문제의 정의는 단지 개인의 주관적인 사고작용에 그치는 것은 아니다. 정책문제는 단순한 개인의 고민거리가 아니라 사회적 문제이다. 정책문제의 인식이 사회적·정치적 과정의 산물이듯이 정책문제의 정의 역시 선험적으로 단번에 이루어지는 것이 아니다. 사람들 사이의 상호 대화, 토론, 의견교환 등을 통해서 문제정의가 이루어진다. 즉, 정책문제의 정의는 개인적 사유 이상의 사회적 상호작용 과정을 통해 구성(형성)되어지는 것이다. 이런 관점에서 정책문제는 사람들 간의 관계와 집합적 과정(collective processes)을 통하여 해석되고 정의되어지는 사회적 형성물(social construct)이라고 할 수 있다.

3. 문제정의의 구성 요소

문제정의는 어떻게 해야 하는가? 문제를 정의하는 데에는 하나의 철칙이 있는 것이 아니라 여러 가지 방법이 있을 수 있다. 여기서는 포괄적인 문제정의 방식을 간략히 살펴본다.

문제정의 작업에 포함되어야 할 주요 요소들은 크게 세 가지가 있다. 첫 번째로 제일 중요한 것은 역시 정책의 목표라고 할 수 있다. 어떤 문제 상황에서 무언가 불만족스럽고 아쉽다고 느꼈다면 당연히 앞으로 지향해야 할 바는 무엇일까 하는 고민이 뒤따라야 한다. 현재의 바람직하지 못한 상황과 관련해서 앞으로 달성해야 될 바가 무엇인지 정하게 되면 그것이 바로 정책의 목표가 된다. 목표를 명확하게 하고 구체적인 목표치를 정확히 설정하는 것은 문제정의에 있어서 대단히 중요한 요소가 된다. 두 번째로 제약조건(constraint)이 있다. 제약조건이란 목표를 달성하기 위해 나아가는 과정에서 반드시 충족시켜야 될 조건들을 의미한다.

그리고 세 번째로 목표 달성에 영향을 미치는 변수들을 확인할 필요가 있다. 이러한 변수들은 또 두 가지로 구분할 수 있다. 하나는 정책변수 혹은 통제변수라고 하는 것이고 다른 하나는 환경변수라는 것이다. 정책변수(통제변수)라는 것은 정책결정자 입장에서 좌우할 수 있는 변수를 말한다. 반면에 환경변수란 정책목표를 달성하는 과정에 분명히 영향을 미치겠지만 정책 담당자 입장에서는 도무지 통제하거나 조정할 수 없는 변수를 가리킨다.

4. 문제정의의 이상과 현실

가장 이상적인 문제정의란 다음과 같은 조건들이 충족된 경우이다. 우선 진정으로 가장 중요한 가치가 목표로 선정되고 앞으로 달성되어야 할 최적의 목표치가 정확하게 설정되어야 한다. 둘째, 문제해결 과정에서 반드시 지켜야 할 모든 제약조건들이 다 파악되어야 한다. 그리고 셋째, 목표 달성에 영향을 미치는 모든 통제변수와 환경변수들이 하나도 빠짐없이 확인되어야 한다.

하지만 현실에 있어서는 이렇게 완벽한 문제정의란 사실상 불가능하다. 우선 목표를 설정한다는 것은 기본적으로 가치판단의 영역이다. 따라서 무엇이 정말 최우선적으로 추구되어야 할 가치인지, 그리고 가장 바람직한 목표치는 진정 무엇인지에 대한 객관적인 정답을 확인하기가 어렵다. 사람들의 주관적 가치관이 모두 같지 않기 때문에 목표 설정에 있어서 완벽한 합의도 거의 불가능하다. 제약조건들의 경우, 어떤 것들이 있는지 파악하는 것도 쉽지 않지만 설령 확인되었다고 해도 그들 사이의 우선순위를 정하는 것도 어려운 일이다. 이 역시 기본적으로 가치판단의 영역이기 때문이다. 그뿐만 아니라 통제변수와 환경변수를 확인하는 일도 결코 쉽지 않다. 우리가 가지고 있는 지식이 완전하지 않기 때문이다. 문제를 구성하는 요소들 간의 인과관계 지식이 불완전한 만큼 통제변수와 환경변수의 확인 작업 역시 불완전할 수밖에 없다.

5. 정책목표 구체화의 딜레마

정책문제를 정의할 때 가장 중요한 것은 정책의 목표를 설정하는 작업이다. 대안 선택은 물론 집행과 평가의 명확한 기준이 필요하다는 점에서 본다면 가급적 구체적으로 정책목표를 설정해 놓는 것이 바람직하다. 목표가 애매모호하고 불명확하다면 어떤 대안이 좋은 대안인지 판단하기 어렵기 때문이다. 또한 정책을 집행한 후 그 결과가 얼마나 좋은지에 대해서도 정확한 평가가 곤란해진다. 따라서 목표설정은 구체적으로 제시될 필요가 있다.

그런데 명확성을 높이기 위해 목표를 구체적으로 설정하다 보면 정책에 대한 지지 세력이 줄어드는 문제가 생길 수 있다. 정책목표를 매우 추상적이고 두루뭉술하게 설정하게 되면 그 목표에 대해 찬성하는 사람들이 많아지게 된다. 목표가 추상적으로 표현되는 만큼 해석의 여지가 넓어지기 때문에 각자 자신들에게 유리한 의미로 받아들일 수 있기 때문이다. 목표에 찬성하는 사람들이 많다는 것은 곧 그 정책에 대한 지지자가 많다는 뜻이고, 정책을 추진해 나가는 과정에서 그만큼 큰 동력이 확보됨을 의미한다. 반대로 목표설정이 구체적이고 분명하게 되면 될수록 그 목표에 찬성하는 사람들은 줄어들게 된다. 동조 세력이 줄어들면 그만큼 정책을 추진할 동력이 줄어들게 되고 심지어 정책의 집행 자체가 불투명해질 수도 있다.

이처럼 정책목표를 설정할 때 딜레마가 발생하게 된다. 정책과정에서 명확한 기준이 필요하다는 측면에서는 목표가 구체적으로 설정되는 것이 바람직하다. 하지만 정책에 대한 지지 세력의 확보라는 측면에서는 목표가 너무 명확하게 구체화되는 것은 그다지 바람직스럽지 않다. 결국 정책문제를 인식하는 것도 쉽지 않은 일이지만 문제정의 역시 그렇게 만만한 일은 아닌 것이다.

토론 주제

1) 〈미리 생각해 보기〉에서 제시되었던 사례들에 대해 다시 생각해 보자. 가수들 이름의 외국어 사용 및 남성들의 장발과 여성들의 미니스커트에 대해서는 더 이상 정부가 정책적으로 개입하지 않는다. 왜 그렇게 되었을까? 1인 가구의 급증 및 음식·요리 프로그램의 유행 등은 우리 사회의 바람직하지 않은 '문제'라고 할 수 있는가? 왜 그러한가? 혹은 왜 그렇지 않은가? 만약 사회적 문제라면 그 문제의 해결을 위해 정부가 정책적으로 개입해야 하는가?

2) 자신의 관점에서는 우리 사회의 심각한 문제라고 여겼지만 공식적인 정부의제로 채택되지 않은 이슈가 있다면 무엇인가? 그 이슈가 왜 정부의제가 되지 않고 있는지, 그리고 정부의제로 채택되려면 어떻게 해야 할지 생각해 보자.

참고 의견

우리가 바라는 바와 현재 상태 사이에 격차가 존재할 때 '문제'가 있다고 말한다. 그리고 그러한 격차가 그냥 봐줄 수 있는 정도, 즉 허용한도보다 더 큰 경우에 심각한 문제가 있다고 인식하게 된다. 1970년대에 정부가 외국어 사용, 장발과 미니스커트를 단속했다는 것은 그러한 현상이 당시 지향했던 바람직한 사회상에 크게 어긋났다고 여겨졌기 때문이었다. 그리고 그러한 문제는 그냥 내버려 둘 수 없고 마땅히 정부가 나서서 해결해야만 한다고 생각되었기 때문이다. 그런데 사회적 이상, 허용한도, 정부의 역할 등은 절대적인 것이 아니라 모두 우리가 생각하기 나름이다. 그리고 사람의 생각은 얼마든지 변할 수 있기 때문에 어떤 사회현상이 정책문제인가 하는 판단 역시 변할 수 있다. 과거에 강력한 단속 대상이었던 외국어 사용, 장발, 미니스커트가 요즘에는 규제되지 않는 것도 그 때문이다. 객관적 상황은 그대로 있다고 해도 사람들의 생각이 바뀌었기 때문에 더 이상 정책문제로 인식되지 않는 것이다.

더 읽어 보기

김명환, 2017, “정책 장, 틀 짜기, 문제 정의 및 정책의 사회적 형성,”『한국정책학회보』, 26(4).

목진휴·홍성걸, 2006, “성매매방지정책에 대한 사례연구,”『한국행정연구』, 15(1).

박치성·명성준, 2009, “정책의제 설정과정에 있어 인터넷의 역할에 관한 탐색적 연구: 2008년 미국산 쇠고기 재협상 사례를 중심으로,”『한국정책학회보』, 18(3).

사공영호, 2020, “정책문제, 어떻게 ‘사실’로 구성되고 인지되는가?”『한국정책학회보』, 29(2).

안병철, 2001, “정책형성과정의 정치적 성격과 특성: 의약분업정책의 사례분석,”『한국정책학회보』, 10(2).

이동규, 2012, “초점사건 이후 이슈주도자에 의한 정책과정 연구: Cobb과 Elder, 그리고 Birkland의 이론과 모형의 결합 가능성을 중심으로,”『한국정책학회보』, 21(3).

정광호·김민영·금현섭, 2010, “탈북자지원정책의 새로운 이해: 문제정의의 관점에서,”『한국정책학회보』, 19(1).

정익재, 2010, “인터넷 환경에서 사회 이슈 증폭 현상의 정책적 의미: 천성산 원효터널공사 사례 분석,”『한국정책학회보』, 19(4).

하은희·박선주, 2018, “도덕적 이슈에 관한 사회적 구성(Social Construction)과 정책과정 분석: 연명의료결정법 제정 사례를 중심으로,”『한국정책학회보』, 27(1).

CHAPTER 09

결정 단계

미리 생각해 보기

대통령 선거 혹은 국회의원 선거 기간 동안에 제시된 공약 사항들은 향후 구체적인 정책으로 수립될 가능성이 있는 정책대안들이라고 할 수 있다. 그중 관심이 가는 것들을 몇 개 골라서 각 공약별로 100점 만점에 몇 점이나 되는지 점수를 매겨 보자. 그리고 왜 그 점수를 주었는지 생각해 보라.

문제형성 단계에서 인식되고 정의된 문제를 해결하기 위해서는 무언가 구체적인 방안이 설정되어야 한다. 이 단계를 '결정 단계'라고 부를 수 있다. 우리가 흔히 '정책결정'이라고 할 때 가장 핵심이 되는 부분이 바로 이 단계가 된다.

"정책을 결정한다."라고 할 때 그 뜻은 도대체 무엇일까? 정책이 문제에 대한 해결책이라고 한다면 정책을 결정한다는 말은 문제를 해결하기 위해서 무엇을 어떻게 할 것인지를 정하는 것이라고 할 수 있다. 그렇다면 그 결정 과정은 어떻게 이루어지게 될까? 일단 문제해결에 도움이 될 만한 방법이 어떤 것들이 있는지 생각해 보게 된다. 이것들을 보통 '대안'이라고 부른다. 그리고 그 대안들의 장단점을 비교 검토해 보고 그중에서 가장 좋은 하나를 선택하게 된다. 이렇게 여러 대안들 중에 최종적으로 하나를 고르게 되면 비로소 정책을 결정했다라고 말하게 된다.

이처럼 정책과정의 두 번째 단계인 결정 단계는 세 가지의 소단계로 구분해 볼 수가 있다. 첫 번째는 정책대안들을 찾아보는 탐색 단계이다. 두 번째는 탐색된 정책대안들을 서로 견주어 보고 비교해 보고 평가해 보는 단계이다. 그리고 마지막 세 번째 단계는 대안들에 대한 검토를 거친 후에 그중 하나의 대안을 최종적으로 선택하는 단계이다. 그래서 결정 단계는 대안의 선택, 대안의 비교와 평가, 그리고 최종적인 대안의 선택 이렇게 세 단계로 구분해 볼 수 있다.

제1절

대안 탐색

1. 정책대안의 의미

정책대안(policy alternative 혹은 policy option)이란 정책목표를 달성할 수 있을 것으로 예상되는 수단을 지칭하는 개념이다. 문제형성단계에서 구체적인 문제가 확인되고 나면 그 다음에는 그 문제를 해결할 수 있을 만한 방법이 무엇인지 찾아보게 된다. 대안이란 아직 정식 정책으로 채택된 것은 아니지만 최종적인 정책수단으로 선택될 가능성이 있는 후보를 의미한다. 따라서 정책대안을 탐색한다는 것은 문제를 해결해 줄 것으로 예상되는 모든 가능한 방법들을 찾아보는 것을 말한다. 문제정의를 어떻게 하느냐에 따라서 정책대안의 탐색 작업이 영향을 받게 된다. 똑같은 문제 상황이라고 하더라도 어떤 식으로 정의되느냐에 의해 어디에서, 어떤 대안들을, 어떤 범위에서 탐색할 것인지가 달라질 수 있다는 것이다.

2. 정책대안의 원천

그렇다면 정책대안은 어디서 어떻게 찾아보면 될까? 일반적으로 알려진 몇 가지 원천(source)은 다음과 같다.

1) 과거의 경험

첫 번째는 과거의 사례나 경험으로부터 정책대안을 생각해 보는 것이다. 어떤 문제에 대한 대안을 찾으려 할 때 흔히 제일 먼저 시도하는 방식이며 또한 현실적으로 가장 많이 사용되고 있는 방식이기도 하다. 어떤 정책문제가 발생을 했을 때 일단 이와 비슷한 문제가 과거에도 정책적으로 다뤄진 적이 있는지 살펴보고, 유사한 사례가 있었다면 그 사례를 통해서 지금의 문제를 해결하기 위한 새로운 방안을 찾아본다는 것이다.

과거의 경험으로부터 정책대안을 찾으려는 방법에는 장단점이 있다. 우선 장점은 이 대안을 시행에 옮기면 앞으로 어떤 일이 일어날 것이라고 결과를 예측하는 일이 상대적으로 용이하다. 과거에 해봤던 것이어서 그 당시 어떻게 상황이 진행되었는지 알고 있기 때문이다. 또한 과거에 성공했던 정책이라면 주변 사람들을 설득하기가 그만큼 쉽다. 설령 과거에 충분히 성공적이지 못하고 실패했던 사례라고 하더라도 시간이 지난 다음 현 시점에서 돌아보면 그 당시에 잘못되었거나 부족했던 부분을 알 수 있다. 따라서 과거의 문제점을 보완해서 좀 더 개선된 정책대안을 만들 수 있다는 또 하나의 장점이 있다.

하지만 약점도 없지 않다. 가장 심각한 취약점은 과거 상황과 현재 상황이 겉으로는 비슷해도 실상은 매우 다를 수 있다는 것이다. 즉 과거의 정책 사례가 과연 현재에도 그 적합성이 그대로 유지될 수 있겠느냐 하는 의문이다. 비록 과거에 정확히 문제를 해결했던 정책이라고 하더라도 과연 지금의 문제를 해결하는 데 있어서도 역시 똑같이 유효할까? 사실 그것은 누구도 장담할 수 없는 일이다. 시간이 지나면서 상황이 바뀌었을 수 있기 때문이다. 그럼에도 불구하고 과거 비슷한 경험이 있다고 해서 이를 바탕으로 정책대안을 만든다면 오히려 실패할 가능성이 높을 것이다. 또 하나의 약점은 만약 과거에 실패했던 정책이라면 새로 받아들여지기가 대단히 어렵다는 점이다. 실패작을 가지고 사람들을 설득하기란 결코 쉬운 일이 아니다. 하지만 과거에는 비록 실패작이었다고 하더라도 시간이 흐르고 상황이 바뀌었다면 현재의 문제에 대해서는 아주 적절한 해결책이 될 가능성도 있다. 그럼에도 불구하고 과거에 실패했다는 그 사실 때문에 지금의 문제에 대한 대안으로서는 아예 후보에 오르지도 못할 수 있는 것이다.

2) 다른 지역의 사례

두 번째 원천은 우리가 아닌 다른 사람들의 과거 경험이다. 다른 나라 혹은 다른 지역의 정부가 과거에 유사한 일을 했다면 그들의 경험으로부터 지금 우리의 정책문제 해결을 위한 힌트를 얻어올 수 있다. 흔히 '벤치마킹(benchmarking)'이라고 부르는 것이 바로 그것이다. 예를 들어 우리나라의 정책문제를 해결하기 위해 미국이나 일본 정부가 시행했었던 과거 정책 사례들을 참고한다든지, 혹은 서울 지역의 문제 해결을 위해서 부산시나 광주시의 비슷한 정책 사례들을 벤치마킹하는 것이 여기에 해당된다. 이런 경우에 장점과 단점은 자기 자신의 과거 경험으로부터 정책대안을 발굴하려는 경우와 유사하다. 다만 이때는 시간 대신 장소의 차이가 문제될 수 있다.

과거 우리나라가 개발도상국이던 시절에는 여러 선진국의 수많은 제도와 정책 사례들을 부지런히 벤치마킹했었다. 예컨대, 박정희 정부가 시행했던 새마을운동은 이스라엘의 집단농장 시스템인 키부츠를 모델로 한 것이었다. 변호사 선발을 위한 사법시험 제도를 폐지하고 그

대신 로스쿨 체제로 개편한 것은 미국의 로스쿨 제도를 벤치마킹하여 도입한 것이었다. 김영삼 정부 시절에 추진되었던 초고속정보통신망 사업은 미국의 국가정보기간망(National Information Infrastructure) 계획을 벤치마킹한 것이었다.

'선진국'이란 문자 그대로 우리보다 앞서(先)나가는(進) 나라들을 일컫는 말이다. 앞서간다는 것은 곧 우리보다 먼저 경험한다는 것을 의미한다. 즉, 어떤 상황이 우리로서는 지금 처음 겪는 문제이지만 선진국들은 이미 전에 겪어 본 문제라는 것이다. 그렇다면 다른 나라 혹은 지역에서 우리보다 훨씬 전에 먼저 경험했던 바를 참고한다면 현재 우리가 쓸 만한 대안을 찾기가 비교적 용이할 것이다.

하지만 이 경우에도 치명적인 문제점이 발생할 수가 있다. 지역이 다르면 사회적 맥락이나 문화적 배경 역시 크게 다를 수 있기 때문이다. 예를 들어 미국 사회에서 성공했던 어떤 정책수단을 우리나라에 그냥 도입해서 시행한다면 오히려 크게 실패할 가능성이 있다. 미국에서 그 정책이 성공했을 때는 미국이라는 특정한 나라의 고유한 사회적 토양을 바탕으로 그 정책이 작동되었기 때문이다. 미국 사회와 한국 사회는 단지 거리가 먼 것 정도만이 아니라 문화적인 분위기 역시 상당히 많이 다르다. 사회 구성원들의 사고방식, 생활양식, 가치관 등에서 차이가 매우 크다. 그럼에도 불구하고 겉으로 보기에 유사한 문제라고 해서 미국의 정책을 한국 사회에 그냥 도입한다고 하면 부작용이 발생할 수 있다는 것이다.

3) 과학·기술 지식을 바탕으로 한 이론·모델

정책대안을 발굴하는 세 번째 원천은 과학적 이론이나 모델이다. 우리도 경험이 없고 다른 사람들도 전혀 경험해 본 적이 없는 문제라면 과거의 정책 사례가 있을 수 없다. 과거의 경험이 전혀 없는 낯설고 새로운 상황에서 믿을 수 있는 것은 결국 새로운 과학 이론이다. 과학 이론은 현실에 대한 인과관계 지식을 제공해 준다. 그래서 지금까지는 경험해 보지 못했던 새로운 문제가 나타났을 때 그에 관한 새로운 과학 이론을 바탕으로 예전에는 해보지 못했던 새로운 정책대안을 만들어 볼 수 있는 것이다.

1930년대 미국의 대공황을 해결하기 위해 시도되었던 루스벨트(F. D. Roosevelt) 행정부의 뉴딜(New Deal) 정책이 그 대표적인 케이스이다. 당시 미국 사회가 당면했던 경제적 어려움은 미국은 물론 유럽에서도 겪어 보지 못했던 상황이었다. 공장들이 잘 돌아가서 많은 제품들이 생산되었는데 시장에서는 잘 안 팔리고 재고로 쌓이는 한편 근로자들은 일자리가 없어 실업자들이 많아지는 형편이었다. 이때 영국의 경제학자 케인즈(J. M. Keynes)는 정부의 재정지출 확대를 통해 시장의 유효수요를 늘리면 경제가 다시 잘 돌아갈 것이라는, 당시로서는 혁명적인 아이디어를 제시하였다. 그의 논리는 다음과 같았다. 과잉생산된 제품이 팔리지 않는 것은 소비자들이 그 제품을 구매할 돈이 없기 때문이다. 생산한 물건을 팔지 못한 공장들은 문을 닫게 되고 실업자는 더 늘어나게 된다. 따라서 정부가 대규모 공공 취로사업 등을 통해 실업자들에게 일자리를 제공하고 돈을 풀면 소득이 늘어나게 되고 시장에 쌓여 있는 물건들을 살 수 있게 된다. 제품이 많이 팔리게 되면 공장에서는 생산을 늘리기 위해 더 많은 근로자를 고용하게 되고 실업자는 줄어들게 된다. 결국 정부가 마치 펌프에 마중물을 붓듯이 먼저 시장에 돈을 풀면(재정지출) 이로 인해 생산과 고용이 다시 원활하게 돌아가 경제가 회복된다는 것이다. 루스벨트 행정부가 취했던 뉴딜 정책은 바로 이러한 새로운 경제이론을 근거로 새로운 정책대안을 만들었던 대표적인 사례이다.

4) 주관적·직관적 방법

마지막 네 번째는 직관(intuition) 혹은 직감에 의지하는 방식이라고 할 수 있다. 가장 대표적인 것이 브레인스토밍(brain storming)이라는 방법이다. 이 방법은 영어 단어에서 그 뜻을 유추할 수 있듯이 마치 우리의 뇌 속에 태풍을 불러일으키듯 계속해서 생각하고 이야기하고 토론하고 고민하게 만드는 방법이다. 이때 중요한 것은 한두 사람이 생각하는 것이 아니라 여러 사람들이 같이 모여서 아무런 제한 없이 자유롭게 토론하고 의견을 주고받으며 오랜 시간 동안 고민을 거듭하는 것이다. 그러다 보면 처음에는 아무도 생각하지 못했던 꽤 괜찮고 그럴듯한 정책대안들이 의외로 튀어나올 수 있다.

직감 또는 영감(inspiration)이라는 것은 뚜렷한 과학적 근거가 있는 것이 아니다. 하지만 드물긴 해도 간혹 머릿속에서 번뜩이고 나타나는 뜻밖의 아이디어에 의해서 문제해결의 단초가 마련되는 경우가 있음을 부인할 수는 없다. 사실 직감에 의지할 수밖에 없는 상황은 참으로 답답한 상황이 아닐 수 없다. 하지만 해결되어야 할 문제는 우리 앞에 있는데 과거의 경험도 없고 그렇다고 믿을 만한 과학이론도 없다면 어떻게 해야 할까? 그냥 할 수 없다고 내버려둘 것인가? 아니면 될 대로 되라는 식으로 아무렇게나 정책을 만들 것인가? 그럴 수는 없다면 어떤 식으로든 노력을 해봐야 할 것이다. 이런 상황에서 여럿이 같이 머리를 짜내면서 노력해 보자고 하는 것이 브레인스토밍이고, 혼자서 사색을 하다가 혹은 꿈을 꾸다가 어떤 방식으로든 번뜩이는 아이디어가 떠오르는 것이 영감이다. 이러한 방법이 가장 우수한 대안을 모색하는 방법이라고는 할 수 없으나 그래도 정책대안을 찾는 하나의 원천이 될 수는 있다.

5) 정책문제 관련 이해관계 집단

앞에서 설명한 네 가지는 정책을 담당하는 정책결정자들 입장에서 보는 정책대안의 원천이다. 그런데 정책대안의 또 다른 원천으로 정책문제와 관련된 이해관계자들을 생각해 볼 수 있다. 때로는 정책결정자가 아닌 외부자가 괜찮은 정책대안을 제안하는 경우도 있다. 특히 해당 사안에 대해서 직접적으로 이해관계에 있는 사람들은 정부 관료들보다 더 열심히 고민하고 궁리할 수도 있다. 그래서 정책결정자들이 미처 생각하지 못한 바를 이해관계 당사자들이 찾아내어 쓸 만한 아이디어를 제공해 줄 수도 있을 것이다.

표 9-1 우리나라의 주요 정책 수출 사례

부처	벤치마킹 사례	국 가
금감위	베트남 증권위 역량강화 지원사업	베트남
인사위	전자인사관리시스템(PPSS) 운영	일본
통일부	남북회담	일본
법무부	소년보호행정 혁신	우즈베키스탄, 일본, 중국, 태국
	법률구조제도	일본
행자부	정보화마을 조성 사업	말레이시아, 핀란드, OECD
	전자정부사업	리투아니아, 말레이시아, 베트남, 일본, 중국
과기부	베트남 R&D 평가체계 구축사업	베트남
	과학기술예측조사/국가기술지도작성 사업	페루
문화부	게임아카데미 운영(전문인력 양성)	대만, 독일, 일본, 중국, 프랑스, 홍콩
	문화콘텐츠 진흥원 설립	대만, 말레이시아, 중국, 홍콩
복지부	SARS 대응	홍콩
	인터넷기반 결핵정보감시체계(TB net)	중국
산자부	경영혁신(KOTRA)	일본, 호주, 대만
	LNG전국공급사업(한국가스공사)	일본
	경영혁신 정보화사업(한국수력원자력공사)	중국, 베트남
정통부	초고속정보통신망 사업	멕시코, 말레이시아, 미얀마, 베트남, 인도네시아, 캄보디아, 콩고
환경부	천연가스버스 보급	싱가포르
	굴뚝원격감시체계(TMS)	싱가포르, 일본, 중국, 아세안, 홍콩
해수부	통합해양수산행정체계	인도네시아
	연안통합관리체계	베트남
	해운경쟁력 강화 톤세제 도입	일본
감사원	e-감시시스템 구축	베트남, 아시아지역
	시스템감시	일본, 중국, 베트남
국세청	홈택스서비스	말레이시아, 몽골, 베트남, 일본, 중국
특허청	지적재산권 행정정보화 사업	대만, 일본, 중국
조달청	국가종합전자조달시스템	말레이시아, 브라질, 스리랑카, 이란, 일본, 중국
	시설공사 적산·원가계산 제도	중국
산림청	산림관리기술 연수	우즈베키스탄, 인도네시아, 코트디부아르
	사방조림기술 지원	중국
기상청	클러스터 기반 기상수치예보시스템	몽골
	기상업무 전산화	스리랑카
서울시	민원처리 온라인공개시스템	미국(포담대학)
부산시	생곡쓰레기매립시설	베트남
	온천천 시민공원 조성	뉴질랜드

출처: 총리실

제2절

대안 비교

문제를 잘 해결해 줄 것이라고 기대되는 정책대안들을 찾아내고 나서 그중 하나를 선택하기 위해서는 반드시 대안들을 하나하나 평가하는 작업을 거쳐야 한다. 만약 가능한 대안이 단 하나밖에 없다면 선택의 고민은 있을 수 없기에 대안의 장단점을 따지는 것도 사실 무의미하다. 하지만 대부분의 경우 두 개 이상의 대안들이 제시되기 마련이며 그중 하나를 골라야 하기 때문에 대안들의 장단점을 따져 볼 필요가 있는 것이다. 결정 단계의 두 번째 소단계는 후보로 제시된 정책대안들이 얼마나 좋고 나쁜지 서로 비교하고 견주어 보고 평가해 보는 과정이다.

1. 정책대안의 결과 예측

1) 예측의 대상

정책대안을 평가한다는 것은 앞으로 일어날 상황을 미리 예측해 보는 작업이다. 즉, 각각의 대안을 실행에 옮긴다면 과연 미래에 어떤 일들이 벌어질 것인가를 미리 생각해 본다는 것이다. 그렇다면 미래를 투영해 본다고 할 때 어떤 것들이 그 대상이 되는 것일까?

우선 첫 번째로는 기존 정책의 결과가 있다. 지금 현재 상태 혹은 지금 현재 시행되고 있는 정책을 그냥 이대로 계속 유지한다면 미래는 어떻게 될 것인지를 예측해 보는 것이다. 예를 들어서 10년 뒤, 20년 뒤의 인구 분포를 미리 추정해 보는 것이 여기에 해당된다.

두 번째는 새로운 정책대안의 내용이다. 새로운 대안을 채택하게 된다면 어떤 내용의 정책이 실행될 것인지, 또한 그로 인해 영향을 받게 될 다른 정책들은 무엇이며 어떻게 변하게 될 것인지를 예측하는 것이다. 예컨대 중국과 FTA 협정을 맺게 된다면 대중 무역에 적용되는 품목별 관세율 인하 폭은 어느 정도로 될 것인지 계산해 보는 것이다.

세 번째로는 새로운 정책대안의 결과이다. 즉 이 대안이 시행되게 되면 사회적으로 어떠한 변화가 나타날 것인지도 예측의 대상이 된다. 예를 들어 환경오염 방지를 위해 새로운 규제정책을 시행한다고 하면 앞으로 기업들의 생산 활동이 어떻게 변하게 될 것인지 추정해 보는 것이다.

마지막으로 정책관련자들의 행태와 반응이다. 새로운 대안으로 인해 영향을 받을 사람들이 이 정책을 지지할 것인지 아니면 반발할 것인지 그 반응도 예측의 대상이 될 수 있다. 예를 들면 대학 입시 제도를 새롭게 개편한다고 하면 수험생, 일선 고등학교, 그리고 대학들이 그에 대해 어떤 반응을 보일지 미리 예상해 보는 것이다.

2) 예측의 접근방법

미래를 예측하려고 할 때 어떤 방법들을 사용할 수 있을까? 사실 미래를 정확히 예측한다는 것은 사람의 능력으로 결코 쉽지 않은 일이다. 아무리 과학적인 방법을 동원한다고 하더라도 실제로 우리 앞에 어떤 일이 언제 어떻게 벌어질지 100% 정확히 맞추는 것은 불가능에 가깝다. 그럼에도 불구하고 우리가 정책문제를 해결하기 위해서는 어떤 식으로든 앞날에 대해 추측해 보지 않을 수 없다. 이 대안을 실행하면 어떤 상황이 벌어지게 되고 또 다른 대안을 실행하면 또 어떤 상황이 전개될 것인지 예측해 보지 않고서는 정책을 결정할 수가 없기 때문이다. 그렇다면 정책대안을 비교·평가하는 과정에서 사용할 수 있는 미래 예측 방법에는 어떤 것들이 있을까?

첫째, 과거로부터 현재까지 관찰된 추세를 바탕으로 귀납적으로 미래를 짐작해 보는 방법이 있다. 일단의 시계열 자료를 가지고 과거의 추세 혹은 경향을 미래로 연장시켜 투사해 보는 것이다. 우리가 과거의 자료들을 통해 어떤 규칙성을 발견했다면 그러한 패턴이 앞으로도 지속될 것이라는 가정하에 미래 상황을 예측해 볼 수 있는 것이다. 예를 들어서 지금까지 우리나라의 인구가 어떻게 증가되어 왔는지 추세를 관측한 자료가 있다면 이를 토대로 해서 10년 후, 20년 후의 인구수를 추정하는 것이다.

둘째, 이론적 모델을 활용하여 연역적으로 추론하는 방법이 있다. 이 방법은 과거의 추세 자료에 의존하지 않고 이론적인 법칙이나 명제에 기초하여 미래 상황을 예측하는 방법이다. 즉, 어떤 특정한 이론에 근거하여 과학적인 모델을 만들어 놓고 이 모델을 작동시켜 가면서 미래에는 어떤 일이 벌어질 것인지 추측해 보는 것이다.

셋째, 특정한 정책 사안의 전문가들에게 의견을 구하는 정책델파이(policy delphi)라는 방법이 있다. 이 방법은 충분한 실증적 자료나 믿을 만한 과학적 이론도 없는 경우에 소수 전문가들의 개인적 경험이나 통찰력을 최대한 활용하려는 방법이다. 정책델파이는 전문가들을 대상으로 하는 설문조사 방식과 전문가들을 한 자리에 모아 놓고 자문회의를 하는 방식을 섞어 놓은 것이라고 할 수 있다.

정책델파이를 실시하는 방식은 다음과 같다. 먼저 특정 사안의 전문가들에게 미래 상황에 관련된 질문들을 설문지로 제시하고 각자 무기명으로 답변하게 한다. 그 답변들을 회수하여 문항별로 정리한 내용을 원래 설문지와 함께 다시 각 전문가들에게 보내 주고 다시 답변하게 한다. 각 전문가는 처음과는 달리 이번에는 다른 전문가들이 어떻게 생각하고 있는지에 관한 자료를 보면서 다시 생각해 본 후에 두 번째 답변을 한다. 두 번째 답변을 모아서 정리한 다음 원래 설문지와 함께 또 보내 주면 그들은 또 다른 전문가들의 생각을 참고하여 다시 생각해 볼 수 있는 기회를 갖게 된다. 그렇게 세 번째 답변을 받아 정리한 것을 다시 원래 설문지와 같이 보내 주고, 전문가들은 또다시 생각해 보고 다시 답변을 주고, 이런 과정을 수차례 반복한다. 이런 과정을 몇 번 거치다 보면 비록 처음에는 전문가들 사이에 아주 다른 의견들이 많았었다고 해도 계속 피드백을 거치다 보면 어느 정도 의견이 수렴될 수 있다. 만약 모든 전문가들이 동시에 한 자리에 모여서 회의를 한다면 자기 체면이나 개인적 친분 관계 등의 이유로 솔직하고 허심탄회한 의견 교환이 현실적으로 어려울 수 있다. 하지만 정책델파이에서는 누가 어떤 의견을 개진했는지 알 수 없게 답변들이 무기명으로 정리되어 전달된다. 때문에 다른 전문가들의 입장을 객관적으로 참고하면서 자기 생각도 다시 점검해 보고 고치는 것이 보다 원활하게 이루어지게 된다.

마지막으로 정책실험이라는 방법이 있다. 이것은 어떤 정책대안을 실제 전면적으로 시행하기에 앞서 한번 실험 삼아 작은 규모로 실시해 보는 방법을 말한다. 한정된 범위에서 한정된 시간 안에 제한적으로 작은 규모로 실시해 봄으로써 실제 데이터를 얻을 수 있는 것이다. 앞에서 설명한 세 가지 방법들은 어디까지나 '아마 이럴 것이다'라는 식으로 추측 혹은 어림짐작해 보는 것이다. 반면 정책실험은 비록 제한적이기는 하지만 실제로 구체적인 결과를 알아볼 수 있다는 특징을 가지고 있다.

2. 소망성(Desirability) 기준: 내용적으로 얼마나 바람직스러운가?

정책대안들을 서로 비교해 보고 견주어 보기 위해서 필요한 것은 평가의 기준이다. 각 대안별로 장점은 무엇이고 또 단점은 무엇인지 판단하려면 반드시 특정한 기준 혹은 잣대가 필요하다. 정책대안들을 평가하는 데 있어서 사용되는 기준에는 크게 두 가지가 있다. 하나는 소망성(desirability) 기준이고, 다른 하나는 실현가능성(feasibility) 기준이다. 소망성이란 각 대안의 내용이 얼마만큼 바람직하냐에 초점을 맞추어 따져 보는 기준을 말한다. 실현가능성이란 각 대안의 내용이 좋으냐 나쁘냐 하는 것을 떠나서 현실적으로 선택이 될 수 있는지 혹은 과연 실제로 시행될 수 있는지 등을 따져 보는 기준이다. 소망성에 해당되는 세부 기준들을 살펴보면 다음과 같다.

1) 효과성(Effectiveness)

효과성이란 어떤 정책대안을 실행에 옮겼을 때 그로 인해 어떤 일이 벌어지고 어떤 변화가 나타날 것인지 그 결과를 가늠해 보는 기준이다. 즉, 정책으로 인한 산출(output)에 초점을 맞추어 평가하는 것이다. 이 대안을 시행하면 당초 설정해 놓았던 정책목표를 어느 정도나 잘 성취할 수 있을까 하는 관점에서 대안의 소망성, 즉 바람직한 정도를 견주어 보려는 것이 효과성 기준이다.

각 대안이 주어진 정책목표를 얼마만큼 잘 달성할 수 있느냐 하는 것은 절대적인 관점에서 바라볼 수도 있고 상대적인 관점에서 바라볼 수도 있다. 예상되는 목표 달성도를 절대적인 수치로 평가하는 경우는, 예컨대 1인당 국민소득 3만 달러 혹은 수출액 100억 달러와 같이 나타내는 것이다. 목표 달성도를 상대적으로 비교한다는 것은 예컨대 100점 만점에 85점 예상 혹은 85% 달성 예상 이런 식으로 비교하는 것이다.

2) 정책비용(Cost)

비용(cost)이란 정책을 집행하는 데 소요되는 각종 자원을 지칭하는 개념이다. 효과성이 정책으로 인한 산출(output)에 초점을 맞추는 기준이라면, 비용은 정책 시행에 들어가는 투입(input)에 초점을 맞춰 평가하는 기준이라고 할 수 있다. 중요한 것은 '비용'이라는 용어가 꼭 돈(money)만을 의미하는 것은 아니라는 점이다. 돈 이외에도 시간, 인력, 지식, 정보, 기술, 토지 등 각종 다양한 자원들이 다 같이 정책대안의 집행에 소요되는 비용이 되는 것이다. 정책대안의 시행에 들어가는 비용은 두 가지로 구분해 볼 수 있다. 하나는 직접비용이고 다른 하나는 사회적 비용이다.

직접비용이라는 것은 문자 그대로 정책을 시행하는 정책담당자 입장에서 부담해야 되는 비용을 말한다. 직접비용은 크게 사업비와 관리·운영비로 구분할 수 있다. 사업비는 정책 시행 자체에 소요되는 비용, 즉 정책의 내용이 구현되는 데 들어가는 비용이다. 예컨대 도로포장에 필요한 자재를 구입하는 재료비, 복지혜택으로 지불되는 보조금, 예술가들의 창작활동을 위한 지원금 등이 해당된다. 관리·운영비는 정책의 준비, 집행과정의 관리·감독, 사후 평가 및 정산 등을 위해 소요되는 제반 부대비용을 의미한다. 정책과정에서 행정활동을 담당하는 운영인력의 인건비, 그들이 사용하는 각종 집기 및 사무용품 구입비, 사무실 임대료 등이 이에 해당된다.

한편 사회적 비용이라는 것은 시민들에 의해서 부담이 이루어지게 되는 비용을 의미한다. 여기서 비용이라는 것은 금전적인 비용일 수도 있고 그 밖에 여러 가지 생활상의 모든 고통이나 불편함이 다 해당된다. 핵심은 그러한 비용을 부담하는 주체가 정책을 시행하는 정부기관이 아니라 시민들이라는 점이다.

사회적 비용은 다시 또 두 가지로 구분해 볼 수 있다. 하나는 민간부문에서 부담하는 희생이다. 즉 그 정책으로 인해서 영향을 받게 되는 대상집단(target group)이 지불해야 되는 비용이다. 다른 하나는 정책이 시행됨으로 인해서 발생할 수 있는 부작용(by-products)이다. 비록 의도된 것은 아니라고 해도 정책집행 과정에서 바람직하지 않은 부작용이 발생한다면 시민들에게 불이익을 끼친다는 점에서 비용이 되는 것이다.

이러한 개념적 구분이 중요한 이유는 직접비용과 사회적 비용을 합한 것이 실제 총비용이 되기 때문이다. 그런데 정책담당자 입장에서 볼 때 직접비용은 비교적 명확하게 파악되고 계산도 어느 정도 할 수 있는 반면 사회적 비용은 잘 인식되지 않을 가능성이 높다. 자기들이 직접 지불해야 하는 비용이 아니기 때문에 사회적 비용의 존재 자체가 그리 실감 나게 와닿지 않는 것이다. 그러다 보면 예상되는 비용을 추산할 때 직접비용에 대해서만 신경을 쓰고 사회적 비용은 전혀 고려하지 않게 된다. 하지만 정책대안들을 비용 관점에서 비교하려고 할 때 정책담당자가 부담하는 직접비용만 계산해서는 제대로 된 분석이라고 할 수 없다. 왜냐하면 사회적 비용 역시 직접비용과 마찬가지로 실제로 발생하는 비용이기 때문이다. 우리 사회에서 분명히 누군가는 그 비용, 고통, 불편함을 부담하여야만 한다. 정책담당자들 시각에서 보이지 않는다고 해서 존재하지 않는 것은 아니다. 따라서 정책대안의 예상 비용을 추정할 때 사회적 비용을 고려하지 않는다면 결국 불완전한 분석에 그치게 되는 것이다.

3) 효율성(Efficiency)

효율성 혹은 능률성이란 정책을 시행하는 데 들어가는 비용과 그로 인해서 기대되는 효과를 같이 고려하는 개념이다. 효과성이 산출(output)에, 비용이 투입(input)에 초점을 맞추는 평가 기준이라면 효율성은 투입과 산출의 상대적 비율에 초점을 맞추는 평가 기준이라고 할 수 있다. 정책분석 과정에서 자주 사용되는 비용효과 분석(cost benefit analysis) 혹은 BC 분석이라는 용어가 바로 효율성을 평가의 준거로 삼는 것이다. 또는 흔히 가성비(가격 대 성능의 비율)라고 하는 것 역시 같은 뜻이다. 투입에 해당되는 비용 혹은 가격과 산출에 해당되는 효과 혹은 성능의 상대적 비율을 따져 본다는 것이다.

4) 공평성(Equity)

공평성은 수평적인 공평성과 수직적인 공평성으로 구분해 볼 수 있다. 수평적 공평성(horizontal equity)은 같은 처지에 있는 사람들은 누구나 다 똑같이 평등하게 대우해 주어야 한다는 의미이다. 공정성(fairness) 혹은 기계적 공평성이라고도 한다. 반면에 수직적 공평성(vertical equity)은 다른 처지에 있는 사람들은 다르게 대우해 주어야 한다는 의미이다. 예컨대 장애인, 노약자, 빈곤층 등과 같은 사회적 약자들을 배려해 주기 위해 특별한 혜택을 제공하는 것이다. 이처럼 수직적 공평성은 사회정의 혹은 배분적 정의에 초점을 맞추는 평가 기준이라고 할 수 있다.

5) 반응성(Responsiveness) 및 민주성(Democracy)

반응성이란 시민들의 요구에 대해 얼마나 신속하고 정확하게 대응하는가에 관한 것이다. 민주성이란 국민들의 의사가 반영·수렴된 정도를 의미한다. 어떤 정책대안이 시민들의 요구 사항과는 전혀 관계없이 엉뚱한 내용으로만 되어 있다면 민주성 차원에서 좋은 대안이라고 평가받을 수 없다. 또한 비록 시민들의 요구 사항을 충실히 반영했다고 하더라도 너무나 많은 시간이 흐른 뒤에야 그러한 대안이 나왔다면 반응성이라는 측면에서 역시 좋은 정책대안이라고는 볼 수 없을 것이다.

3. 실현가능성(Feasibility) 기준: 실제로 채택되고 충실히 실현될 가능성은?

소망성 기준이 각 정책대안의 내용을 보면서 얼마만큼 바람직하냐를 따져 보는 것이라면 실현가능성 기준이란 실제로 채택되고 실행될 가능성이 어느 정도인지를 따져 보는 기준이다. 즉, 정책대안의 내용이 얼마나 좋은지 혹은 나쁜지 하는 것을 떠나서 과연 실제로 채택될 가능성이 있는지 혹은 충실하게 실행에 옮겨질 가능성이 있는지를 평가해 보는 것이다. 실현가능성 기준에도 다음과 같이 몇 가지 세부적인 기준들이 있다.

1) 기술적 실현가능성(Technical Feasibility)

기술적 실현가능성이란 현재 이용 가능한 기술로 실행이 가능한 대안인지 평가해 보는 기준이다. 어떤 정책대안이 비용이나 효과 혹은 형평성 차원에서 대단히 바람직하다고 하더라도 우리가 지금 가지고 있는 기술력으로는 실행 자체가 불가능할 수도 있다. 이처럼 내용 면에서 아무리 좋은 정책대안이라고 해도 기술적으로 실행에 옮길 수 없다면 좋은 정책대안이라고 평가할 수 없다.

2) 재정적 · 경제적 실현가능성(Financial Feasibility)

재정적 혹은 경제적 실현가능성이란 대안을 시행하는 데 필요한 비용을 충당할 재원이 충분히 마련되어 있는지를 따져 보는 것이다. 선거 때가 되면 각 후보나 정당에서 내놓는 선거공약을 두고 종종 "장미빛 공약" 혹은 '빌 공'(空) 자를 써서 "공약"이라고 비판하곤 한다. 내용만 두고 보면 대단히 멋지고 화려한데 정작 그 비용을 무슨 돈으로 어떻게 감당할 것인지에 대해서는 정확히 밝히지 않기 때문이다. 내용적으로 아무리 바람직하고 멋진 대안이라고 해도 필요한 자금을 동원할 수 없다면 좋은 대안이라고 평가할 수 없을 것이다.

3) 행정적 실현가능성(Administrative Feasibility)

행정적 실현가능성이란 대안을 실행에 옮기는 데 필요한 요원이나 조직 혹은 전문인력 등을 동원할 수 있는가 따져 보는 것이다. 아무리 내용적으로 바람직한 정책대안이라고 하더라도, 실행 가능한 기술력이 뒷받침된다고 하더라도, 또한 충분한 재원까지 마련돼 있다고 하더라도 실제 집행을 담당할 적절한 기구나 인력이 마련되어 있지 않다면 좋은 대안이라는 평가를 받기 어려울 것이다.

4) 법적·윤리적 실현가능성(Legal/Ethical Feasibility)

법적·윤리적 실현가능성이란 대안의 내용이 기존 법률 및 사회윤리에 부합되는지에 관해 검토하는 것이다. 아무리 소망성 차원에서 바람직하고 좋은 정책대안이라고 해도 그 내용이 기존의 정책, 제도, 법규에 위배되는 것이라면 최종 정책으로 채택되는 것 자체가 어렵다. 또한 대안의 내용이 우리 사회의 일반적인 윤리기준에 비춰 볼 때 받아들이기 힘든 그런 내용이라면 역시 좋은 대안이라고 평가받을 수 없을 것이다.

5) 정치적 실현가능성(Political Feasibility)

정치적 실현가능성이란 그 대안이 정치적 측면에서 지원받을 가능성이 있는지를 따져 보는 것이다. 즉 정치권에서 과연 이 정책대안이 수용될 여지가 있는지 하는 것이다. 어떤 이유로든 정치적으로 지지를 받기 어려운 대안이라면 설령 내용 면에서 아무리 바람직하고 소망스럽다고 해도, 또한 기술적, 재정적, 법적, 행정적 측면에서 아무런 문제가 없다고 해도 현실적으로 채택되거나 실행에 옮겨질 가능성은 희박하다. 예컨대 법률이나 조례의 경우 국회 혹은 지방의회가 제정권한을 가지고 있기 때문에 정치권에서 동의해 주지 않는다면 공식적인 정책으로 성립되는 것이 불가능하다. 소망성 차원에서 매우 바람직하고 또 기술적으로나 재정적으로도 실현가능성이 충분한 정책대안이라고 해도 만약 정치적 이해관계에 어긋나는 상황라면 실제로 채택되거나 시행되기는 어렵다. 정치권에서 통과되어야만 한다는 현실적 이유 때문에 정책대안의 내용이 논의를 거치는 과정에서 타협적으로 수정되는 경우가 종종 발생한다.

사례 정책비용 관점에서 생각해 보는 '보편복지 vs 선별복지'

2020년 전 세계를 강타했던 코로나19 사태는 정책학 차원에서도 고민해야 할 많은 이슈들을 남겼다. 그중의 하나는 어려워진 경제상황을 감안하여 공공재정으로 국민들에게 재난지원금을 지급하는 정책이었다. 여기서 크게 쟁점이 되었던 사안은 모든 국민을 대상으로 일률적으로 지원금을 줄 것인가 아니면 경제적 형편에 따라 선별적 혹은 차등적으로 지원할 것인가 하는 문제였다. 물론 경제적 형편이 어려운 사람들에게 선별적으로 더 많은 지원을 하는 것은 형평성 차원에서 이치에 맞다고 할 수 있다. 그러나 '경제적 형편'의 정도를 객관적으로 정확히 파악하기 위해 어떤 기준을 어떻게 적용해야 할 것인지에 대해서 적지 않은 논란이 일었다. 만약 모두가 납득할 수 있는 엄정하고 객관적인 잣대를 마련하는 데 금전적, 행정적, 시간적으로 과다한 비용이 소요된다면 배보다 배꼽이 더 크게 될 수 있기 때문이다.

이와 비슷한 사례가 아동수당 지급에 대한 논란이었다. 복지부에서는 전체 가구 중 소득수준 하위 90% 가구의 만 0~5세 아동에게 아동수당을 지급하도록 했었다. 이 경우 전체 아동의 95.6%가 아동수당 지급대상이 되는 것이었다. 이러한 선별지급 방식으로 집행하려면 소득 상위 4.4%에 해당되는 아동들을 가려내야 하였다. 그런데 문제는 선별지급으로 절감되는 예산보다 이들 비대상자를 선별하기 위해 소요되는 비용이 더 많다는 점이었다. 즉 직접비용 중 사업비만으로 계산하면 선별지급 방식이 보편지급 방식보다 예산이 적게 소요되지만, 관리·운영비까지 포함하게 되면 예산이 훨씬 더 많이 소요된다는 것이다. 다음 기사를 읽고 생각해 보도록 하자.

「배보다 배꼽 큰 아동수당 선별 지급…행정비용만 1,626억 달해」

– 『이데일리』, 2018년 4월 17일 자

수혜 대상자 전원에게 아동수당을 지급하기로 했다가 예산절감을 이유로 선별지급으로 전환한 탓에 행정비용이 증가해 예산절감분을 상회하는 것으로 나타났다. 배보다 배꼽이 큰 정책이 된 셈이다.

정부는 2018년 9월부터 소득 인정액이 2인 이상 전체 가구 중 하위 90% 가구의 만 0~5세 아동에게 아동수당을 선별 지급한다. 보건복지부의 의뢰로 아동수당 관련 연구용역을 진행한 한국보건사회연구원에 따르면 아동수당 선별 지급을 위한 행정비용은 전수조사를 해야 하는 2018년에는 840억~1626억 원, 2019년 이후 매년 700억~1000억 원이 소요될 것으로 전망했다. 복지부는 3인 가구 기준 월 소득 인정액 1170만 원 이하의 아동에게 월 10만 원을 지급하는 내용의 「아동수당법 시행규칙」 및 「아동수당 지급 대상의 선정기준액 등에 관한 고시」를 마련해 입법예고하였다. 이에 따라 전체의 95.6%가 아동수당을 받는다. 선별지급 전환으로 소득 상위 4.4% 아동만 아동수당 지급 대상에서 탈락한 것.

문제는 소득 상위 4.4%를 가려내기 위한 행정비용이 절감하는 예산보다 더 많은 어처구니없는 상황이 벌어지게 된다. 실질적으로 전체 아동에게 수당을 지급하는 보편적 복지를 시행하더라도 상위 2% 정도는 수당신청을 안 한다는 점을 고려할 경우다. 2017년 기준 만 0~5세 아동(253만 명) 중 4.4%는 약 11만 명이다. 이들에게 아동수당을 지급하면 2018년(9~12월) 약 445억 원, 2019년 이후 매년 1336억 원이 소요된다. 다만 해외 사례 등을 감안할 때 고소득층 2%는 자격이 주어져도 수당 신청을 하지 않는다는 점을 감안하면 2.4%(6만 명) 정도가 선별 지급으로 인해 배제되는 실제 규모다. 이 경우 2018년에는 약 243억 원, 2019년 이후 연간 약 729억 원이 추가로 소요된다.

반면 아동수당 비대상자를 선별하기 위한 행정비용은 이보다 더 들어

간다. 복지부는 2018년 253만 명을 대상으로 지급대상 여부를 선별하기 위한 전수조사 비용으로 840억~1626억 원 정도 소요될 것으로 추산하였다. 2019년 이후엔 매년 700억~1000억 원 정도다. 선별 지급을 위한 조사에 투입되는 496명에 대한 인건비가 564억~744억 원으로 가장 크다. 여기에 아동수당을 지급하지 않는 가구엔 대해선 자녀 세액공제를 유지하기로 해 발생하는 세수 손실이 약 109억 원이다.

또 직접적 행정비용은 아니지만 큰 부분을 차지하는 것은 '국민 불편비용'이라고 하는 기회비용 성격의 사회·경제적 비용이다. 복지부는 아동수당 수급을 위해 증빙서류를 떼고 지자체 읍·면·동사무소 담당자들과 면담하며 신청하는 시간을 보수적으로 1시간으로 잡았다. 이 1시간에 대한 기회비용이 137억~723억 원이다. 최솟값은 시간당 최저임금을 기준으로 했고 최댓값은 0~5세 아이가 있는 부모들의 평균소득을 기준으로 했다. 이 밖에 예금, 증권, 부동산 등의 조회비용과 통보(우편)비용도 추가적으로 든다.

제3절

대안 선택

1. 이상적인 대안 선택

결정 단계의 마지막은 여러 가지 정책대안들 중에서 최종적으로 하나의 대안을 공식적인 정책수단으로 선택하는 작업이다. 그렇다면 대안을 선택하는 합리적인 방법은 무엇인가? 우리가 생각할 수 있는 가장 이상적인 대안 선택이란 먼저 모든 대안들을 다 확인한 후에 상호비교를 거쳐 최고의 대안을 결정하는 것이다. 즉, 가능한 모든 정책대안들을 탐색하고 나서 앞에서 설명한 소망성 및 실현가능성 기준에 비추어 보아 최상의 대안을 선택하는 것이다. 경제학에서 말하는 파레토 최적(pareto optimum)이 이러한 최선의 선택에 해당된다. 만약 대안 탐색 과정에서 충분한 탐색이 이루어지지 않는다면 가장 훌륭한 대안이 아예 검토되지도 못하고 누락될 수도 있다. 또한 설령 모든 잠재적인 대안들이 다 확인된다고 해도 대안 비교 과정에서 충실한 검토 작업이 이루어지지 않는다면 최선의 대안이 선택되지 못할 수도 있다.

2. 현실적 한계

앞에서 설명한 이상적인 대안 선택은 그러나 현실의 정책결정 과정에서는 사실상 불가능에 가까울 정도로 어려운 일이다. 문제해결을 위한 모든 가능한 대안을 탐색한다는 것도 지극히 어렵고, 탐색된 대안들을 모든 평가 기준에 비추어 철저히 비교한다는 것도 결코 쉽지 않은 일이다.

먼저 대안 탐색의 경우, 문제를 해결해 줄 수 있는 대안이 과연 어떤 것들이 있는지 전부 확인하기란 대단히 어렵다. 문제해결을 위한 대안의 탐색은 궁극적으로 인과관계 지식에 달려 있다. 인과관계 지식이 많은 상황이라면 그에 비례해서 많은 대안들을 생각해 볼 수 있을 것이다. 하지만 대안의 수가 많으면 많을수록 대안들을 비교·평가하는 작업이 힘들어진다. 이 때문에 대안 탐색 과정에서 무작정 많은 수의 대안들을 나열하기보다는 제한된 수의 대안만을 제시하는 것이 현실적이다. 반대로 인과관계 지식이 적은 문제 상황에서는 단지 한두 개의 대안을 찾는 것도 쉽지 않다. 그러다 보면 정말 좋은 대안들이 탐색 과정에서 누락되어 버릴 가능성이 높은 것이다.

정책대안을 비교하고 평가하는 작업 또한 실제로는 매우 어려운 작업이다. 우선 소망성과 실현가능성의 모든 세부 기준들을 전부 다 적용해서 평가한 다음 하나의 최적 대안을 고르는 일은 사실상 불가능하다. 왜냐하면 각각의 세부 기준들은 그 성격이 모두 다르고 따라서 대안마다 각 기준에서 평가된 값을 모두 합산해서 비교한다는 것은 불가능하기 때문이다.

쉽게 예를 들어 생각해 보자. 사람의 키를 잴 때는 센티미터라는 단위를 쓰고 몸무게를 측정할 때는 킬로그램이라는 단위를 사용한다. 키와 몸무게라는 두 개의 기준은 그 측정 단위가 서로 다르다. 이럴 때 이 두 개의 측정값을 합해서 하나의 단위로 표시한다는 것은 불가능하다. 키는 180cm이고 몸무게는 80kg인 사람과 키는 170cm이고 몸무게는 90kg인 사람을 어떻게 하나의 값으로 비교할 수 있겠는가? “180 더하기 80은 260이고 170 더하기 90도 260이니까 이 두 사람의 신체적 특성은 똑같다.”라고 말하는 것은 난센스이다. 두 개의 기준의 단위가 다르기 때문에 두 개의 값을 합해서 하나의 수치로 두 사람을 비교한다는 것 자체가 말이 안 되는 일이다.

이와 마찬가지로 두 개의 대안이 있는데 하나는 효과성 80점, 공평성 50점, 경제적 실현가능성 30점이고 다른 하나는 효과성 50점, 공평성 30점, 경제적 실현가능성 80점이라고 한다면, 이 둘 중 어느 것이 더 나은 대안이라고 보아야 하는가? 그냥 숫자들을 다 더하면 둘 다 같은 160점이 된다고 해서 두 대안이 모두 똑같이 좋은 대안이라고 단언할 수는 없는 것이다. 이처럼 두 개 이상의 서로 다른 기준들을 적용시키려고 할 때 각각의 기준에 해당되는 값들을 서로 통합해서 대안별로 하나의 점수로 환산하는 것은 불가능한 작업이다. 따라서 모든 세부기준들을 다 사용해서 대안들을 비교 평가하고 최상의 대안을 선택하는 일은 결국 불가능하다는 것이다.

여러 가지 기준들을 동시에 사용할 때 또 하나 문제되는 것은 각 기준들의 우선순위를 어떻게 설정할 것인가 하는 것이다. 기준의 우선순위란 대안을 비교하는 과정에서 어떤 기준이 제일 중요하고 그다음 두 번째로 중요한 건 어떤 기준이며 또 가장 중요하지 않은 기준은 무엇인지를 설정하는 것이다. 기준들의 우선순위가 문제되는 이유는 기준들 자체가 상호 모순되거나 충돌하는 경우가 있기 때문이다. 예를 들어서 장애인이나 영세민 등 사회적인 소외 계층에게 일자리를 제공한다는 대안은 효율성 관점에서는 높은 점수를 받지 못할지 모르지만 수직적 형평성, 사회정의라는 관점에서 보게 되면 아주 좋은 대안이라 평가받게 된다.

이처럼 정책대안을 비교하는 기준들 자체가 서로 상충되거나 모순될 때 최상의 대안을 선택하려면 결국 기준들 간의 우선순위를 확인해야만 한다. 만약 우리가 어떤 확실한 우선순위를 가지고 있다면 대안 비교 과정에서 중요한 몇 개의 기준들만 고려하고 우선순위가 낮은 다른 기준들은 아예 제외시킬 수도 있다. 하지만 우선순위 자체가 절대적인 것이 아니라 유동적이고 불명확한 것이라면 비교 평가 과정에서 사용할 기준들 자체가 사람에 따라 혹은 상황에 따라 달라지게 된다. 똑같은 대안이라고 해도 평가의 기준이 달라지게 되면 당연히 얼마만큼 좋은 대안인가 하는 평가 결과도 달라지기 마련이다. 따라서 대안 비교 과정에서 적용시킬 기준들에 관한 절대적인 우선순위가 존재하지 않는 한 진정한 최선의 대안이 무엇인지 확인하는 일은 불가능한 것이다.

토론 주제

나날이 심각해져 가는 청소년 범죄를 해결하기 위해 다음 두 가지 정책대안이 제시되었다고 가정해 보자. 각 대안은 얼마나 좋은 혹은 나쁜 대안인가? 왜 그렇게 평가하는가?

1) 1970년대 시행되었던 '장발 및 미니스커트 단속'을 다시 실시한다.
2) 미국의 일부 주에서 시행하고 있는 '청소년 통금제도'를 시행하여 밤 11시~새벽 5시 시간대에는 청소년들의 시내 통행을 금지시킨다.

참고 의견

1) 장발 및 미니스커트 단속의 경우, 우선 그러한 규제를 통해 정말로 청소년 범죄가 크게 줄어들 것인지 확실치 않다면 '효과성' 차원에서 좋은 대안이라 보기 어렵다. 또한 두발 및 의상에 대한 국민들의 일반적인 가치관이 1970년대와는 많이 달라졌음을 감안한다면 윤리적 실현가능성 차원에서도 좋은 대안이라 보기는 어려울 것이다.

2) 범죄행위는 주로 야간 시간대에 많이 발생함을 고려한다면 청소년 통금제도는 효과성 차원에서는 좋은 대안이 될 수 있을 것이다. 그러나 우범 청소년들이 통금 시간대에 돌아다니지 못하도록 단속하고 규제할 전담 조직이나 인력을 마련하기가 쉽지 않다는 점에서 행정적 실현가능성이 낮은 대안이라 할 수 있다. 기존 조직 이외에 별도의 조직이나 인력을 충원하려면 막대한 경비가 소요될 것이므로 비용 측면에서도 좋은 정책이라 보기 어려울 것이다.

더 읽어 보기

서성아 외, 2020, "사례분석을 통한 규제비용편익분석의 실무적 쟁점과 정책적 함의,"『한국정책학회보』, 24(2).

신현기, 2013, "대통령 선거공약의 입법화에 관한 연구: 김영삼~노무현 대통령을 중심으로,"『한국행정연구』, 22(1).

안병철, 2001, "정책형성과정의 정치적 성격과 특성: 의약분업정책의 사례분석,"『한국정책학회보』, 10(2).

한승준·이용모, 2016, "문화영향평가의 대상과 적용범위에 관한 연구,"『한국정책학회보』, 25(2).

CHAPTER 10

정책결정 이론들

미리 생각해 보기

1) 한국 정부는 1970년대까지 수출드라이브 정책 위주로 경제성장을 추진하면서 소비재 수입은 엄격히 규제하여 왔었다. 1980년대 이후로는 점차 수입자유화를 확대하는 방향으로 정책의 기조가 전환되었다. 그러나 수입자유화와 시장 개방에 강력히 반대하는 비판론도 여전히 존재한다. 우리나라 통상정책의 기조가 수입 억제에서 시장 개방으로 전환된 이유를 어떻게 설명할 수 있을까?

2) 중앙선거관리위원회는 2008년 4월 국회의원 총선을 앞두고 '투표참여자 우대제도'를 도입하였다. 이 제도는 투표한 유권자가 국공립 박물관이나 공원, 국가 지정문화재, 능원 및 유적지, 공영 주차장 등 각종 국공립 유료 시설을 무료로 또는 할인받아 사용할 수 있는 혜택을 주는 정책이다. 이러한 정책이 결정된 이유를 어떻게 설명할 수 있을까?

제1절

정책결정 이론들의 분류

1. 규범적 모형과 실증적 모형

이번 장에서는 여러 정책대안들 중에서 하나의 대안이 선택되는 의사결정(decision-making) 과정에 대해서 주요 이론들을 중심으로 살펴보도록 한다. 의사결정 문제는 정치학이나 행정학뿐만 아니라 심리학, 경영학, 경제학 등 다양한 학문 분야에 걸쳐서 매우 중요한 연구 주제로 다루어져 왔었다. 사실 개인이건 조직이건 간에 인간 생활에 있어서 결정의 중요성은 새삼 강조할 필요조차 없을 정도이다. 그렇기 때문에 의사결정 및 정책결정 현상에 관한 설명과 조언을 제시하려는 수많은 연구들이 축적되어 왔다.

정책결정에 관한 수많은 이론과 모형들은 우선 크게 두 가지로 나누어볼 수 있다. 하나는 규범적인 모형(normative model)이고, 다른 하나는 실증적인 모형(positive model)이다. 규범적 모형은 합리적 정책결정을 위한 지침을, 실증적 모형은 실제 정책결정에 관한 객관적 설명을 다룬다.

의사결정에 관한 규범적 모형은 실제로 결정이 어떻게 이루어지느냐에 대한 것이 아니라 보다 좋은 결정, 현명한 정책을 결정하기 위해서는 어떻게 해야 할 것이냐에 대한 모형이다. 규범적인 모형 중에서 가장 대표적인 것은 소위 합리적 의사결정(rational decision-making) 모형이다. 합리적 의사결정 모형이라고 하는 것은 어떤 특정한 모형 하나를 지칭하는 것은 아니다. 우리가 의사결정 과정에서 합리적인 선택을 하기 위해서는 무엇을 어떻게 하면 좋은지에 대해서 여러 가지 측면에서 조언을 제시하는 많은 모형들이 있다. 규범적 차원에서 합리적 의사결정 모형들의 공통점은 우리가 처해 있는 문제 상황을 분석하고 그 분석을 통해서 우리가 주어진 목표를 가장 잘 달성할 수 있는 하나의 최적해(optimal solution) 혹은 최선의 해결책(one best solution)을 선택해야 한다는 당위성이다.

의사결정 모형에 있어서 두 번째 유형은 실증적인 모형이다. 실증적인 모형이란 좋은 정책을 결정하기 위한 방법을 말해 주는 것이 아니다. 바람직하든 아니든 실제 정책 현장에서 의사결정이 어떤 메커니즘에 의해 어떤 식으로 이루어지는지 사실관계를 파악하고 인과관계적으로 설명하려는 것이 실증적 모형이다.

2. 의사결정론 접근방법(과정중심 모형)과 국제정치경제론 접근방법(요인중심 모형)

정책결정에 관한 실증적 모형들은 다시 두 가지로 구분해 볼 수 있다. 첫 번째는 정책의 본질은 하나의 '결정(decision)'이라고 전제하고 어떤 메커니즘에 의해서 정책이 결정되게 되는지를 살펴보는 시각이다. 이것을 의사결정론적 접근방법(Decision-Making Approach)이라 할 수 있다. 두 번째는 좀 더 거시적인 차원에서 국제적인 맥락까지 같이 포함하여 어떠한 정치경제적 요인들이 작용해서 국가의 정책이 나오게 되는지를 살펴보는 시각이다. 여기서는 정책을 국민과 국제사회를 대상으로 영향을 미치고자 하는 국가의 '행동(action)'으로 이해한다. 그리고 어떤 요인(factor)에 의하여 국가의 정책 활동이 나타나게 되는가 하는 문제를 주로 다룬다. 이것을 국제정치경제론적 접근방법(International Political Economy Approach)이라고 할 수 있다. 의사결정론적 접근이 상대적으로 미시적이며 과정중심적(process-oriented) 분석이라면 국제정치경제론적 접근은 거시적 차원의 요인중심적(factor-oriented) 분석이라고 할 수 있다.

제2절

의사결정론적 이론들

의사결정론적 이론들은 정책결정의 주된 메커니즘으로 무엇을 강조하는가에 따라 다시 네 가지 접근방법으로 구분할 수 있다. 첫 번째는 인간의 마음 상태를 강조하는 심리학적 접근방법, 두 번째는 조직 현상을 강조하는 조직론적 접근방법, 세 번째는 사람들 간의 갈등을 강조하는 정치적 접근방법, 그리고 마지막으로 정책을 문제에 대한 해결책이라는 관점에서 바라보는 문제해결적 접근방법이 있다.

1. 심리학적 접근(Psychological Approach)

심리학적 접근방법은 문자 그대로 심리학에서 이루어 놓은 여러 가지 개념, 모델, 분석틀 등을 활용해서 정책결정 현상을 설명하려는 시도이다(Janis and Mann, 1977). 심리학적 접근에서는 기본적으로 '정책은 인간의 머릿속에서 이루어지는 사고 작용의 결과'라고 전제한다. 즉, 정책은 결국 정책결정자인 인간에 의해서 그 머릿속 혹은 마음속에서 이루어지는 심리적 및 인지적인 과정을 거쳐 결정된다는 것이다. 따라서 정책결정 현상을 제대로 이해하기 위해서는 그 결정을 내린 정책결정자 개인의 마음속, 머릿속에서 어떤 일들이 벌어지고 어떤 현상이 나타났는지를 이해할 필요가 있다고 본다.

예를 들어서 국가의 최고 리더가 중요한 의사결정을 내렸다고 했을 때 그 정책결정자의 머릿속에서 어떠한 정신 작용이 일어나서 그러한 결정에 도달했는지를 추론해 볼 수 있다(Hermann, 1978; George, 1980). 인간의 의사결정 혹은 '마음먹기'에 영향을 미치는 개인적 속성은 여러 가지가 있을 수 있다. 그 리더의 개인적인 성향, 그 마음속에 깔려 있는 신념체계, 어릴 적 경험들, 개인적인 소신, 성품이나 인격 등이 모두 의사결정 과정에 영향을 미치게 된다. 심리학적 접근에서는 이러한 개인적 속성들을 종합하여 그 정책결정자가 특정한 문제 상황 속에서 어떤 식으로 생각했었는지를 추론하게 된다.

심리학적 접근방법의 가장 큰 매력은 마치 소설이나 영화를 보는 것 같은 실감나는 설명을 독자들에게 제공한다는 점이다. 정책결정자의 심리과정 혹은 인지과정을 설명한다는 것은 소설 속의 주인공이 어떤 문제 상황 속에서 마음속에 어떤 생각을 했었는지를 해설해 주는 것과도 같다. 그래서 독자들은 그 결정을 내렸던 정책결정자의 입장이 되어 생각해 보게 된다. 그래서 자기 자신이 마치 소설이나 영화의 주인공이 되어 보는 것 같은 생생한 감정이입을 경험하면서 그 설명에 공감하게 되는 것이다.

그런데 바로 이 점이 또한 심리학적 접근방법의 가장 취약한 한계가 되기도 한다. 정책결정자의 내면의 심리 상태 혹은 정신 작용을 설명하려고 할 때 과연 인간의 마음속을 어떻게 정확히 알 수 있는가 하는 근본적인 회의가 들 수 있다. "열 길 물속은 알아도 한 길 사람의 마음은 알 수 없다."라든지 "사람의 마음은 하루에도 열두 번도 더 바뀐다."는 말도 있지 않은가. 사실 우리는 자기 자신의 결정이나 행동에 대해서 스스로도 왜 그랬는지를 잘 알지 못하거나 정확히 설명할 수 없는 경우가 허다하다. 하물며 다른 사람의 마음속에서 어떤 일이 있었는지를 외부 관찰자가 과연 얼마만큼 정확히 알 수 있겠는가 하는 의문이 없을 수 없다. 그래서 심리학적인 접근방법은 감정이입과 생생한 설명이 가능하다는 큰 장점에도 불구하고 인간의 마음속을 완벽하게 파악해 내기 어렵다는 치명적인 약점을 가지고 있다.

더구나 연구자 입장에서 볼 때 과거 중요한 결정을 내렸던 고위직 정책결정자를 만나는 것 자체도 현실적으로 쉽지 않다. 설령 만난다고 하더라도 '과거의 이런 결정을 왜 어떻게 해서 내리게 되었습니까? 그때 무슨 마음이었습니까?' 하고 질문하기도 쉽지 않다. 또 설령 물어본다고 해도 그 정책결정자가 당시의 그 상황에 대해서, 결정을 내렸던 이유에 대해서 연구자에게 솔직하게 있는 그대로 얘기해 준다는 보장도 없다. 의도적으로 숨기거나 왜곡할 수도 있지만 그러지 않는다고 해도 오랜 시간이 흐르다보면 자기가 과거에 어떤 일을 했는지 기억이 흐려지거나 아예 완전히 잊어버릴 수도 있기 때문이다.

그렇기 때문에 연구자가 실제로 결정을 내렸던 정책결정자를 만나 인터뷰해서 직접 자료를 얻는 것보다는 2차적 자료에 의존하는 경우가 많다. 그 사람이 남겼던 여러 가지 자료들이나 행적에 관한 기록들, 혹은 주변 사람들의 여러 가지 증언들 같은 간접 자료에 의지해서 사건을 재구성한다는 것이다. 그러다 보니 정책결정자의 결정 행태에 관해 영화나 소설처럼 흥미진진하고 생생한 설명을 제시할 수 있기는 한데 문자 그대로 영화나 소설, 즉 완전히 허구인 연구가 될 가능성도 배제할 수 없다. 이처럼 심리학적인 접근방법은 감정이입을 통해 실감나는 설명을 제시할 수 있다는 큰 매력이 있음에도 불구하고 그 추론을 뒷받침할 수 있는 충분한 자료의 입수가능성과 신뢰성에 있어서 근본적인 한계가 있는 것이다.

2. 조직론적 접근방법(Organizational Approach)

의사결정론적인 방식으로 정책결정을 설명하는 두 번째 접근방법은 조직론적인 접근이다. 이 접근방법의 기본 전제는 '정책결정은 조직과정의 산물(organizational process)'이라는 것이다. 정책이 물론 사람의 두뇌 활동에 의해 결정된다는 것을 부인하는 것은 아니다. 그러나 정책결정은 단순히 개인 차원의 '작심(作心)'과는 다르다. 정책결정자는 마치 로빈슨 크루소처럼 무인도에 홀로 고립되어 있는 사람이 아니다. 정책결정은 무인도나 진공상태가 아니라 조직이라는 맥락 속에서 이루어지는 현상이다. 따라서 정책결정을 충실히 이해하려면 사람의 머릿속보다는 조직이라는 메커니즘에 관해 탐구해야 한다는 것이다.

조직론적인 접근방법은 다시 두 가지 유형으로 구분할 수 있다. 첫 번째는 조직 자체를 마치 하나의 단일한 행위자(unitary actor)로 취급하는 방식이다. 예를 들면 '청와대가 이러이러한 정책을 시행하기로 결정했다'라는 표현을 생각해 보자. '청와대'라고 말할 때, 물론 건물 혹은 조직 그 자체가 어떤 결정을 내린 것이라고 주장하는 것은 아니다. 결정을 내리는 주체는 그 조직 안에 있는 사람들이다. 그럼에도 불구하고 그런 사람들의 모임, 예컨대 청와대, 기획재정부, 야당, 전경련, 민주노총 등 이런 조직 자체를 마치 하나의 의사결정 주체로 취급하는 설명 방식이다. 두 번째는 조직을 의사결정을 내리는 주체라기보다는 결정을 내리는 사람들을 둘러싸고 있는 거시적인 맥락(context) 혹은 환경으로 보는 시각이다. 이 시각에서는 정책결정을 내리는 주체는 사람들이지만 이들은 조직이라는 특정한 환경 속에서 서로 상호작용하는 것으로 이해한다. 그래서 정책결정 현상을 이해하려면 조직이라는 맥락 속에서 사람들의 행태가 어떻게 이루어지는지 분석할 필요가 있다는 것이다.

1) 사이버네틱스 모형(Cybernetics Model)

조직론적인 접근에 해당되는 몇 가지 구체적인 이론들을 살펴보도록 하자. 우선 조직을 하나의 단일한 의사결정 주체로 간주하는 대표적인 시각으로 사이버네틱스 모형을 들 수 있다(Steinbruner, 1974). 사이버네틱스라는 것은 일종의 자동 반응 메커니즘을 의미한다. 가장 대표적인 예가 자동 온도 조절계이다. 예컨대 에어컨 같은 기계의 경우, 사용자가 목표 온도를 특정한 값으로 설정해 놓고 나면 그 후로는 기계가 스스로 알아서 일을 하게 된다. 자동 온도 조절계가 하는 일은 에어컨 작동 여부를 스스로 결정해서 지시하는 것이다. 즉, 실내 온도가 설정된 목표치보다 높으면 에어컨을 작동시켜서 시원하게 만들어 주고, 실내 온도가 낮아지게 되면 에어컨 작동을 멈추게 하는 것이다. 이처럼 사이버네틱스 모형에서는 몇 개의 간단한 반응목록만 가지고 각 상황에 맞는 대응 방법이 자동적으로 결정되는 것으로 본다. 이때 자동적으로 결정을 내리는 주체는 목표에 대한 가치판단이나 각 대안의 결과에 대한 고려 같은 것은 하지 않는다. 다만 주어진 목표값에 따라 주요 변수들을 주어진 범주 내로 유지되도록 하는 데에만 초점이 맞추어지게 된다. 이를 비의도적 적응(non-purposive adaptation)이라고 한다.

2) 시스템 모형(System Model)

시스템 모형은 정부 조직을 하나의 시스템으로 바라보는 시각이다. 사실 시스템 모형은 대단히 다양한 분야에서 사용되고 있기 때문에 꼭 정책결정만을 위한 모형이라고 볼 수는 없다. 하지만 시스템이라는 관점에서 조직의 의사결정을 설명하는 유용한 연구들도 많이 있다. 예컨대 이스턴(Easton, 1953), 도이치(Deutsch, 1963) 등의 고전적인 연구들이 여기에 해당된다. 시스템이란 '상호 유기적으로 연결된 요소들의 집합'이라고 정의할 수 있다. 시스템 중에서 외부 환경과 서로 상호작용을 하는 시스템을 개방 시스템이라고 한다. 정부라는 조직은 국민이라는 환경과 서로 상호작용을 한다는 점에서 개방 시스템이라고 간주할 수 있다. 환경과 상호작용한다는 것은 시스템이 환경과 주고받기를 한다는 의미이다. 이때 시스템이 환경으로부터 받아들이는 것을 투입(input), 투입된 것들이 시스템 내부에서 가공·변형되는 과정을 처리(process), 처리된 결과물이 다시 환경으로 내보내지는 것을 산출(output)이라고 한다. 시스템 모형 시각에서 바라보는 정책결정이란 이러한 투입, 처리, 산출의 과정으로 이해된다. 정부라는 시스템이 국민들로부터 들어오는 투입인 정책 요구나 불만 사항들을 받아들여서 내부적으로 처리하여 정책을 결정하고 다시 국민들을 대상으로 정책을 발표하고 시행한다는 것이다.

그림 10-1 시스템 모형

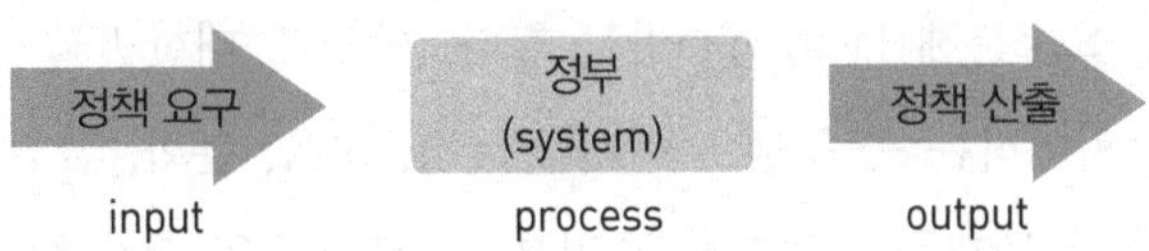

3) 회사모형(Firm Model)

회사모형은 싸이어트와 마치(Cyert and March, 1963) 등의 학자들에 의해서 제시되었던 고전적인 이론이다. 이 모델은 당초 정부보다는 회사를 탐구 대상으로 해서 구상되었다. 회사모형에서 바라보는 회사라는 조직은 모든 구성원들이 한마음 한뜻으로 일치단결된 단체가 아니다. 그보다는 서로 다른 생각과 이해관계를 가지고 있는 부서들이 모여 있는 일종의 연합체 정도로 이해된다. 그렇다면 목적과 생각이 상이한 여러 부서들 사이에서 의사결정은 어떻게 이루어지게 되는가?

우선 조직 내에는 보통 각종 업무들을 처리하는 표준화된 방법과 순서들이 명시된 규정들이 있다. 이를 보통 표준운영절차(standard operating procedure) 혹은 표준작업절차라고 한다. SOP란 의사결정 시 따라야 할 절차 혹은 규칙이라고 할 수 있다. 조직 내의 수많은 문제들은 대개 이 SOP에 의해서 별다른 고민 없이 순조롭게 결정이 이루어짐으로써 처리가 되고 해결된다. 조직이 가지고 있는 SOP는 단기적으로는 그 수가 고정되어 있으나 장기적으로는 경험과 사례가 누적됨에 따라 늘어나게 된다. SOP에 의해 미리 정해진 절차에 따라 결정이 이루어지는 경우를 상례화된 의사결정(programmed decision)이라 한다.

조직이 문제를 해결할 때에는 하나의 거대한 문제 덩어리를 한꺼번에 통째로 해결하는 것이 아니다. 조직이 당면한 문제는 여러 개의 작은 하위 문제들로 분할이 되고 조직 내 각 부서들이 각각 일을 나누어 맡아서 해결하게 된다. 이처럼 커다란 문제가 하위 문제들로 나누어지는 현상을 요소분해(factoring)라고 한다. 예컨대 대한민국 정부는 국익 혹은 공익이라는 큰 문제 덩어리를 국방, 교육, 문화, 산업, 복지 등과 같은 하위 문제들로 분할하고 정부 각 부처들은 각자 할당된 업무를 수행하게 되는 것이다.

그런데 이렇게 각 부서들이 할당된 하위 문제들을 각자 해결하려고 하다 보면 조직을 구성하고 있는 각 부분들 사이에 서로 의견이 달라지고 갈등이 일어날 수 있다. 회사모형에서는 조직의 하위 부서들 사이에 일어나는 갈등이 완벽하게 해결되는 일은 거의 없다고 본다. 조직 내부적으로 갈등이 벌어지는 경우 대개 미봉책 정도로 일단 봉합하고서는 마치 갈등이 다 해소된 것처럼 마무리한다. 하지만 실제로는 여전히 갈등이 잠재되어 있는데 이러한 현상을 갈등의 준해결(quasi-resolution of conflict)이라고 한다. 이 때문에 조직 전체 차원의 합리적 결정이란 거의 불가능하다. 단지 각 단위 부서 차원에서 국지적 합리성만이 가능할 따름이다. 결국 전체 조직 차원에서 어떤 결정이 이루어졌다고 해서 구성원 모두가 항상 다 만족하고 동의하는 것은 아닐 수 있다. 단지 표면적으로 별다른 갈등이 분출되지 않았다고 해서 모든 구성원들의 일치된 합의하에 결정이 도출되었다고는 단언할 수 없는 것이다.

4) 쓰레기통 모형(Garbage Can Model)

쓰레기통 모형이라는 재미있는 이름을 가진 이론은 코헨, 마치, 올슨(Cohen, March and Olsen, 1972)과 같은 학자들에 의해서 만들어진 정책결정 모형이다. 이 모형은 정부 조직과 같이 엄격한 계층제적 조직보다는 정당 혹은 대학과 같이 위계질서가 다소 느슨한 조직을 대상으로 해서 만들어진 이론이다. 계층제가 있기는 하지만 위계질서가 그다지 엄격하지 않은 조직을 쓰레기통 모형에서는 조직화된 무정부상태(organized anarchies)라고 부른다.

조직화된 무정부상태는 세 가지 특징을 가지고 있다. 첫 번째는 문제성 있는 선호(problematic preferences)이다. 즉, 조직이 추구하는 목표가 그다지 명확하지 않다는 것이다. 물론 조직의 목표가 추상적이고 모호하게 제시될 수는 있다. 그러나 실제로 그 조직이 추구하는 구체적인 목표는 명확하지 않으며, 목표들 사이에 확실한 우선순위도 체계화되어 있지 않다. 두 번째는 불명확한 기술(unclear technology)이다. 이 말은 목표를 달성하기 위한 최선의 수단이 무엇인지 명확하지 않다는 것이다. 세 번째 특징은 수시적 참여자(part-time participants)이다. 즉, 의사결정에 참여하는 사람들이 고정되어 있는 것이 아니라 수시로 바뀐다는 것이다.

이러한 특징을 가진 조직에서 정책결정은 결코 합리적이고 체계적으로 이루어지지 않는다. 단적으로 말해서 조직의 의사결정은 대개 우연에 의해 이루어진다고 본다. 그리고 우연히 이루어지는 정책결정은 다음과 같은 네 가지 중요한 흐름(stream)에 의해 좌우된다. 첫 번째는 문제(problem)의 흐름, 두 번째는 해결책(solution)의 흐름, 세 번째는 참여자(participants)의 흐름, 그리고 네 번째는 의사결정이 이루어지는 기회(opportunity)의 흐름이다. 조직 내에는 문제, 해법, 참여자들, 기회 등이 마치 쓰레기통 속에 온갖 잡동사니들이 굴러다니는 것처럼 동시에 혼재되어 있다는 것이다. 상식적으로 생각할 때에는 문제가 먼저 확인되고 난 다음에 해법을 찾아 나서게 된다. 그러나 쓰레기통 모형에서는 그것이 아니라 문제는 문제대로 떠돌아다니고, 해법은 해법대로 떠돌아다니고, 기회는 기회대로 돌아다니고 이런 것들이 우연한 기회에 하나로 합류하면서 의사결정이 이뤄진다고 본다.

이 여러 가지 요소들을 하나로 합류시키는 데 있어서 중요한 역할을 하는 것이 바로 촉발사건(triggering event) 혹은 촉발기제이다. 촉발사건이란 마치 방아쇠를 당기듯이 어떤 사건을 점화시키는 것 같은 사건을 말한다. 촉발사건은 뜻밖의 예측하지 못했던 극적인 사건일 수도 있고 또는 선거라든지 예측 가능한 상황 변화일 수도 있다. 요컨대 쓰레기통 모형에 의하면 조직에서의 의사결정은 마치 쓰레기통 속에 굴러다니는 잡동사니들처럼 여러 가지 흐름들이 혼재되어 있다가 우연한 기회에 하나로 합류되면서 이루어지는 것으로 이해한다.

3. 정치론적 접근방법(Politics Approach)

정치론적인 접근방법의 기본 전제는 '정책은 정치 과정(political process)의 산물'이라는 것이다. 정책결정은 결코 순탄하게 자동적으로 이루어지는 것이 아니라 여러 가지 갈등, 다툼, 실랑이, 조정 속에서 이루어지는 정치과정의 소산이다. 그래서 '정책결정(policy-making)'이란 말과 '정치(politics)'라는 말은 사실상 동의어라고도 할 수 있다.

동서고금을 막론하고 사람들이 여럿 모여 있는 곳에는 항상 생각과 견해의 차이가 있는 것이 현실이다. 객관적으로 똑같은 상황을 보면서 어떤 사람들은 바람직한 상황이라고 칭찬하는가 하면 또 어떤 사람들은 있을 수 없는 나쁜 상황이라고 비난한다. 똑같은 문제라고 해도 어떤 사람들은 이 방향으로 나가면 해결될 수 있다고 주장하는 반면 또 다른 사람들은 그런 식으로 하면 큰일 나고 다른 방향으로 가야만 된다고 주장한다. 이처럼 서로 다른 목표, 비전, 가치, 세계관들이 충돌하는 곳에는 자연스레 정치가 나타난다. 즉, 상이한 입장과 견해를 가진 사람들이 상호작용하면서 서로 자기 생각을 관철시키고 자신의 몫을 더 챙기려는 경쟁이 벌어진다는 것이다. 그렇게 보면 정책결정이란 결국 서로 자기 주장을 관철시키고 자기 이익을 확보하려는 정치 과정 혹은 권력 게임의 소산이라고 할 수 있다.

정책결정이라는 정치 게임이 어떻게 이루어지느냐에 대해서는 여러 가지 시각이 있다. 정치론적 접근방법의 대표적인 이론들을 간략히 살펴보도록 한다.

1) 의회정치 모형(Parliamentary Politics Model)

정치론적 접근방법 중 가장 대표적인 것은 의회정치 모형이라고 할 수 있다. 이 모형은 정책결정의 핵심인 입법 활동은 의회에서 이루어지는 것이므로 의회의 여러 가지 정치적인 파워게임 현상을 이해해야 정책결정을 제대로 이해할 수 있다고 본다. 의회를 구성하는 정치인들이 가장 원하는 것은 선거에서 승리하는 것이다. 자신의 당선·재선을 위해서는 선거 과정에서 최대한 많은 표를 얻어야 하기 때문에 정치인을 'vote maximizer', 즉 득표 극대화를 추구하는 사람이라고도 한다. 선거에서 표를 많이 받으려면 당연히도 국민 혹은 지역 주민들의 뜻과 선호를 잘 파악하고 대변하여야 한다. 따라서 정치인들 간의 다툼은 실상 각자 대변하는 세력들의 이해관계를 정책에 반영시키기 위한 투쟁이라고 할 수 있다. 결국 의회정치 이론은 지역 간 혹은 계층 간 서로 상이한 요구들을 정치인들과 정당들이 어떻게 대변하고 조정하면서 실제 입법까지 연결시키는지 그 과정을 연구함으로써 정책과정을 이해하게 되는 것이다.

2) 관료정치 모형(Bureaucratic Politics Model)

관료정치 이론이란 정책결정이라는 정치 게임에 참여하는 주인공으로 국회의원이나 정치인들보다는 행정 관료들을 강조하는 모형이다. 원래 이 모형은 앨리슨(Allison, 1971)이 정책결정 현상을 설명할 수 있는 세 개의 상이한 모형 중 세 번째로 제시했었던 모형이었다.

관료정치 모형의 기본적인 시각은 “Where you stand depends on where you sit.”이라는 짤막한 영어 한 문장으로 요약될 수 있다. 정부에는 여러 가지 부서들이 있는데 각 부서에서 일하는 관료들은 서로 자기 부서의 관점에서 사안을 바라보고 이해하고 또 바람직한 정책을 생각하기 마련이라는 의미이다. 어떤 정책문제를 두고 관료들이 취하는 입장이나 시각은 그 관료가 속해 있는 부서에 의해 좌우되기 마련이다. 따라서 동일한 사안을 놓고서도 부서마다 목표, 해법, 이해관계가 상충되는 경우 관료들은 서로 자기 부서 입장을 관철시키기 위해 애쓰게 된다. 그러다 보면 상이한 관점을 가진 정부 관료들 사이에 흥정, 타협, 연합이 이루어지면서 정책이 결정되게 된다. 결국 국가의 정책이란 관료들 사이에 벌어지는 정치 게임의 결과에 의해서 좌우된다는 것이다.

관료 사회에서 일어나는 정치적 게임은 여러 가지 현상으로 나타난다. 소위 말하는 실세를 활용하여 최고 의사결정자에게 접근하거나 영향력을 행사할 수도 있다. 우군을 확보하는 차원에서 민간부문의 전문가들을 동원하거나 때로는 언론을 활용하여 자기 부서의 입장에 좀 더 유리한 분위기를 조성하는 경우도 있다. 관료정치 모형은 실제 결정 과정에서 상당한 영향력을 발휘할 뿐 아니라 정책집행까지 담당하는 행정부의 관료들에게 초점을 맞춘다는 점에서 보다 현실적인 설명을 제시한다는 장점이 있다.

사례 우체국의 금융·보험 업무 개시 결정

우리나라 우체국은 우편배달 업무뿐 아니라 금융과 보험 업무도 같이 취급하고 있다. 하지만 1980년대 이전만 해도 우체국은 편지, 소포, 전보 배달 업무만 담당하는 조직이었다. 하지만 1980년대 초 당시 우체국을 관할하던 체신부에서 우체국의 금융·보험 업무 취급안을 내었고, 당시 금융 업무를 관장하던 재무부의 반대에도 불구하고 1983년에 체신부안대로 의결되었다. 이 결정이 이루어진 과정은 관료정치 모형 관점에서 설명될 수 있다(김정수, 2000).

1980년대 초반 당시 체신부 O 차관은 우체국에서 금융과 보험 업무를 취급하게 하자는 안을 내게 된다. 이에 대해 당시 재무부, 농수산부, 은행 및 보험회사들은 극력 반대했었다. 편지 배달이라는 단순 작업만 해오던 우체국에서 금융 업무처럼 복잡하고 전문적인 업무를 처리한다는 것은 말도 되지 않는다는 것이었다. 그뿐만 아니라 당시 경제기획원과 함께 가장 막강한 중앙 부처였던 재무부로서는 서열이 거의 최하위였던 체신부가 자신들의 영역을 침범하려 드는 것을 도저히 용인할 수 없었다. 농수산부의 경우, 우체국에서 금융 업무를 취급하게 되면 산하에 있는 농협이나 축협 등이 타격을 입을 것을 우려해 반대하였다.

이처럼 부처 간 절충이 되지 않고 대립 상황이 계속되자 체신부 O 차관은 청와대로 가서 최종적으로 조정받자고 제안하였다. 이에 대하여 다른 부처들은 다 자기 입장에 대해 자신이 있었으므로 승락하였다. 그런데 청와대에서 회의가 시작되자마자 당시 전두환 대통령은 "우리나라에는 산골짜기에도 다 우체국이 있는데 그것을 이용하면 아무리 시골에 있는 사람들이라도 다 예금도 할 수 있고 좋지 않겠습니까?" 하고 먼저 이야기를 꺼냈다. 그렇게 되자 체신부안에 대해 반대 의견을 가지고 있었던 재무부와 농수산부 측에서는 주눅이 들 수밖에 없었다. 제5공화국 당시 서슬이 시퍼렇던 전두환 대통령의 의견에 대해 별다른 이의를 제기할 수가 없었기 때문이다. 결국 청와대 회의 결과 체신부의 안이 정부안으로 확정되게 되었다.

그런데 전두환 대통령은 어떻게 그러한 생각을 하게 되었을까? 그것은 이미 O 차관이 당시 청와대 K 경제수석을 통해서 사전에 대통령을 설득시켜 놓았기 때문이었다. K 수석은 원래 경제기획원 소속의 엘리트 관료였는데, 12·12사태 이후 권력을 장악했던 전두환 대통령의 경제 가정교사 역할을 하면서 대통령으로부터 전폭적인 신뢰를 받았던 인물이었다. O 차관의 고등학교 1년 선배이기도 했던 K 수석은 전자, 반도체, 통신 등 미래 산업 기술개발에 관하여 O와 의기투합했던 사이이기도 했다. 체신부안에 대한 청와대 회의를 제안했던 O 차관은 그 직후 K 수석에게 안건에 대한 설명을 해주었다. 은행과는 달리 전국적으로 읍면 단위까지 산재해 있는 우체국에서 금융·보험 업무를 취급하게 하고 산골짜기라도 찾아가는 배달부들에게 약간의 수당을 지급하여 수금원 역할을 하게 하면 그야말로 모든 국민들에게 좋은 서비스를 제공할 수 있다는 것이었다. 결국 O 차관은 K 수석을 통해 전두환 대통령의 '귀'를 선점함으로써 자연스럽게 대통령이 체신부의 팔을 들어 주게 만들었던 것이다.

3) 이익집단 이론(Interest Group Theory)

이익집단 이론은 정책결정이라는 정치 게임의 핵심적인 주인공으로 정치인이나 관료들보다 이익집단에 초점을 맞추는 이론이다. 이익집단은 특정한 공동의 이익을 추구하기 위해 결성된 집단이다. 이들은 때로는 서로 치열하게 경쟁하고 또 때로는 연합을 형성하면서 자기들의 이익을 극대화하기 위해 노력한다. 그리고 그러한 정치적 과정을 통해 최종적인 승자가 확인되면 그 이익집단(혹은 이익집단들의 연합)이 요구하는 바가 정책으로 반영되어 나오게 된다. 이처럼 사회 내 다양한 이익집단들 간의 권력 게임 결과가 정책결정을 좌우한다는 것이 이익집단 이론의 기본적인 해석이다.

4) 정책의 창 모형(Policy Window Model)

킹던(Kingdon, 1984)이 제시했던 정책의 창(policy window) 모형은 앞에서 설명했던 쓰레기통 모형을 응용하여 조금 변형한 것이라 할 수 있다. 여기서 말하는 정책의 창이라는 개념은 간단히 말해서 '기회'라는 의미로 이해하면 된다. 즉, 어떤 특정한 이슈가 정책 담당자들에 의해서 공식적인 정책의제로 설정될 수 있는 기회, 혹은 어떤 특정한 정책대안이 최종적인 정책으로 선택될 수 있는 기회를 말한다. 쓰레기통 모형에서와 마찬가지로 정책의 창 모형에 있어서도 정책결정이 합리 모형에서 상정하는 것처럼 그렇게 체계적이고 합리적으로 이루어진다고 보지 않는다.

정책의 창 모형에서는 정책결정 과정에 세 가지 흐름(stream)이 있다고 본다. 첫 번째는 문제(problem)라는 흐름이다. 문제의 흐름에는 시민들 및 정책결정자들이 정책의제로 다루기 원하는 사안들이 포함된다. 두 번째는 정책(policy)이라는 흐름이다. 여기서 말하는 정책의 흐름은 최종적으로 결정된 정책을 의미하는 것이 아니라 가능한 해법 혹은 대안(alternative)을 의미한다. 세 번째로는 정치(politics)라는 흐름이 있다. 정치의 흐름이란 국가의 정치적 상황과 분위기를 뜻한다. 문제, 정책, 정치라는 세 가지 흐름이 있다고 해서 정책의 창 모형을 다중흐름 모형(multiple streams model)이라고도 한다. 이 세 가지 흐름은 각기 독자적으로 흘러 다닌다. 정책대안들은 각자 그 대안에 잘 어울리는 문제를 찾아다니거나 혹은 그 대안의 채택 가능성을 높여 주는 정치적 여건을 기다리며 떠돈다. 그러다가 어떤 계기로 정책의 창이 열리게 되면 하나로 결합되어 정책을 산출하게 된다.

정책의 창이 열리는 데에는 여러 가지 계기가 있을 수 있다. 특히 정권 교체, 의회 내 정당 의석수의 변동, 국민 여론의 변화 등과 같은 정치 흐름의 변화에 의해 정책의 창이 열리는 경우가 가장 많다. 때로는 전혀 예측할 수 없었던 우연한 사건에 의해 열리기도 한다. 그러한 사건을 촉발사건(triggering event)이라고 한다. 예컨대 대형 선박 사고가 발생하게 되면 안전이라는 문제에 대중의 관심이 급작스럽게 쏠리면서 새로운 정책의 창이 열리게 된다. 그리고 이 기회에 세 가지 흐름이 하나로 결합(coupling)되면서 안전 이슈가 정책의제로 설정이 되거나 혹은 미리 준비되어 있던 안전 관련 대안이 최종 정책으로 결정된다는 것이다.

그림 10-2 Kingdon의 정책의 창 모형

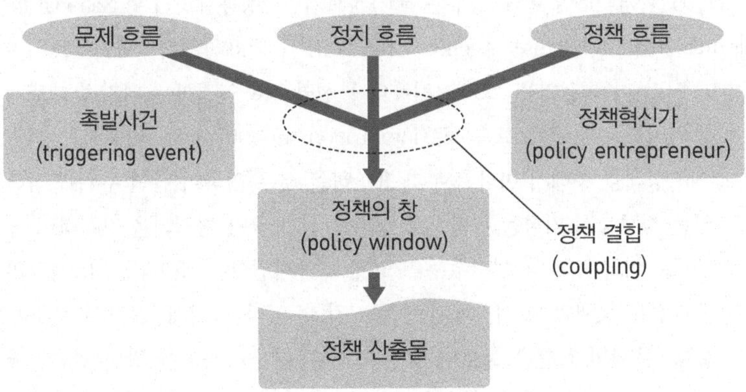

출처: 박용성·이경은(2012)

정책의 창 모형에서는 정책과정에서 매우 중요한 역할을 수행하는 존재로 정책혁신가(policy entrepreneur)를 강조한다. 정책혁신가라는 존재는 그냥 자기의 주장이나 생각을 말하는 정도의 사람이 아니다. 자기가 가지고 있는 각종 자원들을 모두 총동원해서 특정한 사안을 공식 정책의제로 채택시키거나 혹은 어떤 대안을 최종 정책으로 선택되도록 하기 위해 노력하는 사람을 가리킨다. 정책혁신가는 자신이 선호하는 정책대안(pet solution)을 항상 준비해 놓고 있다가 정책의 창이 열리면 그 대안이 공식적인 정책으로 채택되도록 노력하게 된다. 결국 정책의 창이라는 기회와 정책혁신가의 꾸준한 시도가 맞아떨어지면서 정책결정이 이루어지게 된다는 것이다.

사례 미국 국가정보기반 (National Information Infrastructure) 정책

1993년 9월 15일 미국 정부는 '국가정보기반: 행동강령(The National Information Infrastructure: Agenda for Action)'을 발표하였다. '국가정보기반(NII)'이란 미국 전역을 초고속 컴퓨터 통신망으로 연결하는 디지털 네트워크를 의미하는데, 정보고속도로(information super-highway)라고도 불리었다. NII 정책을 통해서 미국 정부가 표방하는 것은 미국이 단연 우위를 점하고 있는 정보통신 기술을 바탕으로 정부 혁신과 국가 경쟁력을 강화하여 궁극적으로 미국 경제와 생활수준을 크게 도약시킨다는 것이다. NII 정책의 결정 과정은 정책의 창 시각에서 잘 설명될 수 있다(정익재·김정수, 1998).

첫째, 문제의 흐름은 그보다 훨씬 이전부터 미국 사회에 광범위하게 퍼져 있었다. NII 정책에서 제시되었던 정책목표에는 미국 기업들의 경쟁력

향상, 좋은 직장의 창출, 미국의 경제성장, 모든 국민들의 생활수준 증진 등 다양한 의제들이 포함되어 있었다. 그런데 미국의 경쟁력 약화에 대한 광범위한 위기의식은 이미 1980년대부터 고조·확산되면서 형성되기 시작하였다. 특히 레이건(R. W. Reagan) 행정부 출범 이래 계속해서 악화된 무역적자 및 재정적자는 미국 경제의 추락을 상징하는 대표적인 지수로 여겨졌다. 이에 따라 미국 사회의 관심도 경제 활성화에 우선적으로 주어졌다. 1992년 대통령 선거전에서 정책 공약의 최우선 순위를 경제 회복에 두었던 클린턴(B. Clinton) 진영이 승리한 것도 동일한 맥락에서 이해할 수 있다. 미국의 경쟁력 약화라는 문제의 흐름은 각 방면에서 정책적 해결책을 모색하는 다양한 활동을 유발시키는 계기가 되었다.

둘째, 디지털 네트워크라는 정책(대안)의 흐름 역시 오래전부터 존재하였다. NII 정책이 탄생하기 훨씬 이전부터 이미 그 정책수단인 정보통신 네트워크는 군사 및 상업용 목적으로 활발하게 사용되고 있었다. 또한 1991년도 고성능 컴퓨팅 법에 의해 고성능 컴퓨터 통신망 프로그램(High Performance Computing and Communications Initiative)이 시행되고 있었다. 그리고 그 구성 요소 중 하나인 연구교육망(National Research and Education Network) 구축 계획도 이미 추진되고 있었다. 이처럼 상당한 정도로 구축되어 있던 기존의 네트워크와 전국적인 초고속통신망 건설이 가능하도록 개발·축적된 기술이 있었기에 NII 계획이 정책으로 태어날 수 있었다. 즉, 정보통신 네트워크 기술은 정보고속도로 건설 계획이 등장할 때만 기다리고 있었던 셈이다.

셋째, NII 정책에 있어서 정책혁신가는 고어(A. Gore) 부통령이다. 클린턴 행정부에서 정보통신의 중요성이 강조되었던 직접적인 배경에는 고어의 개인적 관심과 비전이 있었다. 고어의 부친은 1950년대 상원의원으로서 당시 미국 전역을 연결하는 고속도로의 건설을 주도했던 인물이었는데 고어의 정보고속도로 비전은 산업화 시대의 고속도로에 대응하는 정보화 시대의 새로운 사회기반구조에 비견되곤 하였다. 고어는 상원의원 시절부터 컴퓨터 및 정보산업 문제에 대해 지대한 관심을 가지고 적극적인 입법 활동을 전개하였으며, 기회 있을 때마다 정보고속도로의 중요성과 미래의 비전에 대해 연설하였다. 환언하면 '전국적인 고속정보통신망의 구축'은 고어의 의정 활동에 있어서 항상 애용되었던 해결책(pet solution)이었다.

마지막으로 민주당 클린턴 후보가 1992년의 대통령 선거에서 승리하였다는 사실은 NII 정책의 결정적인 정치 줄기로 작용하였다. 사실 그 이전만 해도 정보고속도로에 대한 구상은 고어 등 소수의 열정적 주창자들 외에는 정치적으로 크게 주목받지 못한 주변 의제에 불과했었다. 그러나 클린턴이 대통령 선거에서 승리하자마자 정보고속도로는 국가적으로 최우선의 정책의제 목록에 오르게 되었다. 정보고속도로에 대한 열정을 지니고 있던 고어라는 정책혁신가가 부통령이라는 고위 정책결정권자의 자리에 올랐기 때문이다. 결국 민주당의 대통령 선거전 승리라는 정치적 사건은 NII 정책이 결정될 수 있었던 기회를 열어 준 것이었다.

이처럼 NII를 위한 정책의 창이 열리게 된 것은 문제, 정책, 정치, 그리고 정책혁신가라는 네 가지 요소가 합성됨으로 나타난 결과이다. 이러한 시각에서 보면 NII 정책은 합리모형에서 묘사하듯이 일관되고 통일된 선호체계에 따라 디자인된 정책이라고 할 수는 없다. 겉으로만 보면 치밀한 기획의 소산인 것처럼 보일 수도 있지만 실상은 여러 가지 요소들의 '우연한' 만남의 결과라고 할 수 있다. NII 정책 수립 이전에도 이미 미국의 무역적자 및 경쟁력 약화라는 문제 흐름, 정보통신 네트워크의 전국적 확산이라는 정책 흐름, 그리고 정보고속도로에 대한 비전과 열정을 가지고 활약하던 고어라는 정책혁신가는 각기 따로 존재했었다. 그러다가 1992년의 대통령 선거라는 정치적 이벤트가 계기가 되어 이 세 가지 요소가 한 곳으로 결합되게 되었다. 즉 클린턴과 고어 후보는 대통령 선거전에 임하면서 정보고속도로라는 고어의 pet solution을 미국의 경쟁력 약화 및 경제 쇠락이라는 문제를 해결할 수 있는 미래지향적 대안으로 소개하였다. '정보화 시대의 새로운 하부구조로서 NII'라는 구호는 정치적으로 호소력을 갖게 되었고 마침내 공식적인 정책으로 탄생하게 되었던 것이다.

5) 옹호연합 모형(Advocacy Coalition Framework)

사바티어(Sabatier, 2006)에 의해 제시되었던 옹호연합 모형(Advocacy Coalition Framework)은 그 앞머리 글자를 따서 보통 ACF라고 많이 불린다. 이 모형을 구성하는 몇 가지 핵심적인 개념들을 살펴보면 다음과 같다. 먼저 정책하위체계(policy subsystem)란 특정한 이슈 또는 구체적인 정책문제가 논의되는 장을 의미한다. 여기서 '장'이라고 하는 것은 물리적인 공간만을 의미하는 것은 아니다. 온라인상의 사이버 공간이 될 수도 있고 사회적인 공간이 될 수도 있다. 이 정책하위체계에 영향을 미치는 요인은 크게 두 가지이다. 하나는 상대적으로 안정적인 외적 변수이고, 다른 하나는 역동적인 외적 사건이다. 이들 외생변수는 정책하위체계에 있는 행위자들에게 제약을 가하거나 기회를 제공하는 자원으로 작용한다.

정책하위체계 안의 참여자들은 각기 공통의 신념체계(belief system)를 공유하는 옹호연합(advocacy coalition)을 구성한다. 여기서 신념체계란 어떤 특정한 정책문제에 대해서 사람들이 가지고 있는 믿음을 의미한다. ACF 모델에서는 신념체계를 세 가지 종류로 구분한다. 첫 번째, 규범적 핵심신념(deep core belief)은 이 세상을 바라보는 근본적인 가치관이라 할 수 있다. 이것은 구체적인 사안에 대한 믿음이 아니라 보다 근원적인 세계관 혹은 인생관이다. 규범적 핵심신념은 어린 시절에 형성되며 여간해서는 잘 변하지 않는다. 두 번째, 정책핵심신념(policy core belief)은 특정한 정책 사안에 대해서 가지고 있는 핵심 가치와 믿음을 말한다. 이것은 보통 규범적 핵심신념이 각 정책문제에 적용되면서 형성된다. 세 번째, 이차적 신념(secondary belief)은 비교적 좁은 범위에 적용되는, 좀 더 가변적이고 지엽적인 차원의 믿음을 의미한다. 이것은 정책핵심신념을 실현하기 위한 도구로서의 성격을 띠기 때문에 구체적인 증거와 합의를 통한 변화가 상대적으로 용이하다.

하나의 정책하위체계에는 특정한 정책문제와 관련하여 상이한 신념체계의 옹호연합들이 대립하고 있다. 각 옹호연합은 동일한 신념체계

그림 10-3 옹호연합 모형

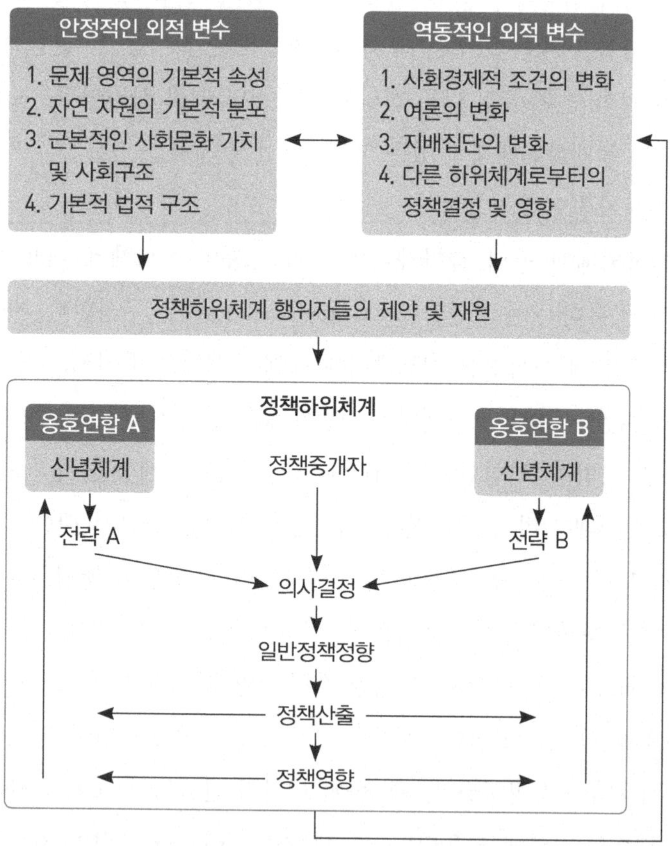

를 공유하기 때문에 동질적이고 안정적이다. 이들은 각자 보유하고 있는 자원을 동원하여 자신들이 추구하는 정책을 관철시키려고 한다. 그리고 이들 사이에서 입장 차이를 조율하거나 타협안을 제시해 주는 존재가 있는데 이를 정책중개자(policy brokers)라고 한다. 최종 정책결정은 기본적으로 옹호연합들 간의 상호작용에 의해 이루어지며, 때로는 정책중개자의 적극적인 개입으로 조정이 이루어지기도 한다.

4. 문제해결적 접근방법(Problem-Solving Approach)

문제해결적 접근방법의 기본 전제는 '정책이란 문제에 대한 해결책을 모색하는 과정의 산물'이라는 것이다. 이와 같은 관점에서 헤클로(Heclo, 1974: 305)는 "State officials not only power, but also puzzle."이라고 표현한 바 있다. 여기서 'power'라는 것은 정치적 권력 게임을 의미하고 'puzzle'이란 문제해결을 의미한다. 즉, 정책결정자들은 서로 자기 입장을 관철시키기 위한 정치 게임에만 몰두하는 것이 아니라 사회문제의 해결을 위해서 노력한다는 것이다.

정책결정을 둘러싼 정치 게임도 결국은 문제해결 차원에서 비롯된다. 애당초 정책결정자들 간에 다툼과 충돌이 일어나는 이유는 개인적인 이익을 추구하기 위해서가 아니다. 근본적으로는 우리 사회에 존재하는 문제를 해결하려 하는 것이다. 다만 문제를 정의하거나 해결책을 모색하는 과정에서 서로 생각이 다르다 보니 갈등이 생기게 되고 견해차를 조율하는 과정에서 정치적 게임이 나타나게 된다. 따라서 정책결정의 가장 핵심적인 메커니즘은 권력 다툼이라기보다는 퍼즐을 푸는 것, 즉 문제해결이라고 이해할 필요가 있다는 것이다.

문제해결적 접근방법에는 최대한 합리적인 문제해결을 강조하는 모델이 있는가 하면 그 반대편에는 합리성을 그다지 인정하지 않는 모델도 있다. 그래서 정책결정을 설명하는 모델들을 합리성(rationality)의 정도를 기준으로 다음과 같이 세 가지로 구분해 볼 수 있다.

1) 합리모형(Rational Model)

합리모형은 철저한 대안 탐색과 분석을 통해 문제에 대한 가장 합리적인 대안이 정책으로 선택된다는 식으로 설명하는 모델이다. 합리모형에서는 정책결정자들이 우선 해결해야 될 문제를 명확히 정의하고 확실한 목표를 설정한 다음, 그 목표 달성을 위해서 동원할 수 있는 모든 가능한 대안들을 남김 없이 찾아보고, 또 그 모든 대안들을 꼼꼼히 비교해서 가장 합리적인 대안을 고른다고 해석한다. 여기서 중요한 것은 포괄성(comprehensiveness)과 단 하나의 최적해(one best solution, single optimal solution)이다. 즉, 모든 대안들을 다 탐색하고, 각 대안의 모든 장단점과 결과를 샅샅이 비교·분석해서, 가장 훌륭한 최선의 대안 하나를 선택한다는 것이다.

지금 여기서 말하는 합리모형은 규범적 모형이 아니라 실증적 모형이다. 즉, 정책결정자들에게 합리적인 분석과 결정을 요구하는 것이 아니라 실제로 정책결정자들은 이렇게 합리적으로 노력하면서 정책을 결정한다고 설명하는 모델이라는 것이다.

2) 만족모형(Satisficing Model)

앞에서 살펴본 합리모형에 대한 가장 근본적인 비판은 현실적으로 실현가능성이 희박하다는 것이다. 왜냐하면 의사결정에 있어서 실제 인간의 합리성과 능력이 그렇게 완벽하지 않기 때문이다. 사이먼

(Simon, 1957: xxiv)은 이 점을 강조하면서 '제약된 합리성(bounded rationality)' 혹은 '제한된 합리성'이라는 개념을 제안했었다. 인간의 합리성은 결코 완벽하지 않고 여러모로 제약되어 있다는 것이다. 인간은 기억력에 있어서도 한계가 있고 계산의 속도나 정밀도에 있어서도 불완전하다. 인간의 인지능력이 제한되어 있기 때문에 의사결정 과정은 불완전할 수밖에 없다. 만족모형은 이와 같은 현실적인 전제에서 출발한다(March and Simon, 1958; Cyert and March, 1963).

만족모형에서 그리는 정책결정 과정은 합리모형에서 그리는 것과는 크게 다르다. 우선 대안을 탐색할 때 모든 대안들을 다 찾아보는 것이 아니라 그냥 제한된 범위 내에서 몇 개 정도만 찾아보는 것이 일반적이다. 대안들을 비교할 때도 모든 측면을 다 고려한다기보다는 중요한 몇 가지 요소만이 고려될 뿐이다. 몇 개의 대안들을 순차적으로 비교하다가 대충 이 정도면 됐다 하는 선에서 그냥 결정이 이루어지게 된다. 그렇게 해서 나온 결정은 결코 최선의 대안, 최적해가 아니라 단지 만족스러운 정도의 결정이다.

만약 인간이 가지고 있는 합리성이 완벽하다면 합리모형처럼 의사결정이 이루어질 수도 있다. 하지만 인간이 아무리 완벽하게 합리적인 의사결정을 하고 싶어 한다고 해도 그 의도와는 달리 인간의 인지능력은 불완전하고 인간의 합리성은 제약되어 있다. 결국 실제 의사결정은 최선의 해결책이 아니라 '만족할 만한(satisfactory, sufficing)' 혹은 '그 정도면 괜찮은(good enough)' 수준의 대안 선택에 그칠 수밖에 없다.

합리모형에서 그리는 수준의 완벽한 의사결정이 불가능한 이유를 결정비용(decision cost) 관점에서 설명할 수 있다. 결정비용이란 결정을 내리는 데 들어가는 비용을 말한다. 의사결정에 필요한 정보를 수집하는 데 소요되는 비용이라는 점에서 정보비용(information cost)이라고도 하고, 대안을 탐색하는 데 소요되는 비용이라는 점에서 탐색비용(search cost)이라고도 한다. 혹은 대안들을 비교하고 비용과 편익을 계산하는 데 들어가는 비용이라는 의미에서 계산비용(calculation cost)이라고도 한다.

여기서 중요한 것은 문제를 해결하기 위한 정책을 결정하는 과정에 들어가는 결정비용이 결코 제로가 아니라는 점이다. 결정비용이 제로라는 것은 아무런 고민 없이 자동적으로 결정이 이루어짐을 뜻한다. 이런 상황은 사실 문제로 인식되지도 않는다. 이미 확실한 정답이 알려져 있기 때문이다. 하지만 대부분의 중요한 정책문제의 경우 무엇이 진정한 정답인지 알기 어렵다. 따라서 문제해결을 위한 대안을 찾아보고 장단점을 분석하려면 많은 비용이 소요되기 마련이다. 그런데 결정비용으로 투입될 수 있는 자원(돈, 시간, 인력, 지식 등)은 현실적으로 제한되어 있다. 완벽하게 합리적인 의사결정을 위해서는 엄청난 결정비용이 들어가야 하는데 그 모든 비용을 감당한다는 것은 불가능하다. 따라서 이 정도면 만족스럽다 하는 수준에서 대안 탐색과 분석이 이루어질 수밖에 없는 것이다.

3) 점진주의 모형(Incremental Model)

점진주의 혹은 점증주의는 린드블롬(Lindblom, 1959), 윌답스키(Wildavsky, 1979) 등에 의해 주장되었던 이론이다. 점진주의 모형은 그 이름에서 짐작할 수 있듯이 정책결정은 기존의 정책이 약간 바뀌는 식으로 이루어진다고 보는 이론이다. 즉, 정책은 '기존 정책$\pm\alpha$'라는 것이다. 합리모형이 포괄적 분석을 통해 최선의 대안을 선택한다는 점에서 근본적 방법(root method)이라고 한다면, 점진주의 모형은 일부만 약간 바꾼다는 점에서 지엽적 방법(branch method)이라고 할 수 있다. '점진' 혹은 '점증'이란 말을 쓴다고 해서 꼭 한 방향으로만 계속 증가해 나간다는 의미는 아니다. 여기서 핵심은 부분적으로 조금씩 바꾼다는 것이다. 기존의 정책에서 약간씩 수정해 나가는 식으로 정책결정이 이루어진다는 것이다.

원래 이 모형은 미국 의회의 예산결정 과정을 보면서 만들어졌다고 한다. 예산이 결정되는 과정을 자세히 들여다 보면 매번 어떤 일들을 할 것이며 돈은 얼마만큼씩 책정할 것인지 처음부터 전부 다 새롭게 고민하는 경우는 별로 없다. 그보다는 지금까지 우리가 어떤 일들을 해왔고 예산은 얼마만큼씩 써 왔는지를 기초로 해서 다음번에는 조금씩 바꿔 보는 식으로 예산이 결정되는 경우가 많다.

점진주의에서 그리는 정책결정은 합리모형의 그림과는 완전히 반대된다. 매번 근본적인 문제해결을 추구하는 것이 아니라 단지 지엽적인 차원에서 잔가지만 조금씩 정리하는 식으로 결정이 이루어진다고 본다. 합리모형에서는 최선의 해결책으로 단번에 문제를 해결한다는 식이지만 점진주의에서는 그와 대조적으로 시행착오(trial and error)와 환류(feedback)를 강조한다. 한번 해보고 잘 안 되면 일부를 약간 바꿔서 다시 해보고, 그래도 잘 안 된 부분이 있으면 다시 또 조금 바꿔 보는 식이다. 그리고 전체적 차원에서의 통합이나 조정이 이루어지는 것이 아니라 상호 독립적인 분석가 개인 혹은 부서 차원에서 산발적이고 중복된 분석 활동이 존재한다고 본다. 그래서 점진주의를 부분적·분산적 정책결정(piecemeal-disjointed policymaking)이라고도 한다.

한편 점진주의에서는 정책대안의 탐색과 분석 작업 역시 극히 제한된 범위 내에서 이루어진다고 본다. 또한 여러 가지 문제들을 한꺼번에 해결하려고 애쓰는 것이 아니라 한 번에 하나씩 순차적으로 처리하게 된다고 한다. 즉, 일단 하나의 문제에 집중해서 해결책을 찾아보고 그 다음에 다른 문제를 생각해 보고, 그것이 끝나면 또 그 다음 문제를 고민해 보고 하는 식으로 순차적 정책결정(serial and sequential policymaking)이 이루어진다는 것이다.

제3절

국제정치경제론적 이론들

국제정치경제론적 시각의 연구들은 국가의 정책결정들 중에서도 국내 정책보다는 주로 국제사회를 향해서 시행하는 대외정책, 국방정책, 외교정책 혹은 통상정책 등을 다룬다. 그리고 국가의 정책이 거시적으로 어떠한 요인들에 의하여 이루어지게 되는가 하는 질문에 초점을 맞춘다. 정책결정의 핵심 요소로 무엇을 강조하느냐에 따라 국제정치경제론적 이론들을 크게 세 가지로 구분할 수 있다. 국제사회의 구조적 맥락을 강조하는 체계중심적 접근방법, 국내 시민사회의 영향력을 강조하는 사회중심적 접근방법, 그리고 정책공급자로서 국가의 역할을 강조하는 국가중심적 접근방법이다(Ikenberry, Lake, and Mastanduno, 1988).

1. 체계중심적 접근방법

체계중심적 접근방법이란 기본적으로 국가 행동의 결정 요인을 국가 내부가 아닌 국가 외부, 즉 국제체계(international system)에서 찾는 시각을 말한다. 이 시각에 의하면 정책결정은 국가의 내부적 특성들보다는 국제체계의 구조 및 국가들 간의 상호관계에 의하여 좌우된다는 것이다. 체계중심적 접근방법은 국제체계 구조의 중요성을 강조한다는 의미에서 구조적(structural) 접근방법이라고도 불린다. 여기서 국제체계의 구조란 국가들 간의 상대적 힘의 배분 상태(distribution of capabilities)에 의해 정의된다. 따라서 국제사회에서의 각 국가의 행동은 국제체계에서 차지하는 구조적 위치에 의해 결정되는 것으로 이해된다(Waltz, 1979).

이와 같은 체계중심적 접근방법은 사실 국제정치학의 주류 사조인 현실주의(Realism)의 전통에 입각한 것이다(Keohane, 1986). 현실주의의 기본 가정은 국제사회에서의 주역은 국가이며 국가는 마치 한 개인과도 같이 소극적으로는 생존을 위해, 적극적으로는 자신의 힘을 극대화시키기 위해 최선을 다하는 합리적인 존재라는 것이다. 그런데 세계 정부와 같은 중앙 권력기구가 없는 무정부적 상태의 국제사회에서는 국가들의 행동이 결국 다른 국가들과의 상대적 힘의 격차, 즉 구조적 위치에 의하여 좌우된다고 보는 것이다.

예를 들어 대외통상정책을 설명함에 있어서도 체계중심적 접근방법에서는 한 나라의 국력이 국제 경제질서에서 차지하는 상대적 위치의 중요성을 강조한다. 대표적인 사례로 크라스너(Krasner, 1976)의 국가권력 이론(state-power theory)에 의하면 산업화되고 부강한 패권국가(hegemon)는 자유무역정책을 선호하며 다른 약소국들에게도 자신의 정책을 따를 것을 강요한다고 한다. 이러한 주장의 경험적 타당성을 떠나서 여기서 중요한 점은 국제정치경제 체계에서의 상대적인 위치가 한 국가의 통상정책을 결정짓는 핵심적인 요소라고 본다는 점이다. 즉, 일단 패권국가의 위치에 오르게 되면 국내적 사정이나 특성에 상관없이 자유무역정책을 주창할 것이라는 것이다. 왜냐하면 패권국가의 입장에서는 자유무역을 통해서 자기 자신의 정치경제적 힘을 더욱 키우는 것이 '합리적인' 선택이기 때문이다.

체계중심적 접근방법의 가장 큰 매력은 설명의 간결성에 있다. 즉, 각 개별 국가들의 복잡한 내부 상황에 대해서는 일일이 신경 쓸 필요 없이 다만 국제체계에서의 상대적 지위라는 한 가지 변수만 가지고 대외경제정책을 설명할 수 있다는 것이다. 사실 '구조적' 설명 방식에서는 특정한 환경조건하에서는 단 하나의 반응을 찾아볼 수 있다는 것을 기본 전제로 삼고 있다. 대외경제정책의 경우에 있어서도 국가의 내부적 과정을 분석하는 것보다는 국제정치경제적 환경을 살펴봄으로써 더 잘 이해할 수 있다는 것이 바로 체계중심적 접근방법의 전제이다. 요컨대 국가라는 블랙박스 안에서 무슨 일이 어떻게 벌어지건 간에 알 바 없으며 단지 외부적 환경조건만 주어지면 어떻게 행동할 것인지 알 수 있다는 것이다.

2. 사회중심적 접근방법

싱거(Singer, 1961)는 국제정치를 연구함에 있어서 적용 가능한 분석수준을 국제체계수준과 개별국가수준 두 가지로 구분하였다. 이 분류에 따른다면 체계중심적 접근방법은 물론 국제체계수준의 분석이다. 그런데 개별국가수준의 연구들을 살펴보면 다시 두 가지 상이한 시각을 발견할 수 있다. 첫 번째 시각은 국내의 제반 사회세력 및 그들 간의 정치투쟁에 초점을 맞추는 소위 사회중심적 접근방법이며, 두 번째 시각은 대외경제정책의 결정 과정에 있어서 사회세력의 영향력보다는 국가의 독자성에 초점을 맞추는 국가중심적 접근방법이다.

사회중심적 접근방법의 대전제는 국내 사회세력들이야말로 정책의 형성에 있어서 결정적인 역할을 하는 요인이라는 것이다. 즉, 어떤 주어진 외부 자극에 대해 국가가 실제로 어떻게 반응하느냐 하는 것은 궁극적으로 사회세력들 간의 정치투쟁에 달려있다는 것이다. 이러한 관점에서 볼 때 국가의 정책은 결국 사회세력들의 이해관계, 세력균형, 그리고 그들 간의 투쟁 결과를 반영하는 것으로 이해된다. 반면 국가는 정책결정에 있어서 아무런 영향력도 행사하지 못하는 미력하고 피동적인 존재로 취급된다.

국가보다 사회의 우월성을 강조하는 사회중심적 시각의 대표적인 예로서는 다원주의와 마르크스주의(Marxism)를 들 수 있다. 다원주의의 경우, 공공정책이란 이익집단들 간의 정치적 절충 과정을 통하여 나타난 승자의 이익을 반영하는 것이며, 국가는 이를 충실하게 실행에 옮기는 공복으로 이해한다. 한편 마르크스주의의 경우, 공공정책을 지배계급(자본주의 경제인 경우는 자본가계급)의 이익을 위해 피지배계급(노동자계급)을 착취하려는 시도로 이해하며, 국가란 결국 지배계급이 사용하는 도구로서 단지 꼭두각시적인 존재로 파악된다. 다원주의와 마르크스주의의 공통점은 정책결정을 설명함에 있어서 사회세력들의 선호와 이해관계가 가장 중요한 요소라고 주장하는 반면 국가는 사회가 결정한 바를 충실히 집행하는 수단에 불과하다고 본다는 것이다.

따라서 사회중심적 접근방법의 주된 분석 방법은 사회 내 주요 세력들의 이해관계를 조사하는 일이다. 어떤 특정한 정책이 왜, 어떻게 결정되었는가를 알아보려면 어떤 사회세력들이 무엇을 원했으며 누구와 어떻게 협상, 투쟁 혹은 연합하였는가 하는 점 등에 대해 살펴봐야 한다는 것이다. 예를 들면, 제1차 세계대전과 제2차 세계대전 사이에 미국의 대외경제정책이 모순되고 일관성 없게 수행되었다. 이것은 당시 국내적으로 계속되었던 국제주의 진영(internationalist)과 고립주의 진영(isolationist) 간의 대립이 팽팽하게 계속되었기 때문이다(Frieden, 1988). 국력 면에서 볼 때 제1차 세계대전 이후 미국은 이미 국제사회의 패권국가 지위에 도달했음에도 불구하고 기존의 고립주의 노선에서 탈피하여 국제사회를 적극적으로 주도하지 않았었다. 이러한 사실은 체계중심적 접근방법으로는 설명이 불가능한 것이다.

사회중심적 접근방법에 입각한 또 다른 예는 레닌의 제국주의 이론이다. 레닌(Lenin, 1939)은 마르크스의 이론을 국제적 차원으로 연장하여 자본주의 국가들의 제국주의적 확장은 한 나라 내에서의 자본주의 발달의 필연적인 결과라고 주장하였다. 자본주의가 성숙해짐에 따라 원자재가 부족하게 되고 본국 시장은 포화 상태에 이르게 된다. 이러한 상황에서 자본가계급은 자연히 해외로 눈을 돌리게 된다. 자본주의 사회의 지배계급인 자본가계급은 그 충실한 꼭두각시인 국가라는 효율적인 도구를 사용하여 해외 식민지를 개척하도록 부린다는 것이다. 이와 같이 제국주의 정책은 국가의 독자적인 판단과는 관계없이 자본주의의 발달에 따른 한 국가 내의 모순을 해외 식민지 확보를 통해 해결하려는 자본가계급의 의도에서 나온 것이라고 설명된다.

마르크스주의와는 좀 다르지만 린드블롬(Lindblom, 1984) 역시 정책결정 과정에서 기업가 집단(business group)의 막강한 영향력을 강조한다. 그의 주장에 의하면 주기적으로 선거를 치루는 정치체제하에서는 기업가 집단의 힘이 사회 내 다른 어떠한 집단보다도 더 압도적일 수밖에 없다고 한다. 왜냐하면 기업인들이 어떤 사업 결정을 내리느냐에 따라서 정권을 잡고 있는 정당 및 정책결정자들에게 결정적인 위협이 초래될 수도 있기 때문이다. 만약 기업인들이 투자를 축소하게 되면 경기가 침체되게 되고 자연히 일자리도 줄어들게 된다. 그 결과 실업율이 높아지게 되면 국민들의 불만이 높아지게 되어 다음번 선거에서 현 정권에 대한 지지를 철회하게 된다. 따라서 시장경제체제를 채택하고 있는 나라에서는 기업가 집단의 이러한 막대한 영향력으로 인해 그들은 사실상 특권적 지위를 누리게 된다. 이러한 맥락에서 린드블롬은 시장이 국가정책결정자들을 '감금'하는 셈이라고 주장한다. 즉, 정부 관료들의 정책결정 자체가 시장에 의해 족쇄가 채워지듯 근본적으로 제약받게 된다는 것이다.

이러한 사회중심적 접근방법의 장점은 특정한 정책으로 인하여 누가 어떤 이익을 보는가에 대한 명확한 추적과 분석이 가능하다는 점이다. 체계중심적 접근방법에 의하면 어떤 국가 행동이라도 궁극적으로 국익을 증진시키려는 시도로 합리화될 수 있다. 그러나 이러한 해석은 과연 누구를 위한, 누구 관점에서의 국익인가 하는 질문에 대해 명확한 해답을 제시하지 못한다. 사회중심적 접근방법은 바로 이 질문에 논의의 초점을 맞추는 것이다. 즉, 사회세력 중 누가 어떤 정책을 왜 원하는가를 분석함으로써 보다 구체적인 현실 파악이 가능하다는 것이다.

3. 국가중심적 접근방법

사회중심적 접근방법에서는 실제로 정책을 제공하는 주체인 국가의 역할은 무시된다. 사회에서 어떤 식으로든 정책 요구가 제시되면 자동적으로 그에 상응하는 정책이 제공된다는 가정이 암묵적으로 깔려 있다. 국가는 자기 나름대로의 고유한 정책선호를 가지고 있지 않으며, 설사 가지고 있다고 해도 실제 정책결정에는 거의 영향을 끼치지 못하는 존재로 취급하는 것이다. 과연 국가는 그저 정치투쟁의 장이거나 지배계급의 꼭두각시와 같은 수동적인 존재인가?

국가중심적 접근방법은 전통적인 사회중심적 이론들의 현실타당성에 대한 회의에서 출발한다. 즉, 정책결정에 있어서 국가가 단순히 피동적이고 수단적인 존재인 것만은 아니며 실상은 상당한 정도로 독자적인 영향력을 행사한다고 보는 것이다. 국제사회의 영향이나 사회세력들의 요구가 있다고 해서 항상 정책결정에 그대로 반영되는 것은 아니다. 국가 역시 하나의 독립된 주체로서 정책결정 과정에서 중요한 역할을 차지한다는 것이다.

사회중심적 접근방법과 국가중심적 접근방법의 기본적인 차이점은 전자가 정책결정의 수요 측면(demand side)만을 강조하는 반면, 후자는 전자에서 간과된 정책결정의 공급(supply side)이라는 측면을 주목한다는 점이다(Lake, 1988). 국가중심적 접근방법에 있어서 가장 근본적인 전제는 국제체계나 사회세력이 요구하는 바와 국가가 실제로 행동하는 바가 반드시 일치하지는 않는다는 것이다. 동일한 국제 환경하에서도 국가가 가지고 있는 그 나름대로의 가치, 선호, 이해관계, 비전 등에 따라서 대외경제정책이 달라질 수 있으며, 국내적으로는 수많은 사회세력들의 정책 요구를 수렴하고 여과하는 과정에서 국가가 상당한 정도의 자율성을 발휘할 수 있는 것이다. 요컨대 국가란, 체계중심적 접근방법에서 보듯이, 국제체계의 구조적 영향력을 국내 사회로 흘러들여 보내는 도랑도 아니며, 사회중심적 접근방법에서 보듯이, 사회세력들의 요구를 충실히 실행에 옮기는 기계에 불과한 존재도 아니다. 결국 국가는 국내외 여러 요인들의 역학 관계하에서 독자적인 견해를 가지고 정책을 결정하고 집행하는 정책공급자(policy supplier)인 것이다.

그러면 도대체 국가란 무엇이며 어떻게 개념화할 수 있는가? 국가라는 단어는 때로는 나라 전체를 의미하기도 하며, 때로는 소수의 정치

엘리트 그룹을 지칭하기도 하며, 어떤 경우에는 정부(government)와 동의어로 쓰이기도 하는가 하면, 또 한편으로는 법률, 규칙과 같은 제도(institution)들의 집합으로 이해되기도 한다(Krasner, 1984). 국가중심적 연구들을 개관해 보면 국가를 개념화하는 데 있어서 크게 두 가지 흐름을 발견할 수 있다. 정책결정을 설명함에 있어서 국가를 어떠한 존재로 개념화하는가에 따라 '행위자로서의 국가' 접근방법과 '제도로서의 국가' 접근방법으로 구분된다(Skocpol, 1985).

1) 행위자로서의 국가

첫 번째 접근방법은 국가를 하나의 독자적인 정책결정 주체로서의 정치인 및 관료들에게 분석의 초점을 맞추는 접근방법이다. 사실 '행위자로서의 국가' 접근방법은 국제정치학 분야의 정치적 현실주의(Political Realism)에서 바라보는 국가 개념의 답습이라고도 볼 수 있다. 여기서 국가는 '중요한 공공정책을 결정하는 고위 지도자들의 집합(a set of top-level leaders who make important national policies)' 정도로 이해된다. 이러한 시각은 정치인 및 정부 관료 전체를 하나의 집합적 의사결정 주체로 취급한다는 점에서(Morgenthau and Thompson, 1985; Gilpin, 1981) 관료들 간의 갈등을 강조하는 앨리슨(Allison)의 관료정치 모형(bureaucratic politics model)과 차이가 있다.

행위자로서의 국가는 독립적인 행위자로 간주된다. 국제사회나 국내 사회세력들과는 구분되는 독자적인 의지와 선호를 가지고 있을 뿐만 아니라 실제 정책결정에 있어서 상당한 정도의 권한을 행사할 수 있는 자율성도 가지고 있다. 물론 그렇다고 해서 국가가 대외경제정책 결정에 있어서 모든 것을 좌우한다는 것은 아니다. 요는 각종 국내외적 제약조건하에서 국가가 어떻게 행동하느냐 하는 것은 국가 자신의 선호체계에 의해 크게 영향을 받는다는 것이다. 이처럼 국가는 자신의 독자적인 의지와 목적을 가지고 있으며 이를 실행에 옮길 수 있는 능력과 자율성을 가지고 있는 것으로 이해된다. 따라서 연구의 주된 강조점은 국가의 목적 지향적 활동(goal-oriented behavior)에 있게 된다.

그런데 실제로 국가가 어느 정도의 자율성과 능력을 가지고 있느냐 하는 것은 나라마다 똑같지는 않으며 상대적으로 차이가 있을 수 있다. 예컨대 국내 사회세력들과의 관계라는 차원에서 볼 때 어떤 국가는 다른 국가들에 비해서 상대적으로 더 강한 경우도 있다. '행위자로서의 국가' 접근방법(state-as-actor approach)에서는 국가가 추구하는 목적 및 선호는 사회 내 각 집단들이나 특정 정부기관들이 가지고 있는 국부적인 이해관계와는 구분되는, 사회 전체를 위한 국익(national interest) 차원의 이해관계라고 이해한다. 이렇게 사회 구성원들의 이해관계와 구별되는 국가 자신의 이해관계를 추구함에 있어서 국가가 어느 정도의 자율성을 발휘할 수 있느냐에 따라서 강한 국가(strong state)와 약한 국가(weak state)로 구분할 수 있다. 카첸스타인(Katzenstein, 1978)은 이러한 차이에 의해 나라들 간의 대외경제정책의 차이를 설명할 수 있다고 주장하였다. 그러나 이러한 접근방법은 한 나라를 대상으로 하는 경우에는 부적합할 뿐만 아니라 국가의 대사회적 자율성의 정도도 의제영역(issue area)에 따라 상대적으로 달라질 수 있다는 비판을 받고 있다.

2) 제도로서의 국가

국가중심적 시각의 두 번째 접근방법은 국가를 제도의 집합으로 보는 것이다. 제도주의 관점에서 보면 사회 내의 압력집단들뿐만 아니라 정부 관료들까지도 고착적인 국가제도에 의해 제약을 받는 것으로 이해된다. '행위자로서의 국가' 접근방법이 관료들의 독자적인 정책결정 자율권을 강조하는 반면, '제도로서의 국가' 접근방법은 정책 참여자들의 결정 행위를 구속(제약)하는 국가제도의 영향력에 초점을 맞춘다. 따라서 정책의 결정 역시 반드시 정부 관리들의 선호를 반영한다고 볼 수는 없으며 오히려 오래전에 형성된 제도화된 규범이나 규칙에 의해 좌우된다고 보는 것이다. 결국 이 시각에서는 정책을 정부 관료들에 의한 주도면밀한 선택이라기보다는 책임 완수 혹은 의무 이행의 소산이라고 파악하게 된다(March and Olsen, 1984). 왜냐하면 비록 고위정책결정자라고 하더라도 오랜 기간에 걸쳐 굳어져 버린 제도적 틀에 합치되지 않는 대안을 주장·선택하기란 대단히 부담스럽고 곤혹스러운 일이기 때문이다. 그러므로 제도란 결국 현시점에서의 참여자들의 이해관계와는 별개로 존재하면서 정부 관료나 일반 시민들의 선택의 자유를 제한하는 족쇄와 같다고 할 수 있다.

제도로서의 국가 접근방법(state-as-institution approach)과 행위자로서의 국가 접근방법은 실제로 정책결정을 담당하는 정치인 및 행정 관료들을 어떤 존재로 파악하느냐에 있어서 중대한 차이가 있다. 후자의 경우, 국가의 자율성이란 곧 정책결정자들의 자율성을 말한다. 그러나 전자의 경우, 국가의 자율성은 제도의 지속성에서 말미암는 것이며 정책결정자들은 이러한 제도적 틀을 벗어날 수 없기 때문에 의사결정의 자율성도 결국 제한된다고 본다. 따라서 이 경우 사회적 제세력들뿐만 아니라 국가 관리들이 가지고 있는 선호 또는 이해관계 역시 제도화된 규범이나 정책결정 절차 등에 의하여 제약을 받게 된다는 것이다.

4. 통합 모형: 양면게임 이론(Two-Level Game Theory)

전통적으로 행정학이나 정책학 분야에서는 의사결정론적 접근방법을, 국제정치학이나 국제관계학 분야에서는 국제정치결정론적 접근방법 위주로 연구가 수행되었다. 이 두 분야의 연구는 다 같이 국가의 정책을 그 핵심 연구 대상으로 한다는 공통점을 가지고 있다. 그럼에도 불구하고 그동안 양 진영 사이에는 학문적 교류가 많지 않았었다. 각 진영의 학자들 대부분은 마치 서로 전혀 다른 차원에서 살아가듯 각 학문 영역의 울타리 안에서만 연구를 해왔다. 하지만 이는 어디까지나 인위적 구분에 불과한 것이다. 현실의 국가는 국제사회 및 국내사회와 동시에 상호작용하는, 다시 말해서 두 얼굴을 가진 야누스와 같은 존재이다(Evans, Rueschemeyer, and Skocpol, 1985: 350). 따라서 국제정치와 국내정치 혹은 국제외교와 국내행정은 서로 격리되어 있는 것이 아니라 서로 영향을 주고받는 관계인 것이다.

국제 협상은 이 양쪽의 세계가 상호 중첩되는 가장 대표적인 사례이다. 따라서 국가를 하나의 단일한 행위 주체로 파악하는 주류 국제정치학 이론들이나 개별 국가 내부의 정책과정을 연구하는 기존의 행정학·정책학 이론들은 국제 협상에 관한 한 부분적 설명밖에는 제공할 수 없다. 이러한 한계를 극복하기 위한 좋은 출발점이 바로 퍼트넘(Putnam, 1988)의 양면게임 이론이다.

양면게임 이론의 기본 논지는 간단하다. 국제 협상에 임하는 국가(협상 대표)는 한편으로는 다른 국가(협상 대표)와의 교섭을, 다른 한편으로는 국내 사회세력들과의 절충을 동시에 진행한다는 것이다. 어떤 국제 협상이 최종적으로 성사되기 위해서는 국가 대표들 간의 합의

그림 10-4 국제 협상의 양면게임

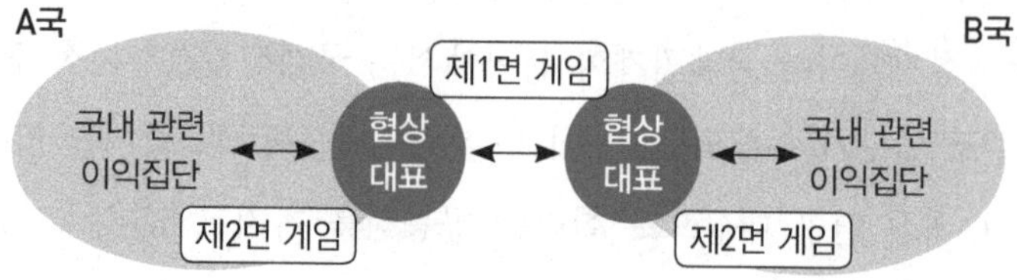

가 반드시 국내적으로 수락 혹은 비준되어야 한다. 여기서 '비준'이란 국회의 비준과 같은 공식적 동의 절차뿐만 아니라 다수 국민 혹은 관련된 집단의 명시적·묵시적 동의를 포함하는 포괄적 의미이다. 잠정적 합의 도출을 위한 양국 협상 대표들 간의 교섭을 제1면 게임, 그리고 잠정 합의의 국내적 비준을 위한 협상 대표와 국내 구성원들 간의 논의를 제2면 게임이라고 부른다.

양면게임 모델에서 분석의 핵심은 '윈셋(win-set)'이라는 개념이다. 윈셋이란 '국내적(제2면) 비준을 받을 수 있는 가능한 모든 국제적(제1면) 합의의 집합'으로 정의된다(Putnam, 1988: 437). 국제 협상이 성공적으로 타결되기 위해서는 당사국들의 윈셋이 겹치는 부분이 있어야만 한다. 즉, 국제 협상의 결과가 각 당사국 내부적으로도 모두 수락될 수 있을 정도의 타협이어야 한다는 말이다. 따라서 다른 조건이 같다면 윈셋의 크기가 크면 클수록 양국 간 윈셋이 겹치는 부분이 커지게 되고, 이는 곧 합의가 가능한 영역이 커지는 것이므로 국제 협상의 성사 가능성 역시 커지게 된다. 반대로 윈셋의 크기가 작으면 작을수록 타협이 가능한 영역이 줄어들게 되고 결국 협상이 결렬되거나 교착상태에 빠질 가능성이 커지게 된다.

윈셋 개념은 국제 협력의 좌절을 이해하는 데 있어 중요한 통찰을 제공한다. 국제정치학의 주요 연구 주제인 국가 간 협력·배신에 대해서는 신현실주의와 신자유주의 사이에 치열한 이론적 공방이 전개되어 왔다(Keohane, 1986). 그런데 양 진영 모두 국가를 단일의 합리적 의사결정자로 취급하여 국익을 위해 의도적으로 협력 혹은 배신을 선택한다는 식으로 설명한다(Axelrod, 1984; Grieco, 1988; Keohane, 1989). 다시 말해서 국제 협상이 성공적으로 타결되든 깨져 버리든 모두 국가의 '자발적' 선택의 결과라는 것이다. 그러나 양면게임 시각에서는 '비자발적 배신(involuntary defection)'의 가능성도 인정한다. 즉 국가 대표들 간에는 합의가 도출되었음에도 불구하고 국내적 비준의 실패로 인해 결국 양국 간 협상이 결렬되거나 교착상태에 빠질 수도 있다는 것이다.

이처럼 윈셋이 국제 협상의 성사를 좌우하는 중대한 변수라면 윈셋의 크기는 무엇에 의해 결정되는가? 퍼트넘에 의하면 세 가지 요인이 특히 중요하다고 한다. 첫 번째 요인은 국내 여러 집단의 이해 및 연합관계이다. 예를 들어 협상 결렬(즉 현상 유지)에 따르는 비용이 국내 이익집단들 입장에서는 대수롭지 않은 경우, 합의안에 따라 득실이 엇갈리는 집단들이 첨예하게 대립하는 경우, 혹은 소위 매파로부터의 거센 반발이 다수의 호응을 얻는 등의 경우에는 윈셋이 작아지게 된다.

두 번째 요인은 국내의 정치적 제도이다. 예를 들어 제도적으로 국회의 공식적인 비준 절차를 반드시 거치도록 규정되어 있거나 또는 국회에서 비준을 부결시키는 데 필요한 정족 인원수가 작은 경우에는 윈셋의 크기 역시 작게 될 것이다. 한편 시민사회와의 관계에서 국가의 자율성이 큰 강성 국가(strong state)나 권위주의 국가는 국내 집단으로부터의 정치적 압력에 취약한 민주주의 국가보다 윈셋의 크기가 상대적으로 클 것이다.

마지막으로 윈셋의 크기는 국제교섭 담당자의 전략에 의해 달라질 수 있다. 예컨대 '이면 보상(side-payment)'은 협상 의제 이외의 다른 사안에서 호의를 제공함으로써 윈셋을 확대하고 협상력을 높이는 전형적인 전략이다(Friman, 1993). 반대로 '발목 잡히기(tying-hands)'는 국내의 매파 집단에게 돌이킬 수 없는 공개적 약속을 함으로써 의도적으로 윈셋을 축소시키는 전략이다(김태현·한태준, 1995). 윈셋이 축소되면 교섭 상대국에게 국내 비준이 어려울 것이라고 협박함으로써 유리한 고지를 점할 수도 있으나 반면에 협상 자체가 깨져 버릴 가능성도 커지게 된다.

제4절

신제도주의(New Institutionalism)

1. 신제도주의의 대두

제도(institution)라는 말은 사실 정확하게 개념화하고 정의 내리기 쉽지 않은 단어이다. 과거에는 제도를 대개 유형화된 조직 또는 기구 정도로 이해했었다. 하지만 신제도주의에서는 그렇게 가시적이고 유형적인 조직보다는 사람들 사이에 존재하는 어떤 규범이나 규칙의 집합으로 제도를 이해한다. 눈에 보이거나 명문화된 규정은 아니지만 사람들의 행태를 근본적으로 제약하고 좌우하는 거시적 틀이라는 것이다.

제도에 대한 관심이 높아지게 된 가장 중요한 이유는 기존의 많은 사회과학 이론들이 사람들의 행태 또는 사회현상을 설명할 때 원자론적 설명에 치우쳤기 때문이다. 원자론적인 설명이란 개인의 행태에 관한 이해를 바탕으로 사회적 현상을 설명하는 방식을 말한다. 개인들이 모여서 사회를 구성하는 것처럼 개인의 행태가 쌓이면 곧 사회적인 현상이 된다고 보는 것이다. 그런데 제도에 관심을 갖는 학자들 입장에서는 사회현상이란 단지 개인의 행동을 합해 놓은 것 이상의 무엇인가가 있다고 본다. 말하자면 전체는 단지 부분의 합이 아니라 그 이상의 무엇이라는 것이다. 그 무엇을 설명하는 요인이 바로 제도가 된다. 정책결정을 이해하려면 관련 행위자들의 선호 및 이해관계만 파악하는 것으로는 충분하지 않다. 그것들을 근본적으로 제약하고 때로는 그것들 자체를 형성하기도 하는 제도적 틀에 대한 분석이 반드시 필요하다는 것이다.

제도의 개념에 대해서는 학자들마다 조금씩 의견이 다르긴 하지만 대체로 사람들의 행태를 제약하는 유·무형의 거시적인 구조 또는 질서의 틀 정도로 이해한다. 제도는 전체 공동체 차원의 규범 체계로서 구성원들의 기본적 선호와 정체성에 영향을 미치고 의사결정을 제약하게 된다. 신제도주의에서는 제도의 특징과 속성에 관하여 대체로 다음과 같이 이해한다(하연섭, 2002).

① 제도란 사회의 구조화된 어떤 측면을 의미하며, 사회현상을 설명하는 데 있어서 이러한 구조화된 측면에 초점을 맞출 필요가 있다.
② 제도는 개인 행위를 제약하며 이때 원자화된 혹은 과소사회화된 개인이 아니라 제도라는 맥락 속에서 이루어지는 개인 행위에 초점을 맞춘다.
③ 제도가 개인 행위를 제약하지만, 개인 간 상호작용의 결과 제도가 변화할 수도 있다. 따라서 제도는 독립변수인 동시에 종속변수로서의 의미를 지닌다.
④ 제도는 공식적 규칙과 법률 등 공식적인 측면을 지닐 수도 있고 규범과 관습의 비공식적 측면을 지닐 수도 있다.
⑤ 제도는 안정성을 지닌다. 일단 형성된 제도는 그때그때의 상황이나 목적에 따라 쉽게 변화하는 것이 아니다.

신제도주의의 학문적 분파는 보통 합리적 선택 제도주의, 사회학적 제도주의 그리고 역사적 제도주의 이렇게 세 가지로 분류된다(Koelble, 1995; Kato, 1996). 각 분파의 관점에 대해 간략히 살펴보면 다음과 같다.

2. 합리적 선택 제도주의(Rational Choice Institutionalism)

합리적 선택 제도주의에서는 제도를 공식화된 규칙이나 제약 또는 통치 구조로 이해한다. '합리적 선택'이라는 명칭이 붙은 이유는 인간을 자기 효용을 극대화하기 위해서 전략적으로 계산하고 결정·행동하는 합리적 존재라고 전제하기 때문이다. 그런데 시장실패에 관한 설명에서 살펴봤듯이 개인들이 각자 자신들의 이해관계를 극대화하려고 합리적으로 계산하다 보면 집합적인 실패에 봉착하는 경우가 생긴다. 제도가 만들어지는 이유는 이러한 시장실패 혹은 집합적 실패를 방지하기 위해서이다.

노스(North, 1990)는 제도란 효용극대화를 추구하는 개인들이 분명한 의도를 가지고 창설한 것이지만 일단 만들어지고 나면 그 개인들의 행동을 제약하게 된다고 주장하였다. 합리적인 개인들이 주어진 상황 속에서 자기의 이익을 극대화하려고 노력하는 것은 제도가 있건 없건 마찬가지이다. 그런데 제도는 개인들의 선호 및 이해관계 계산에 영향을 미치게 된다. 그래서 똑같은 합리적 개인이라고 해도 제도가 있을 때와 없을 때의 선택과 행동은 다르게 나타난다. 또한 제도의 내용이 어떠하냐에 따라 전략적인 계산의 결과도 달라지고 선택과 행동 역시 달라지게 된다.

예를 들어 평가를 통해서 상벌이 굉장히 심하게 주어지는 제도하에서는 일을 열심히 하는 것이 이익이고 게을리하는 것이 큰 손해가 된다. 따라서 업무를 수행하는 개인 입장에서는 조직을 위해 열심히 일하는 것이 곧 자기 자신의 개인적 이익을 위하는 합리적 선택이라고 판단하게 된다. 반면 상벌제도가 아예 없어서 좋은 성과를 내어도 별다른 포상도 없고 또한 뭔가 잘못을 저질러도 아무런 벌칙도 받지 않는 상황에서는 계산이 달라지게 된다. 즉, 굳이 조직을 위해 열심히 일하는 것보다는 적당히 게으름 피우는 것이 개인의 이익을 극대화하는 합리적 선택이 되는 것이다. 결국 제도는 무엇이 자기의 이해관계에 더 도움이 되는지 하는 판단에 영향을 미침으로써 합리적 개인들로 하여금 집합적인 실패를 초래하지 않도록 제어하기 위한 장치라고 할 수 있다.

3. 사회학적 제도주의(Sociological Institutionalism)

사회학적 제도주의에서 말하는 제도라는 것은 사회 모든 구성원들에 의해서 당연한 것으로 받아들여지는 사회적인 질서 혹은 패턴을 의미한다. 제도가 반드시 명문화된 법규로 제정되어 있을 필요는 없다. 성문법이든 아니든 사회에서 정당한 것으로 인정되어 당연시되는(taken-for-granted) 것이 제도의 핵심적인 속성이다. 그래서 제도의 개념에는 규칙, 절차, 그리고 조직의 표준 및 지배의 구조뿐 아니라 관례(conventions)와 관습(customs)까지도 포함된다(Powell and DiMaggio, 1991).

이 관점에서 제도가 정책결정에 미치는 영향을 생각해 보면 매우 흥미로운 해석이 나오게 된다. 예컨대 정부나 기업 같은 조직에서 어떤 혁신을 시행한다든지 혹은 개혁 조치를 단행한다고 할 때 흔히들 급변하는 상황에 대응하여 조직이 합리적인 선택을 한 결과라고들 말한다. 그러나 사회학적 제도주의 관점에서 보면 조직에서 이루어지는 결정이란 그렇게 합리적인 선택의 결과가 아닐 수도 있다. 주어진 문제를 잘 해결하고 목표를 잘 달성할 수 있는 최선의 수단을 선택하는 것을 '결과성의 논리(logic of consequences)'라고 한다. 그런데 사회학적 제도주의에서는 정책결정은 결과성의 논리보다는 '적절성의 논리(logic of appropriateness)'에 의해서 이루어진다고 이해한다(March and Olsen, 1989). 적절성의 논리란 주어진 상황에서 적절한 행동이라고 사람들에 의해 인정받을 수 있는 대안을 선택함을 의미한다. 객관적으로 최적의 혹은 합리적인 해결책을 채택하는 것이 아니라 사람들이 적절한 대응이라고 인정해 줄 것 같은 대안을 선택한다는 것이다.

일상생활에서 쉽게 찾아볼 수 있는 예를 들어 보자. 하루의 일과를 마치고 피곤한 몸으로 전철을 탔다고 가정하자. 마침 빈자리가 있어서 다가가 앉으려고 하는 순간 그 옆에 연로하신 할머니 한 분이 서 계시는 것을 보았다. 어떻게 할 것인가? 순전히 합리성이라는 관점에서만 바라본다면 나의 효용을 극대화하는 선택은 빨리 가서 내가 그 빈자리에 앉는 것이다. 내가 하루 종일 힘들고 피곤하여 지쳐있는 상태이기 때문에 내 몸이 편안해지고 피로가 풀리려면 자리에 앉는 선택을 해야 한다. 이것이 합리성을 추구하는 결과성의 논리이다.

그런데 사람들은 실제 그런 상황에서 꼭 그렇게 행동하지는 않는다. 아마도 많은 경우 대부분의 사람들은 다리가 좀 아프다고 하더라도 옆에 계신 연로하신 할머니에게 자리를 양보하고 앉으시라고 할 것이다. 왜 그러할까? 사실 순전히 자신의 효용 극대화라는 개인주의적 차원에서만 바라본다면 자기 몸도 피곤한데 빈자리를 다른 사람에게 양보한다는 것은 비합리적인 선택이다. 하지만 한국 사회에 일반적으로 보편화되어 있는 '연장자 존중'이라는 사회규범에 비춰 본다면 연로하신 분에게 자리를 양보하는 것은 젊은 사람의 마땅한 도리이다. 연장자를 존중하는 사회적 제도하에서는 그것이 '적절한' 행동이라고 사람들에 의해 인정받기 때문이다. 연로하신 할머니를 밀치고 자기가 앉는다는 것은 대단히 부적절한, 비난받을 만한 행동이다. 왜 꼭 그래야만 하냐고 질문하는 것 자체가 무의미할 정도로 당연시되는 사회적 규범 혹은 질서가 바로 제도이다. 그리고 우리의 선택은 합리성이 아니라 적절성의 논리에 의해 좌우되는 것이다.

이러한 현상은 개인뿐 아니라 조직 차원에서도 동일하게 일어난다. 조직이 외부 환경의 여러 가지 변화 속에서 개혁을 시도한다고 할 때에도 적절성의 논리를 따르게 된다. 즉, 진정으로 조직의 생산성이나 효율성을 높이기 위한 합리적 대안을 선택한다기보다는 적절한 행동을 잘 취했다라고 사회로부터 인정받을 수 있는 대안을 선택한다는 것이다. 조직이 사회적 정당성을 확보하기 위해서는 제도적 환경의 요구에 순응해야만 한다. 그러려면 문제해결의 합리성보다는 '사회적 정통성(social legitimacy)'을 제고하는 방향으로 결정이 이루어지게 된다. 물론 대외적으로는 체계적인 의사결정 과정을 거친 최적의 혁신 방안이라고 발표할 수는 있다. 하지만 실제로는 결과성의 논리에 따라 문제해결 자체를 위한 합리적 선택이라기보다는 적절성의 논리에 따라 사회로부터 인정받기 위한 대응에 불과하다는 것이다.

사회학적 제도주의 시각에서 보면 현대 사회에서 합리성이라는 것은 일종의 신화(myth) 혹은 의식(ritual)이라고도 할 수 있다(Meyer and Rowan, 1977). 신화란 무언가 그럴듯하기는 하지만 그것이 진정 사실인지 아닌지 판명되지는 않은 혹은 확인하기가 불가능한 이야기이다. 의식이란 그것이 실제 구체적인 효과가 있느냐 하는 것보다 그 특정한 행위와 절차를 무조건적으로 준수하는 것 자체가 훨씬 더 중요하다. 이처럼 제도란 그것이 사실인지 아닌지 혹은 정말 합리적 문제해결에 도움이 되는지 아닌지 확실하지 않을 수 있다. 그럼에도 불구하고 의사결정 과정에서 결코 무시할 수 없는 제약요건으로 작용하게 된다. 즉, 정책을 결정할 때 진짜 중요한 것은 그 정책이 객관적으로 문제해결에 도움이 되느냐 하는 것보다도 주위 사람들로부터 적절한 행동이라고 인정받을 수 있느냐의 여부라는 것이다.

4. 역사적 제도주의(Historical Institutionalism)

역사적 제도주의에서 말하는 제도란 "행위를 구조화하는 공식 조직과 비공식적인 규칙과 절차를 포함하는 것"으로 정의된다(Thelen and Steinmo, 1992: 2). '역사적'이라는 수식어가 붙는 이유는 오래전에 형성된 제도가 시간이 지나도 계속 유지되면서 정책결정에 영향을 미친다고 보기 때문이다. 역사적 제도주의에 있어서 가장 중요한 기본 전제는 제도는 한번 생겨 나면 여간해서는 잘 변하지 않고 그대로 유지된다는 명제이다. 즉, 사회적 제도라는 것은 일단 한번 형성되고 나면 시간이 흘러 당초 그 제도를 탄생시켰던 환경 여건이 변화한다고 해도 원래의 속성 그대로 지속되는 경향이 있다는 것이다(Goldstein, 1988; Ikenberry, 1988). 이를 제도의 '지속성(persistence)' 혹은 '고착성'이라고 한다. 제도가 지속성을 갖는 원인은 여러 가지가 있을 수 있다. 기존의 제도적 구조하에서 이익을 보는 집단이 그 기득권을 포기하지 않으려고 하기 때문일 수도 있으며, 심리적으로 사람들이 한번 습득한 규범이나 가치체계(value system)는 여간해서 변하지 않기 때문일 수도 있다(Jervis, 1976).

제도의 지속성이라는 특성은 정책결정을 이해함에 있어서 중요한 의미를 갖고 있다. 문제해결을 위한 정책결정자의 선택은 현재의 지배적인 제도에 의해 근본적으로 제약된다. 그런데 현재의 제도는 역사적으로 오래전에 형성된 것이 지금까지 그대로 존속해 온 것이다. 따라서 정책결정은 '현재의 문제를 해결하기 위한 전략적 계산 행위 혹은 정치적 투쟁의 산물'이라기보다는 '오래전부터 이어 내려온 관례 혹은 의무를 이행한 결과'로 이해된다. 이 때문에 시간이 흐름에 따라 문제 상황이 변화한다고 해도 실제 정책의 내용은 그에 맞춰 적절하게 변화되지는 않는다. 왜냐하면 정책결정은 지금 현재의 문제보다는 이미 과거에 형성되어 지속되고 있는 제도의 틀에 의해 근본적으로 제약되기 때문이다.

이러한 의미에서 과거에 결정되었던 정책들은 결과적으로 미래의 정책결정자들의 선택의 범위를 제한하는 족쇄라고 볼 수 있다. 말하자면 '과거의 그림자(shadow of the past)'가 현재의 정책결정 상황에서 바람직한 것으로 추구되는 가치 및 사용 가능한 정책대안들의 범위를 결정적으로 제약하게 되는 것이다(Ikenberry, 1988). 이처럼 과거의 선택이 현재의 선택을 제약하는 현상을 '경로의존성(path dependence)'이라고 한다(Campbell, 1997). 과거에 우리가 어떠한 선택들을 했고 지금까지 어떠한 경로를 밟아 왔는지 하는 것이 지금 그리고 장차 우리가 어떤 선택을 할 것인지를 근본적으로 제약한다는 것이다(Pierson, 2000).

과거에 만들어진 제도가 현재에도 여전히 강력한 영향력을 행사하기 때문에 현재의 정책결정 상황을 이해하기 위해서는 역사적 맥락의 고려가 필수적이다. 과거에 정치적, 경제적, 사회적으로 어떤 사건들이 있었고 어떠한 역사적 배경하에서 그러한 제도가 형성되었는가를 고찰할 필요가 있다는 것이다. 이는 국가 간 비교연구에 있어서 특히 중요한 의미를 갖는다. 어느 나라건 그 정책결정을 제약하는 제도적 구조는 각기 고유한 역사적 경험들에서 빚어지기 마련이다. 따라서 나라들마다 역사적 배경이 다르기 때문에 제도의 형성에 있어서도 차이가 있다면 동일한 문제 상황에 대한 정책적 대응 역시 나라마다 다르게 될 것이다.

제도가 지속되면서 관성적으로 영향을 미친다는 것은 문제해결이라는 관점에서 볼 때 '제도의 비효율성'이라는 문제를 야기할 수 있다. 즉, 과거에는 최적 해결책을 내놓는 합리적 제도였다고 해도 현재의 상황에서는 그다지 적합하지 않은 미진한 정책만을 반복할 가능성이 크다는 것이다. 오래전 처음 그 제도가 만들어졌을 때에는 상당히 효율적이고 합리적인 문제해결 방식이었을 수 있다. 하지만 시간이 지나면서 상황이 완전히 변하게 되면 현재 상태에서는 이런 제도가 더 이상 문제해결에 도움이 되지 않을 수도 있다. 그런데 정책결정은 여전히 과거에 형성돼서 계속 유지되고 있는 그 제도에 의해서 이루어지게 된다. 그 결과 지금 우리가 직면하고 있는 문제와는 전혀 상관없는 옛날 방식에 의해서 정책이 결정될 수 있는 것이다. 현재의 정책결정자들은 지금 현재의 문제에 맞는 방식으로 접근을 해야 되는데 여전히 과거에 만들어진 제도 틀 속에서 갇혀 있다면 비효율적이고 비합리적인 결정만 반복될 뿐이다.

제도가 한번 만들어지면 오래 지속되는 경향이 있다고 해서 절대 변화하지 않고 영원히 지속된다는 것은 아니다. 때로는 제도가 위기를 맞게 되어 붕괴되거나 변형이 이뤄지는 경우도 있을 수 있다. 위기 상황이란 기존의 제도적 틀로써는 닥친 문제를 도저히 해결할 수 없는 경우를 말한다. 기존의 제도가 더 이상 압력을 견딜 수 없을 정도로 심각한 위기에 처하게 되면 사람들은 비로소 과거의 제도를 버리고 새로운 제도를 모색하게 된다. 그러한 상황을 '결정적 분기점(critical juncture)'이라고 한다. 이 결정적 분기점에서 그동안 쭉 유지되던 제도의 균형이 깨지는 상황을 '단절된 균형(punctuated equilibrium)'이라고 한다(Krasner, 1984; Baumgartner and Jones, 1993). 제도의 부분적 혹은 점진적 수정이 아닌 제도 자체의 근본적인 변화는 자주 발생하지 않고 단절적이고 간헐적으로 발생한다. 일단 기존의 제도적 균형이 붕괴되고 나서 새로운 제도가 만들어지면 다시 새로운 균형이 형성되고 또 오랫동안 그대로 지속되는 것이다.

토론 주제

우리나라 통상정책의 기조가 수입을 억제하는 보호무역주의에서 수입을 자유화하는 시장개방정책으로 전환된 것을 이론적으로 어떻게 설명할 수 있을까?

참고 의견

우리나라 통상정책의 변화에 대해서는 어떤 이론적 시각에서 보느냐에 따라 다르게 설명된다. 예컨대 국가를 단일한 합리적 행위자(unitary rational actor)로 본다면 1980년대 이후 한국 경제의 성장과 국제 정세의 변화라는 상황 속에서 가장 합리적인 대안을 선택한 결과라고 설명하게 된다. 체계중심적 접근에서는 국제사회에서 차지하는 한국의 상대적 힘의 지위가 향상됨에 따라 보호주의 정책에서 수입자유화 정책으로 변화되었다고 설명된다. 역사적 신제도주의에서는 한국 경제가 왜소했던 1960년대에 설정된 보호주의제도가 한국의 경제력이 성장한 후에도 계속 지속되다가 1980년대 이후 미국과의 격심한 통상 마찰이라는 위기 사건을 통해 붕괴되고 수입자유화라는 새로운 제도가 자리잡게 되었다는 식으로 설명된다. 옹호연합 모형에서는 변화된 상황 속에서 통상정책에 관해 서로 다른 신념체계를 가진 옹호연합들 간의 갈등과 경쟁을 통해 정책변화가 이루어진 것으로 설명된다.

더 읽어 보기

김병완, 1993, "한국 행정부 내의 관료정치: 환경정책에 관한 개발부처와 보전부처의 관계 분석," 『한국행정학보』, 27(1).

김윤권, 2005, "제도변화의 통합적 접근: 역사적 신제도주의를 중심으로," 『한국정책학회보』, 14(1).

김정수, 2004, "한미투자협정과 스크린쿼터: 양면게임 모델을 응용한 협상 분석," 『국제통상연구』, 9(1).

김창수, 2005, "점진주의 정책기획의 지혜: 지방정부 감사사례의 분석," 『한국행정학보』, 39(2).

모창환, 2005, "한국철도산업 구조개혁의 정책결정분석: 쓰레기통 모형의 적용과 이론적 시사점," 『한국정책학회보』, 14(3).

신현두, 2015, "한국 게임정책레짐의 제도적 변화에 관한 연구: 역사적 제도주의를 중심으로," 『한국정책학회보』, 24(4).

전영평·서성아, 2008, "일본군위안부소수자 정책변동 과정 분석: 소수자관점과 옹호연합모형(ACF)의 적용," 『한국행정논집』, 20(3).

주지예·박형준, 2020, "원자력발전 정책결정과정의 정책 내러티브 연구: 신고리 5·6호기 공론화의 옹호연합체를 중심으로," 『한국정책학회보』, 29(2).

최정묵, 2016, "Kingdon의 다중흐름모형을 통해서 본 국가재정제도의 개혁과정: 2006년 「국가재정법」의 입법과정을 중심으로," 『한국정책학회보』, 25(1).

하연섭, 2006, "신제도주의의 이론적 진화와 정책연구," 『행정논총』, 44(2).

CHAPTER 11

합리적 정책결정의 한계

미리 생각해 보기

2013년 6월 서울시는 앞으로 서울시 산하 17개 투자·출연 기관들이 신입 직원을 채용할 때 출신 학교를 보지 않을 것이라고 발표하였다. 서류 전형 때 당락의 주요 기준이 됐던 출신 학교와 학점, 어학 점수는 이력서 항목에서 삭제하기로 한 것이다. 이와 같은 서울시의 결정에 대해 어떻게 생각하는가?

정책과정의 핵심은 의사결정(decision-making)에 있다. 개인적 차원이건 사회적 차원이건 의사결정은 문제해결의 핵심에 위치한다. 따라서 문제해결로서의 정책과정에 대한 이해를 위해서는 인간의 의사결정 메커니즘에 대한 이해가 필요하다. 문제해결자로서 인간은 어떤 특성을 가지고 있는가? 여기서는 의사결정에 있어서 인간의 한계에 대해 중점적으로 살펴본다. 한계가 무엇인지 정확히 파악하여야 그 한계를 극복하고 개선할 수 있기 때문이다.

제1절

인지능력의 한계

1. 합리적 인간관

서구의 합리주의 전통에 입각한 인간관은 인간을 지극히 합리적(이어야 하는) 존재로 상정한다. 합리적 인간관에서 바라보는 인간에 대한 기본 가정은 다음과 같다.

① 자기가 원하는 것이 무엇인지 알고 있다.
② 선호(選好) 간의 일관된 순서를 확립할 수 있다.
③ 선호의 성취 방법을 안다.
④ 선호를 만족시킬 수 있는 여러 가지 대안들을 알고 있으며 비교가 가능하다.
⑤ 효용을 극대화시킬 수 있는 최적의 선택(optimum choice)을 할 수 있다.

이러한 조건들이 다 충족된다면 완전히 합리적인 의사결정이 가능할 것이다. 그런데 과연 인간은 이토록 합리적으로 의사결정을 할 수 있는 존재인가? 정말 그러한가? 이 모든 것이 가능한 인간이 있다면 그는 아마도 전지전능한 신(神)과 같은 존재일 것이다. 현실에 존재하는 인간은 결코 이 정도로 완벽한 합리성을 갖고 있지 않다.

사실 인간은 매우 똑똑하기도 하지만 또 한편으로는 매우 멍청한 존재이기도 하다. 세 가지 소원을 말하면 들어준다는 내용의 우화가 말해 주듯이 인간은 자기가 진정 원하는 것이 무엇인지도 잘 알지 못하는 경우가 허다하다. 설령 원하는 것들이 몇 가지 있다고 해도 그들 간의 정확한 우선순위를 항상 일관되게 정하는 것도 어렵다. 인간의 마음은 마치 갈대와 같아서 하루에도 몇 번씩 바뀔 수 있다. 또한 분명히 원하는 것을 알고 있다고 해도 어떻게 해야 그것을 성취할 수 있는지 그 방법을 도무지 모르는 경우가 많다. 그뿐만 아니라 몇 가지 가능한 대안들을 알고 있는 경우에도 그 대안들을 철저히 비교 분석하여 최적의 선택을 하는 것은 대단히 어려운 일이다. 뒤에서 상세히 살펴보겠지만, 인간의 합리성은 여러 면에서 크게 제약되어 있으며 따라서 완벽하게 합리적인 의사결정이란 현실에서는 불가능하다.

그렇다면 의사결정에 있어서 인간의 합리성은 어떤 한계를 가지고 있을까? 이에 대해서는 주로 인지심리학(cognitive psychology) 및 행태경제학(behavioral economics) 분야에서 많은 연구가 축적되어 왔다(Ariely, 2007; Sunstein and Thaler, 2008; 도모노 노리오, 2011; Kahneman, 2011). 인간의 의사결정 과정에서 발견되는 인지능력의 한계들에 대해 살펴보도록 하자.

2. 선호의 체계 및 표현상의 한계

합리적 인간관의 가정과는 달리 인간의 선호체계는 몇 가지 측면에서 불완전하다. 첫째, 선호의 불명확성이다. 인간은 자기가 무엇을 좋아하고 원하는지 명확하게 알지 못한다는 것이다. 둘째, 선호의 비일관성이다. 즉 자기가 바라는 선호들 간의 우선순위를 항상 일관되게 설정하지 못한다는 것이다. 선호체계가 불명확하고 비일관적이라면 효용을 극대화시키는 최적의 선택 자체가 성립될 수 없다.

또한 인간은 자기의 선호를 표현할 때 오직 서수로만 표현할 수 있다는 점도 중요한 한계가 된다. 사칙연산이 가능한 숫자를 기수라고 하고, 사칙연산이 불가능하며 다만 식별이나 순서 구분만 가능한 숫자를 서수라고 한다. 예컨대 1등, 2등 같은 등수를 나타내는 숫자는 덧셈이나 뺄셈 같은 연산이 아무 의미가 없다. 1등과 2등을 더하면 3등이 된다는 것은 전혀 말이 되지 않기 때문이다. 선호의 서수적 표현이란 선호들 중에서 자기가 제일 원하는 것이 무엇이고 그 다음 원하는 것은 무엇인지 순서대로 나열함을 뜻한다. 선호란 주관적 가치판단의 대상이다. 개인 차원에서는 자기가 최우선적으로 바라는 목표가 무엇인지 정할 수 있다. 그렇다면 집단 차원에서도 선호의 우선순위 설정이 가능할까?

집단의 구성원들 간에 선호의 우선순위가 서로 다를 경우에 집단 차원의 목표 설정은 사실 불가능하다. 정책목표에 관한 개개인의 주관적 가치판단들을 집단 차원의 가치판단으로 통합하는 것 자체가 불가능하기 때문이다. 예를 들어서 우리 사회의 정책적 우선순위에 대하여 A라는 사람은 성장을, 그리고 B와 C 두 사람은 분배를 가장 중요한 정책목표로 생각하고 있다고 가정하자. 이때 이 세 사람으로 이루어진 집단 차원에서는 1순위 목표를 무엇으로 정해야 하는가? 세 사람이 각자 성장 및 분배에 대한 선호 정도를 점수(예컨대 100점 만점)로 표시한 후 합산하여 점수가 높은 것을 집단의 1순위 목표로 정하는 방식은 어떨까? 만약 인간의 선호 표시가 기수적으로 될 수 있다면 이런 방식으로 정하면 된다. 하지만 성장 및 분배에 대한 세 사람의 선호를 표시한 숫자(점수)들은 사실 기수가 아니고 순서를 나타내는 서수에 불과하다. 따라서 이러한 합산 방식은 아무런 의미가 없다.

집단 차원에서 가치들 간의 우선순위를 정하는 가장 대표적인 방법은 바로 투표이다. 개인들의 평등을 토대로 하는 민주주의 정치체제에서는 1인 1표 원칙하에 투표로 집단의 의사를 결정한다. 이것이 바로 다수결 원칙(majority rule)인 것이다. 그런데 다수결 원칙으로는 정책목표들 간의 사회적 우선순위를 결정하는 것이 불가능해질 수 있다. 애로우(Kenneth Arrow)는 이러한 상황을 '불가능성의 정리(impossibility theorem)'로 설명하였다.

참고

불가능성의 정리

예컨대 다음과 같은 상황을 가정해 보자. 갑, 을, 병 세 사람이 너훈아, 조영필, 패트김 중에서 과연 누가 최고의 가수인지 정하려고 한다. 갑은 너훈아가 최고이고 그 다음에는 조영필, 그리고 패트김 순서라고 생각한다. 을은 조영필을 최고로 꼽고 다음으로 패트김, 너훈아의 순서라고 생각한다. 마지막으로 병은 패트김이 최고의 가수이며 그 다음은 너훈아, 그리고 조영필이 맨 마지막이라 생각한다. 이때 최고의 가수를 갑, 을, 병이 다수결로 선정한다고 하면 어떤 결과가 나오게 될까? 먼저 너훈아와 조영필을 비교하면, 너훈아가 조영필보다 낫다고 하는 사람은 갑과 병 두 사람이고, 조영필이 더 낫다는 사람은 을 한 사람이다. 따라서 2표를 받은 너훈아가 1표를 받은 조영필보다 우위에 있다. 이제 조영필과 패트김을 비교해 보자. 조영필이 패트김보다 더 좋다는 사람은 갑과 을 두 사람이고, 패트김이 더 낫다는 사람은 병 한 사람이다. 그렇게 되면 패트김보다는 조영필이 우위인데 조영필보다는 너훈아가 우위이므로 당연히 너훈아가 최고의 가수로 선정되어야 할 것이다. 하지만 너훈아와 패트김을 비교해 보면, 너훈아가 패트김보다 낫다고 하는 사람은 갑 한 사람뿐이고, 을과 병 두 사람은 패트김이 더 낫다고 생각한다. 즉, 너훈아와 패트김을 1:1로 비교하면 패트김이 더 많은 표를 받게 되는 것이다.

이처럼 세 가수 중 누가 최고의 가수인지 다수결 원칙으로 정할 수 없게 된다. 인간의 선호는 오직 서수적으로만 표현 가능하다는 한계가 있다. 이 때문에 집단 의사결정에서 민주적 투표를 통해 사안들 간의 우선순위를 다수결로 결정짓는 것은 불가능한 것이다.

평가자	가수에 대한 선호
갑	너훈아 > 조영필 > 패트김
을	조영필 > 패트김 > 너훈아
병	패트김 > 너훈아 > 조영필

표 대결	결과	승자
너훈아 : 조영필	2:1	너훈아
조영필 : 패트김	2:1	조영필
패트김 : 너훈아	2:1	패트김

3. 정보처리상의 한계

의사결정이라는 관점에서 보면 인간은 마치 정교한 컴퓨터와도 같은 정보처리 시스템이라 할 수 있다. 외부로부터 정보를 받아들여서(입력, input), 사고하고(처리, process), 기억하며(저장, memory), 결정을 내린다(출력, output)는 것이다. 이러한 정보처리 차원에서 인간은 합리적 의사결정을 어렵게 만드는 특성들을 가지고 있다.

합리적 의사결정을 위해서는 충분한 정보를 입수해야 한다. 하지만 그 많은 정보를 모두 다 기억하거나 정확하게 계산하는 것은 어려운 일이다. 우선 인간의 기억(memory) 용량에는 상당한 한계가 있다. 인간은 한꺼번에 많은 양의 정보를 기억할 수 없다는 뜻이다. 예를 들어서 핸드폰 번호와 같은 11자리 숫자를 한 번 보고 정확히 암기하기는 쉽지 않다. 하지만 010-1234-5678 이런 식으로 표기하면 세 개의 덩어리(chunk)로 재배열되어 비교적 외우기 쉽게 된다. 전화번호나 주민등록번호 등을 표기할 때 중간에 하이픈으로 끊어 주는 것은 인간의 기억력이 제한되어 있기 때문이다. 그뿐만 아니라 인간의 연산(process) 능력은 매우 부실하다. 수식 계산이 약간만 복잡해져도 암산으로 풀 수 없고 계산기의 도움을 받아야만 한다. '구구단을 외자'와 같은 게임을 해보면 알 수 있듯이 손쉬운 덧셈 계산조차도 어이없게 틀리곤 하는 게 인간이다.

또한 인간을 컴퓨터와 같은 정보처리 시스템으로 본다면 인간은 오로지 순차적 정보처리(sequential processing of information)만 가능하다. 순차적 정보처리란 한 번에 하나의 정보만 처리함을 뜻한다. 중앙처리장치(CPU)가 여러 개 장착되어 있는 슈퍼컴퓨터는 많은 계산을 동시에 수행하는 것이 가능하다. 하지만 인간은 동시에 여러 가지 일을 처리할 수 없다. 예를 들어, 수업 시간에 한쪽 뇌로 교수님의 강의를 들으면서 동시에 다른 쪽 뇌로 데이트 계획을 짜는 것은 불가능하다. 한 번에 오직 하나의 사안에만 관심을 기울여 집중할 수 있을 뿐이다. 따라서 여러 가지 문제들이 한꺼번에 터진다고 해도 그 모든 문제들을 동시에 다룰 수는 없다. 먼저 하나의 문제에 집중해서 해결책을 강구하고 그 다음에 또 다른 문제에 관심을 기울이게 된다. 이처럼 여러 문제에 동시에 주목해서 해결하는 것이 불가능하며 한 번에 하나씩 순차적으로 관심을 기울여 나갈 수밖에 없는 것이다.

한편 불확실성은 의사결정의 합리성을 제약하는 중요한 요인이 된다. 불확실한 상황하에서 합리적 의사결정을 하기 위한 대표적 방식은 확률 법칙에 의한 통계적 기대치(expected value)를 계산하는 것이다. 기대치란 다음과 같은 공식으로 계산된다.

$$EV = P \times V$$

여기서 P는 어떤 사건이 발생할 확률, V는 그 사건이 발생했을 때 얻게 되는 가치를 의미한다. 두 개의 대안이 있을 때 합리적 결정은 둘 중 기대치가 큰 쪽을 선택하는 것이다. 또한 기대치가 같다면 비용이 적은 대안을 선택하는 것이 합리적 결정이다. 예컨대 복권 1등의 상금이 1억 원이고 1등에 당첨될 확률이 백만 분의 일이라면 복권을 구입할 때의 기대치는 고작 100원(1억 원×0.000001)이 된다. 만약 이 복권 한 장의 가격이 500원이라면 복권을 구입하는 결정은 매우 비합리적인 결정이다. 500원의 비용을 들여서 얻게 될 기대치가 그보다 훨씬 적은 100원에 불과하기 때문이다.

그런데 보통 사람들은 이런 확률 법칙에 의거한 합리적 의사결정 방식을 잘 사용하지 않는다. 현실 세계에서 통계적 기대치를 극대화하는 식의 과학적 의사결정 기법을 활용하는 사람은 거의 없다. 만약 사람들이 실제로 합리적 존재라면 복권을 구매하는 비합리적 선택은 하지 않아야 한다. 하지만 어느 나라에서나 항상 수많은 사람들이 끊임없이 복권을 구매하는 것이 사실이다. 이는 곧 인간은 의사결정을 할 때 확률, 기대치 등과 같은 중요 정보를 충실히 활용하지 않는다는 것을 말해 준다. 심리학이나 행동경제학에 의하면 인간은 불확실성하에서 의사결정을 할 때 과학적 기법을 활용하여 꼼꼼히 계산하기보다는 대충 결정하는 경향이 있다고 한다. 이를 휴리스틱이라 한다.

4. 휴리스틱(Heuristic)과 편향(Bias)

인간은 대개 불확실한 조건에서 판단을 내릴 때 효용이나 기대치를 극대화하기 위해 복잡하게 따지려 들지 않는다. 대신 경험에 비추어 어림짐작이나 주먹구구식 계산으로 그럴듯하게 여겨지는 방법을 선택한다. 트버츠키와 카너먼(Tversky and Kahneman, 1974)은 이를 '휴리스틱'이라고 불렀다. 휴리스틱은 탐색적 해결방법, 추단법, 주먹구구식, 간편추론법, 어림짐작 등으로 번역되기도 한다. 과학적 결정방법이나 심사숙고와 비교할 때, 휴리스틱의 가장 큰 장점은 판단을 내리는 데 비용·에너지가 거의 소모되지 않는다는 것이다. 불확실성하에서 휴리스틱은 '사고(思考)의 지름길' 역할을 한다. 하지만 휴리스틱에 의한 판단은 부정확하거나 특정한 방향으로 편향될 가능성이 매우 높다. 요약하자면 휴리스틱에 의한 결정은 매우 신속하고 간편한 반면 오류가능성이 대단히 높다는 것이다. 휴리스틱 및 사고의 편향에는 몇 가지 유형이 있다(Kahneman, 2011).

1) 대표성 휴리스틱(Representative Heuristic)

'대표성 휴리스틱'이란 낯선 상황이나 사건 혹은 처음 만난 사람을 파악할 때 그 대표적 특성만을 근거로 하여 단번에 판단하는 경우를 말한다. 이때 그 상황·사건·사람의 다른 측면들에 대한 정보는 고려되지 않는다. 합리적 의사결정을 위해서는 마땅히 충분한 정보를 수집해서 심사숙고해야 한다. 그러나 그러려면 에너지가 많이 소요되기 때문에 사람들은 대개 대표적 속성 하나만을 가지고 판단을 내린다. 물론 오류가능성이 매우 큼에도 불구하고 많은 경우 무비판적으로 사용된다. 어떤 사람을 처음 만났을 때, 고향, 출신 대학, 혈액형, 혹은 외모만 가지고 그 사람의 성격을 선뜻 지레짐작해 버리는 경향이 이에 해당된다.

2) 가용성 휴리스틱(Availability Heuristic)

'가용성 휴리스틱'이란 어떤 상황에 대한 판단을 할 때 가장 먼저 이용할 수 있는 정보에 의존하여 판단하는 경향을 말한다. 즉, 자신의 기억 저장고 속에서 가장 쉽고 빠르게 인출 가능한 정보에 근거하여 판단을 내린다는 것이다. 예컨대 매우 충격적인 경험을 했다면 그것이 생생한 기억으로 저장되어 있다가 그와 유사한 상황에서 제일 먼저 튀어나오게 된다. "자라 보고 놀란 가슴 솥뚜껑 보고 놀란다."라는 속담이 이에 해당된다. 교통사고 현장을 직접 목격한 사람은 교통사고의 확률을 실제보다 높게 추정하기도 한다. 이를 현저성(vividness) 또는 부각성이라 한다. 또한 자신이 잘 알고 있는 사례에 관한 정보도 빨리 떠오르게 되는데 이를 친숙성(intimacy) 또는 접근성이라 한다. 한편 가장 최근에 겪은 경험도 금방 기억되어 빨리 인출된다.

3) 정박 효과(Anchoring Effect)

'정박'이란 초기에 입수된 정보 혹은 가정이 사고의 기준이 되어 생각의 방향을 조정하는 현상을 말한다. 마치 배가 닻을 내리면 그 지점에서 벗어나지 못하는 것과도 흡사해서 '닻 내림 효과'라고도 한다(강준만, 2013: 119). 예컨대 1×2×3×4×5×6×7×8×9의 값이 얼마쯤 될지 대략 추정해 보고 또 순서를 반대로 해서 9×8×7×6×5×4×3×2×1의 값이 얼마 정도인지 추정해 보라. 두 개가 사실은 똑같은 곱셈이지만 대부분의 사람들은 전자보다 후자의 값을 더 많게 추정하는 경향이 있다. 계산식의 맨 처음 숫자가 1이면 그 뒤의 계산 전체가 작은 값처럼 느껴지고 반대로 9인 경우 그 뒤의 값들도 크게 느껴지기 때문이다. 이처럼 처음 접한 정보가 그 이후의 사고 과정을 제약하는 것을 정박효과라고 한다. 인간관계에서 첫인상이 중요한 이유도 같은 맥락에서 이해될 수 있다.

4) 사후확신 편향(Hindsight Bias)

'사후확신 편향'이란 특정 사건의 결과를 보고 난 후에 자신은 이미 그런 결과를 확실히 예견하고 있었다고 믿는 현상을 말한다. 미래는 불확실하지만 지나온 과거는 이미 겪어 본 것이므로 잘 알고 있는 사실들이다. 과거 당시에는 미래를 정확히 내다보기 어려웠으나 지난 다음에 사후적으로 뒤돌아보면 마치 그때 자신이 미리 예상했던 바라고 믿는다는 것이다. 그래서 사후확신 편향을 '후견지명(後見之明)'이라고도 한다(스튜어트 서덜랜드, 2014: 318).

한편 과거를 이해했다는 착각은 미래를 예측하고 통제할 수 있으리라는 또 다른 착각으로 이어지게 된다. 아울러 과거에 성공적이었던 해법이나 지식이 미래에도 역시 맞을 것으로 믿는 경향도 있다. 그러나 그렇지 않을 가능성도 크다. 왜냐하면 그것이 과거에는 적절한 문제해결 방식이었을지 몰라도 상황·환경의 변화로 인해 이제는 적실성이 사라졌을 수 있기 때문이다. 그뿐만 아니라 과거의 성공 자체가 순전히 '우연' 혹은 '운' 덕분이었을 가능성도 있다. 즉 과거에 사용했던 해결책이 효과적인 방식이어서가 아니라 그와는 상관없이 다만 운이 좋아서 문제가 잘 해결되었을 수도 있다는 것이다. 따라서 '실패는 성공의 어머니'라고들 하지만 그 반대로 '성공은 실패의 어머니'가 될 수도 있다. 과거의 성공이 역설적으로 미래의 성공을 방해하는 족쇄가 될 수 있기 때문이다.

5) 과신(Self-Confidence)

대부분의 사람들은 자신을 평균 이상의 수준이라고 생각하는 경향이 있는데 이를 '비현실적 낙관주의(naive optimism)' 혹은 '기만적 우월감 효과(illusory superiority effect)'라고 한다(강준만, 2013: 193). 이러한 맥락에서 인간은 보통 자신의 판단이나 가설은 맞는 것이라고 신뢰하는 경향이 있다. 자신의 판단이 틀림없다고 과신하는 경우 합리적 의사결정이 제약될 수 있다. 상황에 대한 추가적인 정보가 입수되면 자신의 가설에 부합되는 증거는 채택하는 반면 배치되는 증거는 중요치 않은 자료로 치부해서 기각시킨다. 그러다 보면 사실은 자신의 판단에 오류가 있었다고 해도 새로운 증거로 수정되는 것이 아니라 잘못된 판단을 그대로 유지하게 되는 것이다.

5. 오인(Misperception)

'오인(誤認)'이란 객관적 현실과 주관적 인식 사이에 격차가 있는 경우를 말한다. 즉, 현실을 있는 그대로 정확하게 파악하지 못하고 전혀 다르게 인식한다는 것이다. 오인의 대상은 물리적 사물이나 자연 환경이 될 수도 있고 사회적 분위기 혹은 사람들의 마음이 될 수도 있다. 예컨대 객관적으로 위험성이 매우 높은 독성 물질을 착각하여 인체에 전혀 무해한 식품으로 잘못 인식할 수 있다. 또는 진실된 마음으로 자기에게 친절을 베푸는 사람인데 무언가 불순한 의도로 접근하는 사기꾼으로 오해하는 것도 오인 현상의 하나이다.

국제 관계를 연구했던 저비스(Jervis, 1976)는 고위 정책결정자들이 중요한 외교정책을 결정하는 과정에서도 현실을 오인하는 경향이 많다고 주장하였다. 예컨대 상대국은 폭력적이고 공격적이라고 보는 반면 자기 나라는 평화적이고 정의의 편이라고 믿는다는 것이다. 이 때문에 자국의 군사훈련은 어디까지나 평화를 위한 방어용 훈련이라 하면서도 상대국이 군사훈련을 하는 것은 침략 준비라고 의심하고 경계하게 된다. 또한 자국이 상대국에게 실수로 무언가 손해를 입혔다면 이는 어디까지나 의도치 않은 사고였다고 변명하지만, 만약 반대로 상대국이 자국에게 손해를 끼쳤다면 이는 분명히 주도면밀하게 계획된 일이었다고 믿는다. 자신의 잘못에 대해서는 실수로 그럴 수도 있는 일이라고 치부하면서, 남의 잘못에 대해서는 절대 실수일 리가 없고 무슨 꿍꿍이가 있다고 믿는다는 것이다.

6. 매몰비용(Sunk Cost)

'매몰비용' 혹은 '함몰비용'이란 기존의 결정에 투입되어 회수할 수 없게 된 제반 비용(돈, 시간, 노력 등)을 뜻하는 개념이다. 이제는 다시 되돌릴 수 없다는 점에서 '이미 엎질러진 물'과도 같다고 할 수 있다(하워드 댄포드, 2011: 236). 매몰비용은 인간의 합리적 판단을 제약하는 중요한 요인 중의 하나가 된다. 어떤 결정에 오류가 있었다면 최대한 빨리 수정하는 것이 합리적이다. 하지만 기존의 결정을 시행하느라 투입되었던 비용이 아깝다고 느껴지기 때문에 선뜻 노선을 변경하기가 쉽지 않다. 특히 매몰비용이 크면 클수록 오류였던 결정이 수정·변경될 가능성은 그만큼 줄어든다. 설령 기존 결정이 정답이 아닌 것 같다고 해도 그동안 너무 많은 공을 들였기에 지금 와서 포기하고 다른 길로 갈 수는 없다는 것이다.

'콩코드 오류(Concord fallacy)'는 매몰비용 효과의 가장 대표적인 사례로 널리 알려져 있다. 콩코드는 프랑스 국영 항공회사가 거액을 투자하여 개발했던 초음속 여객기였는데 여러 가지 문제점들로 인해 적자가 눈덩이처럼 불어났었다. 그럼에도 불구하고 생산을 중단하지 못하고 수익성이 더 악화된 것은 지금까지 쏟아부은 막대한 투자가 쓸모없게 될 것이라는 우려 때문이었다. 사실 합리적 계산 관점에서 보자면 결정이 잘못되었다는 것을 알게 된 그 순간 신속하게 수정하는 것이 더 큰 손실을 막는 길이다. 하지만 사람들은 이미 돌이킬 수 없는 손실에 자꾸 미련을 갖게 되어 결정의 오류를 수정하지 않는다는 것이다.

7. 감정(Emotion)에 의한 제약

인간은 이성적 존재인 동시에 감정의 동물이기도 하다. 인간은 이성을 발휘하여 합리적 의사결정을 하려고 노력하지만 동시에 감정에 의해 비합리적인 결정을 내리는 경우도 허다하다. 합리적 의사결정이 어려운 것은 인간의 이성적 판단 능력 자체가 불완전하기 때문이기도 하지만 때로는 감정적 반응이 이성적 판단을 제압하기 때문이기도 하다.

통상적으로 감정과 이성은 서로 상충되는 대립적 관계라고 이해된다. 감정은 즉흥적이고 변덕스럽기 때문에 감정이 앞서게 되면 합리적이고 건전한 의사결정을 하기 어렵다. 특히 감정적으로 심하게 동요된 상태에서는 정확한 정보처리를 바탕으로 하는 이성적인 판단이 이루어지기 어렵다. 분노, 불안, 공포, 혹은 환희 등의 감정으로 흥분한 사람은 객관적 상황 판단에 있어서 인식의 오류를 범하기 쉽다. 예컨대 루디 등(Ruddy, Feldman, and Casses, 2007: 208)은 분노한 사람들의 인지 작용이 대개 즉흥적이고 피상적이며 철저하지 못하다는 여러 연구 결과들을 소개하고 있다.

감정적 판단은 이성적 판단에 비해 무척 빠른 속도로 이루어진다. 감정이 마음에 영향을 미치는 속도는 사고에 비해 3,000배나 빠르다고 한다(스콧 로비넷, 2003: 6). 그래서 이성적 사고가 미처 따라잡기도 전에 먼저 감정이 행동을 유발시키는 경우가 적지 않다. 이성적 판단은 여러 정보를 꼼꼼히 처리해야 하기 때문에 상당한 인지적 노동을 요하며 시간도 많이 걸린다. 그에 비해 감정이나 느낌은 바로 인출 가능하며 즉각적인 만족을 제공한다(댄 힐, 2004: 33). 감정적 판단은 즉각적인 느낌에 의존하거나 사전에 형성되어 기억 속에 저장된 신념을 토대로 이루어진다. 따라서 인지적 노력과 상황 대응 속도 면에서 훨씬 수월한 선택(판단) 방식이다. 실제로 전문적 지식이 부족하거나 정보가 충분치 못한 상황에서 사람들은 감정 주도적으로 대안을 선택하는 경우가 흔하다(안광호, 2006: 59).

불확실한 상황에서 감정적 반응이 의사결정을 좌우하는 현상을 '감정 휴리스틱(affect heuristic)'이라고 한다(Slovic et al., 2002). 어떤 복잡하고 어려운 사안에 대해 판단을 내려야 할 때 많은 정보를 처리하여 면밀하게 검토해서 이성적인 결정을 내리려면 정신적으로 상당한 에너지가 소요된다. 그래서 그 사안에 대한 감정이나 기분에 근거해서 손쉽게 판정을 내리게 된다는 것이다. 예를 들어 원자력발전의 혜택과 위험에 대해 판단해야 하는 경우, 객관적 사실과 정보보다는 감정에 기초하는 경향이 발견된다(김서용·김근식, 2007). 그래서 '그린 에너지'와 같이 호의적 감정을 느끼게 하는 말을 들으면 원자력발전의 혜택은 크고 위험은 작다고 판정한다. 반면 '방사능 오염'과 같은 말을 듣고 부정적 감정이 생기면 혜택은 작고 위험은 크다고 판정한다는 것이다. 이러한 현상은 선거에서 유권자의 투표 행태를 통해서도 쉽게 엿볼 수 있다. 예컨대 대통령 선거에 세 명의 후보가 출마한 경우, 합리적인 유권자라면 먼저 각 후보의 공약을 꼼꼼하게 검토하고 비교한 후에 누구를 찍을 것인지 결정해야 할 것이다. 하지만 실제 대부분의 유권자들은 그렇게 합리적인 방식으로 투표할 후보를 정하지는 않는다. 그보다는 감정적으로 호감이 가는 후보가 좋은 대통령감이라고 선택하는 경향이 있다(드루 웨스턴, 2007). "감정이란 꼬리가 합리적인 개의 몸통을 흔든다."는 조너선 하이트의 비유는 바로 이러한 현상을 지적한 것이다.

제2절

집단역학적 한계

1. 문제해결 시스템으로서의 조직

앞에서 살펴보았듯이 개인 차원에서 인간의 문제해결 능력은 여러모로 제한되어 있다. 개인의 제한된 능력으로 충족시킬 수 있는 욕망은 제한적일 수밖에 없다. 그렇지만 인간의 욕망과 욕심은 무한하다. 인간은 자신의 부족한 능력에도 불구하고 끝없이 욕망을 추구하는 존재이다. 개인의 능력으로는 도저히 해결 불가능한 복잡하고 거대한 문제를 해결하기 위한 수단으로 고안된 것이 바로 조직이다. 조직은 개인들로 구성되어 있지만 개개인의 능력을 훨씬 뛰어넘는 문제해결 능력을 발휘할 수 있다. 인류가 지금과 같이 엄청난 문명을 발전시켜 올 수 있었던 것도 조직이라는 메커니즘을 통해서였다. 이런 점에서 조직은 문제해결을 위해 인공적으로 만들어진 도구라고 할 수 있다.

1) 조직의 문제해결 능력의 원천

조직이 개인보다 훨씬 더 큰 문제해결 능력을 발휘할 수 있는 것은 기본적으로 두 가지 원리 때문이다. 하나는 분업이고, 다른 하나는 계층제이다. 분업(division of labor) 혹은 전문화(specialization)라는 것은 거대한 문제를 개개인의 능력 범위에 맞는 작은 문제 덩어리(problem chunk)로 분할(decomposition)하여 각각 해결하도록 하는 메커니즘이다. 인간은 누구나 능력의 한계가 있지만 반면 어느 누구나 다른 사람들보다 잘할 수 있는 전문적인 능력 혹은 재능(talent)을 가지고 있다. 따라서 혼자서는 해결할 수 없을 정도의 큰 문제를 각 개인이 감당할 수 있을 정도의 작은 문제들로 분할하여 적성과 능력에 맞게 배분해서 해결하도록 하는 것이다. 분업이 수평적 협력 관계라면 계층제(hierarchy)는 수직적 명령·복종 관계이다. 원래 의도했던 거대한 문제의 해결을 위해서는 분업 차원에서 분할 해결된 각각의 작은 문제 덩어리들이 다시 재결합되어야 한다. 그러려면 위에서 내려다보며 각 부분들을 지휘하는 조정(coordination)과 통제(control)가 필요하다. 계층제는 바로 이것을 위한 메커니즘인 것이다.

2) 조직의 도구성과 인공성

조직은 누군가의 문제해결을 위해 만들어진 수단이다. 조직의 주인이 누구인가 하는 것은 곧 조직이 누구의 문제를 해결하기 위해 만들어졌는가 하는 질문과 같다. 기업이라는 조직은 사장 혹은 주주들의 돈벌이라는 문제를 해결하기 위해 만들어진 수단이다. 그렇다면 정부라는 조직은 누구의 문제를 풀기 위해 존재하는가? 오늘날과 같은 민주주의 정치체제에서는 국민이 정부 조직의 주인이다.

행정조직은 그 주인인 국민들의 문제, 즉 공공문제를 해결하기 위해 만들어진 도구이다. 그러나 마치 기업의 모든 주주들이 직접 경영에 나서지는 않는 것처럼 행정조직 역시 국민들이 직접 운영하는 것은 아니다. 실제 조직 관리와 운영은 주인에게서 권한을 위임받은 관료들이 담당한다. 따라서 행정 관료는 주인인 국민을 위해 성실하게 봉사할 책임이 있는 청지기라고 할 수 있다.

조직은 특정한 목적 달성을 극대화하기 위하여 인위적으로 설계된 인공 시스템이다. 어떤 인공 시스템(도구)이든 각각의 목적에 따라 적합한 기능을 수행할 수 있는 구조로 설계된다. 그리고 모든 인공 시스템은 설계된 대로 작동될 것이라 기대된다. 따라서 조직의 각 구성원 및 각 부서들은 조직의 문제해결을 위해 원래 설계된 방식대로 기능할 것이 기대된다.

2. 조직의 문제해결 능력(Rationality)의 한계

1) 환경의 불확실성

조직 운영의 합리성을 유지하기 위해서는 불확실한 외부 환경의 영향력을 차단시킬 필요가 있다. 그러나 조직의 생존을 위해서는 외부 환경과 상호 교류가 필수이므로 완전한 차단은 불가능하다. 즉 조직은 폐쇄 시스템(closed system)으로는 살아갈 수 없으며 필연적으로 개방 시스템(open system)이어야 한다는 말이다. 그런데 외부 환경의 변화는 조직의 의도 혹은 희망과는 상관없이 이루어질 수 있다. 이러한 환경의 불확실성, 즉 환경의 미래 상태를 예측하기 곤란하다는 것은 조직의 합리적 대응을 제약하는 중요한 원인이 된다.

2) 조직 목표의 불명확성

행정조직의 주인은 국민이며, 정부는 국민의 문제해결을 위해 만들어진 도구이다. 그런데 국민이란 존재는 단일한 개인(single-minded individual)이 아니다. 설명의 편의상 개인처럼 의인화할 수는 있으나 실상은 무수히 많은, 때로는 서로 상충되는 목적과 가치관을 가진 많은 개인들로 구성된 집합체이다. 그렇기 때문에 사람들 사이에 목표 및 수단에 대한 의견의 일치를 구하는 일은 결코 쉬운 일이 아니다. 행정조직의 주인인 국민의 '진정한 목표'가 무엇인지, 행정조직이 해결해야 할 '참 문제'가 무엇인지 확인하기가 쉽지 않다는 것이다. 특히 대부분의 정책문제들처럼 가치와 가치가 충돌하는 경우, 단순한 기술적 계산을 통한 갈등 해결은 불가능하며 설득과 타협이 중요하다.

따라서 공공정책에 있어서는 문제의 '해결'뿐만 아니라 문제의 '선정' 역시 중요한 의미를 지니게 된다. 정말 중요한 문제가 무엇인지 그리고 진정한 목표가 무엇인지가 불분명하다면 최선의 해결책이라는 합리성 자체가 무의미해질 수 있다.

3) 동조 효과(Conformity Effect)

동조 효과란 자신의 본심과는 관계없이 속마음을 감추고 다수의 의견에 무조건 합류하려는 경향을 말한다(Asch, 1970). 인간은 사회적 동물이라는 말이 있듯이 사람들은 누구나 다수 무리에 속해 있으면 심리적으로 편안함을 느낀다. 반면 집단에서 떨어져 나오게 되면 불안한 감정을 갖게 된다. 그래서 집단을 이루고 있는 구성원들은 가능하면 그 무리에서 벗어나지 않으려 하는 성향이 강하다. 또한 다른 사람들의 행동은 자신이 취해야 할 최선의 행동이 무엇인지에 대한 중요한 정보가 된다. 그렇기 때문에 인간은 대부분 주변 사람들의 행동을 끊임없이 모니터링하면서 집단의 규범(group norm)에 순응하려 한다. 말하자면 소신껏 선택하기보다는 주위의 눈치를 살피며 대세를 그냥 따르려 한다는 것이다.

집단 의사결정 과정에서 동조 효과가 나타나게 되면 구성원들 사이에 의견의 다양성은 존재할 수가 없게 된다. 환경 변화에 따라 새로운 개혁적 전환이 필요함에도 불구하고 기존의 관행을 고수하려는 집단 보수주의(collective conservatism) 경향이 강하게 나타난다. 그러다 보면 결과적으로 조직 차원의 의사결정은 합리성과는 멀어지게 되는 것이다.

4) 집단사고(Groupthink)

조직 내부 차원의 의사결정 과정에서 합리적 판단을 저해하는 여러 현상들 중 가장 대표적인 것으로 집단사고(groupthink)를 들 수 있다. 이 개념은 group이라는 단어와 think라는 단어를 합해서 하나의 새로운 단어로 만들어진 용어이다. 응집력 있는 집단에서 의사결정을 할 때 개인 차원보다 훨씬 더 비이성적이고 비합리적인 행태가 나타나곤 한다. 집단 구성원들은 극단적인 낙관주의에 빠져서 자기 집단이 절대적으로 선한 존재이며 천하무적이라고 착각하기 쉽다(스튜어트 서덜랜드, 2014 : 99). 또한 구성원들 간에는 반드시 만장일치(consensus)를 이루어야 한다는 심리적 압박이 크다. 이로 인해 이의 제기가 억제되고 다른 대안의 검토도 차단되는 경향이 나타난다. 이처럼 집단 내의 동조 압력으로 인해 충분한 논의가 이루어지지 못하면서 정신적, 현실적, 도덕적 의사결정 능력이 저하되는 현상을 집단사고라고 한다.

집단사고 현상은 어떤 문제의 해결을 위해 강경한 입장을 가진 사람들과 유연한 입장을 가진 사람들 사이에 갈등과 충돌이 일어날 때 흔히 발생한다. 강경한 입장을 주장하는 매파(hawkish)와 대화·타협을 강조하는 비둘기파(dovish) 간에 의견이 대립될 때 대부분 강경파의 입장이 전체 집단의 입장으로 결정되는 경우가 많다. 이때 강경파의 극단적인 주장은 용기 있어 보이지만 실은 문제 상황을 원만하게 해결하기보다는 오히려 더 위기 상황으로 끌고 갈 가능성이 높다. 하지만 유화파의 온건한 주장은 겁쟁이 같은 비겁한 사람들의 변명처럼 들릴 가능성이 또한 높다. 이처럼 어떤 사안을 놓고 목소리 큰 강경파와 좀 더 부드러운 입장의 유화파가 대립하게 되면 강경파의 목소리가 갈수록 더 커져서 결국 전체를 지배하게 된다. 그래서 의사결정 과정이 강경파에 의해 주도되다 보면 결국 조직 전체 차원에서는 비합리적인 결정이 이루어지게 되는 것이다.

표 11-1 집단사고의 일반적 증상

형태	증상
집단 자체의 힘과 도덕성에 대한 과대평가 (Overestimations of the group-its power and morality)	① 자기 집단은 취약성이 없다는 구성원들의 환상
	② 집단의 본래적 도덕성에 대한 확고한 신념
닫힌 마음 (Closed-mindedness)	③ 경고나 기타 기존 정책을 재고하게 하는 정보를 평가절하함으로써 합리화하려는 집단적 노력
	④ 적을 지나치게 사악하거나 어리석은 존재로 생각하는 획일적 견해
통일성을 향한 압력 (Pressures toward uniformility)	⑤ 집단의 공감대로부터 이탈하는 것에 대한 자체 검열
	⑥ 대다수의 견해를 만장일치로 생각하려는 구성원 공통의 환상
	⑦ 집단의 견해에 반대하는 것은 충성스럽지 못하다면서 구성원들을 직접적으로 압박
	⑧ 그들 결정의 효과성이나 도덕성을 훼손시키지 않도록 집단을 보호하려는 자체적 보호 심리 등장

출처: Janis(1982: 174~175)

재니스(Janis, 1982)는 집단사고의 기본적인 속성을 ① 집단 자체의 힘과 도덕성에 대한 과대평가, ② 닫힌 마음, 그리고 ③ 통일성을 향한 압력 등 세 가지 형태로 제시하였다. 그리고 그로 인하여 나타나는 증상들을 앞의 〈표 11-1〉과 같이 여덟 가지로 분류하였다. 이러한 집단사고 증상으로 인해 집단 차원의 결정이 비합리적으로 치우치게 된다는 것이다.

5) 집단 극화(Group Polarization)

집단 극화란 집단 차원의 결정이 당초 각 구성원들이 처음 생각했던 것보다 훨씬 더 극단적인 방향으로 치닫는 경향을 말한다(Moscovici and Zavalloni, 1969). 특히 의견이 대립되는 두 개의 집단이 서로 토론을 하다 보면 양자의 입장 차이가 오히려 처음보다 더 크게 벌어지는 현상이 자주 발생한다(Myers and Lamm, 1975). 사람들은 대개 자기 생각과 같은 의견을 들으면 편안한 감정을 느끼게 되지만 반대 의견을 듣게 되면 불쾌해 하거나 분노하는 등 불편한 감정을 가지게 된다. 그렇기 때문에 토론 과정에서도 자기 생각에 부합되는 이야기는 귀를 기울이고 받아들이는 반면 반대 입장에 대해서는 잘 듣지도 않고 머릿속에 담아 두지도 않는다. 논쟁적인 문제를 토론하는 과정에서 대화가 많아지면 많아질수록 반대 의견을 들으면서 자기 생각을 조정하기보다는 자기 생각이 맞다는 확신만 더욱 강해지게 된다. 결국 서로 이야기를 나누면 나눌수록 두 집단의 상이한 의견이 조율되기보다는 오히려 그전보다 더 멀어지게 된다는 것이다.

집단 극화 현상은 집단 토의를 통한 합리적 의사결정 혹은 숙의적 민주주의(deliberative democracy)의 가능성에 대해 회의를 제기한다. 어떤 민감한 정책 사안을 두고 입장이 첨예하게 갈리는 경우, 흔히들 대화와 토론을 통해 서로 상대방을 이해하고 또 서로 조금씩 양보해서 원만한 타협책을 찾아야 한다고 조언한다. 하지만 실제 현실에서는 이런 일은 잘 이루어지지 않는다. 토론회에서 서로 만나서 이야기를 하다 보면 실상 각자 자기가 하고 싶은 말만 하고 자기가 듣고 싶은 말만 듣기 때문이다. 상대방의 입장을 듣고 이해하기보다는 말도 안 되는 이야기라고 치부하면서 한쪽 귀로 듣고 다른 쪽 귀로 흘려보내게 된다. 그래서 토론을 하면 할수록 원래의 자기 생각이 맞다는 확신이 더 강해지게 된다. 그러다 보니 집단들 간의 입장 차이를 좁히고 의견을 수렴하기 위해 토론을 하는데 실제 결과는 정반대로 나타난다. 즉, 두 집단의 입장 차이가 오히려 더 멀어지고 그전보다 더욱 심하게 대립하게 된다는 것이다. 결국 상호 대화를 통한 합리적 의사결정은 더 어려워지게 된다.

3. 조직 내 의사전달 및 정보처리 과정상의 한계

의사결정의 품질은 정보의 함수라고 할 수 있다. 충분한 양의 정확한 정보가 적시에 전달된다면 그만큼 최종 결정의 품질은 높아지게 된다. 조직에서의 의사결정은 수많은 정보전달 과정을 통해 이루어진다. 외부 환경 및 조직 내부에서 발생하는 각종 정보들은 정해진 경로를 통해 최종적으로 의사결정자에게 전달된다. 그리고 그렇게 전달되고 수집된 정보는 의사결정 과정에 투입된다.

[그림 11-1]은 정보전달이 이루어지는 커뮤니케이션 모델이다. 정보가 발생하는 소스(source)에서 송신자(sender)가 망(channel)을 통해 정보를 보내고 최종 목적지(destination)의 수신자(receiver)가 그 정보를 받는다. 정보를 실어 나르는 망의 특성에 맞게 정보의 형식을 변환하는

그림 11-1 커뮤니케이션 모델

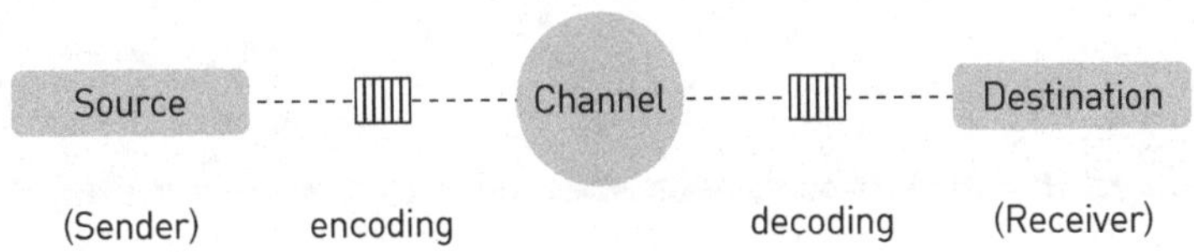

것을 인코딩(encoding)이라 한다. 망을 통해 전달된 정보가 다시 수신자가 해독할 수 있는 형태로 변환되는 것을 디코딩(decoding)이라고 한다.

그런데 송신자로부터 수신자까지의 전달 과정에서 정보가 제대로 전달되지 못하는 경우가 종종 발생한다. 정확한 정보가 제대로 전달되지 못한다면 조직의 합리적 의사결정이 저해될 수 있다. 정보전달 과정에서 문제가 발생하는 경우를 다음과 같이 몇 가지 유형으로 구분해 볼 수 있다.

① 누락(omission): 정보의 일부만 전달

② 선별(filtering): 일정한 우선순위에 따라 의식적으로 정보의 일부를 누락

③ 왜곡(distortion): 정보 내용의 변조

④ 적시성 상실(timing failure): 필요한 때에 전달되지 않음

⑤ 단락(short-circuiting): 적절한 통로를 온전히 거치지 않는 전달

⑥ 대기(queueing): 정보전달 및 처리의 지연

⑦ 개괄(approximation): 구체적 내용 무시하고 개괄적 내용만 전달·처리

⑧ 회피(escaping): 불리한 정보(ex. 정책실패에 관한 정보)의 고의적 회피

제3절

합리성(Rationality)의 두 가지 의미

1. 내용적 합리성과 절차적 합리성

정책결정에 있어서 합리성이란 대안 선택(결정)의 정당성의 근거가 되는 개념이다. 그런데 우리가 통상적으로 이야기하는 합리성이라는 용어는 도구적 차원의 개념이다. 주어진 목표를 가장 잘 달성할 수 있는 수단을 선택했다면 그 선택은 합리적인 결정이라는 것이다. 이러한 개념을 내용적 합리성(substantive rationality) 혹은 실질적 합리성이라고 한다. 어떤 정책문제에 대한 정답을 잘 선택했다면, 그래서 문제를 정확히 잘 해결했다면 우리는 내용적 합리성이 있는 정책을 결정한 것이 된다.

그런데 앞에서도 강조하였듯이 정책은 가설과도 같다. 결정을 내리는 것은 지금이지만 그 결정이 과연 문제에 대한 정답인지 아닌지 여부는 정책을 시행한 이후에 확인할 수 있기 때문이다. 이 말은 정책을 결정하는 현재 시점에 있어서는 이 결정이 정말 내용적 합리성이 있는 결정인지 아닌지를 확인할 수 없음을 뜻한다. 내용적 합리성 여부를 사전에 확인하는 것이 불가능하다면 결정 시점에서의 현명한 선택을 위해서는 무언가 다른 기준이 필요하다. 이러한 차원에서 대안적으로 제시된 합리성 개념이 바로 절차적 합리성(procedural rationality)이란 개념이다(Simon, 1976).

내용적 합리성을 '정답'에 비유한다면, 절차적 합리성은 정답을 찾아나가는 '공식' 정도에 해당되는 개념이다. 선택의 내용보다는 선택하는 절차, 해결책을 찾아가는 과정을 중시하는 것이다. 절차적 합리성은 내용적으로 합리적인 선택('정답')이 어떤 것인지 사전에 알 수 없는 경우 대체적으로 사용할 수 있는 합리성 개념이다. 예컨대 수학 문제를 푼다고 가정해 보자. 간단한 덧셈이나 쉬운 구구단 정도와 같은 문제라면 보자마자 정답이 머릿속에 바로 떠오르거나 암산으로 정답을 금방 계산할 것이다. 그러나 그렇게 간단하지 않은 복잡하고 어려운 문제라면 보통 그 문제를 풀기 위한 여러 가지 공식들을 생각해 보고 맞는 공식에 대입하게 된다. 공식에 대입해서 풀어 나가다 보면 최종적으로 하나의 결론이 나오게 되는데 이것을 답이라고 제시하게 되는 것이다.

이처럼 절차적 합리성의 개념은 어떤 내용의 결정을 하느냐에 초점을 맞추지 않고 그 대신 어떤 절차를 통해서 결정을 하느냐에 초점을 맞춘다. 그래서 만약 적절한 절차를 제대로 다 준수해서 도출된 결론이라면 내용적으로도 합리성이 있는 정책이라고 믿고 받아들이자는 것이다. 그렇다면 정말로 절차적 합리성을 갖춘 정책은 내용적 합리성도 갖추게 되는가? 사실 그것은 알 수가 없다. 수학 문제를 풀 때에도 공식에 대입했다고 해서 항상 정답이 계산되어 나오는 것은 아니다. 공식을 제대로 적용하지 못했을 수도 있고 혹은 엉뚱한 공식을 대입했을 수도 있다. 하지만 그냥 연필을 굴려서 아무렇게나 찍는 것보다는 훨씬 더 정답에 가까운 답이 나올 가능성이 크다. 절차적 합리성의 개념도 마찬가지이다. 절차를 제대로 밟았다고 해서 곧 내용적으로도 합리적인 정답을 결정하리라는 확실한 보장은 없지만 그냥 아무렇게나 하는 것보다는 분명히 정답에 가까울 가능성이 더 높다는 것이다. 그래서 정책결정에 있어서도 과정과 절차가 중요하다는 것이다.

2. 절차적 합리성의 조건

정해진 절차를 거쳐서 결정이 이루어졌다고 해서 무조건 합리성이 인정되는 것은 아니다. 정책결정 과정에서 절차적 합리성을 통하여 내용적 합리성이 확보되리라고 기대하기 위해서는 몇 가지 중요한 조건이 있다(김영평, 1991).

1) 비판의 제도화

첫 번째 조건은 비판이 제도화돼 있어야 한다는 것이다. 정책결정을 위한 절차가 진행되는 과정에 있어서 참여자들 사이에 서로의 의견에 대한 상호 비판이 가능해야 한다. 사람들은 보통 자기 논리의 허점은 잘 모른다. 하지만 다른 사람의 이야기 속에서 잘못된 논리 혹은 부정확한 증거 적용 등의 허점은 훨씬 더 쉽게 알아차린다. 따라서 상호간에 비판을 자유롭게 할 수 있도록 제도화되어 있다면 정책결정 절차가 진행되는 과정에서 잘못된 의견, 잘못된 논리는 배제될 것이다. 그리되면 결국 가장 논리적으로 합당한 의견들이 살아남게 될 것이고 보다 현명한 결정이 이루어질 수 있다는 것이다.

2) 절차의 공개성

두 번째 조건은 절차의 공개성이다. 이 말은 투명성이란 말로도 대신할 수 있다. 결정 과정 및 절차에 관한 모든 정보가 투명하게 공개되어야 한다는 것이다. 어떤 결정을 내릴 때 누가 언제 어디서 어떻게 그러한 결정을 했는지 알려지지 않고 베일에 감춰지게 된다면 이성, 논리, 증거에 기초하지 않는 잘못된 결정으로 흐를 가능성이 크기 때문이다. 설령 누군가가 자신의 사적인 이익을 위해서 비합리적인 결정을 하고 싶다고 해도 결정 과정이 모든 사람들에게 완전히 다 공개된다면 자기의 잘못이 드러나 비난 받을 게 두려워서라도 함부로 비합리적인 결정은 하지 못하리라는 것이다.

3) 절차의 공평성

세 번째 조건은 절차의 공평성이다. 즉, 결정 절차에 참여하는 사람들 누구나 공평하게 발언하고 비판하고 의사를 개진할 수 있는 기회가 제공되어야 한다는 것이다. 높은 사람이라고 해서, 나이 많은 사람이라고 해서, 혹은 더 많이 배웠다고 해서 발언 기회가 차별적으로 더 많이 주어져서는 안 된다는 것이다. 좋은 아이디어가 꼭 높은 사람이나 나이 많은 사람들로부터만 나오리라는 법이 없기 때문이다.

4) 절차의 적절성

마지막으로 절차의 적절성이라는 조건이 있다. 이것은 문제의 유형에 따라서 적용시켜야 될 절차가 달라져야 한다는 것이다. 어떤 문제는 리더의 강력한 리더십을 발휘하는 정책결정 스타일이 좀 더 적합할 수 있고, 또 어떤 문제는 소수 전문가들에게 전폭적으로 위임해 줬을 때 더 훌륭한 결정이 나올 수도 있다. 어떤 문제는 모든 구성원들이 다 같이 참여하는 방식이 더 나을 수 있고, 또 어떤 문제는 모든 사람들에게 찬반을 묻는 방식이 더 적합할 수도 있다. 이처럼 문제의 성격에 따라서 적용시킬 절차도 달라져야지 모든 문제에 어떤 한 가지 절차만을 최고라고 고집해서는 안 된다. 이러한 조건들이 갖추어진다면 절차적 합리성을 충족한 결정이 내용적으로도 합리적인 결정일 것이라고 믿고 채택할 수 있을 것이다.

토론 주제

군 가산점 제도는 1999년에 위헌판결을 받아 폐지된 이후 지금까지도 종종 뜨거운 찬반 논란의 대상이 되고 있다. 제대 군인이 공직 시험에 응시할 때 가산점을 주는 것에 대해서는 찬성론이나 반대론이나 모두 나름대로 타당한 이유와 근거를 제시한다. 과연 군 가산점 제도 폐지는 합리적 결정이라고 할 수 있는가? 왜 그러한가 혹은 왜 그렇지 아니한가?

참고 의견

군 가산점 제도와 같이 서로 상반된 입장이 팽팽하게 대립하는 사안의 경우, 과연 어느 쪽이 합리적인 정책인지 판단하기가 쉽지 않다. 합리성이라는 관점에서 말하자면 어느 편이 진정 '내용적 합리성'이 있는 정책인지 확인하기 어렵다는 것이다. 이러한 상황에서 우리가 의지할 수 있는 대안적 합리성 개념이 바로 '절차적 합리성'이다. 즉, 결정의 내용을 미리 정해 두는 대신 결정에 이르는 절차와 기준을 먼저 정해 놓은 다음 그 절차를 충실하게 밟아 나가자는 것이다. 그리고 정해진 절차에 따라 도출된 결론이라면 더 이상 왈가왈부하지 말고 합리적 정책으로 인정하고 받아들이자는 것이다. 군 가산점 제도 자체에 대해서는 사회적으로 뜨거운 찬반 논란이 있었으나 헌법재판소의 정상적인 판결 절차에 따라 폐지가 결정된 이상 합리적 결정으로 인정되어야 할 것이다. 다만 이러한 사안을 헌법재판소가 최종적으로 좌우하는 현재의 결정 시스템과 절차 그 자체의 합리성과 정당성에 대해서는 얼마든지 이의를 제기할 수 있을 것이다.

더 읽어 보기

강은숙·김종석, 2014, "인간의 비합리성에 대한 고려와 공공정책에의 함의: 원자력에너지정책에 대한 행동경제학의 적용," 『한국행정논집』, 26(2).

강준만, 2013, 『감정독재』, 인물과 사상사.

김영평, 2006, "Herbert A. Simon의 절차적 합리성이론," 오석홍·김영평 편저, 『정책학의 주요이론』, 법문사.

김정수, 2007, "불확실성, 결정오차, 그리고 제비뽑기의 역설: 문예진흥기금 지원심의방식에 대한 역발상," 『한국정책학회보』, 16(1).

김정수, 2011, "감정의 재발견: '화성男 금성女' 은유를 활용한 정부-국민간 정책갈등에 대한 시론적 재해석," 『한국정책학회보』, 20(1).

김태은, 2015, "역사적 제도주의 연구 경향과 비판적 논의," 『한국행정학보』, 49(4).

대니얼 카너먼 저, 이진원 옮김, 2012, 『생각에 관한 생각』, 김영사.

보론 불확실성과 제비뽑기

많은 정보를 수집해서 열심히 따져 보고 계산하면 좋은 결정을 내릴 수 있을까? 보다 나은 품질의 결정을 위해서는 의사결정과정에서 많은 노력을 기울여야 한다는 것이 일반적인 통념이다. 어떤 문제에 대한 해결책이 실패하면 보통 결정과정에 더 많은 비용과 노력을 들임으로써 더 나은 대안을 선택하려고 한다. 그러나 문제가 너무나 복잡하고 불확실한 경우라면 결정비용(decision cost)을 아무리 높인다고 해도 결정의 질이 그에 비례해서 높아지리라는 보장이 없다. 불확실성이 높을수록 결정의 오류가 발생할 가능성이 그만큼 더 커지기 때문이다. 따라서 최대의 결정비용을 투입하는 것이 언제나 가장 바람직한 결정방식이라고 단언할 수는 없다. 고도의 불확실한 문제상황하에서는 차라리 제비뽑기가 더 현명한 전략이 될 수 있다(김정수, 2007).

제비뽑기는 최대의 결정비용이 소요되는 합리적 결정방식의 대척점에 있는 방식이다. 무작위 추첨에 의해 선택이 이루어진다는 점에서 결정비용이 최소가 되기 때문이다. 여기에는 목표달성의 극대화 혹은 합리적인 대안 모색 등을 위한 신중한 고민과 노력은 전혀 없다. 주어진 문제에 대한 해결책의 선택을 우연에 맡긴다는 점에서 제비뽑기는 대단히 비합리적인 결정방식으로 보일 수도 있다. 사소한 문제상황에서 그냥 반 장난삼아 해보는 것은 몰라도 중요한 문제를 다룰 때 그런 단순하고 조악한 결정방식을 쓴다는 것은 상상하기도 어려운 것이 보통이다. 그러나 어떤 결정방식이 현명하고 실용적이냐 하는 것은 문제상황에 따라 다르기 마련이다. 똑같은 전략이라도 상황에 따라서 합리적일수도 우스꽝스러울 수도 있는 것이다(Forester, 1984: 495; Lindblom, 1969: 352). 복잡하고 불확실한 경우에는 "보다 단순한 정책결정기준의 도입이 바람직"할 수 있다(최종원, 1999: 273). 결정비용을 증가시킨다고 해서 그 결과가 훨씬 나아진다는 보장이 없다면 차라리 결정비용을 최소화하는 편이 훨씬 더 현명한 결정방식이 되기 때문이다. 일견 매우 비합리적으로 보이는 제비뽑기도 다음과 같은 상황에서는 대단히 현명한 결정전략이 될 수 있다.

1. 정답의 이익과 오답의 손해 차이가 극히 사소한 경우

결정비용의 적정수준은 손해비용(혹은 예상이익)의 크기에 따라 달라진다. 결정비용을 많이 들여서 결정의 질이 높아진다고 해도 그로 인해 얻어지는 문제해결상의 이익이 결정비용보다 크지 않다면 현명한 전략이 될 수 없다. 설령 잘못된 결정을 내린다고 해도 그로 인한 손해·피해의 규모가 극히 사소한 경우라면 결정비용을 최소화하는 편이 오히려 합리적인 결정전략이 된다. 정답을 선택했을 때의 기대이익과 오답을 선택했을 때의 기대이익(혹은 손해)의 차이가 무시해도 좋을 만큼 작다면 굳이 합리적인 결정을 위해 많은 결정비용을 들일 필요가 없는 것이다. 예컨대 동일한 자격을 갖춘 다수의 후보 중에서 일부 제한된 숫자의 사람들을 선정해야 하는 경우를 생각해 보자. 어차피 모든 후보들이 다 비슷비슷한 자격을 가지고 있다면 누가 선정되건 상관없다. 따라서 굳이 최적의 후보를 결정하기 위해 복잡하게 따질 필요없이 제비뽑기로 간단하게 선정하면 그것으로 충분한 것이다. 예를 들어 아파트 분양 추첨, 초중고교 신입생 배정 추첨, 복권 추첨 등이 여기에 해당된다.

2. 정답을 선택할 확률이 무작위추첨 확률 이하인 경우

선택이 잘못되면 상당한 손해를 보는 경우라고 해서 반드시 결정비용을 높여야 하는 것은 아니다. 왜냐하면 결정비용과 결정의 질이 항상 비례하는 것은 아니기 때문이다. 문제 자체가 너무 어려운 경우에는 결정비용을 크게 높여도 정답을 선택할 확률은 그다지 향상되지 않을 수 있다. 이는 마치 시험문제가 워낙 어려워서 공부를 하건 안 하건 어차피 성적이 낮게 나오는 상황에 견주어 볼 수 있다. 예컨대 주식투자와 같이 매우 불확실한 선택상황에서는 원숭이가 투자전문가보다 더 나은 실적을 올릴 수도 있다. 2000년 미국『월스트리트저널』지는 원숭이 1마리와 펀드매니저 4명, 아마추어 투자자 4명을 대상으로 흥미로운 모의투자게임을 실시했었다. 결과는 무작위로 골랐던 원숭이의 승리였다. 원숭이는 −2.7%의 수익률을 기록했으나 펀드매니저는 −13.4%, 일반투자자는 −28.6%였던 것이다. 이와 같은 경우에는 기회비용이 고려되어야 한다. 즉, 별 실익도 없이 결정과정을 더욱 엄격하게 만드느니 그 비용을 다른 용도에 사용하는 것이 더 낫다는 말이다. 아무리 노력을 기울여도 정답을 선택할 확률이 별로 향상되지 않을 만큼 어려운 문제라면, 자원의 제약을 고려할 때, 결정비용을 최소화하고 나머지 자원은 차라리 다른 문제해결에 투입하는 편이 더 현명할 것이다.

3. 선택결과의 정오(正誤) 여부에 대한 객관적 판정이 어려운 경우

정책문제에 있어서는 정답과 오답의 판정기준이 대단히 모호하고 불분명한 경우가 적지 않다. Landau(1977)가 지적했듯이 정책은 정답을 미리 알기 전에 결정해야 한다는 점에서 가설과도 같다. 이 말을 뒤집어 보면 정책을 시행해 본 후에는 그 결정의 정오 여부를 알 수 있다는 의미가 된다. 그러나 결과의 판정 자체 역시 불확실성이 내재된 또 하나의 결정이다. 때로는 정책을 시행하고 난 이후의 결과가 과연 성공인지 실패인지 객관적으로 판정하기 매우 어려운 경우도 있다. 특히 비계량적인 가치를 다루는 정책의 경우, 그 성과에 대한 객관적인 판단기준을 세우기가 불가능할 수도 있다. 예를 들어서 모범공무원이나 효자·효부 등을 선정해서 수상하는 경우가 여기에 해당된다. 또한 대학 신입생을 선발하거나 대통령·국회의원을 선출하는 결정 역시 같은 상황이다. 이러한 문제상황에서는 아무리 많은 결정비용을 들인다고 해도 그 선택의 결과에 대한 판정의 모호성 자체는 결코 줄일 수 없다. 따라서 어떤 선택을 하건 간에 그 결과에 대한 판정시비로부터 자유로울 수는 없게 된다. 그렇다면 정답인지 아닌지 불명확한 결정을 도출하기 위해 굳이 그 과정에서 많은 노력과 에너지를 투입할 필요는 없을 것이다.

CHAPTER 12

집행 단계

제1절 정책집행(Policy Implementation)의 의의

제2절 정책집행에 대한 주요 연구

제3절 정책집행의 성패에 영향을 미치는 요인들

제4절 일선 집행기관의 재량권

미리 생각해 보기

정책이 어떻게 집행되느냐 하는 것이 정책의 성패에 크게 영향을 미치게 될까? 새마을운동의 사례를 통해 생각해 보자. 1970년대 초 시작되었던 새마을운동은 낙후되어 있던 농촌을 근대화시키기 위한 정책이었다. 1970년 10월부터 1971년 6월까지 겨울철 농한기를 이용하여 전국의 3만 3,267개 리동(里洞)에 시멘트를 335부대씩 무상으로 지급하고 각 마을의 환경 개선 사업을 주민 협동으로 추진하도록 하였다. 지붕을 볏짚 대신 슬레이트 또는 함석으로 대체 개량, 담장 바로잡기, 마을 안길 정비 등이 주된 사업 내용이었다. 1972년부터는 주민 지도자의 발굴·훈련 및 활용에 역점을 두면서 사업 내용도 초기 환경 개선 사업에서 전향적 의식 계발 사업 및 생산 소득 사업 등을 포괄하는 종합적 근대화 운동으로 확대되었다. 새마을운동은 관주도형 정책이었으나 집행 과정에서 각 지역 주민의 자조적이며 자발적인 참여와 협동을 바탕으로 추진되었다.

제1절

정책집행(Policy Implementation)의 의의

1. 정책집행의 개념

정책집행은 선택된 대안을 실행에 옮기고 정책의 내용을 실현시키는 단계이다. 어떤 정책이 결정되었을 때에는 아이디어 차원으로 존재한다. 이 정책 아이디어를 실제 행동으로 옮기는 것이 집행 단계인 것이다. 정책문제에 대한 해결책으로 최종 선택된 대안은 아직 실제 현실에 적용되지 않고 정책결정자들의 머릿속에만 존재하고 있다. 의지나 생각만으로 바라는 일이 저절로 이루어지지는 않는다. 우리가 생각한 바를 행동에 옮겨야 어떤 식으로든 현실의 변화가 일어날 수 있다. 이처럼 정책집행이란 아이디어, 생각 차원에 머무르고 있는 정책을 실제 행동으로 옮김으로써 문제를 해결하고 우리가 원하는 결과를 얻으려고 하는 단계라고 할 수 있다.

2. 정책집행이 의미를 갖는 이유

정책집행이 의미를 갖는 이유는 무엇일까? 집행 단계가 중요한 이유를 두 가지로 나누어 생각해볼 수 있다.

첫 번째로는 정책을 어떻게 집행하느냐에 따라서 정책의 결과가 달라질 수 있기 때문이다. 정책의 내용도 물론 중요하지만 똑같은 내용이라고 하더라도 어떤 식으로 실행에 옮기느냐 하는 것이 정책의 성패에 영향을 미칠 수도 있다.

예를 들어서 복지정책 차원에서 저소득층 학생들에게 학교에서 도시락을 나눠 준다고 할 때 이 도시락을 어떤 방식으로 나눠 줄 것인지에 따라 그 효과가 차이날 것이다. 다른 학생들에게 알려지지 않게 조심스럽게 전달하는 방식도 있고, 아니면 그냥 모든 학생들이 보는 앞에서 호명하고 이것 가져가라 하는 식으로 무안하게 만들면서 주는 방식도 있을 수 있다. 저소득층 학생들에게 도시락을 제공한다는 정책의 내용은 동일하지만 어떤 방식으로 집행하느냐에 따라서 정책의 성과가 크게 달라질 수 있을 것이다. 따라서 결정뿐 아니라 집행 과정 역시 정책성패를 좌우하는 요인이 된다고 할 수 있다.

두 번째로, 정책을 연구하고 학습하는 관점에서 보자면 정책집행은 가설을 현실에서 검증하는 과정이라고도 이해될 수 있다. 앞에서 강조했듯이 정책은 그 결과가 어찌될지 미리 확인할 수 없는 상태에서 대안을 선택하고 결정을 내려야 한다는 점에서 가설과도 같다. 그리고 정책을 집행하는 것은 마치 과학 연구에서 실제 데이터를 모아 가설을 검증하는 과정과도 같다. 결정 단계에서 선택한 대안이 과연 문제에 대한 정답인지 아닌지 판가름하기 위해서는 정책을 실제 현실 사회에서 시행에 옮겨 봐야만 하는 것이다. 따라서 집행은 미래의 성공적 정책을 위한 지식을 축적한다는 점에서도 중요한 의미가 있다.

3. 정책집행의 접근방법

정책집행의 유형은 크게 세 가지로 구분할 수 있다. 하향식 접근(top-down approach), 상향식 접근(bottom-up approach), 그리고 상황적응적 접근(contingency approach)이다. 첫째, 하향식 접근이란 조직의 상부에 있는 정책결정자들이 하위 구성원들의 모든 업무수행 방법을 정확하게 다 규정해 놓고 일선 관료들에게는 위에서 하라는 대로 집행하라고 지시하는 방식이다. 둘째, 상향식 접근이란 반대로 정책결정자는 정책의 큰 방향이나 기조 정도만 설정해 놓고 업무를 수행하는 구체적인 집행 방법에 대해서는 조직의 하부에 있는 일선 관료들에게 위임하는 방식이다. 셋째, 상황적응적 접근이란 항상 상향식 혹은 항상 하향식으로 접근하는 대신 문제의 성격이나 조직이 처한 상황에 따라 그때그때 적절한 접근방법을 취하는 방식이다. 즉, 때로는 상향식 접근이 필요할 수도 있고 때로는 하향식 접근이 더 적절할 수도 있음을 다 인정하는 것이다. 이러한 유형 구분은 연구자가 실제 정책집행이 어떻게 이루어지는지 관찰하고 이해하려고 할 때 유용한 분석도구가 될 수 있다.

4. 정책결정과 정책집행의 비교

정책결정과 정책집행을 비교해 보면 몇 가지 공통점이 있다. 첫째, 정책결정이나 정책집행이나 다 같이 일련의 의사결정 행위라고 할 수 있다. 정책의 집행 과정 역시 의사결정 행위라는 것은 목표와 수단의 계층제라는 개념을 생각하면 쉽게 이해될 수 있다. 정책의 목표를 달성하기 위해 채택된 수단을 시행하기 위해서는 또 다른 하위 수단들을 모색해야 한다. 즉, 정책을 결정한 이후에 시행하는 과정에서 또다시 무엇을 어떻게 해야 할 것인지 보다 구체적으로 결정해야 하는 것이다. 따라서 정책집행이란 결정 단계에서 정해진 바를 그대로 기계적으로 행동에 옮기는 것이 아니다. 목표 달성을 위해 선택된 대안을 제대로 시행하기 위해 필요한 하위 수단들에 대하여 또다시 의사결정을 해야 하는 것이다.

둘째, 결정 과정이나 집행 과정 모두 정치적인 성격을 띠고 있다. 정책집행은 아무런 갈등이나 충돌 없이 자동적으로 매끄럽게 시행되는 과정이 아니다. 정책결정 과정에서 참여자들 사이에 서로 자신들의 비전, 가치관, 이해관계를 관철시키려고 노력하는 것처럼 정책집행 단계에 있어서도 관여하는 다양한 주체들 사이에 의견 충돌과 이해관계 갈등이 얼마든지 일어날 수 있다. 이런 것들을 조정한다는 면에서 정책집행은 정책결정 못지않게 정치적인 속성을 가지고 있는 것이다.

셋째, 정책결정과 정책집행은 다 같이 행정부가 주도적인 역할을 수행하고 있다. 물론 정책결정은 의회가, 정책집행은 행정부가 담당하는 것이 민주주의 3권분립 체제의 교과서적인 원칙이다. 하지만 오늘날 국가 기능의 다양화, 복잡화, 전문화에 따라 의회는 주로 정책의 기조와 큰 틀을 결정하는 역할을 담당하고 보다 구체적인 정책결정은 행정부에게 위임되는 경우가 많다. 따라서 정책집행의 주체인 행정부가 실질적으로는 결정 과정 역시 주도하는 경우가 많다는 것이다.

정책결정과 정책집행의 차이점은 상대적 관점에서 바라볼 필요가 있다. 정책결정이 기본적인 방향, 기조, 범위를 설정해 주는 것이라면, 정책집행은 그 틀 안에서 구체적인 프로그램과 사업 등 세부 사항들을 확정하는 활동이다. 정책결정이 앞으로 해야 할 일들을 구상하는 계획

(plan) 위주의 단계라면 정책집행은 아이디어를 실천에 옮기는 행동 (action) 위주의 단계이다. 정책결정 단계에서 고도로 정치적인 성격이 강하게 나타나는 반면 집행 단계에서는 아무래도 기술적이고 전문적인 성격이 더욱 강하다. 또한 정책결정은 대체로 조직의 상층부에서 주로 이루어지는 데 비해 정책집행은 대체로 조직의 하층부에서 일선 관료들에 의해서 많이 이루어진다. 참여 인원이라는 측면에서 보면 정책결정 과정에는 대개 소수가 참여하는 반면 정책집행 과정에는 대단히 많은 수의 참여자들이 관여하게 된다.

제2절

정책집행에 대한 주요 연구

정책집행과 관련된 기존 연구들 중에서 중요한 몇 가지를 소개하면 다음과 같다.

1. 정책집행의 유형: 결정자와 집행자의 관계

정책집행의 유형을 구분하는 방식에는 여러 가지가 있을 수 있다. 나카무라와 스몰우드(Nakamura and Smallwood, 1980)는 정책결정자와 집행자가 상대적으로 얼마만큼의 권한을 가지고 있느냐 하는 관점에서 정책집행을 5가지 유형으로 구분하였다.

첫 번째 고전적 기술자형은 정책결정자가 거의 대부분의 권한을 가지고 있고 집행자에게는 별다른 권한을 위임해 주지 않은 경우를 말한다. 하향적 정책집행 방식이라고 할 때의 전형적인 집행 유형이라고 할 수 있다. 두 번째 지시적 위임자형은 정책결정자로부터 지시를 받은 범위 내에서 집행자가 어느 정도의 위임을 받은 경우를 의미한다. 기본적으로는 정책결정자가 정책의 기본 골격과 구체적인 목표를 설정해 놓고 그 범위 내에서 수단을 강구하도록 정책집행자에게 약간의 재량권을 위임해 준 정도라고 할 수 있다.

세 번째 협상가형이란 정책결정자와 집행자가 거의 비슷한 정도로 권한을 나눠 가지고 있는 상황이라고 이해할 수 있다. 고전적 기술자형이나 지시적 위임자형의 경우에는 정책의 기본적인 방향과 목표를 정책결정자가 설정해 주는 반면 협상자형의 경우 정책결정자와 정책집행자들 간의 협상 또는 흥정을 통해서 정책의 목표나 수단이 설정된다. 네 번째 유형인 재량적 실험가형의 경우 협상가형보다 정책집행자의 권한이 더 많다. 이 경우 정책결정자는 추상적인 목표를 제시하는 정도이고 집행자가 광범위한 재량권을 위임받아서 정책의 목표와 수단을 구체화하는 역할을 담당한다. 마지막으로 관료적 기업가형은 정책

표 12-1 나카무라와 스몰우드의 정책집행 유형론

구분	정책결정자의 역할	정책집행자의 역할
고전적 기술자형	• 구체적인 목표를 설정 • 정책집행자에게 목표 달성을 위한 기술적인 권한을 위임	• 정책결정자의 목표를 지지하고 그 목표를 달성하기 위한 기술적 수단 강구
지시적 위임자형	• 구체적인 목표를 설정 • 정책집행자에게 목표 달성을 위한 수단을 강구하도록 행정적 권한 위임	• 정책결정자의 목표를 지지하며 목표를 달성하기 위해 집행자 상호 간에 행정적 수단에 관하여 교섭
협상가형	• 목표를 설정 • 집행자와 목표 또는 목표 달성을 위한 수단에 관하여 협상	• 목표 달성에 필요한 수단에 관하여 정책결정자와 협상
재량적 실험가형	• 추상적 목표를 지지 • 집행자가 목표 달성 수단을 구체화시킬 수 있도록 광범위한 재량권 위임	• 정책결정자를 위해 목표와 수단을 명백히 함
관료적 기업가형	• 집행자가 설정한 목표와 그 목표 달성을 위한 수단을 지지	• 목표와 그 목표 달성을 위해 필요한 수단을 형성시키고 정책결정자로 하여금 그 목표를 받아들이도록 설득

결정자 대신 집행자가 주도해 나가는 경우를 말한다. 정책을 집행하는 일선 관료들이 마치 기업가처럼 매우 적극적으로 정책의 목표와 수단을 설정하고 정책결정자는 이를 수동적으로 받아들이고 지지하는 정도에 그치는 유형이다. 〈표 12-1〉은 이상의 설명을 간략하게 정리한 것이다.

2. 오클랜드 프로젝트 연구

정책집행에 관한 가장 고전적인 연구는 오클랜드 프로젝트(Oakland Project)의 사례를 분석한 프레스만과 윌답스키(Pressman and Wildavsky, 1979)의 연구이다. 1960년대 중반 미국 오클랜드 시는 인구 36만 5천 명 정도의 도시였는데 실업률이 8.4%로 전국 평균의 2배 정도로 높은 수치였다. 특히 많은 흑인들이 일자리가 없어서 고생하고 있었다. 당시 미국 정부는 경제개발처(EDA)로 하여금 이 문제를 담당하도록 하였고 공공사업 및 건설금융을 통해 흑인들의 실업 문제를 해결하고자 하였다. 그리하여 시행된 오클랜드 프로젝트의 주된 내용은 2,300만 달러를 투입하여 공공시설 건설 사업을 보조함으로써 2,200개의 일자리를 창출하고 또한 160만 달러의 사기업 융자금을 제공함으로써 800개의 일자리를 창출한다는 것이었다. 도합 2,500만 달러 정도가 투입이 되고 3천여 개의 새로운 일자리가 창출될 것이라 기대되었던 이 정책은 그러나 형편없는 실패작으로 판명되었다. 정책 시행 후 3년 뒤에 결과를 봤더니 실제로 지출이 이루어진 비용은 원래 계획의 8분의 1밖에 되지 않는 고작 300만 달러에 불과했었다. 그리고 실제로 창출된 새로운 일자리는 고작 10~43개 정도에 불과하였다.

프레스만(J. Pressman)과 윌답스키(A. Wildavsky)는 이토록 참담한 정책실패가 발생하게 된 이유에 대해서 연구하였다. 이들의 연구 결과에 따르면 오클랜드 프로젝트라는 야심찬 정책이 실패했던 데에는 몇 가지 중요한 원인이 있었다. 첫 번째는 정책의 집행 과정에 너무 많은 참여자들이 있었다는 사실이다. 중앙정부, 지역정부, 시민들, 은행 등 여러 단체들이 동시에 참여하다 보니까 그들 사이의 관계가 대단히 복잡해지고 혼란스러워져서 정책이 순조롭게 집행되기 어려웠다는 것이다. 그리고 정책과 관련하여 중요한 지위에 있던 사람들이 수시로 교체되었다는 사실도 정책의 원만한 집행에 방해가 되었다.

또 하나 중요한 것은 의사결정점(decision point)이 많았다는 것이다. 의사결정점이란 정책이 집행되는 과정에서 다음 단계로 넘어가기 위해서는 정책에 관여하는 모든 사람들이 동의해 주어야만 하는 상황을 의미한다. 다음 단계로 진행되기 위해 모든 참여자들의 동의가 필요하다는 것은 뒤집어 말하면 어떤 한두 사람이 반대를 하게 되면 일이 진척될 수 없다는 뜻이 된다. 즉, 의사결정점이 일종의 거부점(veto point)이 되어 버렸기 때문에 정책이 원래 계획대로 원활하게 집행될 수 없었다는 것이다.

또한 정책문제를 해결하기 위해 채택되었던 정책수단이 실상은 제대로 된 인과관계 지식에 바탕을 두지 않았다는 것도 실패의 중요한 원인이었다. 당시 오클랜드 지역이 안고 있었던 경제문제는 그 지역경제 전체의 불황이 아니라 단지 그 지역 흑인들의 일자리가 부족하고 수입이 적다는 것이었다. 문제의 핵심은 흑인들의 높은 실업률이었는데 정책수단은 흑인들에게 직접적으로 일자리를 제공해 주는 방식이 아니었다. 공공시설 등 사회간접자본을 건설하는 데 공적 자금을 투입하는 간접적인 방식이 사용되었기 때문에 흑인들에게 일자리를 제공해 준다는 원래의 정책목표가 달성되지 않았다는 것이다.

그뿐만 아니라 정책집행 기관이 잘못 선정되었다는 것도 실패의 원인으로 비판받았다. 오클랜드 프로젝트를 담당했었던 경제개발처라는 기관은 원래 경제적 불황을 해결하는 데 전문적으로 동원되는 기관이었다고 한다. 그런데 당시 오클랜드 시의 문제는 그 도시 전체에 걸친 전반적인 경제 불황이 아니라 그 지역에 거주하는 흑인들이 일자리가 별로 없었다는 것이었다. 문제의 핵심에 초점을 맞추지 못하고 문제의 특성과 맞지 않는 기관을 책임 부서로 선정했다는 것이 정책실패의 또 다른 이유였다는 것이다.

3. '진화'로서의 정책집행

마지오네와 윌답스키(Majone and Wildavsky, 1979)는 정책집행을 진화(evolution)로 이해해야 한다고 주장하였다. 이들의 기본 전제는 정책이란 것은 고정된 설계가 아니며 정책결정과 정책집행은 상호 영향을 주고받는다는 것이다. 정책집행은 처음 결정된 정책을 그냥 그대로 집행되고 나서 끝나 버리는 것이 아니라 도중에 계속해서 수정과 변화가 이루어질 수 있는 계속적인 과정으로 이해되어야 한다. 정책을 집행하는 과정은 계속적인 행정과정이며 이 과정을 통해서 정책은 재설계되고 재형성된다. 정책집행은 과거에 결정된 정책을 가지고 아직 알지 못하는 시간 속으로 가는 여정이다. 따라서 정책집행은 항상 예기치 못했던 새로운 상황에 부딪치기 마련이며 그때마다 당초의 정책 아이디어를 재해석하고 다시 디자인하는 작업은 불가피하다.

이런 관점에서 보면 정책집행이란 새로운 환경에 적응해 나가는 과정이라고 할 수 있다. 즉, 정책집행은 처음 정해진 바를 기계적으로 그대로 실행에 옮기는 것이 아니라 환경 변화에 적응해 나아가는 마치 진화와 같은 과정으로 이해되어야 한다는 것이다. 전통적인 시각에서 보면 정책은 처음에 결정된 내용이 집행 과정에서도 원래 그대로 유지되는 것으로 간주된다. 그러나 마지오네(G. Majone)와 윌답스키(A. Wildavsky)는 정책을 미리 고정된 디자인이 아니라 집행되는 과정에서 시간의 흐름과 환경의 변화에 따라 얼마든지 바뀔 수 있는 것으로 본다. 그래서 정책집행이란 마치 진화 과정처럼 주변의 변화된 상황에 적절히 적응해 나가는 과정으로 이해해야 한다는 것이다.

제3절

정책집행의 성패에 영향을 미치는 요인들

정책이 성공적으로 집행되기 위해서 필요한 조건은 어떤 것들이 있을까? 정책집행은 일선 현장에서 다양한 요인들에 의해 영향을 받기 때문에 일반적인 원칙을 이야기하기가 쉽지는 않다. 정책집행에 관한 기존의 연구들에서 정책집행의 성패에 영향을 미친다고 지적된 요인들을 모아서 정리하면 다음과 같다(정정길 외, 2010: 531~561).

1. 정책의 특성과 자원

정책의 속성 중에서는 우선 정책 내용이 어느 정도로 명확하고 일관성 있게 지속되느냐 하는 것이 집행에 영향을 미친다. 정책의 내용이 불명확하고 무엇을 어떻게 진행해야 될지 구체적인 지침이 존재하지 않는다면 체계적이고 정확한 집행은 어려울 것이다. 또 정책의 내용이 너무 자주 변경되고 일관성이 너무 없다면 안정적인 집행은 기대하기 어려울 것이다.

둘째로 정책 내용의 소망성도 집행 과정에 영향을 미친다. 정책의 내용이 정책집행을 담당하는 사람들에 의해서 바람직스러운 것으로 여겨지느냐 하는 것이다. 정책결정자들이 아무리 좋게 생각하는 정책이라고 해도 정작 집행담당자들이 내용 면에서 바람직스럽지 않다고 생각하는 정책이라면 열심히 최선을 다해 집행하지 않을 가능성이 크다.

세 번째로는 정책집행에 필요한 수단, 도구 혹은 자원이 어느 정도 확보되어 있느냐가 집행에 영향을 미친다. 집행 과정에서 소요되는 경제적인 재원, 작업을 실제로 담당할 수 있는 인력 및 부서, 또는 일을 제대로 추진하는 데 필요한 기술 등이 제대로 갖추어져 있는지가 성공적인 집행에 있어서 중요한 요인이 된다. 예를 들어 수입 농산물의 원산지 표기를 단속하는 경우를 생각해 보자. 정책집행이 성공적으로 이루어지기 위해서는 혹시라도 원산지를 속여서 파는 경우가 있으면 확인해서 적발해야 한다. 그런데 전국 각지에 있는 수많은 수입 농산물 판매처들을 다 확인하려면 충분한 단속 인력이 확보되어야만 한다. 만약 단속에 동원될 수 있는 인력이 부족하고 제한되어 있다면 아무리 철저하게 단속하고자 해도 현실적으로는 충실한 집행이 불가능한 것이다.

2. 정책결정자와 정책관련 집단의 지지

성공적인 정책집행에 영향을 미치는 또 다른 요인은 외부로부터 지원이 어느 정도냐 하는 것이다. 우선 최고 정책결정자가 이 정책에 대해 얼마만큼의 관심을 가지고 지지하느냐가 정책집행의 성공에 있어서 매우 중요한 요인이 된다. 최고 리더가 많은 관심을 가지고 주목하고 있는 정책이라면 아무래도 자원을 동원받기도 쉽고 또 정책을 집행하는 데 있어서 여러 가지 불필요한 장애물들도 쉽게 제거될 수 있기 때문이다. 또 하나는 일반 대중들 그리고 여론의 지지가 있느냐 하는 것이다. 어떤 내용의 정책이건 만약 국민 대다수가 원하지 않거나 혹은 반대하는 정책이라면 거센 저항 때문에 제대로 시행해 나가기가 대단히 어려울 것이다. 또한 여론을 주도해 나가는 언론 매체들이 비판적인 논지를 계속 유지해 나가는 정책이라면 일반 대중들의 여론 역시 부정적으로 형성됨으로써 원활한 집행이 이루어지지 못하게 방해하는 작용을 할 수 있다. 또한 정책에 의해서 직접적인 영향을 받게 되는 대상집단이 어느 정도로 지지하느냐 하는 것도 중요한 영향 요인이 된다. 일반 국민들의 시각과 여론도 중요하지만 그 정책에 의해서 직접적인 영향을 받게 되는 대상집단이 지지하지 않거나 혹은 결사적으로 반대하는 정책이라면 수월하게 집행되기 어려울 것이다.

3. 집행조직과 담당자

정책집행에 영향을 미치는 세 번째 요인으로는 집행을 수행하는 기관과 담당자를 들 수 있다. 우선 정책집행을 담당하는 기관과 관료들의 의지와 능력이 정책집행의 성공에 영향을 미친다. 정책의 내용이 아무리 좋다고 해도 집행을 담당하는 일선 관료들이 별다른 의욕도 없고 의지도 없다면 효과적인 정책집행이 이루어지지 않을 것이다. 설령 일선 집행관료들이 정책시행에 대한 충분한 의지가 있다고 해도 만약 업무수행에 필요한 지식이나 능력이 부족하다면 역시 제대로 된 정책 집행은 기대하기 어려울 것이다. 또한 집행담당 부서의 관료 규범, 집행 절차 혹은 조직 구조가 어떠하냐 하는 것도 정책집행에 영향을 미친다. 관료들의 기강이 제대로 잡혀 있는지, 또 조직에서 문제해결에 필요한 각종 표준운영절차(SOP) 등이 얼마만큼 충실히 갖추어져 있는지가 집행의 성패에 영향을 미치는 요인이 된다. 그리고 조직의 특성이라든지 또는 중간의 매개 기관들도 정책집행의 성패에 영향을 미친다고 한다. 예를 들어서 조직 내의 분위기가 분파주의나 할거주의가 극심하다면 정책집행 과정에서 필요한 부서 간 협업이나 조정이 대단히 힘들 것이고 자연히 순조로운 정책집행도 이루어지기 어려울 것이다. 또한 정책을 집행하는 담당자와 대상집단 혹은 주민들 사이에서 중재역할을 원활하게 해줄 수 있는 매개 기관이 존재하는지, 그리고 어느 정도의 역할을 수행해 주는지 하는 것도 집행의 성패에 영향을 미치게 된다.

제4절

일선 집행기관의 재량권

오늘날 정책집행을 바라보는 일반적인 시각은 과거 고전적인 정치 행정 이원론식 입장과는 다르다. 정책집행은 정책결정자들에 의해서 사전에 정의되고 규정된 그대로 기계적으로 시행되는 것은 아니라는 것이다. 이 말은 정책을 집행하는 현장 관료들에게 어느 정도의 재량권이 주어짐을 뜻한다. 그런데 과연 집행을 담당하는 일선 담당자들에게 정말 재량권이 필요한 것인가? 재량권이 필요하다면 그 근거는 무엇인가?

1. 정보와 정책결정

이 문제를 정보와 의사결정이라는 관점에서 생각해 볼 수 있다. 일단 다른 조건들이 동일한 상태라면 의사결정의 수준(quality)은 정보의 함수라고 할 수 있다. 즉, 충실한 좋은 정보를 많이 가지고 있으면 그만큼 의사결정의 질은 높아질 것이란 말이다. 물론 단지 정보의 양이 많다고 해서 항상 좋은 의사결정을 할 수 있는 것은 아니다. 비유컨대 마치 싱싱한 생선으로 요리를 해야 맛있고 영양가 있는 음식이 나올 수 있듯이 정보도 싱싱하고 생생해야 의사결정에서 그 역할을 충실히 감당할 수 있다. 오래되고 낡은 정보는 마치 유통기간이 지나 상해 버린 생선처럼 자칫 의사결정의 수준을 높이기는커녕 오히려 더 형편없이 나쁜 결정을 만들게 하기 때문이다. 이러한 시각에서 본다면 정책집행을 담당하는 일선 관료들에게 충분한 재량권이 주어지는 것이 반드시 필요하다고 할 수 있다.

이 논리를 지방자치 혹은 분권화 논리와 연결시켜서 생각해 보도록 하자. [그림 12-1]은 가운데 중앙정부가 있고 A, B, C라는 세 개의 지역정부가 있는 모습을 그림으로 간단히 나타내 본 것이다. 각각의 원은 중앙정부 및 지역정부의 정보처리용량 혹은 문제해결 능력의 크기를 나타낸다고 가정하자. 일반적으로 중앙정부는 지역정부에 비해서 인력이나 재정 등 여러 면에서 더 큰 용량을 가지고 있다. 중앙정부의 원의 크기가 지역정부의 원의 크기보다 더 큰 것은 이를 상징하는 것이다.

그림 12-1 집권화와 분권화

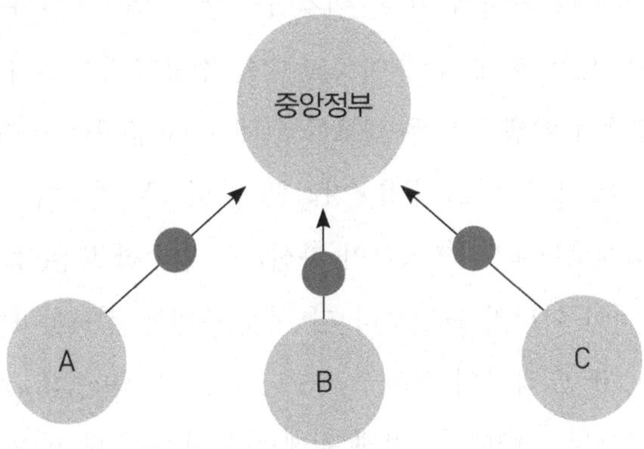

2. 집권적 시스템

이 그림을 이용해서 먼저 중앙집권 논리가 어떻게 적용되는지 살펴보자. A, B, C 각 지역에서 여러 가지 사건들이 발생을 하는데 각 지역의 문제들에 대한 정책적 대응 방안은 중앙정부에서 모두 다 결정해서 내려보내 준다. 이것이 중앙집권적 행정체제의 기본적인 작동 방식이다. 그렇다면 중앙정부에서는 각 지역의 정책을 어떻게 결정하게 되는가? 당연히도 각 지역에서 발생하는 정보를 전달 받아서 그 정보를 가지고 중앙정부가 각 정책을 결정하게 된다. A, B, C 각 지역정부는 자기네 지역에서 발생한 사건들에 관한 정보를 수합하여 중앙으로 보내준다. 그러면 중앙정부는 각 지역에 해당하는 정책을 결정해서 내려보내게 된다.

여기서 각 지역에서 발생하는 정보의 양이 각 지역정부의 정보처리 용량의 크기와 똑같다고 가정한다. 그리고 각 지역정부는 자기들이 입수한 모든 정보를 전부 다 중앙으로 올려 보낸다고 가정해 보면 어떤 상황이 되는가? A, B, C 세 개의 원의 면적을 합하면 중앙정부의 원의 크기보다 훨씬 더 커지게 된다. 이것이 무엇을 의미하는가? 중앙정부가 처리할 수 있는 최대 용량 이상의 많은 정보가 투입된다는 말이다. 즉, 각 지역에서 발생한 모든 정보를 그대로 다 중앙에 올려 보낸다면 중앙정부로서도 도저히 다 수용·처리할 수 없다는 것이다.

따라서 실제로는 각 지역정부가 자신들이 입수한 모든 정보를 다 올려 보내는 것이 아니라 그것보다 더 적게 축약된 정보를 보낼 수밖에 없다. 즉, A, B, C 각각의 원의 크기보다 작은 크기만큼의 정보가 중앙으로 보내진다는 것이다. 이렇게 원래보다 작아진 세 개의 원의 면적을 합했을 때 그래도 중앙정부의 원의 면적보다 더 크다면 각 지역에서 중앙으로 보내는 정보의 양을 더 줄여야만 한다. 세 지역에서 보내주는 정보의 총량이 중앙정부의 최대 처리용량보다 작다면 그 정도 양의 정보는 이제 수용할 수 있다. 하지만 문제는 여기서 나타나게 된다. 중앙정부가 A 지역의 문제를 위한 정책을 만들 때 참고하는 정보의 양은 A 지역에서 당초 발생한 정보의 양보다 적다는 것이다. 이러한 현상은 B 지역이나 C 지역 모두 마찬가지이다.

3. 분권적 시스템

그렇다면 분권화된 체제에서는 어떻게 되는가? 지방자치 혹은 분권화 체제에서는 각 지역정부들이 자기 지역에서 발생한 문제에 대해서는 중앙에 보고할 필요 없이 자기들이 정보를 수집하고 그 정보를 바탕으로 자기네들에게 맞는 정책을 만들게 된다. A 지역에서는 다른 지역의 문제는 신경 쓸 필요가 없으니까 A 지역에서 발생한 모든 정보를 가지고 정책을 결정하게 된다. B와 C 역시 각자 자기 지역에서 발생한 정보 전부를 가지고 정책을 결정한다. 이것을 중앙집권적 체제와 비교해 보자. 각 지역의 정책을 결정할 때 사용된 정보의 양에 있어서 차이가 난다. 중앙정부가 A 지역 문제에 대한 정책을 만들 때보다는 A 지역정부가 스스로 자기 지역의 정책을 만들 때 훨씬 더 많은 양의 정보가 활용된다는 것이다. 앞에서 다른 조건이 동일하다면 더 많은 정보를 가지고 결정할 때 그 결정의 질(decision quality)이 높아질 것이라고 전제하였다. 따라서 보다 나은 정책결정을 위해서는 중앙집권적 체제보다는 당연히 지방분권적 체제가 더 유리하다고 할 수 있다.

집행담당자의 재량권에 관해서도 이러한 논리를 그대로 적용시킬 수 있다. 가급적 정보가 발생한 현장에 가까이 있는 사람에게 충분한 재량권을 부여하는 것이 좋다는 것이다. 하이에크(Hayek, 1945: 524)는 일선 현장에 있는 사람을 '현장인(man on the spot)'이라고 개념화하였다. 현장에 있는 일선 관료들은 중앙의 고위 결정자보다 현장의 생생한 정보를 풍부하게 접하게 된다. 따라서 집해의 수준을 더 높이기 위해서는 각 지역 현장에서 집행 업무를 수행하고 있는 일선 관료들에게 충분한 권한을 위임해 주는 것이 바람직하다. 사실 분권화와 재량권 위임에는 또 하나의 장점이 있다. 지역 혹은 현장에서 정보를 중앙으로 올려 보내고 중앙에서 결정을 내린 다음 그 결정을 다시 지역으로 내려보내는 과정에서 필연적으로 시간이 소요된다. 정보 전달에 시간이 소요된다는 것은 마치 유통기간이 지나서 상한 음식을 먹는 것 같은 일이 벌어질 수도 있음을 의미한다. 결국 정보의 양이라는 관점에서 보건, 정보의 신선함이라는 관점에서 보건 중앙집권적 체제보다는 지방분권적 체제가 더 좋다고 할 수 있다. 마찬가지로 중앙의 정책결정자가 모든 것을 모든 것을 결정하고 하달해 주는 기계적 집행 방식보다는 각 일선 현장 관료들에게 집행상의 재량권을 충분히 부여하는 방식이 더 바람직하다고 할 수 있다.

4. 상황론적 집행

그런데 과연 모든 경우, 모든 상황에 있어서 일선 관료에게 재량권을 위임해 주는 것이 좋은 것일까? 사실 어떤 집행 방식이 더 좋은지 그리고 일선 관료에게 재량권을 얼마만큼 위임하는 것이 좋은지 하는 것은 결국 문제의 성격에 따라서 달라진다고 할 수 있다. 만약 문제 상황이 대단히 복잡하고 불확실하다면 중앙의 정책결정자가 혼자 모든 것을 다 적절하게 결정한다는 것이 불가능하다. 따라서 이러한 상황에서는 현장에 있는 일선 관료에게 많은 재량권을 주고 적응적으로 집행해 나가도록 하는 현지적응적 집행(adaptive implementation)이 필요하다고 할 수 있다. 반대로 문제의 성격이 매우 단순해서 해답이 기계적으로 계산될 정도의 상황이라면 굳이 일선 관료에게 많은 재량권을 부여하기보다는 그냥 표준화된 절차를 정해 놓고 잘 준수하게 하는 중앙통제식 집행(programmed implementation)이 오히려 더 나을 수 있다. 결국 일선의 정책집행자에게 재량권을 위임해 주는 것이 좋은가 혹은 어느 정도의 재량권이 바람직한 수준인가 하는 것은 문제의 성격에 따라서 적절하게 선택되어야 할 것이다.

토론 주제

1) 정책의 내용 자체는 잘 설계되었으나 집행 단계에서의 문제점 때문에 정책이 실패한 사례가 있는지 찾아보고, 집행 과정에서 구체적으로 어떠한 문제점들이 있었는지 검토해 보자.

2) 정책과정에서 집행을 담당하는 일선 하위직 관료들에게 가급적 충분한 재량권을 위임하는 것이 바람직한가 아니면 상부의 지시에 충실히 따르도록 제한하는 것이 바람직한가? 그렇게 판단하는 근거는 무엇인가?

참고 의견

정책집행을 담당하는 일선 관료들에게 어느 정도의 재량권을 인정하는 것이 바람직한가에 대해서는 획일적인 정답을 말하기 어렵다. 문제의 특성과 상황에 따라 바람직스러운 집행 스타일이 다를 것이기 때문이다. 단순하고 기술적인 문제라면 결정 단계에서 전문가들이 정답에 해당하는 정책을 설계할 수 있으므로 굳이 집행자에게 많은 재량권을 부여할 필요는 없을 것이다. 그러나 복잡하고 불확실성이 큰 문제 상황이라면 결정 단계에서 모든 것을 다 정확히 예측하기 어렵다. 따라서 집행 단계에서 담당자가 상황 변화에 적절히 대응할 수 있도록 재량권을 위임해 주는 것이 필요할 것이다.

더 읽어 보기

김근혜·윤은기, 2017, "보건·복지 연계운영 전달체계의 저해요인에 대한 상대적 중요도 분석,"『한국정책학회보』, 26(3).

김길수, 2004, "정책집행과정에서 주민저항 사례연구: 부안 방폐장 부지선정을 중심으로,"『한국정책학회보』, 13(5).

모창환·조창현, 2008, "철도와 전력산업 구조개혁의 정책집행 비교분석: 정책집행 성공요인론의 적용과 시사점,"『한국정책학회보』, 17(1).

문명재 외, 2007, "대형국책사업 집행실패의 영향요인 분석,"『한국정책학회보』, 16(2).

이성우, 2000, "규제영향분석제도의 효과적 집행방안,"『한국정책학회보』, 9(2).

최종원, 1998, "정책집행연구의 이론적 틀에 대한 비판적 고찰,"『한국정책학회보』, 7(1).

최희성·이시원, 2018, "정책결정과 정책집행 간의 시차에 관한 연구: 제19대 국회 법률 및 관련 시행령의 분석을 중심으로,"『한국정책학회보』, 27(3).

CHAPTER 13

평가 단계

제1절 정책평가(Policy Evaluation)의 의의

제2절 정책평가의 유형

제3절 정책의 성패 판정

제4절 정책과 결과 사이의 인과관계 판정

제5절 정책평가 방법론: 비실험적 설계와 실험적 설계

미리 생각해 보기

'햇볕정책'이란 남북관계 개선을 목적으로 1998년 김대중 정부가 천명한 '대북화해협력정책'을 비유적으로 표현한 용어이다. "1. 무력도발 불용, 2. 흡수통일 배제, 3. 화해·협력 추진"이라는 3대 원칙을 토대로 인도적 차원의 비료 및 쌀 지원, 이산가족 상봉, 금강산 관광사업, 개성공단 조성 등이 추진되었다. 김대중 정부 때는 약 2조 7,000억 원, 노무현 정부 때는 약 5조 7,000억 억원이 대북지원비용으로 사용되었다고 한다. 지금까지의 상황을 종합해 볼 때, 햇볕정책을 어떻게 평가할 수 있을까?

개성공단 전경

제1절

정책평가(Policy Evaluation)의 의의

1. 개념 및 필요성

정책평가란 정책을 집행하고 난 후 원래 해결하고자 했던 문제가 제대로 잘 해결되었는지에 대해 검토해 보는 단계이다. 정책은 공공 문제를 해결하기 위한 대책이므로 정책을 시행한 후에는 당연히 당초 목표했던 바를 충실히 달성했는지 확인해 보고 만약 문제가 제대로 해결되지 않았다면 그 원인은 무엇인지에 대해 살펴보아야 한다.

개인이나 정부 조직 혹은 사회 전체 차원에서 동원할 수 있는 가용자원은 제한되어 있다. 정책은 이처럼 제한된 자원을 활용해서 문제를 해결하려고 하는 시도이다. 그런데 그동안 누차 강조했듯이 정책이란 가설과도 같아서 결정을 내리는 시점에서는 과연 그 선택이 문제를 잘 해결할 수 있는 정답인지 아닌지 확인하기가 어렵다. 말하자면 모든 정책은 항상 오류의 가능성, 즉 잘못 결정되었을 가능성을 가지고 있다는 것이다. 그렇기 때문에 정책을 결정하고 집행한 이후에는 반드시 그 결정이 정답에 해당하는 정책이었는지 아니면 무엇인가 부족했던 오류였는지를 분석해 볼 필요가 있다. 당초 결정에 하자가 있었다면 집행 후 평가를 통해 어떤 정책오류(policy error)가 있었는지 발견해야 한다는 것이다. 정책의 오류, 실수, 실패를 그냥 방치해 둔다면 문제도 해결되지 않고 한정된 자원도 계속 낭비되기 때문이다.

정책평가를 통해 무엇이 얼마만큼 왜 잘못되었는지 파악할 수 있다면 그러한 정보를 이용해서 정책을 수정하는 일이 가능해진다. 이런 관점에서 보면 정책평가를 통해서 피드백을 한다는 것은 제한된 자원을 보다 효율적으로 활용함으로써 보다 많은 사회문제를 해결하기 위해 꼭 필요한 작업이라 할 수 있다(박홍윤, 2012).

2. 목적

그렇다면 정책평가를 통해서 우리가 얻고자 하는 바는 무엇인가? 정책평가의 목적에 대해서 좀 더 구체적으로 살펴보면 다음과 같이 크게 세 가지로 구분해 볼 수 있다. 첫 번째는 조직의 관리를 좀 더 잘해 보자는 개선(management improvement)의 목적이 있다. 두 번째는 각종 정보를 통해서 학습(learning)을 하게 되는 효과가 있다. 세 번째로는 정책평가를 통해서 관련된 당사자들의 책임성(accountability, 책무성)을 제고할 수 있다는 점이다.

1) 관리 개선

사실 정책평가의 가장 중요한 목적은 관리 개선에 있다고 할 수 있다. 잘잘못을 따져서 벌을 주는 것보다는 무엇이 왜 어떻게 잘못되었는지를 파악하는 것이야말로 정책평가의 근본적인 목적이 되어야 한다. 평가를 통해 도출된 정보를 활용하여 조직 관리의 부족한 부분을 개선시킴으로써 앞으로는 정책을 좀 더 잘 운용할 수 있도록 하는 것이 핵심이라는 것이다.

개인적인 차원에서 생각해 본다면, 정책평가는 학생들이 한 학기 동안 열심히 공부한 다음 시험을 치르는 것에 비유할 수 있다. 사실 시험을 보고 점수를 받는다는 것은 학생 당사자 입장에서는 그다지 유쾌한 일이 아닐 수 있다. 또 열심히 공부했는데도 불구하고 성적이 그다지 좋지 않게 나온다면 아마 누구나 다 섭섭하고 불쾌한 기분이 들 것이다. 그럼에도 불구하고 한 학기 수업을 마친 다음에 시험을 보고 점수를 매기는 것이 중요한 이유는 무엇일까? 성적이 좋지 않은 학생에게 야단치고 벌을 주는 것 자체가 시험의 진짜 목적은 아니다. 정말 중요한 것은 학생들이 시험을 통하여 자신의 부족한 부분을 발견하는 것이다. 시험을 치고 나면 자신이 한 학기 동안 공부를 하면서 무엇이 부족했는지, 자기가 정확히 알고 있는 부분은 무엇이며 정확히 알고 있지 못한 부분은 어떤 것인지를 파악할 수 있다. 이러한 복기를 통해 좀 더 나은 학습을 가능하게 해주는 것이야말로 시험의 가장 중요한 목적이라고 할 수 있다.

정책평가 역시 마찬가지이다. 정책평가의 핵심은 그동안 잘못한 부분은 무엇이고 또 잘한 부분은 무엇인지, 잘못한 부분이 있다면 어떤 것이고 왜 무엇이 어떻게 잘못됐는지를 파악하는 데 있다. 그리고 이러한 정보를 바탕으로 해서 앞으로는 비슷한 실수를 되풀이하지 않고 좀 더 나은 정책을 결정하고 잘 집행할 수 있도록 개선해 보자는 것이다.

2) 학습

이러한 관리 개선이 이뤄지기 위해서 꼭 필요한 정보를 얻을 수 있다는 면에서 정책평가의 두 번째 중요한 목적은 학습이라고 할 수 있다. 정책결정이 가설을 설정하는 작업과 같다면 정책평가는 가설을 검증하는 작업과도 같다고 할 수 있다. 검증 작업을 통해 가설이 정답인지 오답인지 여부가 판가름되듯이 평가 작업을 통해 정책이 제대로 결정·집행되었는지 여부를 확인하게 된다.

평가 과정에서 인과관계를 검증하고 새로운 지식이 축적되면 효율적인 정책집행과 정책의 수정·보완·종결에 필요한 유용한 판단 자료를 얻게 된다. 학습은 성공 사례를 통해서만 이루어지는 것이 결코 아니다. 평가 결과, 설령 당초 결정된 정책에 오류가 있었다고 밝혀진다고 해도 여전히 학습은 이루어진다. 최소한 그러한 결정은 문제해결에 별 도움이 되지 않는다는 새로운 지식을 얻게 되기 때문이다. 결국 정책평가는 정책문제와 정책에 관한 우리의 부족한 지식을 향상시켜 주는 학습의 기회가 되는 것이다.

3) 책임성 확보

그리고 여기에 더해서 책임성 확보 역시 정책평가의 중요한 목적이 된다. 정책 담당자에게 책임을 묻는 것이 그 나름 의미를 갖는 이유는 인간의 본성과 관련되어 있다. 인간이란 존재는 자신의 선택과 행동에 대해서 어떤 식으로든 책임이 따르고 상벌이 주어진다고 하면 그러지 않을 때보다 더 열심히 노력하는 존재이다. 학생들의 경우도 한 학기 동안 공부한 다음에 시험을 보느냐, 안 보느냐에 따라서 공부하는 태도가 많이 달라지는 것이 사실이다.

이는 정책을 결정하고 집행하는 정책 담당자의 경우에도 마찬가지이다. 정책을 잘 만들고 시행하든 아니면 엉망으로 망쳐 놓든 아무런 상관도 없고 누구도 뭐라 하지 않는다면 그러한 상황에서도 최선을 다

해서 정책을 만들고 집행할 사람은 그리 많지 않을 것이다. 하지만 성공적인 정책에는 큰 상이, 실패나 실수에는 따끔한 벌이 따르는 상황이라면 대부분의 정책 담당자들이 좀 더 신중한 자세로 보다 최선을 다해 노력하게 될 것이다.

관료들로 하여금 국민에 대한 책임감을 무겁게 느끼고 정책과정에서 최선을 다하도록 독려하기 위한 유용한 수단의 하나가 바로 상벌제도이다. 하지만 정책 담당자에게 책임을 묻고 상벌을 주는 것이 평가의 궁극적인 목적은 아니다. 유사한 실수를 되풀이하지 않고 좀 더 나은 정책을 만들고 집행할 수 있도록 도와주는 것이 정책평가의 가장 근본적이고 중요한 목적이다.

제2절

정책평가의 유형

정책평가의 종류에 대해서 살펴보기 전에 먼저 유의해야 될 점이 하나 있다. 정책의 평가에 관한 연구는 정책학을 전공하는 전문가들뿐만 아니라 정책학을 전공하지는 않았지만 개별 분야별로 전문 지식을 가지고 있는 많은 주체들에 의해서 이루어져 왔다. 매우 다양한 분야의 전문가들에 의해서 정책평가 작업이 이루어지다 보니 평가와 관련하여 다양한 용어들이 혼재되어 사용되고 있다. 아래에 설명된 정책평가의 유형 구분 역시 모든 평가자들이 공통적으로 사용하는 통일된 용어라고 단언하기는 어렵다. 똑같은 단어를 쓰더라도 실제 의미는 다를 수 있고, 반대로 상이한 용어가 사용되지만 실제 의미는 동일할 수도 있다는 것이다. 그렇기 때문에 정책평가의 유형을 지칭하는 단어 자체보다는 그 의미하는 바가 무엇인지에 대해서 주의를 기울여야 할 것이다.

1. 대상에 따른 분류

정책평가를 일단 그 대상에 따라 나누어 보면 크게 결과평가(outcome evaluation)와 과정평가(process evaluation)로 구분할 수 있다. 결과평가는 정책집행이 완료된 후 정책으로 인해 빚어진 결과가 어떠한가에 초점을 맞추는 평가이다. 반면 과정평가는 정책의 결정과 집행이 이루어진 과정이 어떠했는지를 중점적으로 검토하는 평가이다. 이러한 구분은 합리성의 두 가지 개념, 즉 내용적 합리성과 절차적 합리성에 각각 대응한다고 이해할 수 있다. 즉, 결과평가는 정책의 내용이 실제 문제해결에 얼마만큼 도움이 되었는지, 당초 기대했던 목표가 어느 정도 달성되었는지를 확인해 보는 평가이다. 그에 비해 과정평가는 정책을 입안하고 시행하는 전체적인 과정이나 절차가 제대로 성실하게 지켜졌는지를 따져 보는 평가이다.

한편 결과평가에 있어서 사용되는 용어들 또한 아주 다양하게 여러 가지가 사용되고 있다. 일반적으로 많이 사용되는 용어들 중에 산출(output)이라는 개념과 영향(impact)이라는 개념이 있다. 또 어떤 경우에는 성과(outcome)라는 개념이 사용되는 경우도 있다. 앞에서도 언급했듯이 실제로 정책평가에 관여하는 모든 사람들이 통일된 단어와 의미의 용어 체계를 사용하는 것은 아니다. 그렇지만 대체로 산출은 정책집행이 종료된 직후의 직접적인 결과물을, 영향은 그 산출로 인하여 파급되어 나타나는 변화를 의미하는 용어로 사용된다. 즉, 정책이 집행된 직후 시간적으로나 공간적으로 가까운 곳에서 바로 나타난 결과가 산출이라면, 시간적으로 한참 지난 후에 혹은 공간적으로 정책의 집행 장소로부터 먼 곳에서 발생한 결과는 영향이라는 것이다. 때로는 outcome이라는 단어를 '결과' 혹은 '성과'라는 단어로 번역하여 사용하는 경우도 있다. 이 세 가지 용어를 같이 사용할 때에는 산출은 즉각적으로 나타나는 변화, 성과는 이 산출물로 인해서 나타나는 중기적인 변화, 그리고 영향은 장기적으로 보다 광범위한 지역에서의 변화를 의미하는 식으로 구분하기도 한다.

그림 13-1 정책의 결과: 산출, 성과, 영향

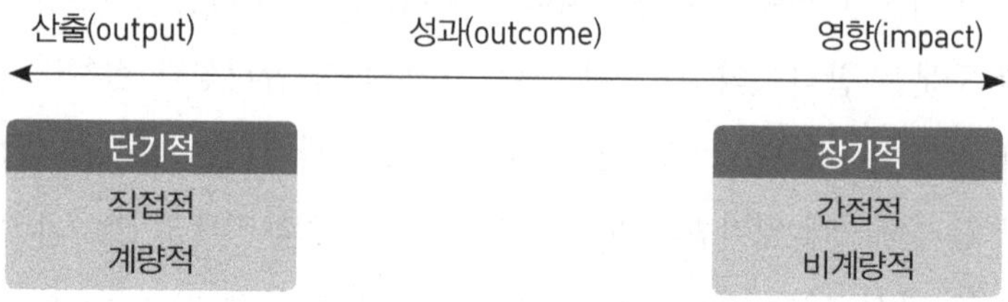

2. 시기에 따른 분류

정책을 평가하는 시기에 따라서 총괄평가(summative evaluation)와 형성평가(formative evaluation)로 구분할 수 있다. 총괄평가는 정책이 종료된 후에 그 정책이 제대로 운영되었는지 그리고 당초 의도했던 효과를 가져왔는지의 여부를 판단하는 것이다. 반면 형성평가는 정책이 진행되고 있는 도중에 정책의 형성이나 집행의 개선을 위해서 이루어지는 평가를 의미한다. 즉, 정책을 다 집행하고 난 이후에 전체적으로 되돌아보면서 얼마만큼 좋은 결과가 있었는지를 평가해 보는 것이 총괄평가라면, 정책집행이 아직 완전히 다 끝나지 않은 상태에서 중간에 평가하는 것이 형성평가이다. 총괄평가를 통해 검토하는 대상이 무엇이냐에 따라 결과평가가 될 수도 있고 과정평가가 될 수도 있다. 그리고 형성평가는 정책이 진행되고 있는 과정에 평가를 한다고 해서 과정평가라고 부르는 경우도 종종 있다.

3. 주체에 따른 분류

정책평가를 시행하는 주체가 누구냐에 따라 자체평가, 내부평가, 그리고 외부평가 이렇게 세 가지로 구분할 수 있다. 자체평가는 문자 그대로 정책을 집행하는 주체가 스스로 되돌아보면서 무엇이 잘되었고 무엇이 잘못되었는지를 따져 보는 평가이다. 내부평가라는 것은 정책 집행자의 위에 있는 상급 기관이 정책을 평가하는 경우를 말한다. 상급 기관은 집행 부서와 동일한 조직 내에 있기 때문에 내부평가라는 말을 쓴다. 또한 집행 부서의 상급자가 평가한다고 해서 상부평가라고 불리기도 한다. 마지막으로 외부평가는 정책을 결정하고 집행한 부서 밖에 있는 외부 기관이나 전문가가 평가의 주체가 되는 경우를 말한다.

4. 방법론적 분류

정책을 평가할 때 어떤 방법을 사용하느냐에 따라서 흔히 정량적 평가(quantitative evaluation)와 정성적 평가(qualitative evaluation)로 구분하기도 한다. 정량평가란 엄격한 계량적 방법을 사용하여 수치화된 지표를 통해서 나타나는 정책의 결과를 측정·분석하고 정책과 그 결과 간의 인과관계를 밝히는 평가를 의미한다. 말하자면 숫자로 측정해서 평가하는 방식을 계량적 평가라고 하는 것이다. 반면 정성평가란 정책과정이나 결과에 대한 서술적인 내용으로 이루어지는 평가를 의미한다. 숫자로 치환할 수 없는 주관적인 서술로 평가한다고 해서 질적 평가 혹은 비계량적 평가라고도 부른다.

그런데 현실적으로는 숫자화하기 어려운 평가 지표라고 하더라도 어떤 식으로든 숫자로 치환하여 평가하는 경우가 많다. 예를 들어 "정책목표의 수립이 적절하게 이루어졌는가?"라는 질문에 대해서 평가자가 '아주 잘됐다' 혹은 '매우 잘못됐다' 하는 식으로 주관적으로 평가를 한다. 그리고 이러한 주관적인 평가를, 예컨대, 1등급부터 5등급까지 5단계로 나눈 등급 체계에 적용시키는 것이다. 그래서 '아주 잘됐다'고

판단되면 5점을, '매우 잘못됐다'고 판단되면 1점을 주는 식으로 점수를 매기는 것이다. 이 경우 평가표상으로는 숫자로 표현된 평가 결과가 제시되어 마치 정량평가인 것처럼 보일 수 있다. 하지만 이때 사용된 숫자는 완전히 객관적인 수치 자료가 아니라 주관적인 판단의 결과이므로 본질적으로는 정성적 평가 혹은 질적 평가가 되는 것이다.

5. 기준에 따른 분류

정책평가를 그 기준에 의해서 구분하는 경우도 있다. 효과성 평가, 비용 평가, 효율성 평가, 형평성 평가, 반응성 평가, 민주성 평가 등이다. 이러한 평가 기준들은 정책대안들을 비교·평가할 때 사용되는 소망성 기준과 동일한 내용이다. 따라서 정책대안을 사전에 평가할 때와 동일한 논리가 정책의 사후 평가에도 그대로 적용된다.

6. 목표의 평가 vs. 수단의 평가

정책은 기본적으로 목표와 수단으로 구성되어 있다. 따라서 정책의 평가 역시 목표에 대한 평가와 수단에 대한 평가로 구분해 볼 수 있다. 정책목표의 설정은 주로 가치판단 차원에서, 정책수단의 선정은 주로 사실판단 차원에서 이루어진다고 하였다. 하지만 반드시 그런 것은 아니다. 목표의 평가에 있어서 사실판단이 들어갈 수도 있고, 수단의 평가에 있어서 가치판단이 들어갈 수도 있다.

먼저 정책목표에 대한 평가는 그 목표가 과연 바람직한 가치를 추구하는 것이었는지를 검토하는 것이다. 물론 현실의 정책평가에 있어서는 목표 그 자체에 대해서까지 비판하는 경우는 많지 않다. 하지만 정책 담당자가 아닌 시민의 입장에서 정책을 평가한다면 사실 정책목표의 소망성부터 근본적으로 재검토해야 할 것이다. 한편 사실판단 차원에서 목표를 평가하는 경우도 있다. 예컨대 정책목표를 설정하는 과정에서 정해진 규정과 절차를 제대로 다 지켰는지 혹은 이 목표가 상위목표의 달성에 기여하였는지 등을 따져 보는 것이다.

정책수단에 대한 평가는 사실판단이 위주가 된다. 우선 당초 설정된 정책목표를 어느 정도 달성했는지, 즉 선택·시행되었던 수단이 성공적으로 문제를 해결했는지를 평가해야 한다. 또한 정책집행 이후의 결과가 진정 정책으로 인한 성과인지에 대한 인과관계도 평가되어야 한다. 물론 가치판단 차원에서 수단에 대한 평가가 이루어질 수도 있다. 즉, 과연 규범적 차원에서 용인될 수 있는 방법이 정책수단으로 채택되어 실행되었는지를 검토하는 것이다.

제3절

정책의 성패 판정

1. 평가 판정의 주관성

정책평가를 할 때 가장 우선적인 작업은 정책을 시행한 이후의 결과가 성공인지 아니면 실패인지에 대해 판단하는 것이다. 정책이란 본질적으로 우리가 바람직하지 않다고 인식했던 사회문제를 해결하기 위해서 만든 방책이다. 그렇기 때문에 정책을 평가하려고 할 때 일단 먼저 생각해 봐야 될 것은 우리가 문제시하였던 상황이 제대로 해결이 되었는지, 당초 설정했던 목적이 충분히 달성이 되었는지 하는 것이다. 원론적으로 말해서 우리가 처음 목표로 삼았던 바를 충실하게 달성한 정책은 성공작, 그러지 못한 그러한 정책은 실패작이라는 판정을 받아야 될 것이다.

정책실패라는 개념을 [그림 13-2]와 같이 도식화해 볼 수 있다. 일단 문제 상황에서 우리가 바라는 목표가 있다. 문제형성 단계에서 문제정의를 하면서 설정했던 그 목표를 말한다. 그리고 이 목표를 달성하기 위해서 여러 대안들 중 하나를 선택하여 집행한 것이다. 집행을 하고 난 이후의 결과가 성공인가 아니면 실패인가를 판정하려면 정책

그림 13-2 정책의 실패

의 목표와 결과를 비교해 봐야 한다. 당초 설정되었던 목표와 정책을 통해서 얻어진 결과 사이에 격차가 존재한다면 이는 곧 우리가 원하는 목표를 충분히 달성하지 못했음을 의미한다. 즉, 그 정책은 실패한 정책이라는 것이다.

그런데 이 그림을 다시 한번 잘 보면 정책과정의 첫 번째 단계인 문제형성 단계에서 문제인식을 설명할 때의 그림과 똑같은 구조를 가지고 있다는 것을 알 수 있다. 사실 '정책의 원래 목표와 집행 이후의 결과 사이에 괴리가 있으면 정책실패'라는 공식은 '바라는 바와 현재 상태 사이에 괴리가 있는 것이 곧 문제'라는 공식과 동일한 맥락이다. 즉, 어떤 정책의 결과를 놓고 이것이 실패인가 아닌가를 판단하는 것은 어떤 상황이 문제인가 아닌가를 인식하는 것과 같은 메커니즘이라는 것이다. 그런데 바라는 바와 현재 상태의 격차가 항상 문제로 인식되는 것은 아니다. 그 격차가 용인해 줄 수 있는 정도, 즉 허용수준보다 더 큰 경우에 비로소 문제가 있다고 인식된다. 정책실패라는 판정 역시 마찬가지라고 할 수 있다. 정책의 목표와 정책을 통해 달성한 성과 사이에 괴리가 존재한다고 해서 항상 정책실패라고 판정할 수는 없다는 것이다. 어느 정도 크기의 격차까지는 굳이 문제 삼지 않고 용인할 수 있기 때문이다. 그래서 정책결과를 놓고 성공이냐 실패냐를 따질 때에도 문제인식 단계에서와 마찬가지로 허용수준 혹은 용인수준이 고려되기 마련이다. 이렇게 보면 결국 정책의 성패를 판정한다는 것은 사실 문제인식과 동일한 메커니즘이라고 할 수 있다.

그렇기 때문에 정책의 성패를 판정하는 평가에 있어서 주관성을 완전히 배제하기는 매우 어렵다. 특히 정책목표가 추상적이거나 애매모호한 경우 혹은 성과의 객관적인 측정이 곤란한 경우는 더욱 그러하다. 목표, 결과, 허용수준 이 모든 것이 평가자의 주관적인 판단에 의해 좌우될 가능성이 크기 때문이다. 따라서 어떤 정책을 성공으로 판정할 것인가 아니면 실패로 판정할 것인가 하는 것은 결국 평가자, 기준, 시점, 강조점 등에 따라 달라질 수 있는 것이다.

2. 성패 판정의 오류

정책의 성패 여부에 대해 평가하는 상황을 〈표 13-1〉과 같이 구분해 볼 수 있다. 정책의 실제 성과가 본질적으로 성공인가 실패인가, 그리고 정책결과에 대하여 성공이라 판정하는가 아니면 실패라고 판정하는가에 따라 구분해 보면 네 가지 가능한 상황이 나오게 된다. 실제로 성공한 정책을 성공작이라고 평가하거나 혹은 실패한 정책을 실패작이라고 평가했다면 그러한 판정은 정확한 판단이다. 나머지 두 가지 상황은 정책의 성패 판정에 오류가 있는 경우이다. 본질적으로는 형편없는 실패작인데 그럼에도 불구하고 평가자가 성공작이라고 판정했다면 그러한 판단은 잘못된 판단이다. 이러한 경우를 제1종 오류(Type I

표 13-1 정책 성패 판정의 유형

실제 성과 \ 평가 판정	성공	실패
성공	정확한 판정	제2종 오류
실패	제1종 오류	정확한 판정

Error)라고 한다. 반대로 실제로는 대단히 성공적인 정책임에도 불구하고 평가하는 사람이 실패작이라고 판정했다면 이 역시 잘못된 판단이다. 이러한 경우를 제2종 오류(Type II Error)라고 한다.

한편 성패 판정의 오류에 있어서 또 다른 종류인 제3종 오류(Type III Error)라는 것도 있다. 제3종 오류란 문제의 정의 자체가 잘못된 경우를 말한다. 애당초 문제의 정의가 본질에서 벗어나 잘못 이루어졌다면 그 기준에서 정책의 성패를 따지는 것 자체가 무의미해질 수 있다.

예들 들어 도둑이 많아 치안이 불안해진 상황을 생각해 보자. 이 문제를 해결하기 위해 '도둑 체포 건수 100% 증가'를 목표로 설정하고 이를 달성하기 위해 경찰 병력을 더 증원하는 정책을 시행했다고 가정해 보자. 1년 동안 시행한 후에 결과를 봤더니 과거 한 경찰서에서 월평균 10명의 도둑을 체포했는데 이제는 그 숫자가 20명으로 늘어났다고 하자. 이 정책은 성공인가 실패인가? 일단 월평균 체포 건수가 2배로 증가했으니 당초 설정된 정책목표는 완벽하게 달성되었고, 따라서 이 정책은 성공이라고 평가해야 할 것이다. 그러나 이 상황에 대해서는 완전히 다른 해석도 가능하다. 즉, 체포 건수가 2배가 된 것은 체포율에는 전혀 변화가 없이 다만 전체 도둑의 수 자체가 그전보다 2배로 늘어난 결과일 수도 있는 것이다. 도둑이 더 많아졌다는 것은 사실 치안 상태가 오히려 더 악화되었음을 의미한다. 따라서 설령 체포 건

수 100% 증가라는 목표가 달성되었다고 해도 과연 그것이 '불안한 치안'이라는 문제의 본질이 제대로 해결된 것이라 보기는 어렵다. 이처럼 애당초 문제정의 및 목표설정이 문제의 본질에서 벗어났다면 그 목표를 기준으로 정책이 성공했냐 실패했냐 따져 보았자 별 의미가 없다는 것이다.

3. 판정 오류의 원천

정책평가에 있어서 성패 판정의 오류가 발생하게 되는 이유는 무엇일까? 크게 두 가지 측면에서 오류의 원천을 생각해 볼 수 있다. 우선, 정책평가를 담당하는 사람들이 전문가가 아닌 경우에 평가의 오류가 나타날 수 있다. 이 경우를 다시 두 가지로 구분해 볼 수가 있다. 하나는 각 정책 사안에 대한 전문가가 아닌 사람들이 정책을 평가하려 드는 경우이다. 예를 들어서 복지정책의 경우, 사회복지라는 사안에 대한 정통한 지식을 가지고 있는 전문가들이 참여할 때 좀 더 정확한 평가를 할 수 있을 것이다. 그런데 사회복지에 대한 전문 지식도 갖추지 못하고 사안의 특성도 제대로 이해하지 못하는 문외한들이 복지정책을 평가하려 한다면 판정의 오류가 발생할 가능성이 클 것이다. 다른 하나는 사회복지 문제에 대해서는 전문가라고 하더라도 정책평가에 관해서는 충분한 전문 지식이 없는 사람들이 정책을 평가하는 경우이다. 정책평가의 기본 논리나 방법론 등에 대해 제대로 훈련받지 못하고 이해가 부족하다면 의도치 않게 잘못된 평가를 하게 될 수 있다.

평가자의 전문 지식 부족으로 인해 발생하는 판정의 오류는 의도적인 오류는 아니다. 그런데 의도적인 편향이나 왜곡의 가능성도 배제할 수는 없다. 즉, 때로는 어떤 특정한 의도에 의해서 고의적으로 성패 판정의 오류가 이루어질 수도 있다는 것이다. 실제로 정책을 평가할 때에는 여러 가지 기준과 수치들이 사용되기 마련이다. 똑같은 정책결과라고 해도 평가 과정에서 어떤 기준과 지표를 사용하고 어떻게 가중치를 부여하느냐 등에 따라서 완전히 다른 평가 결과가 나올 수 있는 것이다. 평가 체계를 구성하는 일 자체가 가치 지향적 행위이기 때문에 완전히 객관적인 정책평가란 불가능하다. 그렇기 때문에 개인적 친분관계 혹은 정치적 이해관계 등에 따라 성패 판정에 있어서 의도적인 왜곡이 얼마든지 있을 수 있는 것이다.

4. 결과평가의 어려움으로 인해 나타나는 현상

정부에 비하면 민간 기업의 경우 성과를 평가하는 것이 비교적 쉽다고 할 수 있다. 왜냐하면 일반적으로 기업의 목적은 이윤 극대화, 돈을 많이 버는 것이기 때문이다. 그래서 어떤 제품을 기획하고 생산해서 시장에서 판매해 보면 매출액이 얼마나 되었는지, 이윤은 얼마나 남겼는지를 정확히 계산할 수 있다.

하지만 정부의 활동은 기업의 생산·판매 활동과는 본질적으로 다르다. 공공정책의 궁극적인 목적인 국민의 행복과 공익은 숫자로 환산하기 어려운 가치들이다. 그래서 정책의 결과로 공익과 행복이 얼마나 증진되었는지 확인하는 것은 쉽지 않다. 정책의 성과를 정확한 수치로 계량화하기가 쉽지 않기 때문이다. 예컨대 교육정책의 경우, 학생들의 인성이 얼마나 좋아졌는지 객관적으로 정확히 측정하기 어렵다. 문화정책의 경우, 정부의 지원으로 인해 우리나라 문화와 예술이 얼마나 발전했는지 정확히 파악하는 것은 결코 쉽지 않다. 이처럼 비물질적 가치를 다루는 정책의 본질상 정책의 결과를 놓고 성공인지 아닌지 평가하는 판정 작업이 힘들 수밖에 없는 것이다.

정책의 결과평가가 어렵기 때문에 나타나는 현상들이 있다. 첫째, 가시적이고 계량적인 지표 위주로 정책을 평가한다. 정책의 성과에 대한 질적인 평가가 매우 어렵기 때문에 그 대신 숫자로 측정될 수 있는 지표들을 가지고 평가하는 것이다. 정량평가로 정성평가를 대체하는 것은 어쩌면 불가피한 측면도 없지 않다. 정책을 집행해 놓고 평가가 어렵다고 아예 평가를 안 할 수는 없다. 그렇다면 객관적인 측정이 가능한 부분들만 가지고 평가하는 수밖에 없지 않느냐 하는 것이다. 하지만 계량적 지표들이 과연 문제의 본질을 정확하고 온전하게 다 나타낸다는 보장이 없다. 그래서 계량적 평가가 자칫 핵심을 왜곡하거나 비켜 가는 정책평가로 귀결될 가능성이 항상 있는 것이다.

둘째, 결과의 좋고 나쁨을 정확히 평가하기 어렵기 때문에 그 대신 과정에 대한 평가에 치중한다. 본래 정책을 시행하는 이유는 우리 사회의 문제를 해결하기 위한 것이다. 따라서 정책평가의 핵심은 과연 그 정책으로 인해 당초 문제되었던 상황이 좋아졌는지 나빠졌는지를 확인하는 것이다. 물론 제11장 제3절에서 설명되었듯이 내용적 합리성을 확인하기 어려울 때 절차적 합리성이 대안으로 사용될 수는 있다. 하지만 사후적인 정책평가에 있어서 실제 산출된 성과보다 과정과 절차에 치중한다면 자칫 목적과 수단이 뒤바뀌는 역기능을 초래할 우려가 크다. 이는 관료제의 병폐 현상 중 대표적인 사례로 이미 오래전부터 지적되고 있다.

셋째, 투입(input)을 성과(output)로 제시한다. 사실 우리가 평가해야 되는 것은 정책을 시행하고 난 이후에 나타난 결과물이다. 그런데 그 대신 얼마만큼의 투입이 들어갔다는 것을 그 정책의 성과라고 취급한다는 것이다. 특히 정책의 성과가 돈으로 환산하기 어려운 것이면 그동안 투입된 예산의 규모를 가지고 정책의 효과인양 강조하는 경우가 종종 있다. 예술지원 정책이 그 대표적인 사례이다. 지난 수십 년간 막대한 문예진흥기금이 지원되었는데 정작 그 효과, 즉 '예술의 진흥과 발전'이라는 것은 사실 객관적인 측정이 거의 불가능하다. 그래서 그동안 막대한 문예진흥기금이 투입되었다는 사실 자체를 마치 정책의 효과인 것처럼 제시하는 것이다. 하지만 투입과 산출은 엄연히 다른 것이고 평가 과정에서도 분명히 구분되어야 한다. 투입이 많다고 해서 반드시 산출된 결과가 좋다는 보장은 없기 때문이다.

제4절

정책과 결과 사이의 인과관계 판정

1. 인과적 추론과 타당성

1) 인과적 추론

정책을 평가할 때 또 하나 중요한 것은 정책과 그 결과(로 보이는 상황) 사이의 인과관계를 확인하는 작업이다. 문제해결로서의 정책은 어떤 의도된 목적을 달성하기 위한 계획된 활동이다. 어떤 정책이 성공적이었다는 것은 그 정책으로 인하여 문제가 해결되었음을 의미한다. 즉, 정책 시행 이전의 바람직하지 못했던 상황이 정책을 시행한 이후에는 바람직스러운 상황으로 개선되었다는 것이다. 여기서 중요한 것은 이러한 상황의 변화(개선)가 다름 아닌 정책으로 말미암아 발생한 결과이어야 한다는 점이다. 만약 문제 상황이 개선되었다고 해도 그러한 변화가 정책이 아닌 무언가 다른 원인에 의해 야기된 것이라면 정책의 성공이라고 평가할 수 없기 때문이다. 따라서 정책평가에 있어서 결과의 성패 판정 못지않게 중요한 것은 정책 시행 이후의 상황 변화가 진정으로 정책으로 인해 발생한 것임을 확인하는 작업이다. 즉, 정책과 결과 사이의 인과관계(causal relationship)에 대한 추론이 필요하다는 것이다.

실증주의자였던 흄(David Hume)은 인과관계가 인정되기 위한 조건으로 다음과 같이 세 가지 요건을 제시하였다(노화준, 2006: 203). 첫째는 원인과 효과 간의 근접성이다. 두 사건이 서로 너무 멀리 떨어져 있으면 둘 사이에 인과관계가 존재한다고 보기 어렵다. 둘째는 시간적 선행성이다. 즉, 원인이 되는 사건은 시간적으로 효과보다 더 먼저 발생되어야 한다는 것이다. 결과가 원인보다 먼저 존재한다는 것은 논리적으로도 맞지 않는다. 셋째는 상시 연결성이다. 이는 원인과 효과는 항상 연결되어 있어야 함을 뜻한다. 즉, 어떤 효과가 있을 때에는 언제나 바로 그 원인이 존재한다는 것이다.

2) 타당성(Validity)

타당성이란 정책평가가 그 정책의 효과를 진실에 가깝게 파악해 내는 정도를 의미하는 개념이다. 타당성이 결여된 혹은 부족한 정책평가는 우리가 신뢰할 수 없는 부실한 자료이며 하나 마나 한 평가가 된다. 정책평가에 있어서 타당성은 다음과 같이 몇 가지로 구분해 볼 수 있다(노화준, 2006: 219~239).

첫째는 (측정 도구의) 구성의 타당성이다. 이것은 측정하고자 하는 대상·상황의 특성을 측정 도구가 올바르게 사정해 줄 수 있는 정도를 뜻한다. 둘째는 결론의 타당성이다. 이것은 평가 연구의 설계가 정책의 실제 효과를 찾아내기에 충분할 만큼 정밀하거나 강력한 정도를 의미한다. 정책으로 인한 실제 효과의 존재 여부에 대한 추론이 부실하고 부적절하다면 그러한 결론은 오류일 가능성이 높아 신뢰하기 어려울 것이다.

셋째로 내적 타당성(internal validity)과 외적 타당성(external validity)이 있다. 내적 타당성이란 정책과 관찰된 결과 간의 인과적 추론이 적합한 정도를 의미한다. 내적 타당성이 높은 평가란 어떤 정책과 효과 간에 실제로 상당한 수준의 인과관계가 존재함을 정확히 입증한 평가라고 할 수 있다. 한편 외적 타당성이란 어떤 특정 정책과 효과 간에 성립하는 것으로 밝혀진 인과관계가 다른 정책, 다른 사례, 다른 지역에도 그대로 적용되는 정도를 나타내는 개념이다. 내적 타당성이 개별 정책과 효과 간의 진정한 인과관계에 관한 것이라면, 외적 타당성은 그러한 인과관계의 일반화 가능성 정도에 관한 것이라 할 수 있다.

2. 인과관계를 확인하는 방법

정책과 그 결과 사이의 인과관계 여부를 확인하는 것은 과학방법론에서 독립변수와 종속변수 간의 인과관계를 추정하는 작업과 논리적으로 동일하다. 먼저 분석 대상을 두 개의 집단, 즉 정책을 시행한 실험집단(experimental group)과 시행하지 않은 통제집단(control group)으로 구분한다. 통제집단은 실험집단과 비교하기 위한 집단이라는 뜻에서 비교집단(comparison group)이라고도 한다. 정책을 시행하기 전 실험집단과 통제집단은 모든 조건들이 동일하도록 설정한다. 그리고 실험집단에게 정책을 실시한 후 통제집단과 비교해서 두 집단 간에 차이가 있는지 관측(observation)한다. 당초 두 집단은 동질적이었기 때문에 만약 정책 시행 전의 측정값(pre-test score)과 시행 후의 측정값(post-test score)이 다르게 나타났다면 그 차이는 정책으로 인해 발생한 것이라고 추정할 수 있다. 즉, 실험집단에서 관찰된 변화는 정책으로 인한 결과라고 인정된다는 것이다.

3. 인과관계 판정의 오류 요인들

정책과 효과 간의 인과관계를 확인하는 작업은 그리 쉬운 일이 아니다. 만약 정책과 효과 사이의 인과관계에 대한 추론이 틀렸다면 정책평가의 의미는 훼손될 수밖에 없다. 정책집행 후에 나타난 어떤 변화가 실제 정책으로 인해 야기된 결과가 아니라면 정책의 성과를 평가하는 것 자체가 무의미하기 때문이다. 독립변수와 종속변수 간의 인과관계 추정의 타당성을 저해하는 여러 가지 장애 요인들을 살펴보면 다음과 같다(노화준, 2006: 212~239).

1) 허위관계

허위관계(spurious relationship)란 실제로는 아무런 인과관계가 없는 두 변수가 제3의 공통 원인변수 때문에 마치 인과관계가 있는 것처럼 보이는 경우를 말한다. A와 B라는 두 변수는 서로 아무런 관계가 없지만 C가 A와 B 각각에게 영향을 미치는 원인변수인 경우를 생각해보자. 이 말은 C가 변하면 A도 일정하게 변하고 또한 B 역시 일정한 패턴으로 변하게 됨을 의미한다. A와 B는 C라는 공통된 원인에 의해 영향을 받기 때문에 두 변수 사이에는 일정한 관계가 존재하는 것처럼 보이게 된다. 그런데 만약 C가 공통의 원인변수라는 사실을 모르고 있다면 마치 A와 B 사이에 어떤 인과관계가 성립하는 것처럼 착각하기 쉽다는 것이다.

2) 혼란변수

혼란변수(confounding variable)란 독립변수 A 이외에 종속변수 B에 영향을 미치는 제3의 변수 C를 말한다. 이 경우 B의 변화는 A와 C

두 변수로부터 영향을 받아 이루어지게 된다. 그런데 만약 B에 영향을 미치는 C의 존재를 모르는 경우, A의 영향만으로 B의 변화가 이루어진 것으로 착각하기 쉽다. 즉, 혼란변수 C의 영향력을 감안하지 않기 때문에 독립변수 A의 영향력을 실제보다 과대평가하기 쉽다는 것이다.

3) 회귀인공요소

회귀인공요소란 평균으로의 회귀(regression to mean), 즉 평균으로 되돌아가는 경향을 의미한다. 이를 무시하면 정책의 효과에 관해 잘못된 인과관계 추정을 할 수 있다. 그 대표적인 예가 소위 '2년차 징크스'이다. 예를 들어 어떤 프로야구 선수가 데뷔 첫해에 대단히 높은 성적을 거두었다고 하자. 그러면 대단한 신인이라고 하여 큰 포상과 팬들의 칭찬을 받게 된다. 그런데 그렇게 잘했던 신인 선수가 2년차에는 성적이 그다지 신통치 않은 경우가 많다. 이것은 전형적인 평균으로의 회귀 현상이라 할 수 있다. 즉, 데뷔 첫해의 성적이 사실은 그 선수의 평상시 성적보다 예외적으로 높았던 것이었고, 2년차 성적은 평균 수준으로 되돌아갔다는 것이다. 그런데 이 점을 고려하지 않으면 마치 포상과 칭찬이 원인이 되어 성적 저하라는 결과가 야기된 것처럼 보일 수 있다. 평균으로의 회귀 현상을 염두에 두지 않으면 포상과 성적 사이에 마치 인과관계가 있는 것처럼 착각할 수 있는 것이다.

4) 오염 및 확산

오염 현상(contamination) 및 확산 효과(diffusion effect)란 통제집단에게 정책의 내용이 스며들어 가 결과적으로 정책의 영향이 실험집단 바깥으로 퍼지는 경우를 말한다. 정책 시행이 제대로 통제되지 않아 실험집단뿐 아니라 통제집단에게도 실질적으로 정책이 적용되는 누출현상, 그리고 실험집단의 행태를 통제집단에서 따라하는 모방효과가 여기에 해당된다. 이 경우 정책의 정확한 효과를 엄정하게 판정하기 어렵게 된다.

5) 크리밍 효과

크리밍 효과(creaming effect)란 정책효과가 나타날 가능성이 높은 집단을 실험집단으로 선정함으로써 정책의 영향력이 실제보다 과대평가되는 경우를 말한다. 정책의 영향을 보통보다 더 크게 받는 사람들만을 대상으로 정책을 시행한다면 당연히 그 결과는 매우 인상적으로 나타나게 된다. 만약 보통 사람들을 대상으로 했다면 정책의 효과가 그렇게 크게 나타나지는 않을 것이다. 이 경우 독립변수와 종속변수 사이에 인과관계가 전혀 없는 것은 아니다. 하지만 일부러 효과가 크게 나타나도록 실험 대상을 인위적으로 선별했기 때문에 정확한 인과관계를 파악하기 어렵게 된다.

6) 호오돈 효과

사람들은 대개 누군가가 자신을 계속 주시하고 있는 상황에서는 보통 때와는 좀 다르게 행동하는 경향이 있다. 호오돈 효과(hawthorne effect)란 실험집단 대상이 자신이 실험의 대상이라는 사실을 인지함으로써 평소와는 다른 특별한 행동을 보이는 현상을 말한다. 피실험자들이 자신들이 관찰되고 있음을 알고 신경을 쓰다 보면 상당히 부자연스러운 행동이 나타나기 쉽다. 그러다 보면 실험 결과가 과연 정책으로 인한 실제 효과가 발생한 것인지 여부를 확인하기가 어렵게 된다.

제5절

정책평가 방법론: 비실험적 설계와 실험적 설계

정책과 결과 간의 인과관계를 확인하기 위한 평가 방법은 크게 비실험적 방법과 실험적 방법으로 구분해 볼 수 있다(한석태, 2013: 356~372).

1. 비실험적 설계(Non-Experimental Design)

1) 정책실시 사후비교

정책실시 사후비교란 [그림 13-3]처럼 정책을 실시하고 난 다음에 사후적으로 실험집단의 값과 통제집단의 값을 측정해서 비교하는 방법을 말한다. 만약 두 집단의 측정값이 다르다면 이는 곧 정책을 시행한 실험집단과 정책을 시행하지 않은 통제집단 사이에 무언가 차이가 있음을 의미한다. 그리고 이러한 차이는 정책으로 인해서 나타난 효과일 것이라고 추정한다는 것이다.

그런데 이 경우 선정 효과(selection effect)에 의해서 평가의 타당성이 훼손될 가능성이 높다. 선정 효과란 애당초 종속변수의 값이 높은 사람들을 실험집단으로 선정하였기 때문에 마치 정책의 효과가 있는 것처럼 보이는 현상을 말한다. 즉, 실험집단과 통제집단 사이의 차이

그림 13-3 정책실시 사후비교

* 정책효과(Pe) = 실험집단 측정값(Oe) − 비교집단 측정값(Oc)

는 정책의 효과 때문에 발생한 것이 아니라 원래 그렇게 차이 나는 사람들을 실험집단으로 선정했기 때문에 그렇게 측정된 것에 불과하다. 이 점을 고려하지 않고 정책과 효과 간에 인과관계가 있다고 평가한다면 선정 효과에 의한 판정의 오류가 되는 것이다.

예를 들어서 우유를 마시는 것이 신체 활동 지수에 영향을 미치는지 알아보는 실험을 한다고 가정하자. 그리고 실험집단은 20대 운동선수들로, 통제집단은 70대 노인들로 구성했다고 가정해 보자. 그리고 실험집단의 20대 운동선수들에게 우유를 마시게 한 다음 두 집단 구성원들의 신체적인 활동 지수를 측정해서 비교한다. 그러면 당연히 실험집단의 측정치가 통제집단의 측정치보다 높게 나올 것이다. 하지만 이 자료를 가지고 우유와 신체활동지수 사이에 인과관계가 있다고 판정한다는 것은 적절하지 못하다. 왜냐하면 애당초 실험집단에 선정된 혈기 왕성한 20대의 운동선수들은 70대 노인들에 비해 신체활동지수가 훨씬 높기 때문이다. 즉, 실험집단의 활동 지수값이 통제집단에 비해 높은 것은 실험집단이 우유를 마셨기 때문이 아니라 처음부터 활동지수가 높은 젊은이들을 실험집단으로 선정해 놓았기 때문인 것이다. 이처럼 정책실시 사후비교 방법의 경우, 선정 효과에 주의하지 않으면 인과관계 추정의 오류가 생길 가능성이 크다.

2) 정책실시 전후비교

정책실시 전후비교란 [그림 13-4]와 같이 하나의 집단만을 대상으로 해서 정책을 시행하기 이전과 이후를 비교함으로써 인과관계를 추정해 보는 방법이다. 정책실시 사후비교 방법은 정책시행 이후에 두 집단의 측정값을 비교하는 것이고, 정책실시 전후비교 방법은 실험집단 하나를 정책시행 이전과 이후로 두 번 측정해서 비교하게 된다. 정책 이전의 측정값과 이후의 측정값에 차이가 있다면 그 차이는 정책으로 인해 발생한 효과라고 추정하는 것이다.

그런데 이 방법으로 정책평가를 할 때에는 성숙 효과(maturation effect)에 의해서 인과관계 판정의 타당성이 훼손될 가능성이 있다. 성숙효과란 정책 때문에 어떤 변화가 나타난 것이 아니라 그냥 가만히 내버려 둬도 시간이 지나면서 자연스럽게 변화가 일어나는 경우를 말한다.

그림 13-4 정책실시 전후비교

※ 정책효과(Pe) = 정책실시 이후 실험집단 측정값(O_{t+1}) − 정책실시 이전 실험집단 측정값(O_t)

2. 실험적 설계(Experimental Design)

앞에서 살펴본 비실험적 설계에 의한 정책평가는 본질적으로 한계가 있을 수밖에 없다. 선정 효과 및 성숙 효과로 인해 평가의 타당성을 보장할 수 없다는 것이다. 이에 비해 실험적 설계에 의한 정책평가는 타당성을 훨씬 더 높일 수 있다. 그 이유는 기본적으로 인과관계 추정에 사용되는 자료의 수가 다르기 때문이라고 할 수 있다. 비실험적 방법의 경우, 단지 두 개의 측정값을 가지고 비교 분석함에 비해, 실험적 방법에서는 판정 과정에서 네 개의 측정값이 사용된다. 이처럼 두 배나 많은 자료를 사용하는 실험적 방법이 비실험적 방법보다 평가의 타당성이 높아지는 것은 당연하다.

1) 실험의 기본 개념

실험(experiment)이란 [그림 13-5]와 같은 조건을 갖춘 경우를 말한다. 실험적 방법에서는 두 개의 집단을 대상으로 각 두 차례 측정하여 총 네 개의 값을 가지고 인과관계를 추정하게 된다. 먼저 정책을 시행하기 전에 실험집단과 통제집단을 미리 확보한다. 그리고 각 집단을 대상으로 정책을 실시하기 이전과 이후 두 시점에서 각각 한 번씩 측정을 한다. 그러면 실험집단의 정책실시 이전 측정값(Oet)과 이후 측정값(Oet+1), 그리고 통제집단의 정책실시 이전 측정값(Oct)과 이후 측정값(Oct+1) 이렇게 네 개의 데이터가 확보된다. 여기서 실험집단의 정책실시 이전 측정값과 정책실시 이후 측정값의 차이는 실험집단의 변화치가 된다. 마찬가지로 통제집단의 정책실시 이전 측정값과 정

그림 13-5 실험적 설계

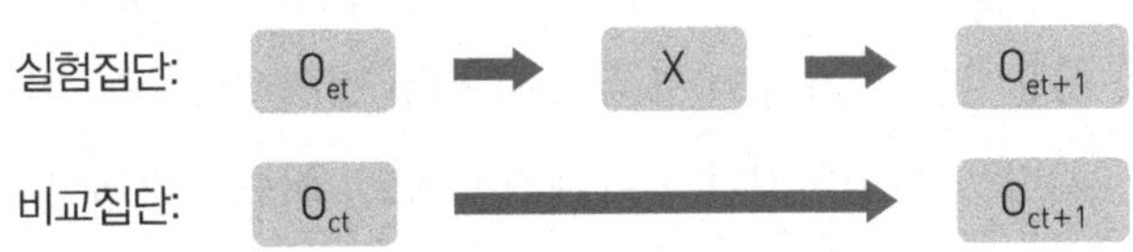

※ $Pe = (O_{et+1} - O_{et}) - (O_{ct+1} - O_{ct})$

정책효과 = (실험집단의 변화치) - (비교집단의 변화치)

책실시 이후 측정값의 차이는 통제집단의 변화치가 된다. 그리고 이 두 개의 변화치, 즉 실험집단의 변화치와 통제집단의 변화치 사이에 차이가 존재한다면 이것은 다른 요인이 아니라 정책 때문에 발생한 효과라고 믿을 수 있는 것이다.

2) 진실험

실험적 방법은 다시 진실험(true experiment)과 준실험(quasi-experiment)으로 구분할 수 있다. 이 두 실험의 차이는 실험집단과 통제집단 간 동질성의 확보 여부에 있다. 실험을 실시하기 전에 실험집단과 통제집단을 구성할 때 두 집단의 동질성이 확보된 경우를 진실험이라고 한다. 여기서 동질성이란 두 집단이 정책을 실시했느냐 안 했느냐 하는 것 말고는 다른 모든 면에서 동등해야 함을 뜻한다. 동질성 확보가 중요한 이유는 그래야만 정책 시행 이후에 나타난 두 집단의 차이가 다른 요인 아닌 오로지 정책으로 인해 야기된 효과라고 확실하게 인정될 수 있기 때문이다.

그런데 실제로 실험집단과 통제집단 사이에 동질성을 확보한다는 것은 결코 쉬운 일이 아니다. 실험실과 같이 연구자가 주위 환경을 통제하는 것이 가능한 상황에서는 동질성 확보가 어느 정도 가능하다. 하지만 정책이 시행되는 사회 환경에서는 사전에 동질적인 두 집단을 인위적으로 구성하는 것이 사실상 불가능한 일이다. 그래서 방법론적으로 흔히 사용하는 절차가 바로 무작위 배정 방식이다. 즉, 실험의 대상이 되는 사람들을 실험집단과 통제집단으로 구성할 때 무작위로 선정하여 배정한다는 것이다. 아무런 의도나 기준을 적용하지 않고 무작위로 사람들을 뽑아서 실험집단과 통제집단에 각각 할당하게 되면 집단 전체 차원에서 두 집단은 동질적이 된다고 가정할 수 있기 때문이다. 그래서 실험집단과 통제집단의 구성이 무작위 배정에 의해 이루어졌다면, 그리하여 두 집단 간의 동질성이 확보된 상태에서 실험적 방법으로 정책의 효과를 평가한다면 이를 진실험적 방법이라고 한다.

진실험이 평가의 타당성을 보장하기 위한 최선의 방법이기는 하지만 한계가 없는 것은 아니다. 예컨대 실제로 집행된 정책의 내용이 원래 결정된 바와 다르다면 당초 정책과 결과 간의 인과관계 판정은 내적 타당성이 없게 될 것이다. 통제의 불완전성으로 인한 오염 현상 역시 진실험 평가의 내적 타당성을 저해할 수 있다. 즉, 정책의 내용이 비교집단에도 누출되는 경우 혹은 비교집단이 실험집단의 행태를 모방하는 경우에는 정확한 인과관계 판정이 어려울 수 있다. 또한 정책이 집행되는 도중에 실험집단 혹은 통제집단의 구성원 일부가 이탈하는 대상의 상실 경우에도 내적 타당성이 훼손될 수 있다. 한편 호오돈 효과가 발생하게 되면 평가의 외적 타당성이 저해될 가능성이 크다. 즉, 다른 지역이나 사례에는 해당 인과관계가 적용되지 않을 수 있다는 것이다.

무엇보다도 진실험 방법의 가장 큰 문제점은 실행가능성이라고 할 수 있다. 진실험의 모든 조건을 충족시키기 위해서는 비용, 시간, 인원 등 막대한 자원이 소요되기 마련이다. 정책평가를 위해 무한정 자원을 투입할 수 없는 현실을 감안할 때 진실험 방식을 사용한다는 것은 사실 쉽지 않다. 설령 자원의 제약 문제가 해결된다고 해도 실험실의 실험이 아닌 정책평가를 위한 실험에서는 도의적 고려에 따른 제약이 있을 수 있다. 예컨대 새로운 대학 입시 제도의 효과를 파악하기 위해 입시생들을 실험집단과 통제집단으로 구분한다는 것은 도의적 차원에서 불가능한 일일 것이다.

3) 준실험

준실험이란 실험적 방법을 사용하되 실험집단과 통제집단 사이에 동질성이 확보되지 않은 경우를 말한다. 실험대상들을 실험집단과 통제집단에 무작위적으로 배정하지 않았다면 정책시행 이전에 두 집단이 동등했는지 아닌지 확신할 수 없다. 이 때문에 인과관계 판정의 타당성이 저해될 가능성이 있다. 예컨대 선정 효과, 성숙 효과, 그리고 선정 효과와 성숙 효과의 상호작용으로 인해 내적 타당성이 훼손될 수 있다. 또한 각 집단 내에서 발생하는 특유의 사건으로 인해 내적 타당성이 저해될 수 있다. 한편 크리밍 효과의 경우는 내적 타당성뿐 아니라 외적 타당성을 위협하는 요인이 될 수 있다.

토론 주제

1) 〈미리 생각해 보기〉에서 소개된 햇볕정책의 득실에 대해서 각각 리스트를 만들어 보자. 총괄적으로 평가한다면 햇볕정책은 성공적인 정책인가 아니면 실패한 정책인가? 그 판단의 근거는 무엇인가?

2) 최근 언론을 통해 집중적으로 조명되었거나 혹은 사회적으로 큰 논란의 대상이 되고 있는 정책 중 하나를 선정하라. 그 정책의 목표와 성과(결과)에 관한 자료를 찾아보고, 성공한 정책인지 아니면 실패한 정책인지 평가해 보자. 그리고 자신의 평가와 반대되는 입장을 서로 비교해 보고 상반된 판정이 나오게 된 이유가 무엇인지 생각해 보자.

참고 의견

원론적으로 말하면 정책실패란 정책을 시행한 결과가 당초 기대한 목표를 달성하지 못한 경우를 가리킨다. 하지만 많은 경우 정부가 추진하는 공공정책은 돈이나 수치로 환산하기 어려운 가치를 추구하기 때문에 정책의 성패 여부를 확실히 판정하기는 쉽지 않다. 햇볕정책이 목표로 하는 남북 관계 개선 역시 그 성과를 객관적 수치로 측정할 수 있는 것이 아니다. 햇볕정책으로 인해 남북 관계가 얼마나 개선되었는가 하는 것은 결국 개인의 주관적 인식에 따라 판단이 달라지게 된다. 민족 화해와 인도적 차원의 지원의 중요성을 강조하는 사람들은 성공적이라 주장하는 반면 북한의 각종 무력 도발의 위험성을 중시하는 사람들은 실패라고 비판한다. 그뿐만 아니라 현재의 남북 관계 상황이 모두 햇볕정책으로 인해 초래된 결과인지 확인하는 것도 쉽지는 않다. 예컨대 북한의 핵 개발이 과연 햇볕정책이 원인이 되어서 야기된 것일까? 그랬을 가능성도 있지만 반대로 햇볕정책이 아니었다면 북한의 무력 도발이 지금보다 훨씬 더 심해졌을 가능성도 있는 것이다. 이처럼 정책의 성패에 관하여 객관적으로 확실한 평가를 내리기가 쉽지 않기 때문에 정책결정 단계뿐 아니라 평가 단계에 있어서도 민주적인 토론이 꼭 필요하다고 할 수 있다.

더 읽어 보기

김정수, 2016, "좀비예술가와 벌거벗은 임금님: 우리나라 예술지원정책에 대한 비판,"『문화정책논총』, 30(1).

소영진, 2009, "정책평가에 있어서 가치의 역할에 관한 소고,"『정책분석평가학회보』, 19(3).

오정일·조현승, 2005, "스크린쿼터제의 문화정책적 유효성 검증,"『한국정책학회보』, 14(1).

유은주 외, 2016, "장애인고용장려금의 고용-임금 효과 분석,"『한국정책학회보』, 25(3): 301~324.

정수용, 2015, "이중차이분석을 통해 본 대형마트 의무휴업제 시행의 영향평가: 서울시 전통시장 내 마트형 점포 매출액 변화를 중심으로," 『한국정책학회보』, 24(2).

정익재, 2002, "정보화정책 실패사례분석과 정책교훈: 반면교사의 여섯 가지 이야기," 『한국정책학회보』, 11(4).

황인창, 2018, "서울시 미세먼지 관리 정책의 성과와 한계," 『한국정책학회보』, 27(2).

더 생각해 보기

정책평가를 바라보는 시각은 크게 두 가지로 나누어 볼 수 있다. 첫 번째는 정책평가가 '엄정하고 과학적인 분석의 결과물'이(어야 한다)라고 보는 인식이다. 이러한 시각에서 보면 정책평가는 '정책의 흠결을 정확하게 찾아내고 보완책을 제시해 주는 유익한 정보의 집결체'이다. 두 번째 시각은 정책평가를 '정책과정에서 참고할 만한 자료들 중의 하나'로 보는 것이다. 즉 정책평가의 결과물은 '보다 나은 정책을 위한 숙의와 토론 과정에서 사용 가능한 여러 자료들 중의 하나' 정도라고 이해하는 것이다. 첫 번째 시각에서 본다면 정책 평가자의 주된 임무는 객관적이고 체계적인 분석을 통해 정책오류를 지적하고 새로운 정답을 제시해 주는 데 있다. 그리고 정책 결정자는 평가 결과를 있는 그대로 존중하고 수용해야만 한다. 반면 두 번째 시각에서 바라보는 정책 평가자의 임무는 '채점과 정답 제시'라기보다는 정책결정 과정에서 '쓸 만한 자료 하나'를 제시해 주는 데 있다. 정책 결정자와 마찬가지로 정책 평가자 역시 전지전능한 존재가 아니고 합리적 문제해결 능력이 제한되어 있다. 그러므로 정책결정이 '가설'과 같은 것처럼 정책평가 역시 또 다른 '가설'에 불과하다. 평가 과정에서 어떤 모델을 쓰는지, 어떤 항목을 포함시키는지, 어떤 배점 체계를 적용하는지 등에 따라 평가 결과는 크게 달라질 수 있다. 따라서 정책 결정자는 평가 결과를 그대로 수용하기보다는 더 나은 정책결정을 위해 참고할 수 있는 여러 유익한 자료의 하나 — 유일한 정답이 아닌 — 로 활용하면 되는 것이다. 당신의 생각은 어느 쪽인가? 실제 정책 현장에서는 정책평가에 대한 시각에 따라 어떤 차이가 나타나게 될까?

CHAPTER 14

종결 및 수정 단계

미리 생각해 보기

해방 이후 우리나라의 대학 입시 제도는 수시로 변화되어 왔다. 초기에는 대학별 단독 시험제와 국가 자격 고사제가 번갈아 시행되다가 1969년부터는 '예비고사 + 본고사' 제도가 정착되었다. 그러나 1982년 '학력고사 + 내신' 제도로 변경되었고, 1994년에는 다시 '대학수학능력시험 + 내신 + 대학별 고사' 체제로 바뀌었다가, 1997년부터는 내신 성적 대신 생활기록부 기록으로 대체되고 국영수 위주 본고사를 금지하는 대신 논술 시험이 도입되었다. 그리고 2001년부터는 '대학수학능력시험 + 생활기록부 + 논술 + 추천서 + 심층 면접' 제도로 바뀌어 시행되고 있다. 대학수학능력시험의 경우에도 시험 과목 및 영역, 배점 체계, 점수 표기 방법 등에 있어서 여러 차례 변화가 있었다. 대학 입시 제도의 이러한 변화에 대해 어떻게 생각하는가?

정책과정의 마지막 단계는 정책을 종결 혹은 수정하는 단계이다. 정책이란 공공의 문제를 해결하기 위한 방책이다. 문제해결을 위한 방안을 선정해서 집행하고 평가했다면 그 결과에 따라 정책을 끝내든지 아니면 수정해야 한다. 원론적으로 말하자면 문제가 잘 해결되어서 결과가 성공적이라면 정책을 종결시키게 된다. 만약 문제가 제대로 해결되지 않았다면 미진한 부분을 수정해서 다시 시행해야 한다.

제1절

정책의 종결(Policy Termination)

1. 종류

정책종결이란 문자 그대로 시행하던 정책을 끝내는 것을 의미한다. 브루어와 드리온(Brewer and deLeon, 1983: 385)은 정책종결의 개념을 "특정한 공공부문의 기능·사업·정책 및 조직을 의도적으로 중지시키거나 종식시키는 것"이라고 정의하였다.

정책의 종결에는 사실 몇 가지 종류가 있다. 첫째, 프로그램의 종결이란 정책 그 자체를 완전히 없애는 것은 아니고 그 정책을 구성하고 있는 여러 가지 세부 사업 혹은 프로그램들 중에 일부를 그만두는 것이다. 둘째, 정책의 종결이란 정식으로 특정한 정책 자체를 완전히 종료하는 경우이다. 셋째, 조직의 종결이란 여러 정책을 담당하고 있던 특정한 정부기관을 폐쇄하는 경우를 말한다. 넷째, 기능의 종결이란 정부가 수행해 오던 특정한 기능 자체를 없애는 경우를 의미한다.

어떤 정부기관이 수행하고 있는 특정한 정책을 중지한다고 해서 그 조직 자체가 없어지는 것은 아니다. 마찬가지로 정부의 특정한 부서가 사라진다고 해서 반드시 그 기관이 수행하던 기능까지 다 없어진다고 말할 수는 없다. 예를 들면 과거 중앙정부의 부서였던 동력자원부는 기본적으로 자원 및 에너지 문제를 전담하던 기관이었다. 그 후 동력자원부라는 중앙 부서는 없어졌지만 그렇다고 해서 에너지나 자원 문제에 대한 정부의 정책적 기능이 완전히 소멸된 것은 아니다. 또한 과거에 있었던 체육청소년부라는 중앙 행정부서 역시 지금은 더 이상 존재하지 않는다. 하지만 그렇다고 해서 정부가 청소년 문제나 체육에 관한 문제를 완전히 포기하고 있는 것은 아니다. 체육청소년부라는 조직은 없어졌지만 오늘날 체육 관련된 업무는 문화체육관광부에서, 청소년 관련 업무는 교육부에서 담당하고 있는 것이다.

이처럼 작은 프로그램이나 세부 사업이 없어진다고 해서 전체 정책이 다 없어지는 것은 아니며, 어떤 구체적인 정책이 하나 없어진다고 해서 그 정책을 담당하고 있던 조직이 다 없어지는 것은 아니다. 또한 같은 맥락에서 정책을 담당하던 조직이 없어진다고 해서 그 조직이 수행하던 기능 자체가 완전히 종결되는 것은 아닌 것이다.

2. 필요성

정책종결이 필요한 이유는 무엇인가? 그 근본적인 이유는 우리 사회가 사용할 수 있는 자원(available resources)이 제한되어 있다는 점에 있다. 개인이건 조직이건 혹은 국가 전체이건 문제해결을 위해서는 반드시 자원이 소요되기 마련이다. 그런데 문제해결을 위해 실제로 동원될 수 있는 자원은 결코 무한하지 않고 제한되어 있다. 정부가 정책을 수립하고 시행함에 있어서도 자원이 소요되기 마련이다. 따라서 한정된 자원을 가지고 공익을 극대화하기 위해서는 정책과정에서 효율적인 자원배분이 중요할 수밖에 없다.

어떤 사회 문제를 해결하기 위해 일정한 자원을 투입하여 정책을 집행한 결과 그 문제가 충분히 해결된 상황을 생각해 보자. 이때 만약 정책이 종결되지 않는다면 아까운 자원을 낭비하는 일이 된다. 정책을 계속 시행하느라 자원을 계속 투입한다고 해도 이미 문제가 해결되었으므로 더 이상 아무런 좋은 효과가 발생하지 않기 때문이다. 말하자면 추가적인 자원 투입으로 인해 얻어지는 추가적인 편익이 전혀 없게 된다는 것이다. 기회비용의 개념이 바로 이러한 상황에 적용될 수 있다. 이렇게 낭비되는 자원을 아직 해결되지 않은 다른 문제를 위한 정책을 위해 투입한다면, 그래서 그 문제도 해결된다면 사회적으로 더 큰 효과를 얻는 일이 되는 것이다.

이처럼 정책종결은 제한된 자원이 낭비되지 않고 효율적으로 배분되도록 하기 위한 필수 조건이라고 할 수 있다. 당초 해결하려고 했던 정책문제가 성공적으로 해결되었다면 이제 그 정책은 종결하고 그 정책을 위해 투입되었던 자원은 아직 해결되지 않은 다른 문제의 해결을 위한 정책과정에 투입해야 한다는 것이다.

3. 원인

실제로 정책이 종결되는 원인에는 여러 가지가 있을 수 있다.

1) 문제의 해결 및 소멸

첫 번째는 정책을 통해 해결하고자 했던 문제가 없어지는 상황이다. 정책의 사명이 문제해결이라는 점에서 현명한 정책을 수립하고 잘 집행해서 성공적으로 문제가 해결되는 경우야말로 정책종결의 가장 바람직한 상황이라고 할 수 있다. 때로는, 정책에 의해 문제가 해결된 것은 아니지만, 좌우간 다른 요인들로 말미암아 문제가 소멸되어 버리는 경우에도 정책은 종결된다.

2) 인식의 변화

두 번째는 국내외 환경의 변화로 인해 정책에 대한 요구 혹은 인식이 변화되는 상황이다. 정책과정의 첫 번째 단계인 문제형성 단계에 대해 논의할 때 정책문제는 결코 선험적으로 존재하거나 객관적으로 고정되어 있는 것이 아니라고 하였다. 문제라는 것은 사람들의 마음에 의해 형성되는 것이다. 따라서 설령 객관적인 상태는 전혀 변화하지 않았다고 하더라도 사람들의 생각이 달라지게 되면 문제 상황이 더 이상 문제로 여겨지지 않게 되고 따라서 정책이 종결되게 된다. 사람들의 사고방식이 바뀌고 가치관이 바뀌게 되면 상황에 대한 문제인식 자체가 바뀌게 되고, 그에 따라 정부에 대한 정책적인 요구 역시 바뀌게 되는 것이다.

예를 들어 1970년대에 한국 정부는 여성들의 미니스커트와 남성들의 장발을 단속했었다. 그 당시에는 그러한 현상이 사회적 문제라 인식되었기 때문이다. 하지만 오늘날에는 미니스커트나 장발을 단속하는 규제정책은 존재하지 않는다. 미니스커트나 장발이 없어졌기 때문이 아니다. 지금도 여전히 짧은 치마를 입는 여성들이 있고 또한 머리를 길게 기르는 남성들도 있지만 오늘날에는 사람들의 사고방식이 바뀌어 더 이상 그런 모습을 보면서 바람직하지 않은 사회문제로 생각하지 않기 때문이다. 즉, 객관적인 상황은 그대로 계속되고 있지만 사람들의 인식이 변화되어 그 상황을 더 이상 문제로 보지 않기 때문에 단속·규제정책이 존재할 이유가 없게 된 것이다.

3) 상위 법규의 변화

세 번째로 상위의 법규나 정책이 변화됨에 따라 정책이 종결되는 경우가 있다. 가장 대표적인 사례로 헌법재판소의 위헌결정에 의해 그동안 시행되던 법률이나 정책이 폐지되는 경우를 들 수 있다. 때로는 국제 협상에 의해서 체결된 조약 혹은 국제법규가 새롭게 발효됨에 따라 내용적으로 합치되지 않는 기존의 국내법이나 정책이 종결될 수도 있다.

4) 정책의제에서 탈락

네 번째로 정부의제에서 떨어져 나가는 경우에도 정책이 종결되게 된다. 정책의 창 이론에서는 어떤 사안이 정책의제로 설정될 수 있는 기회를 정책의 창이라고 비유한다. 정권이 바뀐다든지 혹은 중요한 위치에 있는 정책결정자가 교체된다든지 하면 정부 차원에서 신경 쓰는 관심 사안의 구성이 달라지게 된다. 그러다 보면 예전에는 중요하게 취급되었던 정책 사안이 지금은 별다른 주목을 받지 못하게 될 수 있다. 그래서 정책의 창이 닫히게 된 기존 정책은 문제해결 여부와는 관계 없이 종결되게 되는 것이다.

5) 자원 고갈

마지막으로 정책을 집행하기 위해서 투입되었던 자원이 고갈됨으로써 정책이 종결될 수밖에 없는 상황도 있다. 가장 대표적인 경우는 예산이 더 이상 뒷받침되지 않기 때문에 정책이 종결되는 상황이다. 속칭 카파라치 프로그램을 예로 들 수 있다. 카파라치 프로그램이란 교통법규를 위반한 차량을 사진으로 찍어서 신고하면 포상금을 주는 프로그램이었다. 이 프로그램을 제대로 운영하기 위해서는 교통법규 위반 상황을 사진으로 찍어 온 모든 신고자들에게 포상금을 주어야 했다. 그런데 이 포상금을 노리고 사진을 찍는 사람들이 너무 많아지다 보니 당초 준비했던 예산이 금방 바닥나 버렸다. 결국 포상금으로 지불할 예산을 충분히 확보하기 어려웠기 때문에 카파라치 프로그램은 중단될 수밖에 없었다. 요컨대 운전자들의 교통법규 위반이라는 문제가 해결되었기 때문이 아니라 집행에 필요한 예산이 고갈되었기 때문에 정책이 종결된 것이다.

제2절

정책의 수정(Policy Change)

1. 정책수정의 필요성

정책의 수정이란 지금까지 문제해결을 위해서 집행해 오던 정책의 내용을 일부 변경하여 다시 시행하는 것을 말한다. 그렇다면 왜 정책을 수정해야 할 필요가 생기는 것일까? 두 가지 관점에서 살펴볼 수 있다.

먼저, 당연히도, 당초 원했던 목표를 달성하지 못했을 때 정책을 수정해야 할 필요가 생기게 된다. 정책이란 사회적인 문제를 해결하기 위해서 정부가 방책을 만들고 시행하는 것이다. 따라서 정책의 목표가 달성되지 않았다는 것은 곧 그 문제가 해결되지 않았음을 의미한다. 정책을 집행했음에도 불구하고 문제가 제대로 해결되지 않았다면 정책에 무언가 잘못되거나 부족한 부분이 있었을 것이다. 그렇다면 마땅히 그 잘못된 부분, 다시 말해서 정책오류(policy error)를 찾아내고 수정해서 다시금 문제해결을 시도해 보아야 한다는 것이다. 요컨대 문제해결이라는 관점에서 본다면, 해결책으로 제시되었던 정책의 미진한 부분을 바로잡음으로써 문제를 더 잘 해결하도록 노력해야 한다는 것이 정책수정이 필요한 근본적인 이유가 된다.

한편 반대로 성과가 너무 좋은 경우에도 정책을 수정하고 변동해야 할 필요가 있다. 목표를 초과 달성하고 성과가 너무 좋았다는 것이 꼭 바람직한 것만은 아닐 수 있다. 그 때문에 문제의 성격이 바뀌거나 혹은 새로운 문제가 발생할 수 있기 때문이다. 예를 들어 우리나라의 인구정책을 생각해 보자. 과거 1960~1970년대 우리나라의 인구 증가율은 매우 높은 편이었다. 이 때문에 경제성장이 더디게 될 것을 우려했던 당시 한국 정부는 강력한 산아제한정책을 실시하였다. 가족계획이라는 이름하에 전국적으로 피임을 장려하고 처음에는 두 아이만 낳자고 홍보하다가 나중에는 아들 딸 구별 말고 하나만 낳자는 식으로 강력하게 인구억제책을 시행하였다. 그 때문에 우리나라의 인구 증가율은 계속 감소되었고 이는 곧 산아제한정책이 상당한 성공을 거둔 것이라고 해석할 수 있다. 그런데 그러다 보니까 이제는 우리나라의 인구 증가율이 세계적으로 가장 낮은 수준에까지 도달하게 되었다. 인구 증가율이 너무 높은 것도 문제지만 인구 증가율이 너무 낮은 것 역시 바람직하지 않은 사회문제가 되는 것이다. 이처럼 산아제한정책에 의해서 높은 인구 증가율이라는 당초 문제가 해결되기는 하였지만 출산율이 너무나 낮아지다 보니 이제는 기존의 정책을 수정할 필요가 생기게 되었다. 따라서 그동안 아이를 가급적 낳지 말도록 하던 인구정책이 이제는 어떻게 하면 결혼과 출산을 장려할 것이냐 하는 방향으로 새롭게 변경되었던 것이다.

사례 우리나라 인구정책의 변화

1960년대 이후 우리나라의 인구정책은 인구 증가율 억제를 목표로 하는 산아제한정책이었다. "덮어놓고 낳다보면 거지꼴을 못면한다," "딸,아들 구별말고 둘만낳아 잘기르자"와 같은 것이 1970년대까지 대표적인 가족계획 표어였다. 1980년대에는 "잘키운 딸하나 열아들 안부럽다," "둘도 많다 하나낳고 알뜰살뜰"과 같이 아이는 한 명만 낳자는 표어까지 나붙었던 정도였다. 수십 년에 걸친 정부의 강력한 산아제한정책의 결과 우리나라의 인구 증가율은 급속히 감소하였다. 1990년대 이후 정부는 산아제한정책을 중단하고 1996년부터는 인구정책의 목표를 '산아제한'에서 '자질향상'으로 변경했고, 이를 반영하듯 가족계획 표어도 "엄마건강 아기건강 적게낳아 밝은생활"로 바뀌었다. 2000년대 들어와서는 출산율이 OECD 국가들 중 최저 수준으로까지 떨어지게 되자 정부는 이제 방향을 180도 바꿔서 적극적인 출산장려정책을 강조하게 되었다. 이에 따라 가족계획 표어 역시 "아빠! 하나는 싫어요," "엄마! 저도 동생을 갖고 싶어요," "낳을수록 희망가득 기를수록 행복가득" 등으로 바뀌었다.

〈메세지로 본 가족계획 표어〉

1961년	1963년	1966년	1971년	1980년
알맞게 낳아서 훌륭하게 키우자	덮어놓고 낳다보면 거지꼴을 못면한다	3명 자녀를 3년 터울로 35세 이전에 단산하자	딸·아들 구별말고 둘만낳아 잘기르자	잘키운 딸하나 열아들 안부럽다

1982년	1986년	1990년	2004년	2006년
둘도 많다 하나낳고 알뜰살뜰	하나로 만족합니다. 우리는 외동딸	엄마건강 아기건강 적게낳아 밝은생활	아빠! 하나는 싫어요 엄마! 저도 동생을 갖고 싶어요	낳을수록 희망가득 기를수록 행복가득

출처: 시대별 표어로 살펴본 우리나라 출산정책(Click 경제교육, KDI, 2014. 12.)
http://eiec.kdi.re.kr/click/click/click_view.jsp?fcode=000020001100001000028&idx=2288

2. 오류수정으로서의 정책수정

정책수정의 가장 중요한 의의는 오류를 수정하는 데 있다. 정책이란 본질적으로 가설과도 같다고 하였다. 정책을 만드는 시점에 있어서는 이 결정으로 인해서 문제가 잘 해결될 것인지 여부를 미리 알 수 없기 때문이다. 그래서 정책을 집행한 후에 평가를 하는 것은 마치 가설을 검증하는 것처럼 그 정책이 제대로 된 선택이었는지 아닌지를 판정하는 것이다. 만약 결과적으로 실패한 정책이라고 판명되었다면 당초의 결정에 무언가 오류가 있었음을 의미한다. 그리고 정책을 수정한다는 것은 그렇게 발생한 오류를 발견하고 시정한다는 것을 의미한다. 그렇다면 결국 정책수정의 본질은 '오류의 수정(error correction)'에 있다고 할 수 있다. 즉, 정책의 오류를 시정해서 다시 정답을 추구하는 것이다.

그런데 여기서 한 가지 더 생각해 봐야 될 중요한 점이 있다. 오류의 '수정'이라는 단어만 놓고 보면 당연히 잘못된 것을 제대로 바로잡는 것이라고 생각하기 쉽다. 하지만 단어가 곧 현실을 의미하는 것은 아니다. 수정(correction)이라는 단어를 사용한다고 해서 그 변화된 바가 정말로 문자 그대로 '고쳐지는' 것이라고 단언할 수는 없다. 정책을 바꾸면서 '수정'이라는 용어를 붙인다고 해서 당연히 문자 그대로의 '수정'이 이루어진다는 보장은 없는 것이다. 다시 말해서 정책집행 후 발견된 오류를 수정하기 위해 새로운 정책을 내놨다고 해서 그 변경된 정책(수정안)이 자동적으로 '정답'이 된다는 보장은 없다는 것이다. 정책을 처음 결정할 때 그 결과가 제대로 될 것인지 아닌지 알 수 없다는 점에서 정책을 가설과 같다고 했다. 이와 마찬가지로 오류를 수정하기 위한 수정안 역시 본질적으로 가설에 불과하다. 잘못된 결정을 바로잡기 위한 정책수정 역시 그 자체로 또 하나의 가설이란 것이다. 정책은 가설과도 같기 때문에 집행하는 과정에서 끊임없는 관찰과 모니터링이 필요하다고 하였다. 이는 정책수정에 있어서도 똑같이 적용된다. 누가 어떻게 수정한 정책이라 하더라도 그 또한 오류가능성을 내포하고 있는 하나의 가설이다. 따라서 정책을 '수정'했다고 해서 이제는 '정답'이겠거니 하고 그냥 내버려 두면 곤란하다. 최초에 결정된 정책이건 수정된 정책이건 여전히 오류가 발생할 가능성이 상존한다. 따라서 정책을 수정한 이후에도 혹시 잘못된 결정은 아니었는지 계속해서 관찰하고 검토하고 모니터링할 필요가 있는 것이다.

3. 정책변동의 종류

정책수정 혹은 정책변동의 종류는 어떤 기준에 비춰 보느냐에 따라 다음과 같이 몇 가지로 나누어 볼 수 있다. 먼저 정책과정의 각 단계 중 어디에서 변동이 이루어지느냐에 따라서 구분해 볼 수 있다. 정책의 목표 자체가 바뀌는 경우도 있을 수 있고 목표는 그대로 두고 다른 대안을 선택하는 경우도 있을 수 있다. 혹은 정책의 목표 설정과 대안 선택은 그대로 두고 집행 단계에서 담당 부서를 바꾼다든지 또는 집행하는 세부 방식을 바꾸는 것도 정책수정의 하나가 될 수 있다.

정책변동의 크기와 속도에 따라서 구분하면 폭발형과 점증형으로 나눠 볼 수 있다. 폭발형 변동(synoptic change)이란 정책이 진행되다가 갑자기 그 이전과는 판이하게 달라지게 되는 것을 말한다. 즉, 단번에 근본적이고 단절적인 변동(discontinuous change)이 일어나는 경우이다. 정책결정 모형 중 역사적 신제도주의에서는 한번 만들어진 제도는 오랫동안 그대로 지속되다가 위기 상황이 발생하면 그 균형이 깨지고 새로운 균형으로 대체된다고 본다. 이러한 상황을 단절된 균형(punctuated equilibrium)이라고 하는데, 폭발형 정책변동도 이와 유사한 상황이라고 할 수 있다. 반면 점증형 변동(incremental change)이란 시간이 지나면서 정책이 조금씩 변하는 경우를 말한다. 즉, 서서히 부분적으로 변화해 나가는 선형 변화(linear change)라는 것이다.

한편 호그우드와 피터스(Hogwood and Peters, 1983)는 변화의 정도나 내용에 따라서 정책변동을 크게 4가지로 구분하였다. 첫째, 정책혁신(policy innovation)이란 사실상 완전히 새것이나 다름없는 정책이 나오는 경우를 말한다. 둘째, 정책유지(policy maintenance)란 지금 현재의 정책이 그 기본적인 모습 그대로 진행이 되는 경우를 말한다. 처음에 설정했던 목표 그대로, 그리고 당초 선택되었던 정책수단과 집행체제 그대로 지속이 되는 경우를 정책유지라고 한다. 셋째, 정책승계(policy succession)란 정책이 부분적으로 바뀌는 것을 말한다. 정책승계에는 대체, 부분종결, 통합, 분리 등이 있다. 먼저 대체(replacement)란 정책의 원래 목표는 그대로 두고 그 목표 달성을 위해서 동원되었던 수단 중의 일부를 다른 것으로 바꾸는 것이다. 부분종결이란 정책을 구성하고 있는 여러 가지 하위 프로그램들 중에서 일부를 중단하는 것을 말한다. 통합(consolidation)이란 두 개 이상의 여러 정책을 하나의 정책으로 합치는 것이고, 분리(splitting)란 반대로 하나의 정책을 두 개 이상으로 분할하는 경우를 말한다. 마지막 넷째, 정책종결(policy termination)은 앞에서 설명한 바와 같이 정책이 완전히 종료되는 상황을 뜻한다.

보론 정책변동과 정책레짐의 변동

1) 정책레짐의 개념과 특성

정책레짐(policy regime)이란 정책결정 과정을 제약하는 거시적 맥락을 뜻한다. 정책레짐의 개념은 "어떤 주어진 정책의제영역(policy issue-area)에 있어서 정책결정을 둘러싼 참여자들 간에 근사적으로 공유되고 있는 암묵적 혹은 명시적인 원리, 규범, 규칙, 그리고 의사결정 절차들의 집합"이라고 정의된다(김정수, 1996). 이 정의는 국제레짐(international regime)에 대한 크라스너(Krasner, 1983)의 개념 정의를 차용한 것이다. 여기서 원리란 사실적 인과관계 또는 규범적 선악에 관한 신념을 가리키며, 규범이란 권리와 의무라는 측면에서 정의된 행위의 규준을 의미한다. 또한 규칙이란 구체적으로 규정된 의무조항 혹은 금지사항을 말하며, 마지막으로 의사결정 절차란 집합적 선택의 결정 및 집행에 관한 지배적인 관례를 지칭한다.

정책이 문제해결이라면 정책레짐은 문제해결의 울타리에 해당된다. 즉, 정책이 개별 사안별로 문제해결 방안을 모색하는 것이라면, 정책레짐은 문제해결 과정에서 일정 범주의 사안들에 대해 공통적으로 적용되는 기본 틀이라고 할 수 있다. 다시 말해서 정책레짐이란 개별적인 정책 하나하나와는 구별되는, 정책과정 전체의 방향과 특징을 규정하는 거시적 틀(macro framework)에 해당하는 개념이다(김정수, 2006). 정책레짐은 문제의 인식, 목표의 설정, 대안의 모색, 수단의 선택 등 정책과정 전반에 걸쳐 따라야 할 준칙과 판단 기준을 제공한다. 이런 점에서 정책과 정책레짐의 관계는 마치 과학 연구에 있어서 개별

이론과 패러다임(paradigm)의 관계와도 같다고 할 수 있다. 패러다임이 개별적인 연구 주제에 대한 이론 정립 작업에 근본적인 방향과 준거의 틀을 제공하듯이, 정책레짐 역시 개별적인 정책문제 해결 과정에 있어서 기본적인 길잡이 역할을 하는 것이다.

패러다임으로서의 정책레짐은 정책결정자들의 시각을 특정한 방향으로 고정시키는 기능을 수행한다. 어떤 문제에 대한 원인 분석 및 해결 방안 모색 작업에 있어서 여러 가지 가능성을 다 열어 두고 판단을 내리기보다는 정책레짐에 의해 규정된 쪽으로만 습관적으로 또는 의무적으로 따르게 된다는 것이다. 마치 과학적 패러다임 그 자체는 의문의 대상이 아니듯이 정책레짐은 그저 당연한 것으로 여겨진다. 정책레짐의 성격에 따라 제한되는 범위 자체에 대해서 "왜 하필 그런가, 다른 시각은 없는가" 하는 의문은 제기되지 않으며 그저 당연한 것으로 받아들여지게 된다. 그렇기 때문에 객관적으로는 동일한 문제 상황이라고 해도 정책레짐의 성격에 따라서 문제의 정의, 대안의 탐색 범위, 대안의 선택 등 정책과정 자체가 달라질 수 있다. 또한 정책레짐이 변하면 현실을 보는 정책결정자들의 시각과 인식도 변하게 된다. 무엇이 정당한 정책 목적인가, 사용 가능한 정책수단의 범주는 무엇인가, 무엇이 좋은 정책인가 하는 등에 대한 판단의 기준도 달라지게 된다. 그리고 한때는 전혀 고려되지도 않던 방안이 정책결정자들의 세계관과 생각이 바뀜에 따라 아주 매력적인 문제해결책으로 받아들여지게 될 수도 있다. 반대로 한때 최선의 수단이라고 당연시되었던 정책이 정책레짐이 변하게 되면서 공공연히 언급하기도 힘들 정도로 금기시될 수도 있다. 이처럼 정책레짐은 주어진 의제 영역에 있어서 정책과정의 기본적인 특성과 방향을 정의·규정하게 되는 것이다.

이와 같이 정의된 정책레짐은 개념적으로 제도의 일종이라고 할 수 있다. 제도의 일반적 속성인 지속성(persistence) 혹은 고착성(stickiness)은 정책레짐에도 그대로 적용된다. 즉, 일단 한번 형성된 정책레짐은 주위의 환경 변화에도 불구하고 오랜 기간 동안 그대로 지속되는 경향이 있다는 것이다. 그렇기 때문에 환경과 상황이 변화함에도 불구하고 정책의 특성과 방향에는 큰 변화 없이 일정한 기조가 유지된다.

2) 정책의 변화와 정책레짐의 변화

정책레짐이라는 준거 틀에 비추어 보면 정책이 변화한 경우를 두 가지로 나누어 볼 수 있다. 첫째는 기존의 정책레짐 내에서 한계적·부분적으로 정책이 수정되는 경우이며, 둘째는 정책레짐 자체의 변화에 따라 정책의 근본 기조가 변화하는 경우이다. 그러면 정책레짐의 변화란 어떤 경우를 말하는가? 크라스너(Krasner, 1983: 15~16)는 국제레짐의 변화를 두 가지로 구분하였다. 레짐 구성 요소들 중 규칙이나 의사결정 절차가 변경된 경우를 레짐 '내에서의' 변화(change within regime), 그리고 기본 원리나 규범이 변한 경우를 레짐 '자체의' 변화(change of regime)라고 구별하였다. 이 구분을 원용한다면 주요 정책결정자들이 공유하고 있는 원리나 규범의 변화로 인한 정책변화는 정책레짐 자체의 변화를 나타내는 것이나, 단지 세부적인 규칙이나 절차상의 변화에 따른 정책의 변화는 정책레짐 내에서의 변화를 의미하는 것으로 개념화할 수 있다.

그런데 정책레짐에 의해 정책 목적의 정의 및 정책수단의 선택이 근본적으로 제약을 받는다면, 정책레짐의 변화는 정책의 방향과 성격상의 근본적인 변화를 초래하게 된다. 왜냐하면 정책이 추구하는 가치뿐만 아니라 정당한 것으로 용인되는 정책수단의 범위까지 변경되기 때문이다. 예를 들어 기존의 정책레짐하에서는 정당한 정책의제로서 받아들여졌던 문제가 새로운 정책레짐하에서는 전혀 정책결정자의 주목을 받지 못할 수도 있다. 반대로 예전에는 전혀 문제시되지 않았던 사안이 새로이 중요한 정책의제로 대두될 수도 있다. 또한 정책레짐이 변함에 따라 지금까지 아무런 문제없이 사용해 왔던 정책수단들이 더 이상 허용되지 않게 될 수도 있다. 반대로 이전에는 금기시되었던 방법들이 이제는 매력적인 정책대안으로 받아들여지게 될 수도 있다. 그뿐만 아니라 정책레짐이 변하면서 정책과정에 참여하는 구성원이 변하게 되면 동일한 정책문제라도 전혀 새로운 정책결정자들에 의해 새로운 방식으로 다루어질 수도 있는 것이다. 그렇다면 정책레짐의 변화는 어떻게 이루어지게 되는가?

3) 정책레짐의 동태적 변화 모형

정책레짐의 변화는 개념적으로 과학 패러다임의 변화 혹은 국제 질서 자체의 체제적 변화와 유사한 현상이다. 토마스 쿤(Kuhn, 1962)의 주장에 의하면 기존 패러다임에 의한 연구활동으로 대부분의 과제가 해결되는 한 도전을 받지 않지만, 해답을 찾을 수 없는 이상 문제(異常 問題, Anomaly)가 점차 많이 나타나게 되면 결국 그 문제들을 풀 수 있는 새로운 패러다임에 의해 대체되게 된다고 한다. 한편 길핀(Gilpin, 1981)은 국제사회의 구조적 변화 모형을 다음과 같이 제시하였다. 국제사회의 질서와 국가들 간의 힘의 배분 상태가 적절한 조화를 이루고 있다가 점차 힘의 균형이 변하게 되면 위기 상황이 발생한다. 이때 기존의 패권국가와 새로이 부상하는 신흥 강국 간의 주도권

쟁탈전이 벌어지게 된다. 그 후 새롭게 변화된 힘의 배분 상태에 적합한 새로운 국제 질서가 형성되게 된다. 쿤과 길핀의 논리를 바탕으로 하여 정책레짐의 변화 과정을 개념적으로 모형화하면 다음과 같이 네 가지 단계로 구분해 볼 수 있다.

① 균형 상태

균형 상태는 일정한 범주의 정책의제에 대하여 효과적이고 적실성 있는 정책레짐이 확고하게 제도화되어 있는 상황을 의미한다. 이 상황에서는 지배적인 정책레짐에 따른 정책결정으로 인해 대부분의 문제들이 성공적으로 해결되고 있으며, 따라서 그 정책레짐의 정당성·효과성에 대한 의문이 제기되지 않는다. 이 균형 상태에서의 정책결정은 적극적인 문제해결이라기보다는 의무·규칙 따르기 또는 관습·관행의 준수라는 성격이 강하다.

② 정책적 혼란기

시간에 지나면서 정책레짐은 원래 특성과 다름없이 그대로 지속되는 반면 문제 상황과 환경은 계속 변화함에 따라 차츰 기존의 정책레짐과 문제들 간에 괴리가 발생하기 시작한다. 즉, 기존 정책레짐의 문제 적합성 혹은 적실성이 떨어지게 된다는 것이다. 따라서 과거 방식을 따르는 정통적인 정책으로는 문제가 제대로 해결되지 않고 정책 오류가 발생하는, 즉 이상 문제가 발생하는 사례가 빈번해진다.

③ 기존 정책레짐의 붕괴와 신사고(新思考)의 등장

기존의 정책레짐에 의해서는 변화된 환경에서 제기되는 문제들이 해결되지 않고 정책오류가 자꾸만 누적·확대·심화되게 되면 기존의 문제해결 방식은 이제 더 이상 신뢰받지 못하게 된다. 기존의 정책레짐이 붕괴됨과 동시에 만연한 이상 문제들을 해결할 것으로 기대되는 대안적 접근 방식들이 주장되기 시작한다. 기존의 문제해결 방식에 대한 근본적인 회의와 비판이 제기되면서 기존의 것과는 다른 신사고(新思考), 즉 새로운 차원의 대안적 접근방법과 사고방식이 제안되며 실험되기 시작한다.

④ **대체 정책레짐의 선택과 새로운 균형**

기존의 정책레짐과 새로이 제기된 다른 접근 방식들 간에 한판 승부가 벌어지고 새로운 승자가 결정된다. 이때 판정 기준은 결국 새로운 이상 문제들을 어떤 것이 더 효과적으로 해결하느냐 하는 것이다. 정책적 혼란기에는 여러 가지 대안적 접근방식들이 시도되며 그 과정에서 다른 것보다 문제해결 효력이 월등히 뛰어난 방식이 점차 드러나게 된다. 즉, 많은 이상 문제들을 성공적으로 해결한 접근방식이 새로운 정책레짐으로 자리 잡으며 제도화됨에 따라 새로운 균형 상태를 이루게 된다.

이상의 과정을 그림으로 나타내면 다음의 [그림 14-1]과 같다.

그림 14-1 정책레짐의 변화 모형

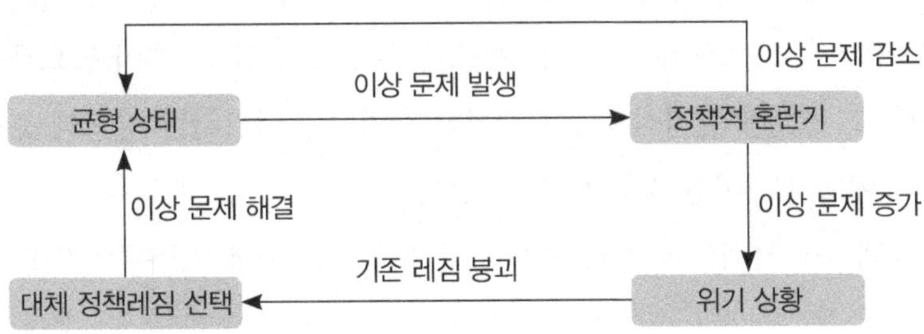

4) 위기와 정책레짐의 변화

위에서 서술한 정책레짐의 변화 과정은 연속적·점진적으로 이루어지는가 아니면 단절적·급진적으로 이루어지는가? 물론 정책적 전환기를 거쳐서 새로운 균형 상태가 이루어지기까지 소요된 시간을 가지고서 점진적, 혹은 반대로 급진적, 변화라고 단정 짓는 것은 사실 어려운 일이다. 하지만 정책레짐의 개념 정의상 레짐 자체의 변화는 연속적 변화라기보다는 단절적 변화라고 보아야 타당할 것이다. 그러나 그것은 어디까지나 내용 혹은 속성 면에서 그렇다는 것이지 변화의 속도나 폭이 반드시 급진적이어야 할 논리적 필연성은 없다. 왜냐하면 변화의 정도는 사실 '변화의 폭×빈도'의 결과이기 때문이다(김영평·최병선, 1993: 25). 다만 실제로는 소폭이나마 많은 변화가 동일한 방향으로 꾸준히 계속된다는 것이 그리 쉽지는 않을 것이다. 따라서 점진적이기보다는 대폭적인 변화에 의해 정책레짐 자체의 성격이 단절적으로 변하는 경우가 많을 것이다.

변화 속도가 점진적이건 급진적이건 간에 한 가지 분명한 것은 정책레짐 자체의 변화가 일어나기 위해서는 상당한 에너지가 필요하다는 점이다. 왜냐하면 정책레짐은 일단 한번 형성된 다음에는 환경·상황의 변화에도 불구하고 관습적으로 그대로 지속되는 속성이 있기 때문이다. 정책레짐의 고착성을 고려할 때 레짐 자체가 변화하려면 기존의 정책레짐을 고수하려는 관성을 깨트릴 수 있을 만한 큰 힘이 필요하게 된다. 그렇다면 현실적으로 정책레짐의 변화를 야기시킬 정도의 충격이나 에너지는 어떤 경우에 발생하는가?

정책레짐 차원의 단절적 변화는 대개 위기 상황에서 이루어지게 된다. 여기서 위기란 사회적으로 대단히 급박하고 중요한 의미를 지닌 문제들이 발생함에도 불구하고 기존의 정책레짐에 의거한 정책결정으로는 도무지 해결되지 않는 상황을 의미한다. 이러한 위기 상황은 기존 정책레짐의 효과성에 대한 사람들의 깊은, 그리고 대개는 무비판적인 신뢰감에 중대한 손상을 입히게 된다. 문제의 심각성이 크면 클수록, 그리고 정책결과에 대한 불만이 크면 클수록 기존의 고착적인 정책레짐이 파괴될 가능성은 더욱 높아지게 된다. 이런 상황에서는 개인적이건 혹은 사회적이건 종래 고수하던 신념체계의 모순이 자꾸 나타나기 때문에 옛 사고방식을 계속 고집하기가 점점 곤란하게 된다. 또한 기존 정책레짐의 한계·문제점들이 확연히 드러나게 되므로 기존 방식을 수호하려는 세력은 정치적으로 심한 비판과 압력에 직면하게 되며, 그만큼 비판 세력들과의 권력 게임에서 상당한 약점을 노출하게 된다.

위기 상황은 새로운 아이디어를 가진 다른 세력들에게 정치적 영향력을 확대할 수 있는 좋은 기회를 제공한다(Goldstein, 1988). 위기가 발생하면 기존의 사고방식을 고집하던 구세력은 집중적인 비난의 대상이 되기 때문이다. 정책적 대실패의 책임을 지고 구세력이 물러나게 되면 새로운 시각과 신념체계를 갖춘 새로운 세력이 정책결정 권한을 장악하게 된다. 로스킨(Roskin, 1974)은 이러한 현상을 정책권의 세대교체(generational shift)로 말미암은 정책 패러다임(policy paradigm)의 변화라고 불렀다. 결국 위기 상황이 심화되면 될수록 기존의 정책레짐이 붕괴되고 새로운 레짐으로 대체될 가능성은 더욱더 무르익어 가게 되는 것이다.

5) 대체 정책레짐의 선택

기존의 지배적인 정책레짐이 어떻게 무너지는가 하는 것과 그것을 대체할 새로운 정책레짐이 어떠한 특성을 갖고 있는가 하는 것은 전혀 별개의 문제이다. 물론 새 정책레짐은 당연히 종래의 정책레짐과는 상당히 다른 성격을 갖게 될 것이다. 하지만 그렇다고 해서 반드시 어떤 특정한 속성을 가져야 한다는 논리적 필연성은 없다. 그렇다면 새로운 대체 정책레짐은 어떻게 설정되는가?

먼저 한 가지 지적해야 할 것은 '설정'이라고 해서 정책레짐의 변화가 반드시 합리적인 선택의 결과인 것은 아니라는 점이다. 새로운 정책레짐의 선택은 어떤 단일한 의사결정 주체(개인이건 조직이건)에 의해 일관된 선호체계에 기초하여 주도면밀한 계산을 거쳐 의도적으로 설계되는 것이 아니다. '정책결정은 정치다'라는 주장이 있지만 개별 정책결정의 기본적인 판을 짜는 '정책레짐의 결정'이야말로 더욱 총체적인 정치 게임의 소산인 것이다.

그러나 대체 정책레짐의 결정이 정치 과정에 의해 결판난다고 해서 그저 이전투구(泥田鬪狗)식으로 아무렇게나 이루어지는 것은 아니다. 왜냐하면 정책결정자들은 정치 게임에 참여할 뿐만 아니라 실제로 사회문제의 해결을 위해서 힘써 노력하는 것이 사실이기 때문이다(Heclo, 1974). 또한 정치인들 역시 단순히 개인적 차원의 이익만을 위하기보다는 그 나름대로 '국익'을 염두에 두고 의정 활동을 하는 경우가 많다(Kelman, 1988). 그렇기 때문에 대체 정책레짐의 결정 과정에서 정치 게임이 벌어진다고 해도 궁극적인 목표는 기존의 정책레짐으로 해결되지 않는 심각한 이상 문제들을 성공적으로 해결하는 데에 두어지게 된다. 다만 무엇이 성공적인 해결인가, 혹은 어떻게 해야 문제를 제대로 해결할 수 있는가 등에 대하여 생각이 다르고 이해관계가 다른 집단들 간에 권력 게임이 벌어질 수는 있다. 그렇지만 구체적으로 누가 어떤 접근방법을 주장하건 간에 그 방식으로 인해 이상 문제들이 성공적으로 해결되지 않는다면 결코 새로운 정책레짐으로 채택되어 제도화될 수는 없다. '성공'이라는 평가는 대단히 강력한 정당성의 근거가 된다. 따라서 성공적인 문제해결 방식이라고 인정된 접근방식이어야만 비로소 대체 정책레짐의 자격이 주어지는 것이다.

제3절

정책 종결·수정의 어려움

정책의 수정 및 종결은 보다 개선된 문제해결과 자원배분을 위해서 반드시 필요한 작업이다. 하지만 그러한 당위성에도 불구하고 실제 현실에 있어서는 정책을 끝내거나 변화시키는 것이 그렇게 쉽지는 않다(Brewer and deLeon, 1983 : 398~410). 여러 가지 이유로 정책변동에 저항하는 움직임이 강하기 때문이다. 그렇다면 정책의 종결 및 변동을 어렵게 만드는 요인에는 어떤 것들이 있을까?

1. 담당 조직의 저항

우선 첫 번째로는 정책을 담당하는 행정조직 차원의 저항이 있을 수 있다. 담당 기관 입장에서 보면 정책이 종결되거나 대폭 축소된다는 것은 그 기관의 존재 의미가 그만큼 줄어든다는 것을 의미한다. 조직의 존재 의미가 줄어든다는 것은 곧 그 조직이 더 이상 생존할 필요가 없음을 뜻한다. 모든 생명체와 마찬가지로 조직 역시 계속해서 생존해 나가기를 추구한다. 따라서 자신들이 담당하던 정책의 종결 혹은 축소로 인해 자신들이 존재해야 할 정당성이 퇴색되는 것은 엄청난 위협이 아닐 수 없다. 담당 부서 입장에서는 정책문제가 잘 해결되었느냐 그렇지 않으냐 하는 것보다 조직의 생존 자체가 훨씬 더 중요한 사안이다. 따라서 정책을 담당하는 조직 차원에서 정책의 수정·종결에 대해 강력하게 반대하게 된다는 것이다.

2. 정치적 책임의 회피

정책수정이 어려운 또 다른 이유는 정치적인 책임 때문이다. 기존의 정책이 수정된다는 것은 그 정책에 무언가 잘못이 있었음을 의미한다. 즉, 정책의 오류가 있어서 당초 원하는 만큼의 성과를 제대로 달성하지 못했다는 것이다. 따라서 정책을 수정한다는 것은 곧 정책 담당자에게 잘못이 있었다는 사실을 인정한다는 것을 뜻한다. 그렇게 되면 그동안 잘못된 정책을 만들고 시행했다는 사실에 대해 책임을 져야 하는 상황이 발생하게 된다. 결국 정책결정자 혹은 담당 부서 입장에서 정책을 수정한다는 것은 곧 자신의 잘못을 인정하는 셈이 되고 그에 따른 비판과 책임 추궁에 직면하게 됨을 의미한다. 따라서 정책의 오류 혹은 실패를 자인함으로 인한 정치적인 책임을 지지 않기 위해서 정책수정의 필요성 자체를 인정하지 않으려는 경향이 생기는 것이다.

3. 매몰비용

현실적으로 정책수정을 어렵게 만드는 또 하나의 이유는 매몰비용(sunk cost)이다. 매몰비용 혹은 함몰비용이란 어떤 정책을 집행하는 데에 투입되었던, 그래서 회수가 불가능한 자원을 총칭하는 개념이다. 막대한 자원을 투입해서 시행해 오던 정책이 잘못된 것 같으니 수정 혹은 종결한다고 하면 그동안 쏟아부었던 비용은 그대로 사회적 손실이 되어 버린다. 따라서 그동안 투입되었던 매몰비용이 많으면 많을수록 정책을 변경하고 진로를 바꾸는 것은 더 어렵게 된다. 정책을 수정한다는 것은 곧 기존의 정책에 소요되었던 그 많은 아까운 자원을 그냥 내다 버리는 것이나 다름없기 때문이다. 따라서 매몰비용이 막대한 경우에는 아무리 정책을 수정할 필요성이 크다고 해도 막상 바꾸기는 결코 쉽지 않다는 것이다.

4. 수혜자의 저항

정책의 변동을 가로막는 또 하나의 현실적인 요인은 정책으로 인해서 이익을 보는 수혜자 관점에서 생각해 볼 수 있다. 윌슨(Wilson, 1980)이 제시했었던 규제정치(politics of regulation) 모형은 규제정책으로 인해서 발생하는 비용과 편익의 배분 양상을 기초로 하여 〈표 14-1〉과 같이 네 가지 다른 상황을 상정한다. 첫째는 규제로 인한 비용과 편익이 모두 특정한 소수에게 집중되어 있는 이익집단 정치(interest group politics) 상황이다. 둘째는 이와는 반대로 규제로 인해 발생하는 비용과 편익이 모두 대다수 국민들에게 넓게 배분되어 있는 대중적 정치(majoritarian politics) 상황이다. 셋째는 규제정책으로 인해서 발생하는 이익은 국민 대다수에게 분산되어 있지만 그 비용은 소수의 사람들에게 집중되어 있는 기업가적 정치(entrepreneural politics) 상황이다. 그리고 넷째는 규제로 인한 이익은 소수에게 집중된 반면

표 14-1 Wilson의 규제정치 모형

비용 \ 이익	분산	집중
분산	대중적 정치	고객 정치
집중	기업가적 정치	이익집단 정치

그 비용은 대다수 국민들에게 분산되어 있는 고객 정치(client politics) 상황이다.

정책변동에 대한 저항과 관련해서 중요한 의미를 갖는 것은 마지막 네 번째 고객 정치 상황이다. 정책으로 인해 발생하는 비용이 모든 국민들에게 분산되어 있다는 것은 곧 개별 국민 한 사람, 한 사람 입장에서는 아주 약간의 비용만 지불함을 의미한다. 전체 국민들이 부담하는 총비용은 분명히 막대한 규모이지만 모두에게 분산되다 보니 각 개인 입장에서는 극히 사소한 비용만 지불할 뿐이다. 따라서 개개인 차원에서는 그렇게 큰 불편함이나 손해가 있다고 느끼지도 않는 것이다. 반면에 이 정책으로 인한 막대한 이익은 소수의 사람들에게 집중되어 있으니 수혜자 개인적으로 보더라도 이 정책으로 인하여 누리는 이익은 매우 크다고 절감하고 있다.

그런데 만약 이런 상황에서 정부가 지금까지 시행되던 이 정책의 오류를 수정해서 개선해야겠다고 한다면 어떤 일이 벌어지게 될까? 그리 된다면 기존의 소수 수혜자들은 그동안 자신들이 누려 오던 막대한 이익이 사라질 것을 우려하여 그러한 정책수정이 이루어지지 않도록 적극적인 반대 운동에 나설 것이다. 반대로 그동안 비용을 부담해 오던 대다수 국민들 입장에서 보면 정책이 수정된다고 해도 각 개인들이 느끼는 비용의 절감 분은 얼마 되지 않는다. 비용을 부담하던 다수로서는 어차피 그동안 불편하다고 느끼던 비용이 매우 작기 때문에 그 정책이 수정되건 말건 크게 달라지는 것은 없다고 느낀다는 것이다. 결국 기존의 정책으로 이익을 누리던 소수의 사람들은 포기해야 될 것이 매우 많기 때문에 정책수정에 강력히 저항하는 반면, 정책으로 인해서 비용과 불편함을 조금씩 나누어 부담하던 대다수 국민들은 정책이 수정되거나 말거나 별 상관없다는 식의 태도를 갖기 마련이다. 이 때문에 설혹 정부가 국민 모두를 위해서 정책을 개선하려고 시도한다고 해도 그 수정안을 지지해야할 대다수 국민들은 조용히 있고 반대하는 소수의 기존 수혜자들은 결사적으로 반대를 외치게 된다. 그 결과 정책 수정이 이루어질 가능성은 그만큼 희박해지는 것이다.

이처럼 특정한 규제정책으로 인하여 소수의 수혜자가 누리게 되는 막대한 이익을 지대(rent)라고 한다. 그리고 그들이 이 이익을 놓치지 않고 계속 확보하려고 애쓰는 것을 지대추구 행위(rent-seeking behavior)라고 한다. 이러한 고객 정치 상황에서 정책결정자들은 국민 모두의 공익을 구현하는 방향으로 정책을 수정해야 한다는 당위성에도 불구하고 결국은 목소리 큰 소수의 이익을 보장해 주는 식으로 정책을 운용하게 된다. 이러한 현상을 포획(capture)이라고 한다. 말하자면 정부가 수혜자들의 포로로 잡혀 있다 보니 국민 전체를 위해 정책을 수정하기보다는 소수의 기득권을 위해 기존 정책을 그대로 유지하게 된다는 것이다.

제4절

파생적 외부효과(Derived Externalities)

1. 개념

정책을 집행한 이후, 정책의 수정이나 종결과는 다른 차원의 고민거리가 발생하는 경우가 있다. 원래 목표했던 문제의 해결 여부와는 별개로 전혀 다른 영역에서 새로운 문제가 생겨나는 경우이다. 이를 파생적 외부효과(derived externalities)라고 한다. 정책의 결과가 다른 곳으로 흘러넘친다는 뜻으로 spillover라고도 한다. 정책이란 특정한 사회문제를 해결하기 위해서 만들어지고 집행된다. 그리고 보통의 상황이라면 그 정책이 해결하려고 했던 원래 문제가 잘 해결되었는지에 관심을 갖게 된다. 결과가 미진하다면 정책을 수정하고, 만족스럽다면 정책을 종결하게 된다. 그런데 때로는 정책과정에서 생각하지도 않았던 혹은 애당초 존재하지도 않았던 새로운 문제가 발생하기도 한다. 즉, 원래 A라는 문제를 해결하기 위해서 나왔던 정책이 시행되었기 때문에 원래는 존재하지 않았던 혹은 아무도 신경 쓰지 않았던 새로운 문제 B가 나타난다는 것이다. 그렇게 되면 당초의 A라는 문제가 얼마나 잘 해결되었는가와는 별도로 이제 B라는 새로운 문제를 위한 새로운 정책이 필요하게 된다.

파생적 외부효과는 일종의 부작용으로 생각할 수도 있다. 예를 들면 오늘날 우리나라의 교통 혼잡이나 환경오염 같은 문제도 파생적 외부효과라고 이해될 수 있다. 해방 이후 1950~1960년대 당시에는 국가적인 가난과 빈곤이 가장 심각한 공공문제였다. 이 문제를 해결하기 위해 당시 한국 정부는 각종 산업화정책 및 수출드라이브정책 등을 시행하였다. 그런데 산업화정책을 시행하려면 공장을 지어 돌려야 한다. 가난하던 시절에는 폐수나 오염 물질을 배출하는 공장이 거의 없었기 때문에 환경을 오염시킬 물질 자체가 별로 생기지 않았다. 그런데 공장이 많아지다 보니 과거에는 존재하지 않았던 환경오염이라는 문제가 새롭게 발생하게 된 것이다. 또한 가난하던 시절에는 자동차도 별로 없었기 때문에 길이 막힐 일 자체가 없었다. 그러나 산업화가 되고 소득이 늘어나다 보니 자동차가 많아지게 되었고 그러다 보니 교통 혼잡이라는 옛날에 없던 새로운 문제가 발생하게 되었다. 결국 경제성장 정책으로 인하여 빈곤이라는 원래 문제는 상당히 해결되었지만, 그와는 별개로 이전에는 존재하지도 않고 고민하지도 않았던 환경오염이나 교통 혼잡과 같은 새로운 문제가 등장했다는 것이다. 그리고 이러한 새로운 문제들에 대응하기 위한 정책을 개발하려면 새로운 정책과정이 또 시작되어야 하는 것이다.

2. 사례

이 파생적 외부효과를 보여 주는 아주 좋은 사례로 미국의 통신 독점 기업 AT&T의 분할 결정을 들 수 있다(김정수, 1991). 1876년 알렉산더 벨(Alexander Graham Bell)에 의해 전화가 발명된 이후 미국의 통신시장은 Bell 사에 의하여 독점적으로 지배되어 왔었다. Bell 사는 세 개의 주요 하위 조직으로 구성되어 있었다. 벨 연구소(Bell Lab)는 연구 개발 사업을, 웨스턴 일렉트릭(Western Electric)은 통신 장비의 생산을, 그리고 AT&T(American Telephone and Telegraph Company)는 장거리전화 교환 서비스(long-distance service)를 독점적으로 담당하였었다. 그리고 지역적으로는 Bell 산하에 22개의 지역 전화 회사(Local Bell Operating Company, BOC)들이 각 구역별로 지역 내 전화 서비스(local service)를 독점 공급했었다. 이 거대한 통신 회사는 통상적으로 AT&T로 불리었다.

그런데 미국 정부는 1970년대 들어오면서 미국 통신 시장에 자유경쟁을 도입하려고 시도하였다. 그리고 1974년 11월 20일 미국 정부는 AT&T를 상대로 반독점 소송을 제기하였다. 이 소송에서 원고인 법무부는 통신 장비 및 장거리 서비스 시장에 있어서의 독점을 비판하면서 AT&T로부터 Western Electric과 지역 BOC들 중에서 몇을 분리하고자 하였다. 이 소송은 7년이 넘는 법정투쟁 끝에 1982년 드디어 결말을 보게 되었다. 그 골자는 AT&T로부터 22개의 지역 BOC들을 완전히 분리해 내어 독립시키되 장거리 서비스 업무와 장비 생산 업무는 AT&T가 그대로 보유한다는 것이었다.

그런데 AT&T의 분할 결정은 예기치 못했던 부작용을 야기하였다. 통신망 가입자들에게 전화기를 공급해 주던 지역 BOC들이 이때부터 일본, 한국, 대만 등지에서 저렴한 통신 장비들을 대량으로 수입하였기 때문이다. 지역 BOC들은 과거 AT&T 산하에 있을 때에는 Western Electric이 생산하는 장비들만을 구매하도록 규정되어 있었기 때문에 공개경쟁 입찰을 실시할 여지가 없었다. 그러나 AT&T로부터 독립되고

Western Electric과의 독점 공급계약에서 해방됨에 따라 자연히 가격이 낮은 아시아 지역의 공급처를 찾게 된 것이었다. 이렇게 해외 수입이 급격히 증가하자 통신 장비 부문의 대규모 무역적자라는 문제가 발생하게 되었다. AT&T 분할은 독점이라는 국내 문제를 해결하기 위한 정책이었다. 그런데 그로 인한 일종의 부작용으로 그전에는 존재하지도 않았고 생각하지도 못했던 통신 무역적자라는 새로운 문제가 발생하였던 것이다. 그리고 이 문제는 즉각 미국 의회의 주목을 받게 되었고 통상관련 입법을 통해 별도의 대응책이 마련되었다. 1988년에 제정된 종합무역법에 해외시장을 개방시키기 위한 강력한 도구로서 모든 부문을 포괄하는 '슈퍼 301조'가 규정되어 있음에도 불구하고 통신 부문만을 특별히 다루는 '통신 스페셜 301조(Telecommunications Special 301)'를 별도로 제정한 것이 바로 그것이다.

토론 주제

1) IMF 사태 직후인 1998년 출범했던 김대중 정부는 국가적 외환 위기를 해결하기 위한 절박한 노력의 일환으로 미국과의 양자간투자협정(BIT) 체결을 제안하였다. 당시 한미 양국 정상들이 조속한 BIT 체결에 합의하였고 후속 실무 협상에서 대부분의 의제들이 비교적 원만하게 타결되었다. 그럼에도 불구하고 BIT 협상은 그 후 무려 7년이 넘도록 타결되지 못하고 교착상태에 빠져 있었다. 그 이유는 미국 측이 요구했던 우리나라의 스크린쿼터 축소가 이루어지지 않았기 때문이었다. 스크린쿼터는 1년 중 2/5인 146일 이상 극장에서 반드시 한국영화를 상영해야 한다는 규제정책이었다. 당시 한국 정부는 스크린쿼터 일수를 절반인 73일로 축소하려 하였으나 2006년까지 변경하지 못했었다. 국가적 경제 위기 상황 타개를 위해 대통령이 추진했던 대규모 정책 프로젝트가 스크린쿼터제 하나를 수정하지 못해 무산되었던 사실을 어떻게 설명할 수 있을까?

2) 우리나라의 수많은 정책이나 제도들 중에서 완전히 종결되어 지금은 더 이상 존재하지 않는 사례들을 찾아보고, 과연 그 정책이 해결하려고 했던 문제가 충분히 해결되었는지 생각해 보자.

참고 의견

스크린쿼터 축소가 오랫동안 이루어지지 않았던 직접적인 원인은 영화계의 거센 반발 때문이었다. 그런데 스크린쿼터제 축소 논란이 한창이던 1990년대 말 무렵만 해도 우리나라 전체 경제에서 영화 산업이 차지하는 비중은 낮은 편이었고 영화계 종사자 수 역시 비교적 적은 수준이었다. 그럼에도 불구하고 정부가 영화계의 반대 주장을 꺾지 못했던 이유는 윌슨(Wilson)의 규제정치 모형으로 설명될 수 있다. 스크린쿼터라는 규제 정책은 국민 다수에게 비용이 분산되는 반면 소수의 영화인들에게 혜택이 집중되는 전형적인 고객 정치 상황이다. 한미 BIT 협상 과정에서 스크린쿼터 축소 이야기가 나올 때면 항상 영화계 인사들이 굳게 단합하여 대단히 강력한 반대 운동을 줄기차게 전개하였다. 왜냐하면 한국영화 의무상영일수가 줄어들면 그만큼 그동안 한국 영화계가 누려 오던 막대한 이익이 줄어들 것이기 때문이다. 반면 대다수 일반 국민들은 그러한 논란에 별다른 관심도 없고 나서려고도 하지 않았다. 왜냐하면 스크린쿼터가 축소되건 말건 일반 국민 각 개인이 느끼는 비용 혹은 이익의 변화는 극히 미미한 수준이었기 때문이다. 사실 스크린쿼터 일수의 축소는 영화 관객들의 선택의 폭을 확대할 뿐만 아니라 당시 상황에서 전체 국가 경제 차원에서도 필요했던 조치였다고 할 수 있다. 그러나 윌슨의 모델에서 보듯이 아무리 공익 증진을 위해 도움이 된다고 해도 고객 정치 상황에서는 필요한 정책수정이 이루어지기 어려운 것이다.

더 읽어 보기

강보경·문승민, 2018, "단절적 균형이론을 적용한 교육정책 변동과정 분석: 법학전문대학원과 의학전문대학원의 비교사례연구,"『한국정책학회보』, 27(4).

강영철·이철주, 2012, "정책집행상 실패한 사업의 존속과 부활에 대한 연구: 정부사업은 어떠한 논리로 지속되는가?"『한국정책학회보』, 21(3).

김대진·최천근·정송미, 2015, "이슈관심주기 모형을 적용한 정책변동 분석: 강력범죄자 전자발찌사례를 중심으로,"『한국정책학회보』, 24(2).

김명환, 2006, "대상집단에 대한 사회적 인식의 전환에 따른 정책변화: 성매매특별법을 대상으로,"『한국행정학보』, 40(4).

김정수, 2011, "뜨거운 감자 반토막 내기: 스크린쿼터 축소 결정에 대한 사례연구,"『문화와 사회』, 10.

정재진·전영평, 2006, "동성애 소수자의 차별저항과 정책변동,"『한국행정연구』, 15(4).

정주용·조광래, 2009, "정책오차 수정의 조건: 수도권기업 지방이전 사례를 중심으로,"『한국정책학회보』, 18(3).

조성은·안상훈, 2011, "정책유지 영향요인으로서의 정책진화: 이동통신 번호통합정책을 중심으로,"『한국정책학회보』, 20(4).

CHAPTER 15

정부실패와 제3의 대안

미리 생각해 보기

사교육비 경감정책은 우리나라 교육정책의 중요한 부분을 차지하고 있다. 치솟는 사교육비 부담을 완화시키기 위해 정부는 1980년대부터 과외 금지 조치를 시작으로 여러 가지 정책처방을 시도해 왔다. 그럼에도 불구하고 우리나라의 사교육비는 천문학적 규모로 계속 늘어났다. 1977년 1,256억 원이던 사교육비 총액이 2014년에는 무려 18조 2천억 원으로 크게 증가하였다. 이는 물가인상율을 감안하더라도 엄청난 증가가 아닐 수 없다. 이러한 사실로부터 어떤 함의를 얻을 수 있을까?

출처: 통계청, "2014년 사교육비조사 결과," http://kostat.go.kr/portal/korea/kor_nw/2/1/index.board?bmode=read&aSeq=333938

제1절

시장 vs. 정부

지금까지 정책이란 무엇이며, 왜 필요하며, 또 어떻게 진행되는지에 대해 여러 가지 측면에서 살펴보았다. 이번 장은 이 책의 마지막 주제인 정부실패에 관하여 다루도록 한다. 제4장에서 정책이 왜 필요한지, 정부가 정책적인 개입을 해야 하는 근거는 무엇인지 설명하였다. 기본적인 논리는 다음과 같다. 만약 모든 개인들이 각자 자신의 이익을 위해 자유롭게 선택하고 행동함에도 불구하고 각 개인뿐만 아니라 사회 전체 차원에서도 가장 바람직한 상태가 된다면 굳이 정부가 시민들의 삶에 개입할 필요는 없다. 이것이 시장 메커니즘이 잘 작동하는 상황이다. 사실 시장기구란 많은 경우에 아주 효율적인 자원배분을 유도하고 그로 인해서 우리 사회의 어려운 문제들을 잘 해결해 주는 매우 유용한 메커니즘이다. 그러나 때로는 시장기구가 우리 사회의 문제를 제대로 해결해 주지 못하는 시장실패 현상이 종종 발생한다. 만약 시장기구가 제대로 작동하지 않는다면, 즉 시민들의 자율이 사회 전체적으로는 바람직하지 못한 문제를 발생시킨다면 정부가 정책적으로 개입하는 것이 요청된다는 것이다.

그런데 시장실패를 근거로 정부의 정책적 개입을 정당화하기 위해서는 먼저 몇 가지 중요한 전제가 있다. 첫 번째 전제는 정말로 시장실패가 발생했거나 혹은 발생할 것이 확실하다는 것이다. 실제로는 시장실패가 아님에도 불구하고 표면적 명분으로 시장실패라고 강변해서는 안 된다. 이는 정책평가의 주관성과 정치성과 관련된 문제이다. 두 번째 전제는 시장실패를 그냥 내버려 둔다고 해서 저절로 좋아지지는 않는다는 것이다. 설령 분명히 시장실패가 발생했다고 해도 만약 시간이 지나면 저절로 해소될 수 있는 상황이라면 굳이 정부가 개입할 필요는 없기 때문이다. 이는 사회적 자정 능력에 대한 신뢰와 직결된 문제이다. 세 번째 전제는 정부가 그 시장실패에 개입해야 할 의무가 있다는 것이다. 시장이 실패한 그 문제가 정부의 정당한 업무 범위에 해당되는 사안이어야만 정부의 개입을 요청하는 것이 타당해진다. 이는 공공부문과 민간부문의 경계 설정에 관한 문제이다. 마지막 네 번째 전제는 정부의 역량에 관한 것이다. 즉, 정부는 시장실패 문제를 예방하고 치유할 수 있는 능력을 갖추고 있다는 것이다. 이는 정부라는 메커니즘의 문제해결 능력에 대한 냉철한 평가와 관련된 문제이다. 이러한 전제들이 충족되지 않는다면 정부의 정책적 개입의 정당성은 인정되기 어렵다.

마지막 네 번째 전제가 이번 장에서 집중적으로 살펴볼 주제가 된다. 시장이 매우 효율적인 문제해결 메커니즘이긴 하지만 때때로 실패하는 것과 마찬가지로 정부의 정책적 개입 역시 때로는 실패할 수도 있다는 사실을 꼭 기억해야 한다. 경제원론 교과서들은 대개 시장실패에 대해 다루면서 시장이 실패하는 경우 정부가 개입해야 된다는 정도에서 설명을 그친다. 하지만 정책을 연구하는 입장에서는 시장실패의 발생은 바로 고민이 시작되는 출발점이 된다. 흔히 사람들은 시장이 제대로 작동하지 않고 실패하면 곧장 정부가 나서서 해결해야 한다고 생각한다. 하지만 과연 정부가 떠맡는다고 해서 언제나 시장실패를 잘 예방하고 치유할 수 있을까? 이 질문에 대해서 '그렇다'라고 100% 자신 있게 대답할 수는 없다. 정부는 결코 '전지전능한 해결사'가 아니기 때문이다. 실제로 사회문제를 해결하고자 시행된 정책들이 실망스러운 결과를 낸 경우가 종종 발생한다. 정부도 때로는 실패하는 것이다. 시장실패를 해소하기 위한 정부의 개입이 의도한 결과를 가져오지 못하거나 기존의 문제 상황이 오히려 더 악화되는 경우를 정부실패(government failure)라고 한다.

정부실패에 관해서는 시장실패와 같은 체계적인 이론화 작업이 이루어져 있지는 않다. 정부실패 현상을 가리키는 용어에 있어서도 울프(Wolf, Jr., 1979)는 비시장실패(non-market failure)라는 개념을, 피어스(Peirce, 1981)는 관료실패(bureaucratic failure)라는 개념을 사용한다. 특히 울프(Wolf, Jr., 1979)는 정부 서비스에 대한 수요 및 공급 차원의 특징을 바탕으로 정부실패의 원인과 유형을 제시하였다. 다음 제2절과 제3절에서 울프의 논의를 중심으로 정부실패의 원인과 유형에 대해 간략히 살펴보도록 한다.

제2절

정부실패의 원인

1. 수요 측면의 특징

정부 정책에 대한 시민들의 수요 혹은 요구는 점점 더 많아지고 더 어려워진다. 정책 수요의 특징을 살펴보면 다음과 같다.

1) 행정 개입에 대한 국민의 요구와 기대 상승

현대사회에서 자본주의가 심화됨에 따라 시장에서 만들어지는 여러 가지 실패 현상들에 대한 시민들의 인식 역시 높아졌다. 시장 메커니즘에 의해 효율적인 자원배분이 이루어지는 경우도 많지만 공해, 보건 위생, 경제력 집중, 불공정 거래, 안전성, 빈부 격차 등 갖가지 바람직하지 않은 문제들이 많이 발생하게 되었다. 이에 따라 자연히 시장실패 상황에 대한 사회적 불만이 고조되면서 모든 것을 시장에만 맡겨둘 수 없다는 시민들의 요구가 점점 더 강해지고 확산되고 있다. 그뿐만 아니라 정치적 민주주의가 확산됨에 따라 개인의 자유와 권익이 신장되고 많은 단체들이 정치적으로 조직화되면서 각종 정책적 요구 사항을 적극적으로 표출하게 되었다. 이러한 변화는 곧 정부의 개입에 대한 국민들의 기대가 크게 상승하였음을 의미한다.

2) 장기적 계획보다는 단기적 업적에 치중하는 근시안적 행정

민주주의 정치체제에서는 주기적인 선거를 통해 정권이 바뀔 수 있다. 정치적으로 임기가 제한된 대통령, 국회의원, 장관 등의 공직자들은 자신들의 재임 기간 동안에 무언가 확실한 결과가 나오는 정책들을 선호하기 마련이다. 이 때문에 장기적인 안목으로 계획하는 정책보다는 단기적 업적에만 치중하는 근시안적인 정책이 이루어질 가능성이 크다. 정책결정 과정에서 장기적으로 멀리 내다보기보다는 지금 당장의 일에 더 많은 관심을 기울이게 된다. 지역개발을 위한 예산 배정, 정부 조직 개편, 복지연금 지급 등 장기적 계획이 필요한 정책에 있어서도 미래의 비용이나 효과는 무시되거나 많이 할인되는 경향이 있다. 제한된 임기의 정책결정자 입장에서는 자신의 임기가 끝난 다음의 일들은 그다지 신경쓸 일이 아니다. 물론 국가적으로는 중요한 사안이겠지만 정책결정자로서는 자기가 그만둔 뒤 나중에 어떤 큰 효과나 비용이 발생하든지 별 상관없다는 것이다.

3) 파급효과

어떤 문제를 해결하기 위해 정책을 시작하게 되면 그와 관련된 각종 업무들도 처리해야 할 필요가 생기기 마련이다. 예를 들어 환경오염 문제를 해결하기 위한 법규를 제정·시행하게 되면 환경 상태 모니터링, 오염 물질 배출자 감시, 환경 기술 연구 개발 등 관련된 여러 가지 사안들에 대한 정책대응이 필요해진다. 지역개발 문제의 경우, 공단을 조성하는 정책을 시행하려면 공장 유치 활동, 인력 수급, 주거 환경 건설, 유통망 구축, 노사문제 관리 등 연관된 문제들도 다루어야만 한다. 이처럼 하나의 정책이 파급효과를 일으켜 여러 가지 다른 사안들에 대한 정책수요가 발생하게 된다. 결국 정부의 정책개입에 대한 수요가 점점 더 확대된다는 것이다.

4) 비용 부담자와 편익 수혜자의 분리

일반적으로 시장에서 이루어지는 거래를 보면 비용을 부담하는 사람과 그로 인해서 얻어지는 혜택을 누리는 사람이 동일하다. 그러나 공공정책의 경우, 정책의 비용을 부담하는 사람들과 그 정책으로 인한 혜택을 누리는 사람들이 항상 일치하는 것은 아니다. 소수의 사람들이 혜택을 보는 정책인데 그 비용은 다수의 사람들이 부담하는 경우도 있고, 반대로 소수의 사람들이 많은 부담을 하는 정책인데 그 혜택은 대다수의 국민들이 골고루 누리게 되는 경우도 있다. 정책 비용과 편익의 분리(decoupling)에는 미시적 분리와 거시적 분리가 있다. 미시적 분리란 잘 조직된 소수가 다수를 이용하여 혜택을 누리는 경우를 말한다. 가격 보조, 면세 특혜, 특정 지역의 항만·도로·공단 개발 등이 해당된다. 거시적 분리란 혜택을 받는 다수가 소수를 이용하는 경우이다. 근로 복지 기금, 고용 보험 등이 여기에 해당된다. 사람들은 보통 자신들을 위한 이런저런 정책 서비스를 국가에 요구하면서도 막상 그 정책을 시행하는 데 들어가는 비용을 지불하는 것은 그다지 원치 않는다. 이는 인간의 자연적인 속성에서 나온 현상이라고 할 수 있다. 중요한 것은 정책을 요구하면서도 그 비용의 부담 문제에 대해서는 신경쓰지 않는다는 점이다. 즉, 비용은 부담하지 않으려 하면서도 편익이 뒤따르는 정책들에 대한 요구는 점점 더 많아진다는 것이다.

2. 공급 측면의 특징

정부 정책을 공급이라는 측면에서 본다면 다음과 같은 특징들이 있다.

1) 산출물의 정의, 품질 측정, 편익 평가의 어려움

정부 정책의 가장 큰 특징은 정책으로 인해서 산출되는 결과물의 정확한 측정이나 비교 혹은 평가가 쉽지 않다는 점이다. 이윤 극대화를 목표로 하는 기업들은 경영을 열심히 해서 얼마만큼 좋은 성과를 거두었는지 정확하게 측정할 수 있다. 얼마나 많은 상품을 팔았는지, 얼마나 매출이 많이 올랐는지, 순이익은 얼마나 남겼는지 등을 계산해서 평가할 수 있다. 국가 행정과 기업 경영이 본질적으로 차이나는 부분이 바로 이 점이다. 정부가 추구하는 정책 업무의 근본적인 목표는 국민들의 행복 혹은 공익의 극대화라고 할 수 있다. 그런데 정부의 정책적인 노력의 결과로 국민들의 삶이 얼마만큼 행복해졌는지 그리고 공익이 얼마나 더 많이 증진되었는지 구체적으로 측정한다는 것은 쉽지 않은 일이다. 정부가 제공하는 공공재는 명확한 정의 및 품질 측정이 어렵다. 예컨대 정부가 목표로 하는 좋은 교육, 문화융성, 복지국가 등의 정확한 의미가 무엇인지 그리고 정책결과가 질적으로 얼마나 좋은 것인지 확인한다는 것은 매우 힘든 일이다. 정책의 효과(편익)를 정확히 측정하기 어렵다 보니 종종 투입물의 가치로 산출물의 가치를 대체하는 경우도 있다. 예컨대 예술지원정책으로 인해 얼마만큼 예술 진흥이 이루어졌는지 객관적으로 측정하는 것이 사실상 불가능하기 때문에 예술활동 지원을 위해 막대한 지원금이 투입된 사실을 정책의 성과로 제시하기도 한다.

2) 독점 공급

정부 정책의 또 다른 중요한 특징은 독점적으로 공급된다는 사실이다. 시장의 경우 보통 하나의 제품 혹은 서비스를 여러 기업들이 경쟁적으로 제공하는 것이 일반적이다. 소비자들은 여러 회사의 제품들을 모아 놓고 값과 품질 등을 비교하면서 그중에서 가장 마음에 드는 것을 선택하게 된다. 그러나 공공정책은 오로지 정부만이 독점적으로 제공하는 단일 공급자 생산(single source production)이다. 따라서 비교의 대상 자체가 없는 것이 일반적이다. 그리고 정부가 제공하는 공공재 혹은 서비스의 경우에는 사실상 선택의 여지가 없다. 정부가 제공하는 국방 혹은 외교 정책이 마음에 들건 들지 않건 간에 그저 따르는 수밖에 없다. 정부가 결정한 조세정책이 싫다고 해서 다른 종류의 조세정책을 선택한다는 것은 불가능한 일이다. 물론 다른 나라의 조세정책과 비교해 볼 수는 있다. 그러나 외국으로 이민을 가지 않는 한 아무리 불평불만이 많아도 자기 나라 정부가 독점으로 제공하는 정책을 수용할 수밖에 없는 것이다.

3) 불완전한 지식과 기술

정책은 공공문제를 해결하기 위한 것이다. 하지만 문제해결에 필요한 모든 지식과 기술이 완벽하게 구비되어 있지는 않다. 명확한 정책목표를 설정해 놓았다고 하더라도 그 목표를 달성하기 위한 최선의 방책이 무엇인지 정확히 알기 어려운 경우가 많다. 사기업체의 경우 대개 자신들이 판매하고자 하는 제품의 효율적인 생산기술이 어떤 것인지 알고 있고 적절한 비용을 지불하면 그것을 활용할 수 있다. 하지만 정부가 수행하는 정책 업무의 경우에는 그 문제를 해결할 수 있는 최선의 방책이 구체적으로 무엇인지 확인하기가 쉽지 않다. 예컨대 남북한의 평화통일, 학생들의 인성과 실력을 동시에 길러 주는 교육, 창의적인 문화예술 등을 어떻게 하면 구현할 수 있는지 불확실하다는 것이다.

4) 퇴출 메커니즘의 결여

정부 정책의 또 다른 특징은 종결이 이루어질 수 있는 퇴출 메커니즘이 결여된 경우가 많다는 것이다. 정책평가에 관한 논의에서 지적했듯이 정책의 과정 및 결과에 대한 정확하고 객관적인 평가는 매우 어려운 작업이다. 정책의 성과가 어느 정도 수준 이하가 되면 종결 혹은 퇴출된다는 최저선(bottom-line)이 없거나 불분명한 경우가 많다. 시장의 경우, 소비자들의 욕구에 충분히 부응하지 못하거나 적절한 이익을 남기지 못한 기업들은 경쟁에서 탈락되어 망하기 마련이다. 하지만 공공 영역에는 그처럼 강력하고 명확한 퇴출 메커니즘이 없다. 따라서 성과가 좋지 않다고 해서 자동적으로 정책 혹은 담당 기관이 망해 없어지는 것은 아니다. 오히려 정부 각 부서들은 자신들이 담당하는 정책의 규모를 더 늘려 나가려고 애쓴다. 그래서 예산이나 조직의 규모가 축소되지 않도록 필사적으로 노력하는 것이다.

제3절

정부실패의 유형

1. 수입과 지출의 분리로 인한 행정 업무의 비효율성

일반적으로 시장에서는 자기가 열심히 일해서 번 돈으로 무엇인가 자기 마음에 드는 상품을 구입하게 된다. 이 점은 기업이나 소비자나 마찬가지이다. 기업은 제품을 판매해서 얻은 수입으로 생산비용을 충당하고, 소비자는 근로의 대가로 받은 소득으로 소비에 필요한 비용을 지불한다. 이처럼 수입으로 지출을 충당하는 것이 시장의 일반 원칙이다.

그런데 정부의 활동에는 이 원칙이 그대로 적용되지 않는다. 정부 정책에 소요되는 비용과 그 비용을 충당하기 위한 수입은 일치되지 않는다는 것이다. 여기서 핵심은 정부의 수입이 자발적 교환이 아닌 강제적 징수에 의해 이루어진다는 사실이다. 정부가 정책을 시행하는 데 필요한 비용은 어디에서 나오는가? 국민들이 납부하는 세금이 곧 정부의 수입이 된다. 그런데 시장에서는 기업이 돈을 벌기 위해서는 소비자들이 좋아할 만한 상품을 만들고 소비자들이 자기 제품을 선택해 주기를 바라는 수밖에 없다. 시장 거래는 생산자와 소비자의 자발적인 교환으로 이루어지기 때문이다. 하지만 정부는 시민의 자발적인 세금

납부를 바라는 것이 아니라 강제로 세금을 징수한다. 시장의 소비자는 제품이 자기 마음에 들면 돈을 지불하고 구입하지만 마음에 들지 않으면 사지 않는다. 그런데 국민은 정부의 정책이 마음에 들건 안들건 관계없이 일정한 기준에 따라 반드시 세금을 납부해야만 한다. 이것을 정부 입장에서 본다면 정부는 자기가 제공하는 정책의 품질과 전혀 상관없이 항상 일정한 수입이 보장되어 있는 셈이다.

정부의 수입이 강제적 징수를 통해 항상 보장되어 있다는 사실은 정부 업무의 비효율성을 초래하는 경향이 있다. 이는 개인적 차원에서 생각해 보면 쉽게 이해할 수 있다. 누구나 자기가 땀 흘려 일해서 번 돈이라면 함부로 낭비하지 않고 가급적 아끼고 효율적으로 지출하려고 애쓰기 마련이다. 반면 전혀 생각지도 않았던 공돈이 생긴다면 별 생각 없이 헤프게 써버릴 가능성이 훨씬 더 높다. 국민들이 의무적으로 세금을 납부해야 한다는 것은 정부 입장에서 볼 때 그냥 가만히 앉아서 돈을 받는 것과도 같은 상황이 된다. 정부로서는 수입이 항상 자동적으로 보장되어 있기 때문에 굳이 낭비하지 말고 효율적으로 아껴 써야겠다는 유인이 별로 없을 수밖에 없다. 따라서 굳이 안 해도 될 일들까지도 잔뜩 벌여 나가면서 방만하게 정책을 운용하는 경향이 생긴다는 것이다.

2. 내부효과(Internalities)

내부효과 혹은 내부성이란 정부 관료들이 국익이나 공익보다는 자기 부서 혹은 자기 개인의 이익을 더 우선시하는 경우를 말한다. 정부는 공공문제를 해결하기 위해 국민들이 내는 세금으로 운영되는 조직이다. 그리고 관료는 국민들을 위해 공익을 추구하는 업무를 수행하라고 세금으로 급여를 받는 국민의 공복(public servant)이다. 따라서 정부와 관료들은 마땅히 국민 전체를 위해서, 공익을 위해서 일해야 하는 존재들이다. 하지만 이러한 교과서적 당위성은 현실에서 지켜지지 못하는 경우가 종종 있다. 정책 업무를 수행할 때 국가 전체적인 차원에서 공익을 우선시하기보다는 자기가 속해 있는 부서의 입장을 더 우선적으로 고려하기도 한다. 때로는 공익보다는 관료 자신의 개인적인 이해관계를 더 염두에 두고 정책을 결정하기도 한다. 때문에 뇌물 청탁과 같은 관료 부패가 발생하기도 한다. 그런 범죄까지는 아니라고 해도 관료들이 자기 부서의 이익을 공익보다 더 앞세우는 경우도 드물지는 않다. 정책과정이 이처럼 공익 추구라는 본질에서 벗어나게 된다면 정부실패가 된다.

3. 파생적 외부효과(Derived Externalities)

파생적 외부효과란 앞 장에서 설명했듯이 원래 정책이 해결하고자 의도했던 문제와 전혀 별개 차원의 새로운 문제가 야기되는 경우를 말한다. 즉, 정부가 어떤 사회문제를 해결하기 위해서 정책을 만들고 집행했는데, 그 결과 예전에는 없었던 혹은 생각 못했던 새로운 문제들이 나타나는 상황이다. 정부 입장에서 보면 하나의 문제를 해결하기 위해서 노력하는데 그 과정에서 또 다른 문제들이 발생하는 셈이다. 결국 정부가 시장실패에 개입해서 문제를 해결하려다가 다른 문젯거리들이 만들어진다는 점에서 정부실패가 된다.

4. 분배의 불평등(Distributional Inequity)

마지막으로 소득 불평등이라는 문제가 있다. 형평성 차원에서 볼 때

분배의 불균등은 바람직한 상태라고 할 수 없다. 사실 이 문제는 시장 기구가 제대로 해결해 주지 못하는 사회적 차원의 시장실패의 하나이기도 하다. 시장실패를 해결하기 위해서 정부가 개입한다고 해서 반드시 그 문제가 해결되리라는 보장은 없다고 하였다. 그 대표적인 사례가 바로 소득 불평등 문제이다. 시장에서 부의 평등한 배분이 이루어지지 않기 때문에 정부가 소득재분배정책으로 개입을 한다. 그러나 국가가 모든 국민에게 다 똑같이 부를 나누어 주는 극단적 사회주의 체제가 아닌 다음에는 정부의 노력에도 한계가 있다. 자본주의 경제체제에서는 정부가 분배 문제에 개입을 한다고 해도 어떤 식으로든 소득 불평등 문제는 여전히 존재하게 된다는 것이다.

제4절

대안: 신자유주의와 거버넌스

지금까지 살펴본 것처럼 시장이 종종 실패하듯이 정부 역시 때로는 실패한다. 시장실패가 발생하여 정부가 정책적으로 개입한다고 해서 항상 성공적으로 문제가 해결되리라는 보장은 없다. 정부는 결코 전지전능한 슈퍼맨 같은 존재가 아니며, 정책 또한 만능 치료제는 결코 될 수 없다. 시장이나 정부나 다 같이 불완전한 메커니즘이라면 도대체 대안은 무엇일까?

1. 신자유주의(Neo-Liberalism)

첫 번째 대안은 문제해결 업무를 다시 시장으로 넘기는 것이다. 정책을 시행하기 위해서는 필연적으로 자원을 소비해야만 한다. 사회적으로 사용 가능한 자원은 제한되어 있기 때문에 정부의 정책적 개입이 많아지면 많아질수록 민간부문에서 시민들이 사용할 수 있는 자원은 그만큼 더 줄어들기 마련이다. 정부가 일하는 데 소요되는 비용은 국민들로부터 세금을 징수해서 충당하기 때문이다. 그런데 시장실패를 해결하기 위한 정부 개입의 결과 역시 만족스럽지 못하다면 차라리 시장에 그냥 맡겨두는 편이 더 나을 수 있다. 공공문제를 해결한다는 명분으로 각종 세금과 규제를 통해 시민들을 불편하게 했는데 여전히 문제는 문제대로 남아 있다면 애당초 정부가 아예 나서지 않는 편이 낫다는 것이다. 어차피 정부 개입으로 문제가 제대로 해결되지 않을 바에는 국민들을 이중으로 힘들게 하지 말고 어떻게 되든 그냥 민간부문에서 알아서 처리하도록 내버려 두는 것이 더 좋은 대안이라는 것이다. 이러한 사조를 흔히 신자유주의라고 부른다.

신자유주의 사조는 1980년대 중후반 이후 미국에서부터 시작되어 전 세계로 퍼져 나갔다(손호철, 2000). 신자유주의에서는 기본적으로 정부를 대단히 비효율적이고 경직적인 존재로 바라보는 반면 시장은 매우 효과적이고 효율적인 메커니즘이라고 인정한다. 정부는 환경 변화에 적절히 대응하지도 못하고 새로운 혁신을 잘 수용하지 못하는 존재이기 때문에 가급적 정부의 역할은 축소시키고 그 대신 시장기구에 맡겨야 한다고 주장한다. 이러한 맥락에서 민영화, 아웃소싱, 규제 완화, 성과주의 등에 대한 요구가 제기된다. 이러한 주장들의 공통점은 한마디로 정부 관료 시스템에 대한 불신 그리고 시장 메커니즘에 대한 신뢰라고 할 수 있다.

2. 거버넌스(Governance)

두 번째 대안은 흔히 거버넌스 혹은 협치(協治)라고도 하는 시스템이다. 거버넌스의 개념에 대해서는 여러 가지 견해들이 있다. 일반적으로 거버넌스란 정부를 비롯한 여러 사회적 주체들 간의 수평적 네트워크를 통하여 협력적으로 사회문제를 해결하는 시스템을 의미한다(이종수 외, 2014: 94). 신자유주의와 마찬가지로 거버넌스론에서도 정부 관료제가 사회문제 해결에 있어서 주도권을 행사하는 전통적인 방식을 인정하지 않는다. 전통적 관료제의 한계와 정부실패를 강조하기는 한다. 그러나 그렇다고 해서 정부의 역할을 무조건 축소시키라는 것은 아니다. 다만 정부가 사회문제 해결의 유일한 그리고 최상위의 주인공이 되어서는 안 된다는 것이다.

정부와 민간부문의 관계는 일방적으로 지시하고 명령하는 수직적 관계가 되어서는 안 된다. 정부는 사회문제 해결의 유일한 주체가 아니라 여러 주체들 중의 하나이어야 한다는 것이다. 정부뿐만 아니라 민간부문의 각종 다양한 주체들이 서로 수평적인 관계에서 네트워크를 형성하고 공동으로 사회문제를 해결해 나가야 한다. 말하자면 시장 아니면 정부 식의 양자택일이 아니라 시장(민간부문)과 정부의 협업을 강조하는 것이다.

3. 한계

정부실패를 보완하기 위한 신자유주의 및 거버넌스 역시 실패할 수 있다. 예를 들면 정부가 담당하던 정책 서비스를 민영화하는 경우, 민간 서비스 제공자에 의해 공익이 훼손되는 것은 아닌지 계속적인 모니터링과 감독이 필요하다. 하지만 민영화 계약이 증가할수록 정부의 공공 관리 능력은 감소하게 되고, 따라서 정부가 현명한 서비스 발주자로서의 역할을 제대로 감당하지 못할 가능성이 커진다(Van Slyke, 2003). 그리되면 주인-대리인 이론에서 말하는 도덕적 해이(moral hazard)가 발생하기 쉽다.

또한 민간부문과의 협력적 거버넌스의 경우에도 한계는 있다. 효율성, 비용 절감, 경쟁, 성과 평정 등을 강조하는 기업적 거버넌스는 공익, 정의, 형평을 최우선시하는 정부 관료제와 근본적인 차이가 있다

(한인섭, 2004). 따라서 관료제의 비효율성을 치유하려고 기업적 거버넌스를 공공 행정에 이식하려다가 오히려 더 큰 사회적 비용이 발생할 수도 있다. 그뿐만 아니라 정책과정에 시민들이 참여하는 것도 항상 긍정적 기능만 발휘하는 것은 아니다. 시민 참여가 원래의 취지와는 다르게 변질될 가능성도 얼마든지 있기 때문이다(Irvin and Stansbury, 2004). 시민들이 자신과 별 관계없는 문제에 대해서는 참여 자체를 꺼릴 수도 있고, 복잡하고 어려운 문제에 관해서는 일반 시민들이 충분한 지식을 갖고 있지 않을 수도 있으며, 주민을 대표한다는 명분하에 자신들의 특별한 이익만을 추구하는 경우도 없지 않다.

이처럼 정부실패의 대안인 신자유주의나 거버넌스 역시 결코 완벽한 문제해결 메커니즘은 아니다. 시장이 실패하기 때문에 정부의 개입을 요청했었다. 그런데 시장실패의 대안이었던 정부도 종종 실수하고 실패한다. 그래서 또 제시된 대안들 역시 결점이 있고 실패에서 자유롭지 못하다. 그렇다면 이제 어떻게 해야 할 것인가? 또 다른 길은 없는가?

제5절

다른 길은 없는가?

1. 미워도 다시 한번(?)

1) 공공성과 정부

사회문제를 가지고 고민할 때 가장 중요한 궁극의 관건은 '공익'이다. 공익과 공공성이라는 관점에서 보자면 특히 신자유주의는 심각한 한계가 있다고 비판될 수 있다. 우리가 경험을 통해 잘 알고 있듯이 자본주의적 시장 경쟁이 자동으로 공익을 보장하는 것은 결코 아니다. 기업들이 사회적 책임 혹은 사회 공헌 등을 내세우는 경우도 있으나 이는 어디까지나 기업 활동의 본질인 이윤 추구를 위한 수단에 불과하다. 정부실패가 강조되다 보면 공공부문, 관료, 정부의 역할과 규모는 축소되어야 한다는 주장이 매우 매력적인 대안으로 비치게 된다. 그러나 이로 인해 공공성이 함몰, 훼손되거나 아예 실종될 위기에 처해지게 되었다는 심각한 반성과 비판의 목소리도 높다(Farazmand, 2007). 시장과 효율성을 강조하다 보면 결국에는 잘사는 사람 또는 잘난 사람들만이 혜택을 누리는 병든 사회로 전락해 버리게 된다는 것이다. 이 때문에 최근 신자유주의의 폐해에 대한 비판적 인식이 확산되면서 공공성에 대한 관심이 다시금 높아지고 있다. 우리 모두가 다 같이 잘 사는 공동체를 만들기 위해서는 결국 공공성이 가장 핵심적인 가치가 되어야 하기 때문이다.

공공성은 행정의 가장 근본이 되는 가치이다. 그리고 정부 관료제의 본질은 국민의 공익을 추구하는 것이다. 물론 여러 가지 역기능과 문제점이 없는 것은 아니지만 그래도 우리 사회 최후의 공익 수호자는 정부 관료제이다. 공무원 역시 개인적으로는 자기의 효용을 극대화하려는 이기적인 존재이긴 하다. 그렇지만 적어도 공직 사회에는 국가와 사회를 먼저 생각하고 공익을 최우선시해야 한다는 규범이 존재한다. 공익 규범은 관료제 내부적으로도 존재하지만 특히 국민들의 엄중한 시선은 관료들의 일탈을 억제하는 강력한 포승줄 같은 기능을 한다. 관료 부패와 같은 정부실패는 어쩌면 우리 사회가 공익을 추구하는 과정에서 지불하는 일종의 비용으로 이해될 수도 있다. 그러한 비용이 많다고 사회문제의 해결을 시장에 넘겨 버린다면 공익이 훼손됨으로 인해 결국 더 큰 비용을 감당하게 될 지도 모른다. 이런 관점에서 보자면 정부 관료제의 기풍을 재정립하고 다시 한번 믿어 보는 것도 가능한 대안이라 할 수 있다.

2) '절망의 정책학'에서 '희망의 정책학'으로

정책에 관한 기존의 연구들을 보면 대개 미진하거나 잘못된 점에 대한 비판이 많다. 반면 정부의 정책적 노력으로 사회문제가 성공적으로 해결된 사례에 대한 연구는 매우 빈약한 형편이다. 물론 이러한 현상이 완전히 잘못된 것이라고는 할 수 없다. 사실 우리나라 정부가 지금까지 해온 일들이 모두 완벽하게 성공적이었다고는 볼 수 없기 때문이다. 그러나 조금만 찬찬히 생각해 보면 사실 정책적으로 해결되지 못한 문제들만 언론에 의해 크게 부각되어서 그렇지 실제로는 정부에 의해 사회문제가 원만하게 해결된 경우가 그러지 못한 경우보다는 훨씬 더 많다. 그럼에도 불구하고 대부분 그렇게 생각하지 않는 이유는 아마도 문제가 없는 현 상태를 그저 당연한 것으로 받아들이기 때문일 것이다. 즉, 실제로는 정부의 노력에 의해서 문제가 해소된 것이지만 사람들은 그 결과로 얻어진 생활의 편리함에 익숙해져 있는 것이다. 그래서 그 뒤에 숨어 있는 정부의 공로에 대해서는 생각하지도 못하는 것이다.

물론 정부에 대한 많은 비판 뒤에는 되도록이면 보다 나은 정책결정을 촉구하여 우리 사회의 발전을 앞당기고자 하는 의도가 있음을 부인할 수 없다. 그러나 그렇다고 해서 툭하면 못났다고 매를 들며 야단만 치는 것보다는 때때로 잘한 일에 대해서는 칭찬을 아끼지 않는 것이 더욱 효과적이 아닐까? 사실 다른 나라 정부들과 비교할 때, 우리나라 관료들의 우수한 자질과 근면성은 인정해 주어야 할 것이다. 그렇다면 정부 정책에 의해 별로 만족스럽지 못한 결과가 초래된 경우에 그것이 과연 관료들의 능력 부족 때문인지 아니면 문제 자체가 워낙 어려웠기 때문인지 구분해서 평가해야 하지 않을까? 혹시 우리는 그동안 '절망의 정책학'에 너무 젖어 버려서 정부가 잘하는 것은 당연한 것으로 여기고 쉽게 잊어 버리는 한편, 그저 잘못한 것만 가지고 밤낮으로 정부를 책망하는 어리석음을 범하고 있는 것은 아닐까? 만일 우리 사회의 발전을 인정한다면, 그리고 그러한 발전에 끼친 관료들의 공로를 부인하지 않는다면, 정부에 대한 '외며느리 구박하기'는 마땅히 재고되어야만 할 것이다(김정수, 2000).

"칭찬은 고래도 춤추게 한다."는 말이 있다. 정부가 열심히 정책을 수립하고 집행해서 좋은 성과를 거두었다면 칭찬과 격려가 필요하다. 정책적인 실패 사례에 대해서는 비판과 때로는 책임 추궁도 필요하다. 하지만 정부가 분명히 잘한 일에 대해서는 칭찬을 아끼지 말고 관료들이 열정을 다해 일할 수 있는 분위기를 북돋아 주어야 할 것이다. 그리고 정책적 성공을 가능케 하였던 요인이 무엇이었는지를 면밀히 검토해서 교훈으로 삼아야 할 것이다. 무조건 "못했다."고 욕하거나 그저 "잘해라." 하고 다그치는 것만으로는 부족하다. 정책 사례들에 대한 체계적인 분석을 통해서 성공한 정책은 왜 성공했는지, 실패한 정책은 왜 실패했는지 그 이유를 밝혀 주고 알려 주어야 한다. 우리에게 필요한 것은 '절망의 정책학'이 아니라 '희망의 정책학'이다.

2. 제3의 대안: 개인의 재발견

사회과학은 사회현상을 연구하고 문제점을 분석하여 개선 방안을 모색하는 지적 노력이다. 정책학을 포함하여 사회과학계에 그동안 수많은 유용한 연구 업적들이 축적되어 온 것은 누구도 부인할 수 없는 사실이다. 그런데 사회과학계의 연구 관행에는 하나의 맹점이 있는 것 같다. 그것은 사회과학이 사회를 연구 대상으로 하면서도 막상 그 사회를 구성하는 개인에 대해서는 상대적으로 소홀한 경향이 있다는 점이다. 즉, 사람들의 집합체인 사회 혹은 조직에 초점을 맞추다 보니 그 집합체를 구성하는 인간 개인에 대해서는 충분히 조명하지 않는다는 것이다.

먼저 정책과 국민의 삶의 관계에 대해 다시 한번 되짚어 보자. 정부의 정책은 기본적으로 시장실패를 예방하거나 치유하기 위해 존재한다. 시장이 실패하는 상황은 부지기수로 많다. 하지만 정부가 동원할 수 있는 가용자원의 제약으로 말미암아 그중 일부만이 정책의제로 채택되어 공적 해결책이 모색된다. 시장실패가 늘어나면 늘어날수록 사회문제는 많아지게 되고, 그에 따라 정부의 정책 부담 역시 증가하게 된다. 정부가 감당하지 못해 해결되지 않는 문제도 많아지고, 또한 정부가 해결을 시도하는 문제들 중에서도 정책이 실패하는 사례도 많아진다. 그리되면 국민의 삶은 그만큼 더 고달파지는 것이다.

이제 라스웰(Lasswell)이 인간의 존엄성(human dignity)을 정책학의 궁극적 지향점으로 강조했던 사실을 되새겨 보자. 정책연구를 통해 축적된 지식으로 보다 나은 정책을 만들고 사회문제를 해결함으로써 인간 존엄성의 구현에 기여하자는 것이 그의 요점이었다. 그런데 문제에 대한 현명한 해결책을 모색하는 것만큼이나, 아니 어쩌면 그보다 더 근본적으로 중요한 것이 있다. 그것은 문제의 발생 자체를 억제하거나 줄이는 것이다. 가장 이상적인 상태는 사회적으로 공공문제가 전혀 발생하지 않는 상황이다. 문제가 없으니 굳이 해결책을 모색하려고 고민할 필요 자체도 없기 때문이다. 물론 천국이 아닌 이 땅 위의 세상에는 이런 환상적인 사회가 실존할 수 없다. 현실적으로 우리가 기대할 수 있는 최선은 사회문제의 발생량을 줄이는 것이다. 이것이 어떻게 가능할 수 있을까?

1) 사회문제와 개인의 책임

이 부분에서 개인에 대한 관심의 필요성이 제기된다. 정책연구와 관련하여 특히 주목해야 할 것은 '개인의 책임'이라는 문제이다. 사회문제와 개인 책임 사이에 무슨 연관이 있는가? 다음 두 개의 인용문을 한번 천천히 읽어 보자(찰스 콜슨, 2002).

> "우리가 내리는 모든 개인적인 결정은 마치 파문처럼 우리 개인과 가정생활에서부터 사회 전체로 점차 퍼져나가서 우리가 살고 있는 도덕적, 문화적 분위기 형성에 영향을 미친다는 사실을 우리는 너무 쉽게 잊는다. … 양심이 없으면 그 사회는 강제력을 통해서만 정상을 유지할 수 있다. … 대부분의 사람들은 사회가 자기들을 섬기기 위해 존재한다고 생각하고 있으며, 사회에 대해서는 아무런 빚도 지고 있지 않다고 생각한다."
>
> \- 찰스 콜슨(Charles Colson)

> "개인적인 죄가 없다면 사회적인 죄도 없다. … 오늘날의 젊은이들은 그들이 세상을 바꾸어야 한다는 가르침은 듣지만 자신의 영혼을 바꾸어야 한다는 말은 듣지 못한다. 그래서 그들이 세상을 바꾸게 되면 세상은 더 나빠진다."
>
> \- 제임스 샬(James Schall)

이 두 사람이 공통적으로 지적하고자 하는 것은 사회문제에 대한 개인의 책임 의식이다. 물론 모든 시장실패 혹은 사회문제가 반드시 개인의 책임 문제로 환원되는 것은 아니다. 개개인의 탓으로만은 돌릴 수 없는 공공문제들이 많다는 현실을 부인할 수는 없다. 하지만 분명한 것은 개인의 책임감이 상실되면 될수록 그만큼 사회문제는 더 증가하게 된다는 사실이다. 부정부패, 성범죄, 가정 해체, 안전사고 등 수많은 사회적 차원의 문제들이 개인의 책임감·윤리 의식의 결여에서 비롯된다. 개인 차원에서 대수롭지 않게 생각할 수도 있을 사소한 비도덕적 행위가 쌓여서 심각한 사회문제로 번져 나갈 수 있다. 이를 뒤집어 보면, 개인의 양심과 책임 의식이 회복되면 그만큼 사회문제의 발생이 억제됨을 뜻한다. 개인의 책임감이 흐려지면 사회적 과부하(social overload)가 초래된다. 반면 개인이 자신의 욕망을 절제하고 도덕률을 준수한다면 사회문제 자체가 줄어든다. 따라서 정부가 고민해야 할 정책문제 역시 줄어들게 된다.

이러한 맥락에서 정책연구의 완성을 위해서는 개인의 인성과 인격에 대한 성찰이 필요하다고 할 수 있다. 정책학의 시작이 사회문제의 해결을 위한 과학적이고 실증적인 연구라면 그 마무리는 개인의 윤리의식과 책임감의 회복에 대한 철학적·인문학적 논변이어야 한다. 개인의 양심과 공중도덕은 사회문제의 예방·감소 차원에서 꼭 필요한 시민 덕목이다. 사회라는 거대한 공동체 뒤에 숨어서 개인의 책임을 잊어버리고 방기하는 것은 지양되어야 한다. 개인은 극도로 무책임하게 행동하면서 사회를 탓하고 정부를 탓하기만 하는 것은 온당치 않다.

2) 윤리와 양심의 사회적 확산

윤리와 양심의 회복이 필요하다는 당위성에 공감한다고 해도 현실적 실현가능성에 대해서는 회의적일 수도 있다. 경제학에서 항상 강조하듯이 인간은 누구나 이기적인 존재라는 것을 완전히 부인하기는 어렵다. 그렇다면 이기적인 개인들의 집합체인 사회에서 과연 윤리와 양심이 확산되는 일이 가능하기는 할까?

윤리 의식의 사회적 확산에 대해서는 협력(cooperation)의 생성 및 확산에 관한 액슬로드(Axelrod, 1984)의 연구에서 힌트를 얻을 수 있다. 그가 제기한 질문은 중앙의 통제가 없는 상황하에서 이기적인 주체들(egoists) 간에 협력이 이루어지려면 어떤 조건들이 필요한가 하는 것이었다. 이기적인 존재들 간의 협력 문제는 '죄수의 딜레마(Prisoner's Dilemma)'에 의해 간명하게 상징된다. 즉, 협력을 통해 상호 이익의 극대화가 가능함에도 불구하고 모두가 서로 자기 이익의 극대화만을 노리고 배신(defect)하게 되면 오히려 모두에게 최악의 결과가 초래된다는 것이다.

액슬로드는 컴퓨터 게임 시뮬레이션을 통하여 죄수의 딜레마 상황에서 이기적인 주체들 간에 자발적인 협력이 형성될 수 있음을 보여주었다. 이 실험에서는 상호성(reciprocity) 원리가 협력이 유발되기 위한 조건으로 작용하였다. 즉, 상대방이 협동적으로 나오면 나도 협동으로 응하고, 상대방이 배신하면 나도 따라서 배신한다는 것이다. 그리고 상호성의 원리가 제대로 작동하기 위해서는 게임이 반복된다는 것이 전제된다. 이것을 '미래의 그림자(shadow of the future)'라고 한다. 한 번 만나고 말 사람보다는 앞으로도 계속해서 만나야 할 상대와의 관계일수록 협력적인 관계가 생성될 가능성이 크다는 것이다.

액슬로드의 연구 중에서 이번 장의 주제와 관련하여 특히 중요한 것은 협력의 사회적 확산에 관한 부분이다. 그의 주장에 의하면 설혹 사회 구성원의 대다수가 배신을 일삼는 치사한 모리배(meanies)들이라고 한다 해도 상호성의 원리하에 협력을 실천하는 소수의 그룹이 존재하면 결국 시간이 흐르면서 상호 협력이 사회 전역으로 퍼지게 된다는 것이다. 게임이 계속 반복되다 보면 원래 치사한 이기주의자들일지라도 협력으로 인한 이익이 유인으로, 그리고 배신으로 인한 손해가 벌칙으로 작용하면서 점차 상호성의 원리를 받아들이게 된다. 결국 처음에는 소수에 불과하였던 사고방식이 널리 전파되면서 협력 행위가 사회적으로 확산된다는 것이다.

협력의 사회적 확산 가능성은 '핵심 선발대(critical early cluster)'가 존재하면 한결 더 크게 증폭된다. 핵심 선발대란 게임의 초기에 다들 각자 이기적으로 행동할 때 협력을 실천하는 소수의 무리를 뜻한다.

이들은 협력의 생성과 확산 과정에서 일종의 '불쏘시개' 같은 역할을 수행한다. 사회 구성원 대다수가 극도로 이기적인 존재들인 경우에도 이들이 상호 협력의 본을 보이면 협력체의 형성 및 사회적 확산이 가속화된다는 것이다. 현실의 사회에서도 이런 '선구자'들이 있으면 양심과 윤리의 확산이 가속화될 수 있을 것이다. 누가 보건 말건 개인적 책임을 성실히 이행하고 도덕을 실천하는 소시민들이 바로 그러한 '선구자'들이다.

액슬로드의 연구는 개인적 양심과 사회적 윤리의 확산이 현실적으로 전혀 불가능한 것은 아니라는 점을 잘 보여 준다. 정책의 본질은 사회문제의 해결이며 정책학의 목적은 현명한 문제해결을 통한 인간 존엄성의 구현이라고 하였다. 인간의 존엄성 추구를 단지 정부의 책임으로만 한정 짓는 것은 온당치 않다. 개인도 책임감을 공유할 필요가 있다. 우리가 궁극적으로 원하는 것은 결국 행복한 공동체에서 인간다운 삶을 사는 것이기 때문이다.

토론 주제

1) 천문학적 규모의 우리나라 사교육비 실태는 1980년대 이후 정부의 각종 사교육비 경감정책들이 별다른 효과를 보지 못한 정책실패 혹은 정부실패의 대표적 사례라고 할 수 있다. 이러한 정부실패가 발생하게 된 근본 원인은 무엇일까? 정부실패 상황에서 현명한 대응 방안은 무엇일까?

2) 정부의 정책적 개입에도 불구하고 문제가 제대로 해결되지 못한 정부실패에 해당되는 사례들에 대해 조사해 보자. 그리고 이러한 문제 상황에서 현명한 대응 방법은 무엇인지 생각해 보자.

참고 의견

정책은 사회문제를 해결하기 위해 정부가 마련한 대책이다. 문제가 얼마나 잘 해결될 것인가는 보통 정책결정자의 지식 혹은 능력에 달려 있다고 할 수 있다. 지식이나 능력이 많으면 많을수록 정책결정의 품질도 높아지고 문제도 그만큼 더 잘 해결될 것이다. 구구단 곱셈 문제를 예로 들어 보면, 유치원 아이는 제대로 못 풀겠지만 중학생이라면 쉽게 정답을 말할 것이다. 그런데 사실 문제해결은 정책결정자의 능력뿐 아니라 문제 자체의 난이도에 따라서도 크게 좌우된다. 구구단 문제를 쉽게 푸는 중학생에게 대학 수준의 복잡한 고차방정식 문제를 낸다면 어려워 쩔쩔매게 될 것이다. 아무리 똑똑한 사람이라도 문제의 성격이 그의 지식의 한계를 넘을 정도로 어려운 수준이라면 정확한 해결책을 찾을 수 없는 것이 당연하다. 사회문제와 정책결정의 관계도 이와 같은 맥락에서 이해할 수 있다. 도입부에서 사례로 소개되었던 사교육비 문제의 경우 사실 우리 사회의 여러 가지 변수들이 복잡하게 얽히고설킨 대단히 어려운 문제이다. 사교육비 문제가 제대로 해결되지 못하였다고 해서 단순히 정부의 의지가 부족하다거나 능력이 부족하다는 식으로 탓하는 것은 적절한 비판이 아닐 수 있다. 우리가 고민해야 할 질문은 "정부의 능력으로도 제대로 해결하지 못할 정도로 어려운 사회문제는 어떻게 해야 할까?"라는 것이다.

제대로 다루지도 못할 문제를 안고 무의미하게 씨름하느니 차라리 정부가 정책적 개입을 그만두고 사회문제의 해결을 시민사회에 맡겨두는 것도 하나의 대안이 될 수 있다. 정부에게 모든 사회문제의 해결을 바라는 것은 성숙한 민주 시민의 자세가 아닐 수도 있다. 정부가 국민의 공익을 위해 봉사해야 할 존재이기는 하지만 그렇다고 결코 전지전능한 슈퍼 히어로는 아니기 때문이다.

더 읽어 보기

라인홀드 니버 지음, 남정우 옮김, 2003, 『도덕적 인간과 비도덕적 사회』, 대한기독교서회.

박영주, 2000, "뉴 거버넌스와 사회계약: 시민, 정부, 시장간 역할과 책임의 모색," 『한국행정학보』, 34(4).

서울대학교 행정대학원 한국정책지식센터, 2015, 『실패한 정책들: 정책학습의 관점에서』, 박영사.

임도빈, 2007, "관료제, 민주주의, 그리고 시장주의: 정부개혁의 반성과 과제," 『한국행정학보』, 41(3).

임도빈, 2010, "관료제 개혁에 적용한 신공공관리론, 무엇이 문제인가," 『한국사회와 행정연구』, 21(1).

한인섭, 2004, "정부관료제의 본질과 기업적 거버넌스의 한계," 『한국행정연구』, 13(3).

보론 정부실패에 대한 또 다른 시각: 문제해결 실패 VS. 공감 결핍

1. 일 중심의 정부관: 베버리안 관료제

'좋은 정부'와 '나쁜 정부'를 구분하는 기준은 무엇일까? 이 책에서는 지금까지 정부의 본분을 '문제해결'이라는 관점에서만 다루었다. 그래서 정부실패란 곧 문제해결의 실패를 의미하였다. 이러한 시각은 사실 '일 중심의 정부관'이라 할 수 있다. 그리고 이는 이성을 존중하고 감성을 부정시하는 서구 합리주의 사상에 기초한 관념이다. 막스 베버(Max Weber)의 고전적인 관료제 이론에 의하면 '좋은 정부'란 곧 합리적으로 문제를 잘 해결하는 정부이다. 감정은 비합리적 의사결정으로 이어지기 때문에 관료제 조직에서는 비정의성(非情誼性, impersonality) 혹은 몰감정성(沒感情性)이 중요한 덕목으로 강조된다. 비정의성이란 관료들이 업무를 수행할 때 다른 관료들 혹은 고객들과 감정적으로 연계되지 말고 공평하게 임해야 함을 의미한다. 관료는 철저히 이성적으로 판단하고 행동해야 하며 동정심이나 배려와 같은 감성적 요인이 개입되는 것을 용납해서는 안 된다(이문수, 2012: 9~10). 베버는 이를 'sine ira et studio(노여움도 없고 열정도 없는)' 태도라고 하며 이것이 "관료적 행정의 진수"라고 강조했다(Fry and Nigro, 1996: 38; 이문수, 2014: 39).

그렇다면 과연 베버리안 관료제의 전통에 따라 '감정에 연연하지 않고 기계처럼 일 잘하는 관료제'가 곧 '좋은 정부'라고 할 수 있을까? 한국 행정학계의 독보적인 사상가였던 이문영(1991)은 가장 '나쁜 정부'

는 '일 못하는 정부'가 아니라 '국민을 화나게 하는 정부'라고 강조한 바 있다. 그저 '일 잘하는 정부'가 당연히 '좋은 정부'가 되는 것은 아니라는 것이다. 물론 정부가 일을 잘 못하고 문제를 제대로 해결하지 못해서 국민을 화나게 하는 경우도 있다. 그러나 정책의 객관적 성과가 어떠하든 그 과정에서 국민을 화나게 만든다면 결코 '좋은 정부'라 할 수 없다.

2. 국민을 화나게 하는 '나쁜 정부'

대부분의 정부 관료들은 맡은 바 업무를 충실하게 수행하려고 노력한다. 그런데 관료들은 그들 나름대로 열심히 일한다고 하는데도 정작 시민들은 불만을 품거나 화를 내는 경우가 많다. 국민을 화나게 하는 '나쁜 정부'가 나타나는 주된 이유는 관료조직의 몰감성적 업무수행 때문이다. 이것은 문제해결 여부와는 관계없는, 또 다른 차원의 정부실패라고 할 수 있다.

정부기관의 업무처리는 문서화된 규정에 의거하여 이루어진다는 것은 베버리안 관료제의 기본 원칙이다. 규정에 따라 일한다는 것은 곧 시민들 개개인의 사정에 대해 일일이 신경 쓰지 않고 기계적으로 업무를 처리함을 뜻한다. 사실 관료 입장에서는 민원인의 문제가 어떻게 진행되건 자기 일이 아니니 그다지 안타까운 일도 아니고 짜증 낼 일도 아니다. 반면 민원인 입장에서는 자신이 상대하는 공무원이 마치 아무런 감정도 없는 로봇인 것 같아 답답함과 당혹감을 느끼게 된다. 특히 자신의 민원이 제대로 처리되지 않는(다고 느끼는) 경우에는 단순한 불만을 넘어 분노감이 터져 나오게 된다. 일 처리상의 문제로 인한 불만이 담당 관료의 몰감성적 응대로 인해 더 큰 분노로 증폭되는

표 15-1 국민을 화나게 하는 공무원의 유형

유형	대화	설명
① 무관심	"나는 몰라요"	고객의 요구를 무시하거나 회피
② 무시	"그래서요?"	나와 상관없다는 태도
③ 냉담	"왜 저한테 그러세요?"	차갑고 퉁명스러운 태도
④ 어린애 취급	"그것도 모르세요?"	고객을 어린애와 같이 다루는 태도
⑤ 로봇화	"기계인가 사람인가?"	인사나 응대가 완전히 기계적
⑥ 규정 제일	"규정상 안 되는데요"	규정만을 따지는 서비스의 경직화
⑦ 발뺌	"제 소관이 아닌데요"	자신들의 업무영역, 책임한계만을 말하며 서로 업무를 떠넘김

것이다. 사적인 대인관계에서는 이렇게 상대방의 감정을 무시하고 화를 더 키우는 식의 대응은 억제되는 것이 보통이다. 하지만 조직 차원에서는 공감능력이 부족한 경우가 많다(Patnaik, 2016: 263). 특히 국민의 공복이라고 하는 정부 관료제는 더욱 그러하다.

〈표 15-1〉은 국민권익위원회에서 제시한 '국민을 화나게 하는 공무원'의 일곱 가지 유형을 정리한 것이다. 각 유형은 민원인이 느낄 감정에 대해서는 전혀 신경 쓰지 않고 무시하는 몰감성적 공무원의 전형적인 모습이라 할 수 있다. 공공기관을 상대로 민원 서비스를 받아 본 사람이라면 누구나 한두 번은 겪어 봤을 법한 행태들이다. 관료들이 아무리 일을 열심히 한다고 해도 국민의 상한 감정을 보듬지 못하고 오히려 더 아프게 헤집는다면 결코 '좋은 정부'라고 할 수 없다.

3. 사람 중심의 정부관: 감성정부

인간은 물질적 풍요로움만으로 행복지는 것은 아니다. 인간으로서의 존엄한 삶을 위해서는 마음의 풍요로움과 감성적 만족 역시 충족될 필요가 있다. 정부의 본분은 궁극적으로 국민의 행복을 위해 봉사하는 데 있다. 그렇다면 정부는 국민의 물질적·신체적 만족을 위해 노력해야 하는 것과 마찬가지로 마땅히 정서적 감동을 위해서도 노력을 아끼지 말아야 한다.

행정자치부 장관을 역임했던 김정길(2009)은 "똑똑한 공무원보다 친절한 공무원이 낫다"고 주장한 바 있다. 사실 정부에 대한 국민들의 호감도는 정책의 실제 성과 혹은 관료들의 업무수행 노력과 직접적인 연관성은 없다고 한다(Lawrence, 2001; 우윤식, 2008). 물론 정부에 대한 국민들의 실망과 불만이 정책의 합리성 부족에서 기인한 것일 수도 있다. 그러나 그보다 더 중요한 것은 "정책수요자의 입장을 공감하는 감성지능(emotional intelligence)을 결여하고 있기 때문"이다(우윤석, 2008: 100). 합리적 문제해결을 최우선시하는 베버리안 정부 관료제는 필연적으로 몰감성적 행정을 초래한다. 하지만 관료들의 몰감성적 업무처리는 정작 그들이 섬겨야 할 시민들의 마음에 큰 상처를 남기는 경우가 많다. 따라서 국민에게 진정한 만족을 주는 '좋은 정부'가 되기 위해서는 냉철한 이성 위에 따뜻한 감성이 더해져야 한다(김정수, 2011).

사실 감정은 사람을 로봇이 아닌 사람으로 만드는 핵심 요소이다. 인간은 냉철하게 손익을 계산하는 이성적 존재인 동시에 기분에 의해 휘둘리는 감성적 존재이기도 하기 때문이다. "말 한마디로 천 냥 빚을 갚는다"는 속담은 감정이 이해관계 계산을 뒤엎어버릴 정도로 중요하다는 사실을 단적으로 보여 준다(김정수, 2017: 413). 물론 많은 돈이 인간을 행복하게 만들기도 하고 반대로 물질적 손해가 사람을 불행하게 만들기도 한다. 하지만 때로는 따뜻한 위로의 말 한마디가 더 큰 행복을 주기도 하며 반대로 마음을 할퀴는 모진 말 한마디 또는 아무런 감정도 없는 무표정한 얼굴이 더 큰 슬픔이나 분노를 주기도 한다. 그렇기 때문에 합리적 문제해결에만 초점을 맞추는 일 중심의 행정관은 이제 감성충족도 중시하는 사람 중심적 행정관에 의해 보완될 필요가 있다. 사실 경영학 분야에서는 기업과 고객과의 관계에서 감정이 중요하다는 사실을 일찍부터 강조하였다. 그래서 단지 제품의 가격과 성능뿐 아니라 소비자와의 감성적 연계를 강조하는 감성경영, 감성마케팅에 관한 연구와 적용이 활발하게 이루어져왔다(Robinette 외, 2003; Hill, 2004; 안광호, 2006). 하지만 공공행정 분야에서는 여전히 감정에 대한 관심 자체가 거의 전무한 실정이다.

이러한 맥락에서 '좋은 정부'의 새로운 모델로 '감성정부'라는 개념에 주목할 필요가 있다. 이대희(2005)의 정의에 따르면 '이성정부(rational government)'란 "이성을 토대로 합리적으로 운영되는 정부"를, '감성정부(emotional government)'란 "감성화된 정부, 국민들의 감성을 고려한 행정을 수행하는 정부"를 의미한다. 물론 감성정부라고 해서 오로지 감정에만 충실하고 이성은 포기해야 한다는 것이 아니다. 정부는 물론 이성적이어야 하고 합리적 정책결정을 위해 노력해야 하지만 그것만으로는 충분하지 않다(이대희, 2007: 119~141). 이성적인 문제해결의 필요성을 당연히 인정하지만 동시에 감성의 중요성 역시 인정해야 한다는 것이다. 같은 맥락에서 우윤석(2008)은 '감성지능적 정부', 즉 감성지능(emotional intelligence)을 갖춘 정부라는 개념을 제시하였다. 감성지능이란 "자신과 타인의 느낌과 감정을 관찰 및 검토하고, 타인의 감성을 인식 혹은 판별하여 얻은 정보를 생각과 행동을 유도하는 데 활용할 수 있는 능력"을 의미한다(Mayer and Salovey,

1997). 그리고 타인의 입장에서 타인이 느끼는 감정을 이해하는 공감 능력은 감성지능을 구성하는 핵심 요소이다(Goleman, 2008). 따라서 단지 합리적 문제해결 능력만 갖추었다고 해서 곧 '좋은 정부'가 되는 것은 아니다. 더 나아가 "정책수요자의 입장을 공감하는 감성지능"(우윤석, 2008: 100)까지 겸비한 정부, 다시 말해 '감성정부'야말로 사람 중심의 '좋은 정부'의 모델인 것이다.

4. 공감, 공공성의 잊혀진 본질

전통적인 주류 행정학이나 정책학의 시각에서 보면 감성이나 공감은 정부의 역할과는 잘 어울리지 않을 수 있다. 하지만 공공정책(public policy)이 지향하는 공공성이라는 개념의 깊은 기저에는 공감이라는 가치가 자리 잡고 있다(김정수, 2017: 411~412). 단지 오랫동안 잊혀져 있었을 뿐이다.

공공의 영어단어 public의 어원을 살펴보면 오늘날 정부가 회복해야 할 차원 높은 공공성의 핵심을 만나게 된다(Mathews, 1984: 122~123). 먼저 public이라는 단어는 라틴어 pubes에 뿌리를 두고 있다. Pubes는 "자기 행동이 타인들에게 미치는 영향을 이해하는 능력(the ability to understand the consequences of individual actions on others)"을 의미한다. 즉, "우리 자신을 넘어 다른 사람들의 사정까지 헤아려 볼 수 있는 능력(the ability to see beyond ourselves)"이라는 것이다. 한편 public의 희랍어 어원은 공동체(common)를 뜻하는 koinon이다. Koinon이란 "사람들 간의 관계의 중요성을 존중하고 인정(an appreciation for, or a recognition of, the importance of relationships)"한다는 것을 뜻한다. 이처럼 원래 public이라는 단어의 중심에는 '타인에 대한 배려와 존중'이라는 의미가 내포되어 있는 것이다. 공동체 관계 속에서 다른 사람들의 사정을 이해하고 보살피는 것, 이것을 한 단어로 정리하면 바로 '공감(共感, empathy)'이다.

공감이란 문자 그대로 다른 사람들과 감정을 공유하는 것이다. 국립국어원(2015)의 정의에 따르면 공감이란 "남의 감정, 의견, 주장 따위에 대하여 자기도 그렇다고 느낌. 또는 그렇게 느끼는 기분"을 의미한다. Rifkin(2010)은 공동체 내에서 사회적 위치 혹은 신분의 차이와 관계없이 다른 사람의 삶의 역경 속에서 갖게 되는 생각이나 느낌을 공유하는 것이 공감이라고 보았다. 황태연(2014: 87)은 "남의 감정을 자기 속에서 '재현'하여 남의 감정과 유사한 감정을 '남과 같이 느끼는' 이심전심의 감정적 '작용' 또는 '능력'"이 공감이라고 정의하였다. 공감은 타인의 느낌, 기분, 마음을 유발하게 된 사정이나 처지를 그의 입장에서서 헤아려 보는 것까지 포함한다(김환, 2014). Baron-Cohen(2013: 32)은 "우리가 우리 자신의 관심사에 외골수적(single-minded)으로 집중하길 중단하고 대신 이심적(double-minded)으로 집중"할 때 공감이 발생한다고 하였다. 여기서 '이심적인 집중'이란 "우리가 자신과 동시에 다른 사람을 염두에 두고 있음"을 의미한다. 이처럼 공감이란 자신의 처지만 생각하는 것이 아니라 역지사지(易地思之)로 다른 사람의 형편까지 헤아림을 뜻하는 것이다.

5. 공감행정, '좋은 정부'가 되기 위한 길

공감은 다른 사람들과의 상호작용을 요구한다는 점에서 "사회생활의 근간"이 된다(Frazzetto, 2016: 204). 공감은 사회적 상호작용을 촉진시켜 주는 핵심 요소이며 마치 접착제와도 같이 사람과 사람 사이의 유대관계를 가능하게 해준다(박성희, 2004: 49). 공감 능력이 결여된 사람은 다른 사람들과 관계를 맺는 것 자체가 쉽지 않다. 그래서 공감은 인간이 사회적 존재로서 공동체 생활을 유지해 나가는 데 꼭 필요한 필수 요소이다. 만약 인간에게 공감 능력이 없었다면 사회가 형성되거나 유지되지도 못했을 것이다. 결국 공감은 인류가 현재와 같은 공동체 문명을 발전시킬 수 있었던 핵심 동인의 하나라고 할 수 있다.

공감은 이처럼 공공성(public)의 근원이자 본질이다. 하지만 그럼에도 불구하고 지금까지 공감은 공공정책 및 행정에 관한 논의에서 완전히 잊혀져 있었다. 전통적인 베버리안 관료제 정부에서는 국민의 입장을 역지사지로 헤아리는 공감의 중요성이 완전히 배제되었었다. 하지만 공감은 사람 중심의 '좋은 정부'를 구현하는 데 있어 필수로 요청되는 핵심 덕목이다. 구교준(2009: 249)은 바람직한 행정상을 재규정함에 있어 공감이 필수적으로 다루어져야 할 논거를 세 가지 측면에서 제시하였다. 첫째, 공감은 개인과 공동체의 연결고리가 된다. 공감은 '우리'라는 공동체를 만들어 주는 감정적 기초가 되며(Nussbaum, 1996) 따라서 공공문제의 해결이라는 정책의 핵심이 된다. 둘째, 공감은 정의(justice)의 출발점이 된다. 정의를 실천하는 첫걸음은 사회적 약자들의 사정을 헤아리고 역지사지하는 공감인 것이다. 셋째, 공감은 문제해결의 핵심 요소가 된다. 환자의 감정과 고통에 대한 배려가 없는 치료행위는 때로 병 자체보다 더 큰 고통을 준다고 한다. 마찬가지로 공공문제의 해결과정에서 공감이 결여된 일 중심의 정부는 사회구성원들에게 문제 자체보다 더 큰 고통을 가져다줄 수 있다.

정부의 모든 정책 수행은 궁극적으로 국민을 행복하게 해주기 위한 섬김이어야 한다. 그런데 효율적인 문제해결만 추구하는 '일 중심'

의 정부는 정작 그 목적이 되는 '인간'을 소외시킬 가능성이 크다. 공공정책이 공공성의 근본정신에 충실하려면 그 중심에 '일'보다는 '사람'이 있어야 한다. 그러려면 국민의 불행과 상한 마음에 대한 감정적 동조, 즉 공감에 기반한 소통이 필요하다(구교준, 2009: 255). 신경과학자이자 발달심리학자 Baron-Cohen(2013)에 의하면 공감 능력의 부재, 즉 공감 침식(empathy erosion)은 잔인하고 악한(evil) 행동의 원인이 된다고 강조하였다. 이 주장을 원용하면, 공감이 결여된 몰감성적 행정은 '나쁜 행정'을 넘어 '악한 행정'이라고까지 비판받아야 한다.

정부 관료제는 '성실함'이 기본이지만 그 위에 '친절함'이 더해져야 비로소 완성된다(이문영, 2001). 힘든 문제에 직면하여 정부의 도움을 바라는 사람은 담당 관료가 자신의 처지를 헤아려 주고 같이 공감해 주기를 간절히 바란다. 그런데 그가 '내 문제에는 전혀 관심이 없고 그저 자기 할 일만 하는 타자'라는 인상을 받게 되면 상처받고 분노하게 된다(김정수, 2011). 정부에 대한 지속적인 신뢰와 유대관계는 시민 "자신이 소중하게 여겨지고 배려받는다고 느끼게" 될 때라야 이루어질 수 있다(Robinette, 2003: 24). 정부와 국민 간의 "진정한 소통은 정부가 국민의 의사에 대한 이성적 고려를 넘어 국민의 정서를 감성적으로 이해하고 배려할 때 가능"해진다(이현정·박통희, 2011: 68). 요컨대 '일'보다는 '사람'을 중시하는 공감행정이야말로 이 시대에 요청되는 '좋은 정부'의 핵심일 것이다.

참고문헌

강은숙·김종석, 2011, "신제도주의 경제학과 공공정책,"『한국행정논집』, 23(3): 779~801.

강준만, 2013,『감정독재』, 인물과 사상사.

고기동·이은국·이은미, 2015, "정책유형에 따른 정책입법화 과정 비교분석: 법률안 심의 참여자 선호를 중심으로,"『한국정책학회보』, 24(4): 277~299.

구교준, 2009, "아담 스미스와 지식경제, 그리고 정부의 역할: 작고 효율적인 정부에서 동정적인(compassionate) 정부로,"『정부학연구』, 15(2): 237~257.

국립국어원, 2015,『표준국어대사전』.

권기헌, 2007, "정책학의 정향과 과제: 정책이론, 신제도주의, 그리고 거버넌스,"『국정관리연구』, 2(1): 5~39.

권기헌, 2008,『정책학』, 박영사.

김길수, 2004, "정책집행과정에서 주민저항 사례연구: 부안 방폐장 부지선정을 중심으로,"『한국정책학회보』, 13(5): 159~184.

김대진·최천근·정송미, 2015, "이슈관심주기 모형을 적용한 정책변동 분석: 강력범죄자 전자발찌사례를 중심으로,"『한국정책학회보』, 24(2): 183~212.

김동환, 2002, "보호된 가치와 정책 딜레마,"『한국정책학회보』, 11(1): 27~52.

김명환, 2006, "대상집단에 대한 사회적 인식의 전환에 따른 정책변화: 성매매특별법을 대상으로,"『한국행정학보』, 40(4): 469~490.

김명환, 2012, "맥락, 문제정의, 사회적 형성 및 정책변화: 부동산 세제 변화를 대상으로,"『한국정책학회보』, 21(1): 103~130.

김병완, 1993, "한국 행정부 내의 관료정치: 환경정책에 관한 개발부처와 보전부처의 관계 분석,"『한국행정학보』, 27(1): 171~194.
김서용·김근식, 2007, "위험과 편익을 넘어서: 원자력발전소 수용성에 대한 경험적 감정의 휴리스틱 효과,"『한국행정학보』, 41(3): 373~398.
김영평, 1991, "불확실성에 적합한 행정이론의 모색: 능률성의 행정학과 가외성의 행정학,"『불확실성과 정책의 정당성』, 고려대학교 출판부.
김영평·최병선, 1993,『행정개혁의 신화와 논리』, 나남.
김윤권, 2005, "제도변화의 통합적 접근: 역사적 신제도주의를 중심으로,"『한국정책학회보』, 14(1): 299~329.
김정길, 2009,『공무원은 상전이 아니다』, 행복한책읽기.
김정수, 1996, "정책레짐모델을 이용한 미국 통상정책의 제도적 변화분석,"『국제정치논총』, 36(1): 205~235.
김정수, 2000,『한국의 정보통신혁명』, 나남.
김정수, 2004, "한미투자협정과 스크린쿼터: 양면게임 모델을 응용한 협상 분석,"『국제통상연구』, 9(1): 95~122.
김정수, 2006, "한국 영화정책레짐의 단절적 진화: 제도의 중층성과 다원성 그리고 제도변화의 다면성,"『한국행정연구』, 15(2): 185~216.
김정수, 2007, "불확실성, 결정오차, 그리고 제비뽑기의 역설: 문예진흥기금 지원심의방식에 대한 역발상,"『한국정책학회보』, 16(1): 49~72.
김정수, 2011, "감정의 재발견: '화성男 금성女' 은유를 활용한 정부-국민간 정책갈등에 대한 시론적 재해석,"『한국정책학회보』, 20(1): 83~110.
김정수, 2011, "뜨거운 감자 반토막 내기: 스크린쿼터 축소 결정에 대한 사례연구,"『문화와 사회』, 10(1): 289~326.
김정수, 2016, "좀비예술가와 벌거벗은 임금님: 우리나라 예술지원정책에 대한 비판,"『문화정책논총』, 30(1): 4~31.
김정수, 2017, "공감행정: 공공조직의 사회적 책임에 대한 혁신적 접근,"『입법과 정책』, 9(2): 401~426.
김창수, 2005, "점진주의 정책기획의 지혜: 지방정부 감사사례의 분석,"『한국행정학보』, 39(2): 137~158.
김태영·김정수·조임곤, 2003,『사회과학 논문 작성과 통계자료 분석』, 대영문화사.

김태현·한태준, 1995, “양면게임의 논리와 세계화시대의 국제협상전략,” 김태현·유석진·정진영(편), 『외교와 정치』, 도서출판 오름.

김환, 2014, 『공감연습』, 소울메이트.

남궁근, 2012, 『정책학』, 법문사.

노화준, 2006, 『정책평가론』, 법문사.

노화준, 2012, 『정책학원론』, 박영사.

댄 힐 지음, 이정명 옮김, 2004, 『감각마케팅』, 비즈니스북스.

도모노 노리오 지음, 이명희 옮김, 2011, 『행동경제학: 경제를 움직이는 인간 심리의 모든 것』, 지형.

드루 웨스턴 지음, 뉴스위크 한국판 옮김, 2007, 『감성의 정치학』, 중앙일보 시사미디어.

라인홀드 니버 지음, 남정우 옮김, 2003, 『도덕적 인간과 비도덕적 사회』, 대한기독교서회.

류지성, 2007, 『정책학』, 대영문화사.

모창환, 2005, “한국철도산업 구조개혁의 정책결정분석: 쓰레기통 모형의 적용과 이론적 시사점,” 『한국정책학회보』, 14(3): 103~130.

목진휴·홍성걸, 2006, “성매매방지정책에 대한 사례연구,” 『한국행정연구』, 15(1): 237~262.

문명재 외, 2007, “대형국책사업 집행실패의 영향요인 분석,” 『한국정책학회보』, 16(2): 49~89.

민진, 2015, 『한국정책체계론: 기구와 기능』, 대영문화사.

박성희, 2004, 『공감학: 어제와 오늘』, 학지사.

박영주, 2000, “뉴 거버넌스와 사회계약: 시민, 정부, 시장간 역할과 책임의 모색,” 『한국행정학보』, 34(4): 19~39.

박용성·이경은, 2012, “국가보훈 정책변화유형에 대한 연구: 다중흐름모형의 적용을 중심으로,” 2012년도 한국행정학회 하계학술대회 발표논문.

박치성·명성준, 2009, “정책의제 설정과정에 있어 인터넷의 역할에 관한 탐색적 연구: 2008년 미국산 쇠고기 재협상 사례를 중심으로,” 『한국정책학회보』, 18(3): 41~69.

박통희·김영아, 2016, “‘정책공감’과 사회경제계층: 2013년 9급 공무원 진입장벽 완화정책에 대한 '인지적 정책공감'을 중심으로," 『한국정책학회보』, 25(1): 395~432.

박현태, 1987, "박현태의 인물연구: 오명 그는 누구인가?" 『경영과 컴퓨터』, 1월호.

박홍윤, 2012, 『정책평가론』, 대영문화사.

백승기, 2016, 『정책학원론』, 대영문화사.

백완기, 1996, 『행정학』, 박영사.

사공영호, 2008, "정책이란 무엇인가?－정책의 수단적 가치에 대한 반성," 『한국정책학회보』, 17(4): 1~36.

서울대학교 행정대학원 한국정책지식센터, 2015, 『실패한 정책들: 정책학습의 관점에서』, 박영사.

손호철, 2000, "한국의 신자유주의와 민주주의," 안병영·임혁백 편, 『세계화와 신자유주의: 이념·현실·대응』, 나남.

스콧 로비넷 외 지음, 윤천규 옮김, 2003, 『감성 마케팅: 평생 고객을 얻는 홀마크 전략』, 김앤북스.

스튜어트 서덜랜드, 2014, 『비합리성의 심리학』, 교양인.

신현기, 2013, "대통령 선거공약의 입법화에 관한 연구: 김영삼~노무현 대통령을 중심으로," 『한국행정연구』, 22(1): 129~159.

안광호, 2006, 『정서 마케팅』, 애플트리태일즈.

안병철, 2001, "정책형성과정의 정치적 성격과 특성: 의약분업정책의 사례분석," 『한국정책학회보』, 10(2): 23~57.

오명, 1988, 『정보화사회 그 천의 얼굴』, 한국경제신문사.

오석홍·김영평 편저, 2006, 『정책학의 주요이론』, 법문사.

오정일·조현승, 2005, "스크린쿼터제의 문화정책적 유효성 검증," 『한국정책학회보』, 14(1): 55~70.

오철호, 2007, "정책연구 어떻게 할 것인가: 이슈와 제안," 『한국정책학회보』, 16(2): 281~325.

우윤석, 2008, "감성지능적 정부의 개념화와 구현을 위한 모색: 미학적 유비추리와 도구적 활용을 중심으로," 『행정논총』, 46(2): 99~134.

윤견수, 2006, "정부의 결정을 딜레마 상황으로 가게 하는 요인과 그에 대한 대응책에 관한 연구,"『한국행정연구』, 15(1): 71~100.
윤수재 외 편저, 2008,『새로운 시대의 공공성 연구』, 법문사.
이기열, 1995,『소리없는 혁명』, 전자신문사.
이대희, 2005, "감성정부와 이성정부의 비교론적 고찰,"『한국사회와 행정연구』, 16(1): 1~34.
이대희, 2007,『감성정부』, 대영문화사.
이동규 외, 2013, "옹호연합모형(Advocacy Coalition Framework)을 적용한 정책과정 연구: 온라인 게임 서비스 접근성 규제에 관한 셧다운제 제도 도입(청소년 보호법 개정) 과정을 중심으로,"『한국정책학회보』, 22(3): 31~70.
이동규, 2012, "초점사건 이후 이슈주도자에 의한 정책과정 연구: Cobb과 Elder, 그리고 Birkland의 이론과 모형의 결합 가능성을 중심으로,"『한국정책학회보』, 21(3): 91~124.
이문수, 2012, "포스트모던 시대의 행정윤리,"『한국행정논집』, 24(3): 669~691.
이문수, 2014, "윤리적 관료는 인격이 될 수 없는가?: 막스 베버의 관료 윤리의 내재적 모순과 재해석,"『정부학연구』, 20(3): 35~69.
이문영, 1991,『자전적 행정학』, 실천문학사.
이문영, 2001,『인간·종교·국가』, 나남.
이장규, 1991,『경제는 당신이 대통령이야: 전두환 시대의 경제비사』, 중앙일보사.
이종범 편, 1994,『전환시대의 행정가: 한국형 지도자론』, 나남.
이종수 외, 2014,『새 행정학 2.0』, 대영문화사.
이현정·박통희, 2011, "감성지능과 조직시민행동: 감성역량의 관점에서 한국 중앙정부 공무원을 대상으로,"『한국조직학회보』, 8(2): 67~110.
임도빈, 2007, "관료제, 민주주의, 그리고 시장주의: 정부개혁의 반성과 과제,"『한국행정학보』, 41(3): 41~65.
임의영, 2010, "공공성의 유형화,"『한국행정학보』, 44(2): 1~21.
전상경, 1992, "시장실패와 비시장실패 및 공공정책,"『한국행정학보』, 26(1): 81~103.

전상경, 2005, 『정책분석의 정치경제』, 제3판, 박영사.

전영평·서성아, 2008, "일본군위안부소수자 정책변동 과정 분석: 소수자관점과 옹호연합모형(ACF)의 적용," 『한국행정논집』, 20(3): 767~794.

전영한, 2004, "공공조직의 목표모호성: 개념, 측정 그리고 타당화," 『한국행정학보』, 38(5): 49~66.

전영한, 2007, "정책도구의 다양성: 도구유형분류의 쟁점과 평가," 『정부학연구』, 13(4): 259~296.

정광호·김민영·금현섭, 2010, "탈북자지원정책의 새로운 이해: 문제정의의 관점에서," 『한국정책학회보』, 19(1): 71~100.

정수용, 2015, "이중차이분석을 통해 본 대형마트 의무휴업제 시행의 영향평가: 서울시 전통시장 내 마트형점포 매출액 변화를 중심으로," 『한국정책학회보』, 24(2): 433~459.

정익재, 2002, "정보화정책 실패사례분석과 정책교훈: 반면교사의 여섯 가지 이야기," 『한국정책학회보』, 11(4): 273~304.

정익재, 2010, "인터넷 환경에서 사회 이슈 증폭 현상의 정책적 의미: 천성산 원효터널공사 사례 분석," 『한국정책학회보』, 19(4): 327~352.

정익재·김정수, 1998, "미국 정보화정책의 재조명: 정책의 창 모형을 통한 정보통신정책의 이해," 『한국정책학회보』, 7(2): 33~59.

정재진·전영평, 2006, "동성애 소수자의 차별저항과 정책변동," 『한국행정연구』, 15(4): 207~240.

정정길, 2010, 『정책학원론』, 대명출판사.

정주용·조광래, 2009, "정책오차 수정의 조건: 수도권기업 지방이전 사례를 중심으로," 『한국정책학회보』, 18(3): 91~121.

조성은·안상훈, 2011, "정책유지 영향요인으로서의 정책진화: 이동통신 번호통합정책을 중심으로," 『한국정책학회보』, 20(4): 505~533.

지광석·김태윤, 2010, "규제의 정당성에 대한 모색: 시장실패의 치유 vs. 거래비용의 최소화·경감," 『한국행정학보』, 44(2): 261~289.

찰스 콜슨 지음, 정영만 옮김, 2002, 『그리스도인 이제 어떻게 살 것인가?』, 요단출판사.

최정묵, 2016, "Kingdon의 다중흐름모형을 통해서 본 국가재정제도의 개혁과정: 2006년 「국가재정법」의 입법과정을 중심으로," 『한국정책학회보』, 25(1): 577~604.
최종원, 1998, "정책집행연구의 이론적 틀에 대한 비판적 고찰," 『한국정책학회보』, 7(1): 173~206.
하연섭, 2002, "신제도주의의 최근 경향: 이론적 자기 혁신과 수렴," 『한국행정학회보』, 36(4): 339~359.
하연섭, 2006, "신제도주의의 이론적 진화와 정책연구," 『행정논총』, 44(2): 217~246.
하워드 댄포드 지음, 김윤경 옮김, 2011, 『불합리한 지구인』, 비즈니스 북스.
한석태, 2013, 『정책학개론』, 대영문화사.
한인섭, 2004, "정부관료제의 본질과 기업적 거버넌스의 한계," 『한국행정연구』, 13(3): 3~26.
허범, 2002, "정책학의 이상과 도전," 『한국정책학보』, 11(1): 293~311.

Allison, Graham, 1971, *Essence of Decision: Explaining the Cuban Missile Crisis*, Haper Collins.

Ariely, Dan, 2007, *Predictably Irrational*, Harper Collins.

Asch, Solomon. E., 1970, "Studies of independence and conformity: A minority of one against a unanimous majority," *Psychological Monographs*, 70(9): 1~70.

Axelrod, Robert, 1984, *The Evolution of Cooperation*, New York: Basic Books.

Bachrach, Peter and Morton S. Baratz, 1962, "Two Faces of Power," *The American Political Science Review*, 56(4): 947~952.

Baron-Cohen, S. 저, 홍승효 역, 2013, 『공감 제로』, 서울: 사이언스북스.

Baumgartner, F. R and B. D. Jones, 1993, *Agendas and Instability in American Politics*. Chicago: University of Chicago Press.

Bovens, Mark, Paul't Hart and Sanneke Kupiers, 2006, "The Politics of Policy Evaluation," in M. Moran, M. Rein and R. E. Goodin, (eds.), *The Oxford Handbook of Public Policy*, New York: Oxford University Press, pp. 319~335.

Brewer, Garry D. and Peter deLeon, 1983, *The Foundations of Policy Analysis*, Brooks/Cole Pub. Co.

Campbell, John L., 1997, "Mechanisms of Evolutionary Change in Economic Governance: Interaction, Interpretation, and Bricolage," in Lars Magnusson and Jan Ottosson, eds., *Evolutionary Economics and Path Dependence*, Cheltenham: Edward Elgar, pp. 10~32.

Cobb, Roger W. and Charles D. Elder, 1972, *Participation in American Politics: The Dynamics of Agenda-building*, Allyn and Bacon.

Cobb, Roger, Jennie-Keith Ross, and Marc Howard Ross, 1976, "Agenda Building as a Comparative Political Process," *The American Political Science Review*, 70(1): 126~138.

Cyert, Robert M. and James G. March, 1963, *A Behavioral Theory of the Firm*, New Jersey: Prentice Hall.

Dahl, Robert A., 1961, *Who Governs?: Democracy And Power In An American City*, New Haven: Yale University Press.

Deutsch, Karl W., 1963, *The Nerves of Government: Models of Political Communication and Control*, New York: Free Press.

Easton, David, 1953, *The Political System: An Inquiry into the State of Political Science*, New York: Alfred A. Knopf, Inc.

Easton, David, 1969, "The New Revolution in Political Science," *The American Political Science Review*, 63(4): 1051~1061.

Evans, Peter B., Dietrich Rueschemeyer, and Theda Skocpol, eds., 1985, *Bringing the State Back in*, Cambridge: Cambridge University Press.

Eyestone, Robert, 1978, *From Social Issues to Public Policy*, New York: John Wiley & Sons.

Farazmand, Ali, 2007, "Globalization: A Theoretical Analysis with Implications for Governance and Public Administration," in Ali Farazmand and Jack Pinkowski (eds.), *Handbook of Globalization, Governance, and Public Administration*, Boca Raton: Taylor & Francis.

Forester, John, 1984, "Bounded Rationality and the Politics of Muddling Through," *Public Administration Review*, 44: 23~31.

Frazzetto, G. 저, 이현주 역, 2016, 『감정의 재발견』, 서울: 프런티어.

Frieden, Jeff, 1988, "Sectoral Conflict and U.S. Foreign Economic Policy, 1914-1940," *International Organization*, 42(1): 59~90.

Fry, Brian and Lloyd Nigro, 1996, Max Weber and US Public Administration : the Administrator as Neutral Servant. *Journal of Management History*. 2(1): 37~46.

George, Alexander L., 1980, *Presidential Decisionmaking in Foreign Policy: The Effective Use of Information and Advice*, Boulder: Westview Press.

Gilpin, Robert, 1981, *War and Change in World Politics*, Cambridge: Cambridge University Press.

Goldstein, Judith, 1988, "Ideas, Institutions, and American Trade Policy," *International Organization*, 42(1): 179~217.

Goleman, D. 저, 한창호 역, 2008, 『EQ 감성지능』, 서울: 웅진 지식하우스.

Grieco, Joseph M., 1988, "Anarchy and the Limits of Cooperation: A Realist Critique of the Newest Liberal Institutionalism," *International Organization*, 42(3): 485~507.

Hayek, Freidrich. A., 1945, "History and Politics"', in F. A. Hayek, ed., *Capitalism and the Historians*, London: Routledge and Kegan Paul.

Heclo, Hugh, 1974, *Modern Social Politics in Britain and Sweden*, New Haven: Yale University Press.

Hermann, Margaret G., 1978, "Effects of Personal Characteristics of Political Leaders on Foregin Policy," in Maurice A. East, Stephen A. Salmore, and Charles F. Hermann, eds., *Why Nations Act: Theoretical Perspectives for Comparative Foreign Studies*, Beverly Hills: SAGE Publications.

Hill, Dan 저, 이정명 역, 2004, 『감각마케팅』, 서울: 비즈니스북스.

Hogwood, Brian W. and B. Guy Peters, 1983, *Policy Dynamics*, New York: St. Martin's Press.

Holsti, Ole R., 1972, *Crisis Escalation War*, Montreal: McGill University Press.

Ikenberry, G. John, 1988, "Conclusion: An Institutional Approach to American Foreign Economic Policy," *International Organization*, 42(1): 219~243.

Ikenberry, G. John, David A. Lake, and Michael Mastanduno, 1988, "Introduction: Approaches to Explaining American Foreign Economic Policy," *International Organization*, 42(1): 1~14.

Irvin, Renne and John Stansbury, 2004, "Citizen Participation in Decision Making: Is It Worth the Effort?" *Public Administration Review*, 64(1): 55~65.

Janis, Irving L. and Leon Mann, 1977, *Decision Making: A Psychological Analysis of Conflict, Choice, and Commitment*, New York: The Free Press.

Janis, Irving L., 1982, *Groupthink*, 2d ed., Boston: Houghton Mifflin.

Jervis, Robert, 1968, "Hypotheses on Misperception," *World Politics*, 20(3): 454～479.

Jervis, Robert, 1976, *Perception and Misperception in International Politics*, Princeton: Princeton University Press.

Jervis, Robert, Richard N. LeBow, and Janice G. Stein, 1985, *Psychology and Deterrence*, Baltimore: Johns Hopkins University.

Kahneman, Daniel, 2003, "Maps of Bounded Rationality: Psychology for Behavioral Economics," *The American Economic Review*, 93(5): 1449～1475.

Kahneman, Daniel, 2011, *Thinking Fast and Slow*, Farrar Straus & Giroux. (대니얼 카너먼 저, 이진원 옮김, 2012, 『생각에 관한 생각』, 김영사.)

Kato, Junko, 1996, "Institutions and Rationality in Politics: Three Varieties of Neo-Institutionalists," *British Journal of Political Science*, 26(4): 553～582.

Katzenstein, Peter J., ed., 1978, *Between Power and Plenty: Foreign Economic Policies of Advanced Industrial States*, Madison: The University of Wisconsin Press.

Kelman, Steven, 1988, "Why Public Ideas Matter," in Robert B. Reich, ed., *The Power of Public Ideas*, Cambridge: Harvard University Press, pp. 31～53.

Keohane, Robert O., 1986, "Realism, Neorealism and the Study of World Politics," in Robert O. Keohane, ed., *Neorealism and Its Critics*, New York: Columbia University Press, pp. 1～26.

Keohane, Robert O., 1989, *International Institutions and State Power: Essays in International Relations Theory*, Boulder: Westview Press.

Kingdon, John W., 1984, *Agendas, Alternatives, and Public Policies*, Boston: Little, Brown and Company.

Koelble, Thomas A., 1995, "Review Article: The New Institutionalsim in Political Science and Sociology," *Comparative Politics*, 27(2): 231～245.

Krasner, Stephen D., 1976, "State Power and the Structure of International

Trade," *World Politics*, 28(3): 317~347.

Krasner, Stephen D., 1983, "Structural Causes and Regime Consequences: Regime As Intervening Variables," in Stephen D. Krasner, ed., *International Regimes*, Ithaca: Cornell University Press.

Krasner, Stephen D., 1984, "Approaches to the State: Alternative Conceptions and Historical Dynamics," *Comparative Politics*, 16(2): 223~246.

Kuhn, Thomas, 1962, *The Structure of Scientific Revolutions*, The University of Chicago Press.

Lake, David A., 1988, "The State and American Trade Strategy in the Pre-Hegemonic Era," *International Organization*, 42(1): 33~58.

Landau, Martin, 1969, "Redundancy, Rationality, and the Problem of Duplication and Overlap," *Public Administration Review*, 29(4): 346~358.

Landau, Martin, 1977, "The Proper Domain of Policy Analysis," *American Journal of Political Science*, 21(2).

Lasswell, Harold D., 1951, "The Policy Orientation," in Harold D. Lasswell and Daniel Lerner, eds., *The Policy Sciences*, Stanford: University Press.

Lasswell, Harold D. and Abraham Kaplan, 1970, *Power and Society*, New Haven: Yale University Press.

Lawrence, R. Z. 저, 박준원 역, 2001, "경제가 정말 문제란 말인가?" in J. S. Nye 편저, 박준원 역, 『국민은 왜 정부를 믿지 않는가』, 서울: 굿인포메이션.

Lenin, Vladmir. I., 1939, *Imperialism: The Highest Stage of Capitalism*, New York: International Publishers.

Lindblom, Charles E., 1977, *Politics and Markets: The World's Political-Economic Systems*, New York: Basic Books Inc. Publishers.

Lindblom, Charles E., 1979, "Still Muddling, Not Yet Through," *Public Administration Review*, 39(6): 517~526.

Lindblom, Charles E., 1984, "The Market as Prison," in Thomas Ferguson and Joel Rogers (eds.), *The Political Economy: Readings in the Politics and Economics of American Public Polics*, New York: M. E. Sharpe, Inc.

Lowi, Theodore J., 1972, "Four Systems of Policy, Politics, and Choice," *Public Administration Review*, 32(4): 298~310.

Majone, Giandomenico and Aaron Wildavsky, 1979, "Implementation as Evolution," In Jeffrey L. Pressman and Aaron Wildavsky, *Implementation*, 3rd ed. Berkeley: University of California Press, pp. 177~194.

Majone, Giandomenico, 1988, "Policy Analysis and Public Deliberation," in Robert B. Reich, ed., *The Power of Public Ideas*, Cambridge: Harvard University Press, pp. 31~53.

March, James G. and Herbert A. Simon, 1958, *Organizations*, New York: John Wiley & Sons.

March, James G. and Johan P. Olsen, 1984, "The New Institutionalism: Organizational Factors in Political Life," *The American Political Science Review*, 78: 734~749.

March, James G. and Johan P. Olsen, 1989, *Rediscovering Institutions: The Organizational Basis of Politics*, New York: Free Press.

Mastanduno, Michael, David A. Lake, and G. John Ikenberry, 1989, "Toward a Realist Theory of State Action," *International Studies Quarterly*, 33(4): 457~474.

Mathews, D., 1984, "The Public in Practice and Theory." *Public Administration Review*, 44: 120~125.

Mayer, J. D. and P. Salovey, 1997, "What is Emotional Intelligence: Implications for Educators," P. Salovey and D. Sluyter (Eds.), *Emotional Development, Emotional Literacy, and Emotional Intelligence*. New York: Basic Books.

Meyer, John W. and Brian Rowan, 1977, "Institutionalized Organizations: Formal Structure as Myth and Ceremony," *American Journal of Sociology*, 83(2): 340~363.

Morgenthau, Hans J. and Kenneth W. Thompson, 1985, *Politics Among Nations: The Struggle for Power and Peace*, 6th ed., New York: Knopf.

Moscovici, S. and M. Zavalloni, 1969, "The Group as a Polarizer of Attitudes," *Journal of Personality and Social Psychology*, 12(2): 125~135.

Musgrave, Richard, 1959, *The Theory of Public Finance*, N.Y.: McGraw-Hill.

Myers, D. G. and H. Lamm, 1975, "The Polarizing Effect of Group Discussion," *American Scientist*, 63(3): 297~303.

Nakamura, Robert and Frank Smallwood, 1980, *The Politics of Policy Implementation*, New York: St. Martin's Press.

North, Douglas, 1990, *Institutions, Institutional Change and Economic Performance*. Cambridge: Cambridge University Press.

Nussbaum, M., 1996, "Compassion: The Basic Social Emotion." *Social Philosophy and Policy Foundation*. 13(1): 27~58.

Patnaik, P. 저, 주철범 역, 2016, 『호모 엠파티쿠스: 공감하는 인간』, 서울: 이상미디어.

Peirce, William Spangar, 1981, *Bureaucratic Failure and Public Expenditure*, New York: Academic Press.

Pierson, Paul, 2000, "Increasing Returns, Path Dependence, and the Study of Politics," *The American Political Science Review*, 94(2): 251~267.

Popper, Karl, 1959, *The Logic of Scientific Discovery*, Hutchinson & Co.

Powell, Walter W. and Paul J. DiMaggio, eds., 1991, *The New Institutionalism in Organizational Analysis*, Chicago: University of Chicago Press.

Pressman, Jeffrey L. and Aaron B. Wildavsky, 1979, *Implementation*, 2nd ed., University of California Press.

Putnam, Robert D., 1988, "Diplomacy and Domestic Politics," *International Organization*, 42(3): 427~460.

Rifkin, J. 저, 이경남 역, 2010, 『공감의 시대』, 서울: 민음사.

Robinette, S 외 저, 윤천규 역, 2003, 『감성 마케팅: 평생 고객을 얻는 홀마크 전략』, 서울: 김앤북스.

Roskin, Michael, 1974, "From Pearl Harbor to Vietnam: Shifting Generational Paradigms and Foreign Policy," *Political Science Quarterly*, 89(3): 563~588.

Schattschneider, Elmer E., 1960, *The Semisovereign People: A Realist's View of Democracy in America*, Harcourt Brace College Publishers.

Simon, Herbert A., 1955, "A Behavioral Model of Rational Choice," *The Quarterly Journal of Economics*, 69(1): 99~118.

Simon, Herbert A., 1976, "From Substantive Rationality to Procedural Rationality," in Spiro Latsis, ed., *Method and Appraisal in Economics*, Cambridge: Cambridge University Press.

Simon, Herbert A., 1976, *Administrative Behavior: A Study on Decision-Making Process in Administrative Organization*, New York: The Free Press.

Singer, J. David, 1961, "The Level-of-Analysis Problem in International Relations," in Klaus Knorr and Sidney Verba, eds., *The International System: Theoretical Essays*, Princeton: Princeton University Press, pp. 77~92.

Skocpol, Theda, 1985, "Bringing the State Back In: Strategies of Analysis in Current Research," in Peter B. Evans, Dietrich Rueschemeyer, and Theda Skocpol, eds., *Bringing the State Back In*, Cambridge: Cambridge University Press, pp. 3~37.

Slovic, Paul, Melissa Finucane, Ellen Peters, and Donald G. MacGregor, 2002, "The Affect Heuristic," in T. Gilovich, D. Griffin, & D. Kahneman, eds., *Heuristics and biases: The psychology of intuitive judgment*, New York: Cambridge University Press, pp. 397~420.

Sunstein, Cass R. and Richard Thaler, 2008, *Nudge: Improving Decision About Health, Wealth, and Happiness*, New Haven: Yale University Press, p. 293.

Thelen, Kathleen and Sven Steinmo, 1992, "Historical institutionalism in comparative politics," in Sven Steinmo, Kathleen Thelen, and Frank Longstreth, eds., *Structuring Politics: Historical Institutionalism in Comparative Analysis*, Cambridge: University of Cambridge Press.

True, James L., Bryan D. Jones, and Frank R. Baumgartner, 1999, "Punctuated-Equilibrium Theory: Explaining Stability and Change in American

Policymaking," in Paul A. Sabatier (ed.), *Theories of the Policy Process*, Boulder: Westview Press, pp. 97～115.

Tversky, Amos and Daniel Kahneman, 1973, "Judgment under Uncertainty: Heuristics and Biases," in Dirk Wendt and Charles Vlek, eds., *Utility, Probability and Human Decision Making: Selected Proceedings of Interdisciplinary Research Conference*, Dordrech: D. Reidel Publishing Company, pp. 141～162.

Van Slyke, David M., 2003, "The Mythology of Privatization in Contracting for Social Services," *Public Administration Review*, 63(3): 296～315.

Waltz, Kenneth N., 1979, *Theory of International Politics*, Reading, Mass: Addison-Wesley.

Wendt, Alexander E., 1987, "The Agent-Structure Problem in International Relations Theory," *International Organization*, 41(3): 335～370.

Wilson, James Q., 1980, *Politics of Regulation*, New York: Basic Books.

Wolf, Jr., Charles, 1988, *Markets or Governments: Choosing between Imperfect Alternatives*, Cambridge: The MIT Press.

찾아보기

ㄱ

ㄴ

ㄷ

ㄹ

ㅁ

ㅂ

ㅈ

ㅊ

ㅋ

ㅌ

ㅍ

ㅎ

[지은이 약력]

김정수

고려대학교 법과대학 행정학사
고려대학교 대학원 행정학석사
Yale University, Ph.D in Political Science
현재 한양대학교 행정학과 교수
주요 저서: 『문화행정론: 이론적 기반과 정책적 과제』, 『21세기를 위한 문화와 문화정책』, 『미국 통상정책의 정치경제학』 외
온라인 강의: K-MOOC '정책학개론', YouTube '정책학개론'
블로그: http://blog.naver.com/lovejesus153

정책학 입문 **제2판**

1판 펴냄 2016년 8월 26일
2판 펴냄 2021년 3월 2일
2판 2쇄 펴냄 2024년 3월 4일

지은이 김정수
펴낸이 김영훈
편집인 전영완
펴낸곳 도서출판 문우사
주소 경기도 고양시 일산서구 킨텍스로 255, 일산 디엠시티 스카이뷰 오피스동 1304호
전화 031) 901-6542, 070) 4200-6542 **팩스** 031) 906-6542
홈페이지 www.munu.co.kr **대표메일** moonwoosa@hanmail.net
출판신고번호 제396-2013-000113호

ISBN 979-11-85994-83-3 93350

값 25,000원